适用于江苏省军转干考试

适用于各地军转干考试(相关科目)

军转干考试红宝书

综合能力和素质

张 棣 著

东南大学出版社
SOUTHEAST UNIVERSITY PRESS
·南京·

图书在版编目(CIP)数据

综合能力和素质 / 张棣著. — 南京：
东南大学出版社，2015.6
(军转干考试红宝书)
ISBN 978-7-5641-5715-9

Ⅰ. ①综… Ⅱ. ①张… ②卢… Ⅲ. ①转业-军人-
就业-中国-自学参考资料 Ⅳ. ①E263

中国版本图书馆 CIP 数据核字(2015)第 097022 号

综合能力和素质

出版发行	东南大学出版社
出 版 人	江建中
社　　址	南京市四牌楼 2 号
邮　　编	210096
经　　销	全国各地新华书店
印　　刷	常州市武进第三印刷有限公司
开　　本	787 mm×1092 mm　1/16
印　　张	21.25
字　　数	550 千字
书　　号	ISBN 978-7-5641-5715-9
版　　次	2015 年 6 月第 1 版
印　　次	2015 年 6 月第 1 次印刷
印　　数	3000 册
定　　价	49.00 元

(本社图书若有印装质量问题，请直接与营销部联系，电话：025－83791830)

作者介绍

张棣，安徽人，博士。现为211高校教师。2011年受聘为“军区空军武汉转业干部适应性培训基地特聘教授”。

自2002年开始参与党政干部公开选拔、国家公务员考试、军转干考试、各地各级公务员考试、选调生考试、事业单位招考、企业入职考试的研究和考务工作，曾连续七年参与国家和各省公务员考试《申论》科目阅卷工作，发表多篇研究成果。应邀在武汉大学、浙江大学、南京大学等国内十余所著名高校做相关学术报告。

张棣博士所指导的学生在2013年、2014年江苏省军转干考试中创出佳绩，多人获得75分以上的佳绩。其中两位学员分别以81分、79分的成绩获得2013年和2014年全省第二名的佳绩。

序

张棣老师2003年首次参加我省公务员录用考试《申论》科目的阅卷时，便被该科目新颖的命题形式和强效的测查功能所深深吸引，时常与我（我是当年《申论》科目的命题人和阅卷业务负责人）交流。他认为：考试具有很强的导向性，怎么考试，应试者就会怎么学习，怎么去备考。不但选拔性考试应当着重测查应试者的能力和素质，通过性考试（资格考试、课程考试）也应当改革，以测查应试者运用所学知识解决实际问题的能力为重点，而不能以测查需要死记硬背的知识为重点。后一种方式必然会引导人们去死读书、读死书，使得人们不会举一反三，缺乏创新性思维能力。看来考试本身就是一门大学问，值得好好研究。此后，张老师又跟随我参加了几次中央国家机关和我省公务员录用考试等选拔性考试的阅卷工作，通过彼此交流，我发现，他对此类考试已经有了相当深入的研究，形成了不少很有见地的看法，并获知他在给本校学生讲解此类考试时引起了强烈的反响。再后来，我听说他时常接受省内外高校和相关单位邀请，主讲《申论》《面试》等公务员录用考试科目和《综合能力与素养》等军转干考试科目，大受学员追捧，粉丝无数。

我2009年后由于常在国外、北京和合肥之间流动，基本上未再参与公务员录用考试等选拔性考试的命题及阅卷工作，并于2010年底公开出版了68万字的《申论》一书。在我编著此书的过程中，张棣老师为我提供了不少可贵的资料。2013年友人约我合写一本申论写作的书（北京大学出版社即将出版），我将初稿写作的任务交给了张老师。该书稿经我审改后获得了主编的高度评价。

我与张老师既是师生亦是挚友，他编著此书让我作序，我便写出我俩多年来交流与合作的大致情况以代之，借以说明他编著的该书肯定是同类书中的上品，一定会受到广大读者好评。

茆邦寿

2014年12月中旬于合肥

自　序

全国每年都有大批部队干部转业到地方工作，其中有一部分可能转入国家机关任公务员。由于公务员序列执行“凡进必考”的原则，各地陆续组织开展了军转干考试。这种考试对于面临人生重大抉择的转业干部同志们其重要程度不言而喻。由于长期在部队工作生活，不熟悉课堂、不熟悉考试，令很多同志无所适从；而现在市场上又很难找到契合考试实情、与时俱进的辅导用书，这让各地应试者的备考就非常地费时费力。近几年来，笔者在一线教学中结识了不少军转干部朋友，深知他们对拥有一本应试者“能用、易用、爱用、够用”的考试用书的渴求。于是作者依据江苏省人社厅颁布的《江苏省军转干（营职以下）考试大纲》（简称《大纲》），运用长期从事教学一线工作的感悟和体会，伏案半载，写就此书。本书在正式出版之前，以讲义形式在广大转业干部中广泛传阅，深受好评，其特点主要包括以下几个方面：

一、针对性。本书专为即将参加转业考试的专业干部设计，在内容上全面梳理了《大纲》中涉及的六方面测试内容，系统介绍了《大纲》中规定的各种题型，为备考者提供最精准的大纲解析，指出最准确的备考路径。

二、实战性。本书从多角度、多层面阐释命题思维，力图将复杂问题简单化。从测查指标入手而非从题型入手，通过引导应试者透过现象抓本质，真正领会命题意图，而非仅仅抓几个“模板”“套路”做心理安慰，从而在实战中能够融会贯通、举一反三。这是笔者一直以来的教学风格，笔者指导的应试者分别在 2013 年、2014 年两年的考试中取得全省第二名的佳绩，正是对这一特点的证明。

三、实用性。本书结构上主要由三个部分构成：能力指标详解、历年真题解析、模拟套题选编。这是遵循从理论到实践，从认知到运用的基本原则，帮助应试者循序渐进地了解考试、理解考试、学会考试。另外，本书中的每一道题目的分析，都是作者结合教学实践梳理和总结而来，非常贴近应试者思维。

本书中所阐述的观点除了是笔者在教学过程中的总结之外，还包括了一些学生的反馈信息。本书中给出了大量的例题、模拟题，都系笔者按照大纲编写的。建议读者在学习过程中要经常重读，你一定会发现每次重读都有新的收获。

本书在素材选择和题型设计上注重契合机关实务，注重引导读者从“政府机关工作人员”的角度上思考问题、解决问题和表述问题。因此，本书既可作为军转干考试的备考用书，也可作为转业干部了解地方工作、适应地方工作思维的一本基础读物。

本书得以面世，首先要感谢恩师茆邦寿教授，他对本书编写提出了很多宝贵的意见和建议，并亲自为本书作序。感谢我的挚友刘中飞先生；感谢鲁卫华、汪建华、袁可成、李干、杨潇、苑改革、黄响雷、胡娜、居文君、张晨晨、陆志慧、张文雯、张金娟、万婷婷、田蕾、张艳晶、常立清、胡荣华、姜君敏、陈一帆、莫文明、王志权等同志对本书的帮助。

书中所列真题多来自网络和应试者回忆，因原作者信息不详，无法一一列举，在此一并致谢。

张　棣

2014年12月于琥珀山庄

目　录

第一编　军转干考试概说

第一章　转业安置 …… (3)
第二章　军转干考试 …… (16)

第二编　能力指标详解

第一章　政策理论水平 …… (25)
第一节　能力指标详解 …… (25)
第二节　典型例题 …… (27)
第一章练习题 …… (29)

第二章　综合分析能力 …… (30)
第一节　能力指标详解 …… (30)
第二节　典型例题 …… (33)
第二章练习题 …… (49)

第三章　实际工作能力 …… (52)
第一节　能力指标详解 …… (52)
第二节　典型例题 …… (53)
第三章练习题 …… (66)

第四章　适应和创新能力 …… (69)
第一节　能力指标详解 …… (69)
第二节　典型例题 …… (69)
第四章练习题 …… (79)

第五章　职业道德修养 …… (80)
第一节　能力指标详解 …… (80)
第二节　典型例题 …… (81)
第五章练习题 …… (84)

第三编　历年真题汇编

2014 年军转干考试真题汇编 …… (87)

2013 年军转干考试真题汇编 …… (88)
2012 年军转干考试真题汇编 …… (90)
2009 年军转干考试真题汇编 …… (94)
2008 年军转干考试真题汇编 …… (99)
2007 年军转干考试真题汇编 …… (105)
2006 年军转干考试真题汇编 …… (113)
2005 年军转干考试真题汇编 …… (120)
部分参考答案与解析 …… (127)
2012 年军转干考试真题汇编参考答案与解析 …… (127)
2009 年军转干考试真题汇编参考答案与解析 …… (130)
2008 年军转干考试真题汇编参考答案与解析 …… (136)
2007 年军转干考试真题汇编参考答案与解析 …… (140)
2006 年军转干考试真题汇编参考答案与解析 …… (146)
2005 年军转干考试真题汇编参考答案与解析 …… (152)

第四编　全真模拟卷

江苏省营职以下军队转业干部考前模拟卷(卷一) …… (159)
江苏省营职以下军队转业干部考前模拟卷(卷二) …… (161)
江苏省营职以下军队转业干部考前模拟卷(卷三) …… (164)
江苏省营职以下军队转业干部考前模拟卷(卷四) …… (167)
江苏省营职以下军队转业干部考前模拟卷(卷五) …… (169)
2014 江苏省营职以下军队转业干部考前模拟卷(黄金卷) …… (172)
江苏省营职以下军队转业干部考前模拟卷(卷六) …… (174)
江苏省营职以下军队转业干部考前模拟卷(卷七) …… (177)
江苏省营职以下军队转业干部考前模拟卷(卷八) …… (181)
江苏省营职以下军队转业干部考前模拟卷(卷九) …… (186)
江苏省营职以下军队转业干部考前模拟卷(卷十) …… (191)

附录一　必备政策理论

一、关于“四个全面” …… (197)
二、关于中国梦 …… (229)
三、关于科学发展观 …… (239)

四、社会主义和谐社会…………………………………………………………………(253)
五、关于社会主义市场经济…………………………………………………………(270)
六、关于社会主义文化强国…………………………………………………………(281)
七、关于生态文明建设………………………………………………………………(292)
八、关于政治体制改革………………………………………………………………(298)
九、关于群众路线教育实践活动……………………………………………………(302)

附录二 考试大纲

江苏省军转干(营职以下)考试大纲 ………………………………………………(323)

第一编

❖ 军转干考试概说

第一章　转业安置

一、军队转业干部

军队转业干部，是指退出现役作转业安置的军官和文职干部。军队转业干部是党和国家干部队伍的组成部分，是重要的人才资源，是社会主义现代化建设的重要力量。军队转业干部为国防事业、军队建设作出了牺牲和贡献，应当受到国家和社会的尊重、优待。军队转业干部安置工作，坚持为经济社会发展和军队建设服务的方针，贯彻妥善安置、合理使用、人尽其才、各得其所的原则。

担任团级以下职务（含处级以下文职干部和享受相当待遇的专业技术干部）的军队干部，有下列情形之一的，列入军队干部转业安置计划：

（一）达到平时服现役最高年龄的；

（二）受军队编制员额限制不能调整使用的；

（三）因身体状况不能坚持军队正常工作但能够适应地方工作的；

（四）其他原因需要退出现役作转业安置的。

担任师级职务（含局级文职干部，下同）或高级专业技术职务的军队干部，年龄50周岁以下的，本人申请，经批准可以安排转业，列入军队干部转业安置计划。

担任师级职务或高级专业技术职务的军队干部，年龄超过50周岁、地方工作需要的，可以批准转业，另行办理。

因军队体制、编制调整或者国家经济社会发展需要，成建制成批军队干部的转业安置，由解放军总政治部与国家军队转业干部安置工作主管部门协商办理。

二、军队转业干部安置暂行办法

目前国家军队转业干部安置政策：计划分配和自主择业相结合。

中共中央、国务院、中央军委关于印发《军队转业干部安置暂行办法》的通知

中发〔2001〕3号

各省、自治区、直辖市党委和人民政府，各大军区党委，中央和国家机关各部委，军委各总部、各军兵种党委，各人民团体：

现将《军队转业干部安置暂行办法》印发给你们，请遵照执行。

《军队转业干部安置暂行办法》的颁布实施，是党和国家干部人事制度改革的一项重大举措，是建立适应社会主义市场经济需要的有中国特色退役军官安置制度的具体步骤，对于进一步做好军队转业干部安置工作，实现人才资源的合理配置，促进经济和社会发展，加强国防和军队建设，都具有十分重要的意义。各级党委、政府和军队各级组织，

要从党和国家的根本利益出发，统一思想，加强领导和督促检查，及时研究解决工作中遇到的矛盾和问题，切实把《军队转业干部安置暂行办法》贯彻落实好。各有关部门要精心组织，密切配合，按照中央的要求，无论对计划分配的军队转业干部，还是对自主择业的军队转业干部，都要妥善安置，使他们人尽其才，各得其所。广大军队转业干部要保持和发扬人民解放军的优良传统，服从大局，支持改革，体谅国家和地方的困难，自觉听从组织安排，努力在新的工作岗位上，为社会主义现代化建设作出新的贡献。

各地区、各部门在执行中有什么问题和建议，请及时报告。

2001年1月19日

军队转业干部安置暂行办法

第一章 总 则

第一条 为了做好军队转业干部安置工作，加强国防和军队建设，促进经济和社会发展，保持社会稳定，根据《中华人民共和国国防法》、《中华人民共和国兵役法》和其他有关法律法规的规定，制定本办法。

第二条 本办法所称军队转业干部，是指退出现役作转业安置的军官和文职干部。

第三条 军队转业干部是党和国家干部队伍的组成部分，是重要的人才资源，是社会主义现代化建设的重要力量。

军队转业干部为国防事业、军队建设作出了牺牲和贡献，应当受到国家和社会的尊重、优待。

第四条 军队干部转业到地方工作，是国家和军队的一项重要制度。国家对军队转业干部实行计划分配和自主择业相结合的方式安置。

计划分配的军队转业干部由党委、政府负责安排工作和职务；自主择业的军队转业干部由政府协助就业、发给退役金。

第五条 军队转业干部安置工作，坚持为经济社会发展和军队建设服务的方针，贯彻妥善安置、合理使用、人尽其才、各得其所的原则。

第六条 国家设立军队转业干部安置工作机构，在中共中央、国务院、中央军事委员会领导下，负责全国军队转业干部安置工作。

省（自治区、直辖市）设立相应的军队转业干部安置工作机构，负责本行政区域的军队转业干部安置工作。市（地）可以根据实际情况设立军队转业干部安置工作机构。

第七条 解放军总政治部统一管理全军干部转业工作。

军队团级以上单位党委和政治机关负责本单位干部转业工作。

省军区（卫戍区、警备区）负责全军转业到所在省、自治区、直辖市干部的移交，并配合当地党委、政府做好军队转业干部安置工作。

第八条 接收、安置军队转业干部是一项重要的政治任务，是全社会的共同责任。党和国家机关、团体、企业事业单位，应当按照国家有关规定，按时完成军队转业干部安置任务。

第九条 军队转业干部应当保持和发扬人民军队的优良传统，适应国家经济和社会发展的需要，服从组织安排，努力学习，积极进取，为社会主义现代化建设贡献力量。

第十条　对在社会主义现代化建设中贡献突出的军队转业干部和在军队转业干部安置工作中做出显著成绩的单位、个人，国家和军队给予表彰奖励。

第二章　转业安置计划

第十一条　全国的军队转业干部安置计划，由国家军队转业干部安置工作主管部门会同解放军总政治部编制下达。

省（自治区、直辖市）的军队转业干部安置计划，由省（自治区、直辖市）军队转业干部安置工作主管部门编制下达。

中央和国家机关及其管理的在京企业事业单位军队转业干部安置计划，由国家军队转业干部安置工作主管部门编制下达。

省（自治区、直辖市）的军队转业干部安置计划，由省（自治区、直辖市）军队转业干部安置工作主管部门编制下达。

中央和国家机关京外直属机构、企业事业单位的军队转业干部安置计划，由所在省（自治区、直辖市）军队转业干部安置工作主管部门编制下达。

第十二条　担任团级以下职务（含处级以下文职干部和享受相当待遇的专业技术干部，下同）的军队干部，有下列情形之一的，列入军队干部转业安置计划：

（一）达到平时服现役最高年龄的；

（二）受军队编制员额限制不能调整使用的；

（三）因身体状况不能坚持军队正常工作但能够适应地方工作的；

（四）其他原因需要退出现役作转业安置的。

第十三条　担任团级以下职务的军队干部，有下列情形之一的，不列入军队干部转业安置计划：

（一）年龄超过50周岁的；

（二）二等甲级以上伤残的；

（三）患有严重疾病，经驻军医院以上医院诊断确认，不能坚持正常工作的；

（四）受审查尚未作出结论或者留党察看期未满的；

（五）故意犯罪受刑事处罚的；

（六）被开除党籍或者受劳动教养丧失干部资格的；

（七）其他原因不宜作转业安置的。

第十四条　担任师级职务（含局级文职干部，下同）或高级专业技术职务的军队干部，年龄50周岁以下的，本人申请，经批准可以安排转业，列入军队干部转业安置计划。

担任师级职务或高级专业技术职务的军队干部，年龄超过50周岁、地方工作需要的，可以批准转业，另行办理。

第十五条　因军队体制、编制调整或者国家经济社会发展需要，成建制成批军队干部的转业安置，由解放军总政治部与国家军队转业干部安置工作主管部门协商办理。

中央和国家机关及其管理的在京企业事业单位计划外选调军队干部，经大军区级单位政治机关审核并报解放军总政治部批准转业后，由国家军队转业干部安置工作主管部门办理审批。

第三章 安置地点

第十六条 军队转业干部一般由其原籍或者入伍时所在省(自治区、直辖市)安置,也可以到配偶随军前或者结婚时常住户口所在地安置。

第十七条 配偶已随军的军队转业干部,具备下列条件之一的,可以到配偶常住户口所在地安置:

(一) 配偶取得北京市常住户口满4年的;

(二) 配偶取得上海市常住户口满3年的;

(三) 配偶取得天津市、重庆市和省会(自治区首府)城市、副省级城市常住户口满2年的;

(四) 配偶取得其他城市常住户口的。

第十八条 父母身边无子女或者配偶为独生子女的军队转业干部,可以到其父母或者配偶父母常住户口所在地安置。未婚的军队转业干部可以到其父母常住户口所在地安置。

父母双方或者一方为军人且长期在边远艰苦地区工作的军队转业干部,可以到父母原籍、入伍地或者父母离退休安置地安置。

第十九条 军队转业干部具备下列条件之一的,可以到配偶常住户口所在地安置,也可以到其父母或者配偶父母、本人子女常住户口所在地安置:

(一) 自主择业的;

(二) 在边远艰苦地区或者从事飞行、舰艇工作满10年的;

(三) 战时获三等功、平时获二等功以上奖励的;

(四) 因战因公致残的。

第二十条 夫妇同为军队干部且同时转业的,可以到任何一方的原籍或者入伍地安置,也可以到符合配偶随军条件的一方所在地安置;一方转业,留队一方符合配偶随军条件的,转业一方可以到留队一方所在地安置。

第二十一条 因国家重点工程、重点建设项目、新建扩建单位以及其他工作需要的军队转业干部,经接收单位所在省(自治区、直辖市)军队转业干部安置工作主管部门批准,可以跨省(自治区、直辖市)安置。

符合安置地吸引人才特殊政策规定条件的军队转业干部,可以到该地区安置。

第四章 工作分配与就业

第二十二条 担任师级职务的军队转业干部或者担任营级以下职务(含科级以下文职干部和享受相当待遇的专业技术干部,下同)且军龄不满20年的军队转业干部,由党委、政府采取计划分配的方式安置。

担任团级职务的军队转业干部或者担任营级职务且军龄满20年的军队转业干部,可以选择计划分配或者自主择业的方式安置。

第二十三条 计划分配的军队转业干部,党委、政府应当根据其德才条件和在军队的职务等级、贡献、专长安排工作和职务。

担任师级领导职务或者担任团级领导职务且任职满最低年限的军队转业干部,一般安排相应的领导职务。接收师、团级职务军队转业干部人数较多、安排领导职务确有困难的地区，可以安排相应的非领导职务。

其他担任师、团级职务或者担任营级领导职务且任职满最低年限的军队转业干部，参照上述规定，合理安排。

第二十四条　各省、自治区、直辖市应当制定优惠的政策措施，鼓励军队转业干部到艰苦地区和基层单位工作。

对自愿到边远艰苦地区工作的军队转业干部，应当安排相应的领导职务，德才优秀的可以提职安排。

在西藏或者其他海拔 3 500 米以上地区连续工作满 5 年的军队转业干部，应当安排相应的领导职务或者非领导职务，对正职领导干部安排正职确有困难的，可以安排同级副职。

第二十五条　各地区、各部门、各单位应当采取使用空出的领导职位、按规定增加非领导职数或者先进后出、带编分配等办法，安排好师、团级职务军队转业干部的工作和职务。

党和国家机关按照军队转业干部安置计划数的 15%增加行政编制，所增加的编制主要用于安排师、团级职务军队转业干部。

各地区、各部门、各单位应当把师、团级职务军队转业干部的安排与领导班子建设通盘考虑，有计划地选调师、团级职务军队转业干部，安排到市（地）、县（市）级领导班子或者事业单位、国有大中型企业领导班子任职。

第二十六条　担任专业技术职务的军队转业干部，一般应当按照其在军队担任的专业技术职务或者国家承认的专业技术资格，聘任相应的专业技术职务；工作需要的可以安排行政职务。

担任行政职务并兼任专业技术职务的军队转业干部，根据地方工作需要和本人志愿，可以安排相应的行政职务或者聘任相应的专业技术职务。

第二十七条　国家下达的机关、团体、事业单位的年度增人计划，应当首先用于安置军队转业干部。编制满员的事业单位接收安置军队转业干部，按照实际接收人数相应增加编制，并据此增加人员工资总额计划。

第二十八条　党和国家机关接收计划分配的军队转业干部，按照干部管理权限，在主管部门的组织、指导下，对担任师、团级职务的，采取考核选调等办法安置；对担任营级以下职务的，采取考试考核和双向选择等办法安置。对有的岗位，也可以在军队转业干部中采取竞争上岗的办法安置。

第二十九条　对计划分配到事业单位的军队转业干部，参照其军队职务等级安排相应的管理或者专业技术工作岗位，并给予 3 年适应期。

企业接收军队转业干部，由军队转业干部安置工作主管部门编制计划，根据军队转业干部本人志愿进行分配，企业安排管理或者专业技术工作岗位，并给予 2 年适应期。

军队转业干部可以按照有关规定与用人单位签订无固定期限或者有固定期限劳动、聘用合同，用人单位不得违约解聘、辞退或者解除劳动、聘用合同。

第三十条　中央和国家机关京外直属机构、企业事业单位，应当按时完成所在地党委、政府下达的军队转业干部安置任务。需要增加编制、职数和工资总额的，其上级主管部门应当予以支持。

第三十一条 对自主择业的军队转业干部,安置地政府应当采取提供政策咨询、组织就业培训、拓宽就业渠道、向用人单位推荐、纳入人才市场等措施,为其就业创造条件。

第三十二条 党和国家机关、团体、企业事业单位在社会上招聘录用人员时,对适合军队转业干部工作的岗位,应当优先录用、聘用自主择业的军队转业干部。

第三十三条 对从事个体经营或者创办经济实体的自主择业的军队转业干部,安置地政府应当在政策上给予扶持,金融、工商、税务等部门,应当视情提供低息贷款,及时核发营业执照,按照社会再就业人员的有关规定减免营业税、所得税等税费。

第五章 待 遇

第三十四条 计划分配到党和国家机关、团体、事业单位的军队转业干部,其工资待遇按照不低于接收安置单位与其军队职务等级相应或者同等条件人员的标准确定,津贴、补贴、奖金以及其他生活福利待遇,按照国家有关规定执行。

第三十五条 计划分配到党和国家机关、团体、事业单位的军队转业干部,退休时的职务等级低于转业时军队职务等级的,享受所在单位与其转业时军队职务等级相应或者同等条件人员的退休待遇。

本条规定不适用于到地方后受降级以上处分的军队转业干部。

第三十六条 计划分配到企业的军队转业干部,其工资和津贴、补贴、奖金以及其他生活福利待遇,按照国家和所在企业的有关规定执行。

第三十七条 军队转业干部的军龄,计算为接收安置单位的连续工龄(工作年限),享受相应的待遇。在军队从事护理、教学工作,转业后仍从事该职业的,其在军队的护龄、教龄应当连续计算,享受接收安置单位同类人员的待遇。

第三十八条 自主择业的军队转业干部,由安置地政府逐月发给退役金。团级职务和军龄满20年的营级职务军队转业干部的月退役金,按照本人转业时安置地同职务等级军队干部月职务、军衔(级别)工资和军队统一规定的津贴补贴为计发基数80%的数额与基础、军龄工资的全额之和计发。军龄满20年以上的,从第21年起,军龄每增加一年,增发月退役金计发基数的1%。

第三十九条 自主择业的军队转业干部,按照下列条件和标准增发退役金:

(一) 荣立三等功、二等功、一等功或者被大军区级以上单位授予荣誉称号的,分别增发月退役金计发基数的5%、10%、15%。符合其中两项以上的,按照最高的一项标准增发。

(二) 在边远艰苦地区或者从事飞行、舰艇工作满10年、15年、20年以上的,分别增发月退役金计发基数的5%、10%、15%。符合其中两项以上的,按照最高的一项标准增发。

本办法第三十八条和本条各项规定的标准合并计算后,月退役金数额不得超过本人转业时安置地同职务等级军队干部月职务、军衔、基础、军龄工资和军队统一规定的津贴补贴之和。

第四十条 自主择业的军队转业干部的退役金,根据移交地方安置的军队退休干部退休生活费调整的情况相应调整增加。

经济比较发达的地区，自主择业军队转业干部的月退役金低于安置地当年党和国家机关相应职务等级退休干部月退休生活费数额的，安置地政府可以发给差额补贴。

自主择业的军队转业干部的退役金，免征个人所得税。

自主择业的军队转业干部，被党和国家机关选用为正式工作人员的，停发退役金。其工资等各项待遇按照本办法第三十四条规定执行。

第四十一条 自主择业的军队转业干部去世后，从去世的下月起停发退役金。区别不同情况，一次发给本人生前10个月至40个月的退役金作为抚恤金和一定数额的退役金作为丧葬补助费。具体办法由有关部门另行制定。

自主择业的军队转业干部的遗属生活确有困难的，由安置地政府按照国家和当地的有关规定发给生活困难补助金。

第四十二条 计划分配的军队转业干部，享受所在单位与其军队职务等级相应或者同等条件人员的政治待遇；自主择业的军队转业干部，享受安置地相应职务等级退休干部的有关政治待遇。

第四十三条 军队转业干部在服现役期间被中央军事委员会授予荣誉称号的，比照全国劳动模范（先进工作者）享受相应待遇；被大军区级单位授予荣誉称号或者荣立一等功，以及被评为全国模范军队转业干部的，比照省部级劳动模范（先进工作者）享受相应待遇。

第六章　培　　训

第四十四条 军队转业干部的培训工作，是军队转业干部安置工作的重要组成部分，各级党委、政府和有关部门应当在政策和经费等方面提供必要保障。

第四十五条 对计划分配的军队转业干部应当进行适应性培训和专业培训，有条件的地区也可以在安置前组织适应性培训。培训工作贯彻“学用结合、按需施教、注重实效”和“培训、考核、使用相结合”的原则，增强针对性和实用性，提高培训质量。

军队转业干部培训的规划、组织协调和督促检查工作，由军队转业干部安置工作主管部门负责。

第四十六条 计划分配的军队转业干部的专业培训，由省（自治区、直辖市）按部门或者专业编班集中组织实施，培训时间不少于3个月。

军队转业干部参加培训期间享受接收安置单位在职人员的各项待遇。

第四十七条 自主择业的军队转业干部的就业培训，主要依托军队转业干部培训中心具体实施，也可以委托地方院校、职业培训机构承担具体工作。负责培训的部门应当根据社会人才需求合理设置专业课程，加强定向职业技能培训，以提高自主择业的军队转业干部就业竞争能力。

第四十八条 军队转业干部培训中心，主要承担计划分配的军队转业干部的适应性培训和部分专业培训，以及自主择业的军队转业干部的就业培训。

军队转业干部安置工作主管部门应当加强对军队转业干部培训中心的管理。军队转业干部培训中心从事社会服务的收益，主要用于补助培训经费的不足。

第四十九条 各级教育行政管理部门应当在师资、教学设施等方面，支持军队转业干部培训工作。对报考各类院校的军队转业干部，应适当放宽年龄条件，在与其他应试者同等条件下，优先录取；对获二等功以上奖励的，应适当降低录取分数线投档。

第七章　社会保障

第五十条　军队转业干部的住房，由安置地政府按照统筹规划、优先安排、重点保障、合理负担的原则给予保障，主要采取购买经济适用住房、现有住房或者租住周转住房，以及修建自有住房等方式解决。

计划分配的军队转业干部，到地方单位工作后的住房补贴，由安置地政府或者接收安置单位按照有关规定解决。自主择业的军队转业干部，到地方后未被党和国家机关、团体、企业事业单位录用聘用期间的住房补贴，按照安置地党和国家机关与其军队职务等级相应或者同等条件人员的住房补贴的规定执行。

军队转业干部因配偶无住房补贴，购买经济适用住房超过家庭合理负担的部分，个人支付确有困难的，安置地政府应当视情给予购房补助或者优先提供住房公积金贷款。

军队转业干部住房保障具体办法，按照国家有关规定执行。

第五十一条　军队转业干部的军龄视同社会保险缴费年限。其服现役期间的医疗等社会保险费，转入安置地社会保险经办机构。

第五十二条　计划分配到党和国家机关、团体、事业单位的军队转业干部，享受接收安置单位与其军队职务等级相应或者同等条件人员的医疗、养老、失业、工伤、生育等社会保险待遇；计划分配到企业的军队转业干部，按照国家有关规定参加社会保险，缴纳社会保险费，享受社会保险待遇。

第五十三条　自主择业的军队转业干部，到地方后未被党和国家机关、团体、企业事业单位录用聘用期间的医疗保障，按照安置地党和国家机关与其军队职务等级相应或者同等条件人员的有关规定执行。

第八章　家属安置

第五十四条　军队转业干部随调配偶的工作，安置地党委、政府应当参照本人职务等级和从事的职业合理安排，与军队转业干部同时接收安置，发出报到通知。调入调出单位相应增减工资总额。

对安排到实行合同制、聘任制企业事业单位的军队转业干部随调配偶，应当给予2年适应期。适应期内，非本人原因不得擅自违约解聘、辞退或者解除劳动、聘用合同。

第五十五条　军队转业干部随迁配偶、子女符合就业条件的，安置地政府应当提供就业指导和服务，帮助其实现就业；对从事个体经营或者创办经济实体的，应当在政策上给予扶持，并按照国家和安置地促进就业的有关规定减免税费。

第五十六条　军队转业干部配偶和未参加工作的子女可以随调随迁，各地公安部门凭军队转业干部安置工作主管部门的通知及时办理迁移、落户手续。随迁子女需要转学、入学的，由安置地教育行政管理部门负责安排；报考各类院校时，在与其他应试者同等条件下优先录取。

军队转业干部身边无子女的，可以随调一名已经工作的子女及其配偶。

各地在办理军队转业干部及其随调随迁配偶、子女的工作安排、落户和转学、入学事宜时，不得收取国家政策规定以外的费用。

第五十七条　军队转业干部随调随迁配偶、子女，已经参加医疗、养老、失业、工伤、生育等社会保险的，其社会保险关系和社会保险基金，由社会保险经办机构按照国家有关规定一并转移或者继续支付。未参加社会保险的，按照国家和安置地有关规定，参加医疗、养老、失业、工伤、生育等社会保险。

第九章　安置经费

第五十八条　军队转业干部安置经费，分别列入中央财政、地方财政和军费预算，并根据经济社会发展，逐步加大投入。

军队转业干部安置工作涉及的行政事业费、培训费。转业生活补助费、安家补助费和服现役期间的住房补贴，按照现行的经费供应渠道予以保障。

军队转业干部培训经费的不足部分由地方财政补贴。安置业务经费由本级财政部门解决。

第五十九条　自主择业的军队转业干部的退役金，由中央财政专项安排；到地方后未被党和国家机关、团体、企业事业单位录用聘用期间的住房补贴和医疗保障所需经费，由安置地政府解决。

第六十条　军队转业干部安置经费应当专款专用，不得挪用、截留、克扣、侵占，有关职能部门对安置经费的使用情况应当进行监督检查。

第十章　管理与监督

第六十一条　各级党委、政府应当把军队转业干部安置工作纳入目标管理，建立健全领导责任制，作为考核领导班子、领导干部政绩的重要内容和评选双拥模范城(县)的重要条件。

第六十二条　军队转业干部安置工作主管部门主要负责军队转业干部的计划安生、就业指导、就业培训、经费管理和协调军队转业干部的社会保障等工作。

自主择业的军队转业干部，由军队转业干部安置工作主管部门管理，主要负责自主择业的军队转业干部的政策指导、就业培训、协助就业、退役金发放、档案接转与存放，并协调解决有关问题；其他日常管理服务工作，由户口所在街道、乡镇负责。

第六十三条　各级党委、政府应当加强对军队转业干部安置工作的监督检查，坚决制止和纠正违反法律、法规和政策的行为；对拒绝接收军队转业干部或者未完成安置任务的部门和单位，组织、人事、编制等部门可以视情暂缓办理其人员调动、录用和编制等审批事项。

第六十四条　军队转业干部到地方报到前发生的问题，由其原部队负责处理；到地方报到后发生的问题，由安置地政府负责处理，涉及原部队的，由原部队协助安置地政府处理。

对无正当理由经教育仍不到地方报到的军队转业干部，由原部队根据有关规定给予党纪、军纪处分或者其他处罚。

第六十五条　退出现役被确定转服军官预备役的军队转业干部，到地方接收安置单位报到时，应当到当地人民武装部进行预备役军官登记，履行其预备役军官的职责和义务。

第六十六条 凡违反本办法规定，对军队转业干部安置工作造成严重影响的单位和个人，视情节轻重给予批评教育或者处分、处罚；构成犯罪的，依法追究刑事责任。

第十一章 附 则

第六十七条 中国人民武装警察部队转业干部的安置工作，按照本办法执行。

第六十八条 各省、自治区、直辖市依据本办法制定实施细则。

第六十九条 本办法自发布之日起施行，适用于此后批准转业的军队干部、以往有关军队转业干部安置工作的规定，凡与本办法不一致的，以本办法为准。

第七十条 本办法由国家军队转业干部安置工作主管部门会同有关部门负责解释。

关于进一步做好军队转业干部安置工作的意见

中发〔2007〕8号

《中共中央、国务院、中央军委关于印发〈军队转业干部安置暂行办法〉的通知》（中发〔2007〕3号）下发以来，各级党委、政府和军队各级组织认真贯彻落实中央的决策部署，妥善安置了37万余名军队转业干部和9万余名随调随迁家属，对促进经济和社会发展，加强国防和军队现代化建设，保证军队体制编制调整改革顺利实施，发挥了重要作用。随着社会主义市场经济的深入发展和改革的不断深化，军队转业干部安置工作出现了一些新情况新特点，为进一步做好军队转业干部安置工作，现提出以下意见。

一、调控军队干部转业数量

加强军队干部总量调控，合理确定干部补充数量，确保干部队伍规模适度、编配相符、进出有序。搞好干部的调余补缺，加大交流力度，使人才资源在军队内部得到充分开发利用。对未达到平时服现役最低年限和任职最低年限的干部，从严控制转业。师级干部、高级专业技术职务干部主要作退休安置；申请转业的，实行严格的指标控制。军队干部转业对象由解放军总政治部审核确认。

二、改进计划分配军队转业干部安置办法

（一）军队转业干部的工作分配，贯彻公平、公正、公开的原则。各地要根据实际情况，在坚持指令性分配办法的同时，积极总结探索与服役期间德才表现、贡献挂钩和考核选调、考试考核、双向选择相结合的分配办法。军队转业干部的岗位安排以工作需要为主，兼顾本人意愿，确保军队转业干部人尽其才、各得其所。

（二）妥善解决党政机关接收军队转业干部需要的行政编制。党政机关接收军队转业干部，按照军队转业干部计划分配数的25%增加行政编制。按25%增加行政编制后有缺口的，首先用自然减员空缺出来的行政编制解决；解决后仍不够的，可专项向中央机构编制部门报告。各级党政机关在制定年度人事安排计划时，要充分考虑接收军队转业干部的情况，预留出部分职数接收军队转业干部。中央下达各地使用的政法专项编制，应有一定数量用于接收军队转业干部。中央机构编制部门为接收军队转业干部给有关地方增加的行政编制，不得挪作他用。

（三）各地区各部门各单位要按照有关规定，切实安排好军队转业干部的工作和职务。对担任师级领导职务和担任团级领导职务且任职满最低年限的军队转业干部，一般安排相应的领导职务;接收师、团级职务军队转业干部人数较多、安排领导职务确有困难的部门和单位,可以安排相应的非领导职务。要把师、团级职务军队转业干部安排与领导班子建设通盘考虑,根据工作需要和转业干部的德才条件,有计划地选调到市(地)、县(市)级领导班子或者事业单位、国有企业领导班子任职。要制定优惠的政策措施,鼓励军队转业干部到艰苦地区、基层、企业事业单位工作。

(四)中央和国家机关京外直属机构、企业事业单位的军队转业干部安置计划,由所在省(自治区、直辖市)军队转业干部安置工作主管部门编制下达,其上级主管部门要按照有关规定及时解决所属单位接收军队转业干部所需增加的编制、职数和工资总额等问题,保证安置计划的落实。

三、完善自主择业军队转业干部安置政策

(一)军龄满20年的师、团、营级职务(含相应职级文职干部和享受相当待遇的专业技术干部)军队转业干部,本人提出申请,经组织审核批准,可以选择自主择业的方式安置。要加强对军队转业干部选择自主择业的引导工作,使确有自主择业愿望和就业创业能力的干部选择自主择业。

(二)自主择业军队转业干部的退役金和生活性补贴计发办法,按照国家现行有关规定执行;退役金和生活性补贴的调整,根据移交地方安置的军队退休干部退休生活费和生活性补贴调整的情况相应调整。经济比较发达地区自主择业军队转业干部月退役金与生活性补贴之和,低于安置地党政机关相应职务等级退休干部月退休生活费数额的,安置地政府可以发给差额补贴;是否发给差额补贴,由地方政府根据当地实际情况确定。各地要采取切实有效措施,落实好自主择业军队转业干部的医疗、住房保障政策。自主择业军队转业干部未就业期间的冬季取暖费,按照当地政府的相关规定执行。

(三)各地要完善管理服务体系,创新管理服务机制,充实和加强力量,提高管理服务水平,做好管理服务的各项工作。要勇于实践,认真总结探索社区、街道、乡镇关心自主择业军队转业干部的思想、工作、生活和做好日常管理服务工作的经验。自主择业军队转业干部党员要按规定及时接转组织关系。基层党组织要加强对自主择业军队转业干部党员的管理,严格组织生活,扎实有效地开展思想政治工作。

(四)自主择业军队转业干部要充分发挥自身优势,积极就业创业;安置地政府要通过提供政策咨询、发布就业信息、组织人才交流、开展就业创业培训、制定和落实有关优惠措施等形式予以协助;用人单位要充分发挥自主择业军队转业干部的作用,依法保障他们的权益,形成自主择业军队转业干部自主作为、政府协助、社会支持的就业创业良好环境。

(五)切实保障自主择业军队转业干部安置和管理经费的落实。自主择业军队转业干部由地方财政保障的经费,安置地财政确有困难的,可由省级财政根据情况给予适当支持。具体办法由各省(自治区、直辖市)结合实际情况制定。

四、调整部分军队转业干部安置地区去向的条件

(一)在艰苦边远地区和特殊岗位服役满15年的军队转业干部,不符合到直辖市、省会(自治区首府)城市和副省级城市安置条件的,可以到原籍、入伍地或者配偶常住户口所在地的地级城市安置。艰苦边远地区和特殊岗位的范围,由国家军队转业干部安置工作主管部门与解放军总政治部根据国家和军队的有关规定确定。

(二)夫妇同为军队干部的,双方或者一方转业,可以到任何一方的部队驻地安置;未婚或者离异的军队转业干部，可比照驻地军队干部配偶随军条件予以安置。

（三）自主择业军队转业干部到配偶、父母、配偶父母、本人子女户9所在地安置，该地区为艰苦边远地区和高山海岛地区县（市）的，其上述亲属（不含随军、离退休安置或工作调动）须取得该地区常住户口满5年，且有独立合法产权的住房。

五、加强军队转业干部教育培训工作

（一）要把军队转业干部的教育培训纳入干部教育培训及人才资源开发的总体规划，充分发挥军队转业干部培训机构和其他社会培训机构的作用，积极探索建立多形式、多渠道的军队转业干部教育培训体系。计划分配军队转业干部的教育培训工作，贯彻“学用结合、按需施教、注重实效”和“先培训后上岗”的原则，增强针对性和实用性，提高培训质量。自主择业军队转业干部的教育培训工作，贯彻“政府主导、依托社会、个人自愿、按需培训”的原则，可依托现有创业基地和公共实训基地进行职业培训，提高他们的就业创业能力。

（二）军队转业干部在离队报到前，军队各级组织要开展深入细致的思想政治工作，切实加强军队转业干部离队前的教育。要认真进行形势政策教育，帮助他们树立正确的择业观念，有条件的还可组织一些专业技能培训。地方有关部门要给予积极配合。

（三）中央财政、地方财政和军队要加大军队转业干部教育培训经费支持力度。根据军队转业干部教育培训工作实际需要和发展要求，适当提高教育培训经费标准。具体办法由财政部会同国家军队转业干部安置工作主管部门和军队有关部门研究制定。

六、改进军队转业干部随调配偶安置办法

（一）军队转业干部随调配偶为公务员，且符合公务员转任规定的，参照本人职务等级和从事的职业，合理安排；为事业单位工作人员和企业职工的，主要在事业单位和企业妥善安排。对安排到实行劳动合同制、聘用制企业事业单位的随调配偶，应当给予3年适应期，适应期内非本人原因不得擅自解除劳动、聘用合同。

（二）各地区要适应社会主义市场经济发展和劳动人事制度改革的新形势，积极开展军队转业干部随调配偶就业的改革试点工作。可根据随调配偶意愿，采取发给一次性就业补助费等措施，由本人自谋职业。具体办法由各省（自治区、直辖市）结合实际情况制定。

七、切实加强对军队转业干部安置工作的组织领导

（一）军队转业干部安置工作，事关国防和军队现代化建设，事关改革发展稳定大局。妥善安置军队转业干部，是一项重要的政治任务，是全社会的共同责任。各级党委、政府和军队各级组织要从大局出发，认真履行职责，切实加强对军队转业干部安置工作的组织领导。各地要充实和加强军队转业干部安置工作部门的力量。要进一步健全完善军队转业干部安置工作责任制，有关部门要各司其职，密切协作，互相支持，把中央制定的各项政策落到实处。要严肃工作纪律，防止和纠正工作中的不正之风。对拒绝接收军队转业干部，以及在移交和安置工作中违规操作、弄虚作假、索贿受贿的，要视情节轻重给予批评教育或者处分、处罚。

（二）军队各级党委和政治机关要积极配合地方党委、政府做好军队转业干部安置工作，认真搞好军转安置政策的宣传，加强对军队转业干部离队前的管理，帮助军队转业干部解决实际问题，教育和引导广大军队转业干部自觉服从国家和军队改革需要，正确对待组织安排，牢固树立正确的世界观、人生观、价值观，保持和发扬人民军队优良传统，在全面建设小康社会、构建社会主义和谐社会的伟大实践中建功立业。

（三）要适应改革不断深化、社会利益关系调整和军队现代化建设发展的新形势，注意研究新情况新问题，适时调整相关规定，不断深化中国特色退役军官安置制度改革，努力探索符合中国国情的退役军官安置新路子。

本意见自发布之日起施行。本意见未规定的事项，按照中发〔2001〕3号文件及其配套文件执行。

三、最新会议精神

第六次全国军转表彰大会暨2014年军转安置工作会议5月27日在北京召开。27日上午，中共中央总书记、国家主席、中央军委主席习近平会见表彰大会受表彰代表，并发表重要讲话。他强调，军转安置工作是实现“两个一百年”目标、实现中华民族伟大复兴的中国梦的重要力量。广大军转干部要到党和人民最需要的地方去，积极适应改革开放时代大潮，牢记生命中有了当兵的历史，自觉弘扬人民军队光荣传统和优良作风，在人生的不同阶段、不同岗位上继续出色工作、活出精彩人生。

习近平指出，江山代有才人出。我们的事业就是靠英雄模范、先进人物作为生力军和骨干来推进的。在我国革命、建设、改革各个历史时期，各条战线各个领域的英雄模范人物都发挥了重要作用。军转战线也群英荟萃，这次表彰的模范军转干部、先进单位和先进个人，就是我们英雄模范人物群体的重要组成部分，是值得全党全国各族人民学习的榜样。铁打的营盘流水的兵。早在革命战争年代，就有一批又一批在军队工作的同志服从组织安排到地方工作，为夺取中国革命胜利建功立业。新中国成立后，大批军队干部转业地方工作，为加强政权建设、恢复和发展国民经济作出了重要贡献。在新的历史时期，广大军转干部顾全大局、无私奉献，成为改革开放的时代弄潮儿，作出了骄人业绩。我们要广泛宣传他们的先进事迹，使之成为培育和践行社会主义核心价值观的生动教材，成为弘扬奋力拼搏、开拓进取精神的生动教材，在全社会形成向模范人物看齐的良好风尚。

习近平指出，军转干部是党和国家的宝贵财富，我们要倍加关心、倍加爱护。军转安置工作十分重要，关系改革发展稳定全局和国防军队建设。各级党委和政府、军队各级组织要高度重视并满腔热情做好军转安置工作。我们要大力宣传这些先进事迹，使广大军转干部都能从中吸收力量。军转安置工作要适应全面深化改革新形势，按照深化干部人事制度改革、国防和军队改革新要求，推进体制机制创新，为促进军队干部队伍建设、为安置和使用好军转干部提供更可靠更有效的制度保障。

第二章　军转干考试

当前，各地军转干部都需要通过人事部门组织的资格考试后，才能进入行政机关公务员序列，改变了过去军转干部由政府进行指令性安置的做法，令安置工作更加透明。

一、军转干考试的内容与形式

军转干考试常见的考试形式为：公共科目笔试、专业科目笔试和面试（面谈、双选），公共科目笔试范围包括政治、经济、法律、管理、科学技术及历史、国情国力、公文写作与处理，主要测试应试者胜任党政领导工作必须具备的基本素质，特别是运用有关基本理论、基本知识和基本方法分析解决领导工作中实际问题的能力，如政策理论水平、综合分析能力、实际工作能力、适应和创新能力、职业道德修养、文字表达能力等。面试（面谈、双选）测试的主要内容则包括自我认知和职位匹配、职业规划、沟通协调、语言表达能力等。

军转干考试的招考公告由省军转办发布，大纲参考《党政领导干部公开选拔和竞争上岗考试大纲》，各省还会公布具体的考试大纲或考试说明。试题难度根据领导职位对知识和能力素质的要求确定，略低于公务员录用考试。

二、军转干考试的性质和特点

军转干考试属于选拔型考试的一种。有别于常见的"通过型考试"，选拔型考试的特点非常鲜明，那就是要体现选拔意图，要体现一定的区分度。但军转干考试又不完全等同于一般的公务员考试、事业单位考试，有它自身的特点（见表1）。

表1　常见选拔考试类型比较

	军转干考试	公务员考试	事业单位考试
考试形式	1. 笔试： 2. 双选（面试）	1. 笔试 2. 面试	1. 笔试 2. 面试
笔试科目	《综合能力和素质》	《公共基础知识》 《行政职业能力测验》 《申论》	《综合知识与能力素质》 《综合知识与专业素质》 《综合知识》

续表

测查重点	能力指标	能力指标 知识指标	知识指标 能力指标
测查内容	主要测试应考人员从事党政机关工作应具备的能力和素质。具体测试内容为： （一）政策理论水平：对党和国家的路线方针政策、科学发展观和十八大精神、今年以来党和国家经济社会发展的重大决策和战略部署等方面的掌握程度和灵活运用的能力。 （二）综合分析能力：运用有关基本理论、基本知识和基本方法全面系统分析社会现象以及社会关注的重点、难点和热点问题的能力。 （三）实际工作能力：提出问题和解决问题、沟通协调、贯彻执行、依法行政等能力。 （四）适应和创新能力：转业思想准备，环境适应，角色转变，创新思维等。 （五）职业道德修养：树立正确的人生观、价值观；机关工作人员必备的职业道德修养。 （六）文字表达能力：以规范、准确、简练、清晰、严谨的文字表达思想观点的能力。	公共科目笔试是针对公务员岗位任职能力和职位要求进行的考试。具体测试内容为： （一）《公共基础知识》主要测试应试人员对公共基础知识的掌握程度和运用知识分析问题、解决实际问题的能力，以及履行公务员义务的必备能力和素质。 （二）《行政职业能力测验》主要测试应试人员从事国家机关工作必须具备的能力和素质。 （三）《申论》主要通过应试人员对给定材料的分析、概括、提炼、加工等，测查应试人员阅读理解能力、贯彻执行能力、解决问题能力及文字表达能力等。	主要测试应试人员对综合基础知识的掌握程度，运用知识分析问题、解决实际问题的能力，阅读理解能力、文字表达能力，以及履行岗位职责的必备能力和素质。 测试范围：基本的政治、经济、法律、管理、科技等理论知识，以及事业单位工作人员必备的一些基本常识、基本技能等。主要内容如下： （一）综合知识测试内容：政治理论、法律知识、管理知识、道德知识、语文知识和公文知识、经济知识、科技知识、历史知识、社会事业知识、时事政治与基本常识 （二）能力素质测试内容： 1. 综合分析：对文字、表格、图形等资料的分析。 2. 判断推理：事件排序、类比推理、逻辑判断、定义判断。 3. 言语理解与表达：阅读与理解。 （三）专业素质测试内容： 本专业必须了解和掌握的基本理论、基本知识和实际应用能力。 测试内容权重： 坚持“干什么，考什么”的原则，根据行业、专业和岗位特点确定相应的比例内容。
题型设置	考试题型：简答题、论述题、案例分析题、综合分析题、材料处理题、实务操作题、写作题等。根据试卷结构的要求选取上述若干个不等题型。 **试题均为主观题。**	《公共基础知识》考试题型：单项选择题、多项选择题、不定项选择题、实务题、论述题、简析题、写作题、案例分析题、综合分析题、材料处理题等。 《行政职业能力测验》考试题型均为**客观性单项选择题。** 《申论》为**主观性试题**。（试卷中设置6 000字左右的阅读材料）	考试题型：单项选择题、多项选择题、案例分析题、综合分析题、实务题、论述题、简答题、材料处理题、写作题等。 根据试卷结构的要求选取上述若干个不等题型。 **试卷均有主观题和客观题。**

从上表我们可以看出，军转干考试的更侧重测查能力指标，从军转干部即将面对的工作岗位性质、必须具备的基本工作素养和能力入手，坚持“干什么，考什么”的原则，选拔的针对性很强。在题型设置上全部为主观性试题。

三、军转干考试的命题趋势

从近年来的实际情况看，军转干考试的命题趋势总体平稳。但在某些省份，也出现了一些新的变化。

首先，命题地域化差异变大。公共科目笔试科目有《行政职业能力测验》《申论》《公共基础知识》《综合能力和素质》和《公务员法》等多种形式。由于是各地自主命题，加之命题风格迥异，使得试题的地域化差异明显。据了解，河南、云南、四川等省考查《行政职业能力测验》《申论》，也有省市只考《行政职业能力测验》或《公共基础知识》或《申论》，山东省军转干考试笔试一般为一张试卷，考查《公共基础知识》和《申论与写作》。江苏省2013年之前考查《公共基础知识》和《写作》，2013、2014两年则考查《综合能力和素质》。

《大纲》2013年修订前后考试题型对比

	2014年	2013年	2012年
第一题	**主观题** 论述题 人民军队具有召之即来来之能战战之必胜的优良作风，习近平总书记指出，党的群众路线教育实践活动有时限，但作风建设，永远在路上！ 请结合材料，谈谈军队转业干部如何继续弘扬军队优良的作风。500字，20分。	**主观题** 论述题 材料：革命战争时期，人民群众帮助我们赢得胜利，陈毅说“淮海战役的胜利，是人民群众用小车推出来的”；改革开放时期，安徽小岗村实行包产到户，广西某村实行村委制度，很多方法来自群众，并推行到全国；当前，总体上党员干部是好的，也有部分党员干部不接地气。习总书记说开展党的群众路线教育就是要如何如何。(350字左右) 问：结合材料和实际，请你谈谈对坚持党的群众路线教育的理解。	**客观题** 单项选择题 1. 十七届六中全会关于文化建设的出发点和落脚点：(　　) A. 社会主义精神文明建设 B. 中国特色社会主义核心价值体系 C. 满足人民精神文化需求 D. 社会主义道德建设 (2—20题略)
第二题	**主观题** 综合分析题 某城市城市建有公共厕所670多座，数量和住建部规定的数量相差比较多，市民反映公共厕所没统筹安排开放时间，老早关闭，还有有的地方安排厕所多，有的地方半天找不到厕所。好多厕所坏了没人修。开放时间结束的比较早，建设和管理不是同一单位，在新城的规划建设当中，公用设施没有规划。 请根据材料回答，问1.请分析a市在公共厕所建设和管理存在的问题200字。2.结合材料，谈谈管理者如何加强对公共设施的管理，300字。共25分。	**主观题** 综合分析题 小张刚参加工作由于专业对口，取得了很大成绩，后面调去搞群众信访工作，由于不适应，想调走，在领导的教育和帮助下，改进作风，转变思路，在新的工作岗位上又取得了新成就。 从小张的变化，对你转业到地方有什么工作启示？(450字左右)	**客观题** 多项选择题 21、2011年7月1日，胡锦涛在庆祝中国共产党成立90周年讲话中指出我党取得的三大成就是：(　　) A. 开辟了中国特色社会主义道路 B. 形成了中国特色社会主义理论体系 C. 建成了惠及十几亿人口的更高水平的小康社会 D. 确立了中国特色社会主义制度 (22—30题略)

续表

	2014 年	2013 年	2012 年
第三题	**主观题** 案例分析题 A 市根据任务筹集一批大米运往 B 市，已经发运了一部分，在一次运输过程中，发生车祸，大米倾覆，遭到小鸟吃食，一群鸟吃掉在路上的大米死了，A 市组织相关人员在事故调查时说，小鸟是吃大米过多，被撑死的。此事经媒体报道后，引来大片质疑。接着组织专业人员进行调查，三天后 A 市质检部门经化验得知大米有毒；B 市接到 A 市通知后，紧急收回已经售出的大米，并采取了相应措施。 问题 1. 请对 A 市政府处理此事进行评析。200 字，10 分。 问题 2. 请针对此类公共危机事件提出对策。300 字，15 分。	**主观题** 案例分析题 某市某路，很多违章停车的司机会收到一张特殊的罚单，单据上不是写的处罚金额，而是很有爱的四个字“下不为例”。 跟其他秩序民警一样，XX 每天的工作就是疏导交通和给违法停放机动车张贴罚单。可与其他交警不同的是，接到他“罚单”的司机不但没有怨言，还对他充满感激。 对于这种“温情罚单”，有人觉得是人性执法，有人觉得有法可依，并批评“罚款”执法，还有人调侃道“反正也不罚钱，下次我也停那里去”。 问：1. 请你对“温情罚单”现象进行评析。（250 字左右） 2. 对做好行政管理工作，有哪些启示？（350 字左右）	**主观题** 案例分析题 方某到宾馆开房间，服务员告诉他如果有贵重物品可以放到前台保管。晚上睡觉醒来，发现房门半开，电脑、钱包等财物全没了，他找宾馆看监控，结果发现监控一直没开，唯一的一名保安也不在位。方某到派出所报案，要求宾馆赔偿。宾馆以服务员已经提醒过为由，拒绝赔偿。请问宾馆是否应该赔偿，并说明理由。
第四题	**主观题** 实务操作题 党风廉政建设事关党的生命线，某省级机关要组织一次党风廉政建设宣传活动，请你拟制单位组织党风廉政宣传教育月活动的工作思路。500 字，30 分。	**主观题** 实务操作题 6 月 3 日，某市突降暴雨，一骑车女子在经过北环高速桥下涵洞时，不慎落入掉入涵洞内的暗渠，不见踪影。接报后，相关单位组织人员进行救捞。救援人员采用门板测、尺子量等方法想得到涵洞地形。市三防办以致电与发函的形式，通知权属管理单位市北环高速公路有限公司事故情况，并请其提供事发地段涵洞平面与结构图纸，但一直没有得到回应。数小时后，救援无果，救援人员放弃救援。但现场没有任何警示标志和围挡，仍有不少行人从涵洞中通过。 几天后，该女子尸体浮出水面，很多群众要求讨个说法。市北环高速公路有限公司称并不清楚事发地点究竟属于北环高速的红线范围还是市政道路的红线范围，只有确定之后才能知道由谁负责对其维护和管养。 问：针对材料中存在的问题，请你就类似事件提出合理可行的建议。（350 字左右）	**主观题** 综合分析 某政府机关工作人员在网站回复网民的提问，居然是：请你自己去百度一下！请你从建设服务型政府的角度评析这种行为。

续表

	2014年	2013年	2012年
第五题	**主观题** 实务操作题 （此题仅出现在无锡等地的连级考试试卷中） 某单位的工作比较出色，上级要召开经验交流会，领导要在交流会上作经验介绍。领导把写交流发言稿的任务交给了一个老同志，发言稿写完后，领导不满意，认为稿子没有突出单位的工作亮点和成绩。你作为一名刚转业到该单位的转业干部，现在领导把写交流稿的任务交给你，那么你如何完成这项工作？	**主观题** 实务操作题 某市城市发展规划，随着竣工临近，加强了封堵，造成上下班高峰期间道路拥堵，另外夜间施工，对居民的出行和休息造成了很大的影响。群众给市长信箱发了很多信表达不满、提出批评。市政府办公室将市长信箱内容整理出交给相关职能部门，要求及时回复。 假定你是此职能部门机关工作人员，领导让你负责此事，你准备怎么办？（450字左右）	**主观题** 公文写作题 每年四、五月份，南山镇金花盛开之时，风景优美，吸引众多游人前来观光。A县旅游局计划与南山镇镇政府联合请示县政府，计划于明年筹办首届南山金花旅游节。如果你是具体负责此事的工作人员，请你草拟出此公文。 要求：准确、规范。
第六题			**主观题** 写作题 昌辉是一名给养员出生的普通战士，在退伍返乡的列车上热心服务群众，递茶倒水，一刻不停、不知疲倦，受到大家的一致好评，列车到站，昌辉默默离开。因为这事，昌辉被同车厢的一个中年人看中，后来中年人找到他家，聘请他当了经理。昌辉的事例肯定给了你一些启示，根据这个材料，结合自己转业的经历，以“变与不变”为题，写一篇议论文。（800字左右）
客观题	0	0	2
主观题	5	5	4
总题量	5	5	6

其次，命题思路发生变化，即“变客观题型为主观题型、变知识测试为能力测试”。以江苏省为例，2013 年 6 月，《2013 年江苏省军转干考试大纲》发布，新大纲变化很大。一方面，考试科目变了，从《综合基础知识》变为了《综合能力和素质》；另一方面，考查内容变了，从“马克思主义理论、行政管理、法律基础、公文写作、时事政治、其他知识”这六大理论知识要素变为了“政策理论水平、综合分析能力、实际工作能力、适应和创新能力、职业道德修养、文字表达能力”这六大能力素养要素；最后，考试题型变了，客观题(单项选择、多项选择)不见踪迹。

客观地说，这种变化让选拔更加公平，因为它基本回避了应试者专业背景和工作性质的影响；这种变化让选拔更加理性，因为在知识爆炸的今天，如果只是知识点的欠缺，弥补的渠道已经越来越多；这种变化让选拔更加合理，因为能力测查更符合“考为所用”的基本原则；这种变化让选拔更加合情，因为它真正将很多一线指战员从考前数月的“死记硬背”中解脱出来，真正让他们在日常工作中积累的点滴有了用武之地。

这种命题方式的变革带来了较好的选拔效果，必然将在较长时间内稳定下来。相应的，对备考者也提出了更高的要求。“明确选拔能力指标”是基础；“多梳理日常工作，多思考命题意图，多总结思维技巧”是备考的三个基本原则；而“研究真题，结合实际”则是最重要的突破口。

第二编

❖ 能力指标详解

第一章 政策理论水平

大纲要求：对党和国家的路线方针政策、科学发展观和十八大精神、今年以来党和国家经济社会发展的重大决策和战略部署等方面的掌握程度和灵活运用的能力。

涉及题型：论述题、简答题、综合分析题。

第一节 能力指标详解

一、关于“四个全面”

（一）“四个全面”战略布局的提出历程和时代背景

（二）“四个全面”战略布局基本内容

（三）“四个全面”战略布局的内在逻辑关系

（四）“四个全面”战略布局的本质意义

（五）习近平关于“四个全面”的重要论述

（六）习近平关于“全面建设小康社会”的重要论述

（七）习近平关于“全面深化改革”的重要论述

（八）习近平关于“全面依法治国”的重要论述

（九）习近平关于“全面从严治党”的重要论述

二、关于中国梦

（一）习近平在参观《复兴之路》展览时的讲话(2012年11月29日)

（二）习近平在第十二届全国人民代表大会第一次会议上的讲话(2013年3月17日)

（三）习近平在莫斯科国际关系学院的讲演(节录)(2013年3月23日)

（四）习近平在同全国劳动模范代表座谈时的讲话(节录)(2013年4月28日)

（五）习近平在同各界优秀青年代表座谈时的讲话(节录)(2013年5月4日)

（六）习近平给北京大学学生的回信(节录)(2013年5月5日)

（七）习近平接受拉美三国媒体联合书面采访(节录)(2013年5月31日)

三、关于科学发展观

（一）党的十七大报告中关于“科学发展观”的表述

（二）中共中央关于在全党开展深入学习实践科学发展观活动的意见

（三）胡锦涛在全党深入学习实践科学发展观活动总结大会上的讲话

四、社会主义和谐社会

（一）《中共中央关于构建社会主义和谐社会若干重大问题的决定》(2006年10月11日十六届六中全会通过)

（二）党的十八大报告中关于“在改善民生和创新管理中加强社会建设”的表述

（三）2010年政府工作报告关于促进社会和谐进步的论述（2010年3月5日）

（四）胡锦涛在省部级主要领导干部提高构建社会主义和谐社会能力专题研讨班上的讲话（2005年2月19日）汇编

五、关于社会主义市场经济

（一）党的十八大报告中关于加快完善社会主义市场经济体制和加快转变经济发展方式的论述

（二）《中共中央关于完善社会主义市场经济体制若干问题的决定》（2003年10月14日中共十六届三中全会通过）

六、关于文化强国

（一）党的十八大报告中关于社会主义文化强国建设的表述

（二）习近平谈建设社会主义文化强国

（三）习近平关于“建设社会主义文化强国”重要论述摘编

（四）党的十七大报告中关于“推动社会主义文化大发展大繁荣”的表述

七、关于生态文明建设

（一）党的十八大报告中关于生态文明建设的表述

（二）习近平谈生态文明建设

（三）《中共中央、国务院关于推进社会主义新农村建设的若干意见》（2005年12月31日）

（四）胡锦涛在中共中央举办的省部级主要领导干部建设社会主义新农村专题研讨班上的讲话（2006年2月14日）

（五）《中共中央关于推进农村改革发展若干重大问题的决定》（节录）（2008年10月12日中共十七届三中全会通过）

八、关于政治体制改革

（一）党的十八大报告中关于“坚持走中国特色社会主义政治发展道路和推进政治体制改革”的论述（第五小点）

（二）李克强在第十二届全国人民代表大会第二次会议上所作的《政府工作报告》（节录）（2014年3月5日）

九、关于群众路线教育实践活动

（一）习近平在党的十八届二中全会第二次全体会议上的讲话（节选）（2013年2月28日）

（二）习近平在党的群众路线教育实施活动工作会议上的讲话（2013年6月18日）

（三）习近平在党的群众路线教育实践活动总结大会上的讲话（2014年10月8日）

本章具体文献摘编见附录一。

第二节 典型例题

【例一】 简答:“四个全面”的基本内容和内在逻辑关系。

【参考解答】

1. “四个全面”即:全面建成小康社会、全面深化改革、全面依法治国、全面从严治党,这四个方面是一个有机联系的整体,每一个“全面”都有其特定的科学内涵和重大战略意义。

2. “四个全面”战略布局是一个具有内在逻辑联系的整体。在这个整体中,全面建成小康社会是战略目标,全面深化改革、全面依法治国、全面从严治党是战略举措,而全面深化改革和全面依法治国是并驾齐驱的“鸟之两翼”。“四个全面”统一于中国特色社会主义现代化建设全过程,统一于实现中华民族伟大复兴的中国梦的全过程。

【例二】 论述:如何理解十八大提出的要提高公共服务质量?

【参考解答】

1. 现实必要性。随着经济社会发展水平的提高,人民群众期待获得更高质量的公共服务。

2. 十八大精神。顺应人民群众这一新期待,党的十八大报告从质量上对公共服务与民生事业发展提出了要求,如“推动政府职能向创造良好发展环境、提供优质公共服务、维护社会公平正义转变”,“着力提高教育质量”,“推动实现更高质量的就业”等。

3. 实现途径。贯彻落实党的十八大精神,提高公共服务质量,可以从以下几个方面着力。

①明确政府提高公共服务质量的职责。顺应人民群众对提高公共服务质量的新期待,应将提高公共服务质量纳入提供公共服务的目标要求,在公共教育服务、公共卫生服务、公共文化服务、社会保障等方面提出明确的质量要求,明确政府提高公共服务质量的职责。同时,进一步强化政府职能部门为企业、市场、社会和人民群众提供公共服务的责任意识,在避免公共服务“缺位”的基础上提供高质量的公共服务。

②明确提高公共服务质量的主要内容。提高公共服务质量应与经济社会发展水平相适应,稳步进行。既坚持让发展成果更多更公平惠及全体人民,又坚持量力而行和可持续发展。当前,应主要从以下几方面提高公共服务质量:一是有关发展的服务质量,包括公共教育质量、公共文化质量等,主要目标是促进经济社会和人的全面发展;二是有关安全的服务质量,包括保障产品质量安全、工程质量安全、服务质量安全和环境质量安全等,主要目标是保障社会主体和人民群众的人身财产安全;三是有关生存的服务质量,主要是指在质量侵权中对受害人的救助,主要目标是保障公民的合法权益。

③合理配置公共资源。提高公共服务质量,应改革创新公共资源配置方式,在加大投入的同时,合理配置公共资源。当前,既要建立健全城乡公共服务发展一体化体制机制,促进公共资源均衡配置;也要克服区域间财力差异,促进公共资源在不同区域公平分配和合理使用。同时,处理好公共服务覆盖面、供给水平与政府财政能力之间的关系,保证公共服务的持续有效供给。

④创新公共服务供给机制。提高公共服务质量，应改变以政府为主体的单一公共服务供给模式，引入市场化、社会化机制。一方面，在公共服务领域适当放宽社会资本进入限制，将一部分公共服务项目交由市场主体运营，充分利用市场竞争的优势，降低服务成本，提高服务质量；另一方面，积极培育社会组织，充分发挥行业协会、商会、消费者组织等社会组织在公共服务供给中的作用。通过建立以项目为导向的政府向社会组织购买公共服务机制，缓解政府的供给压力，提高供给的效率与效益。同时，建立健全公众参与机制，拓宽公众参与公共治理的途径，提高公共服务供给的民主化、科学化水平。

⑤积极推进法治化。提高公共服务质量，从根本上看要靠法治。首先，制定政府履行公共服务职能的具体规范，既依法保障人民群众能够获得普遍、公平的公共服务，又对政府履行职责设定程序约束，保障公共服务提供的连续性。对于涉及人民群众切身利益的重大事项，应履行听证等公众参与程序。其次，确保提供公共服务的公开透明。除法律有明确规定的以外，所有公共服务信息都应当公开，便于公众了解公共服务的具体内容、提供方式和运行程序。再次，通过法律确立和规范公共服务质量的评估机制。依法定期对公共服务进行评价，及时做出调整与反应。最后，建立行政相对人的权利救济机制。公共服务中的不作为、失当行政行为和违法行政行为侵犯相对人的合法权益，应当通过建立健全救济机制维护人民群众合法权益。

第一章练习题

1. 简答题

(1) 十八届三中全会提出的“六个紧紧围绕”是什么?

(2) 什么是“三严三实”,它提出的背景是什么?

(3) 社会主义核心价值观的内涵是什么?

(4) 什么是“国家文化软实力”?

2. 论述题

(1) 就“深化社会主义经济体制改革”的时代命题展开论述。

(2) 论述如何推进国家治理体系与治理能力的现代化

(3) 论述“中国梦”的内涵及实现途径。

(4) 如何理解“全面从严治党”?

(5) 如何理解“文化强国”战略?

第二章　综合分析能力

大纲要求：具备运用有关基本理论、基本知识和基本方法全面系统分析社会现象以及社会关注的重点、难点和热点问题的能力。

涉及题型：论述题、案例分析题、综合分析题、材料处理题、实务操作题、写作题等。

第一节　能力指标详解

一、能力指标阐释

分析，是指把整体分解为部分进行认识和思维；综合，是指把对事物各个部分的认识有机结合起来，形成对事物整体的认识和思维。分析和综合是同一个思维过程的两个侧面：分析是从对事物的外部观察和思维出发，然后深入到事物内部探求其本质；综合则是从事物本身出发，通过事物的内部联系把各个部分综合成整体。就思维的一般过程而言，分析理解是第一位的，综合概括是第二位的，先有分析，后有综合而分析的结果又必须依赖综合概括表现出来。

综合分析就是从整体上把握事物，把事物视为多层次、多方面、多阶段相互联系的统一体，对各部分和各要素进行周密的分析，把有内在联系的要素归结起来，从整体上真正认识客观事物。综合分析强调对客体本身内部规律的发现，无论事物、事件还是某种学说或思想，当它成为对象时都被视为“有形”的客体，就可以被划分、被解释，这种解释是由外而内逐渐深入的过程。

二、指标测查形式

综合分析能力可以说贯穿考试的每一题，总体上来说，存在以下几种类型：

1. 现象分析。要求应试者就某一社会事件展开分析，从不同的角度或者不同的层面界定问题、剖析问题背后的深层次因素，为解决一个具体问题甚至一个系统问题提供逻辑支撑。

如2014年江苏省军转干考试真题：

A市建有公共厕所670多座，数量和住建部规定的数量相差比较多，市民反映公共厕所没有统筹安排开放时间，每天都较早关闭，还有，有的地方安排厕所多，有的地方半天找不到厕所。好多厕所坏了没人修，建设和管理也不是同一单位。

另外，在新城的规划建设当中，公用设施没有规划。

请根据材料回答：(1) 请分析A市在公共厕所建设和管理中存在的问题(200字)。(2) 结合材料，谈谈管理者如何加强对公共设施的管理(300字)。共25分。

这其中，第一小题“请分析A市在公共厕所建设和管理中存在的问题(200字)”就是对综合分析能力的考查，同时也为第二小题的解决提供依据。

2. 观点分析。要求应试者就题干所表达的观点和倾向进行分析，辨析其正确性、合理性和可行性，并研究这一观点的产生根源和潜在影响。

如2014年江苏省军转干考试真题：

某市某路，很多违章停车的司机会收到一张特殊的罚单，单据上不是写的处罚金额，而是很有爱的四个字"下不为例"。

跟其他执勤民警一样，××每天的工作就是疏导交通和给违法停放机动车张贴罚单。可与其他交警不同的是，接到他"罚单"的司机不但没有怨言，还对他充满感激。

对于这种"温情罚单"，有人觉得是人性执法，有人觉得有法可依，并批评"罚款"执法，还有人调侃道"反正也不罚钱，下次我也停那里去"。

问：(1) 请你对"温情罚单"现象进行评析(250字左右)。(2) 对做好行政管理工作，有哪些启示？(350字左右)

这一题的题干中就呈现出对"温情罚单"的三种观点。对这三种观点的辨析过程直接指向第一小题的解答；而进一步分析其产生背景及潜在影响则指向第二小题的解答。

如果进一步细分，近年来，包括军转干考试中在内的各种选拔类考试中，综合分析能力的测查形式包括以下几类：

(1) 主旨分析。题干是一段材料，介绍某一概念、观点或现象。要求应试者准确理解其主旨，并相应地做出客观陈述和解释说明。

(2) 原因分析。要求应试者界定给定材料中社会现象所反映的问题，并对问题背后的深层次影响因素做出多角度、多层次的分析。

(3) 影响分析。要求应试者对材料中反映的某一因素的发展演变做出预判，指明其对相应主体的积极或消极的潜在影响。

(4) 比较分析。要求应试者对两个或多个主体的异同点在一定范围内、一定层面内进行比较，并得出相应的规律性认识。

(5) 分析论证。要求应试者就相关素材的理解进行发散，产生某种主观认识，并凝练成观点进行自主分析论证。

三、测查常见问题

综合分析能力是考纲中要求较高的一个指标，也是历年考试中权重最大的一个指标。从实际操作来看，应试者存在问题较多，主要表现为：

1. 问题界定不清。部分应试者在梳理素材时，阅读粗枝大叶，内在逻辑不清，不能驾驭所有材料，并抓住主要问题进行升华，只是在一些枝节问题上做文章。

2. 思维宽度局限。部分应试者长期从事事务性工作，缺乏梳理、总结、反思的历练，导致思维局限。在考试中只会运用惯性思维分析理解问题，出现单一、片面的状况。

3. 分析维度不足。部分应试者在分析相关对象的过程中背景关联不够，角度拓展不开，层次挖掘不深，往往浅尝辄止，只是就事论事做表面文章。

4. 概括表述不畅。因为有的应试者基本功较差，特别是文字水平较差，结果在表述中逻辑混乱，词不达意。

四、破解途径

应试者在平时的学习和工作中，应有意识地培养自己的综合分析能力。把握三个基本原则:首先,要尽量多地站在不同立场多视角地分析问题,并体会其差异之处;其次,要尽量考虑到问题背后的深层次原因,不要浅尝辄止;最后,不要孤立的分析,要将事物融入社会现实或实际工作中分析理解。

而在考试中,则要着力把握以下几个方面:

(1) 角度要准确。只有按照题目给定的身份和角度,才能准确界定主要问题,分析相关因素并最终提出解决问题的最佳方案。在近几年的考试中对这方面的要求不断提高。

(2) 方法要得当。要有"重点论",能抓住矛盾的特殊性,具体情况具体分析。即根据题干所包含的倾向性,进行理解、分析、综合。也要有"两点论"。要关注题干的倾向性,也要考虑到与之相反、相对的另一侧重面,避免片面性、绝对化。

(3) 思维要拓展。题干中的信息可能是多主体的,思维也要有相应的宽度,尽量兼顾。题干中的素材可能是孤立的,思维也要有延展性,尽可能用联系的眼光和发展的眼观来看待。

第二节　典型例题

一、分析主旨

【例一】 阅读下列材料，根据你的心得写一篇议论文，不少于800字。

一位裁缝在吸烟时不小心将一条高档裙子烧了一个窟窿，致使其成了废品。这位裁缝为了挽回损失，凭借其高超的技艺，在裙子四周剪了许多窟窿，并精心饰以金边，然后，将其取名为“金边凤尾裙”。不但卖了好价钱，还一传十，十传百，使不少女士上门求购，生意十分红火。

【解析】

这是一道写作题，题干中要求写一篇议论文，关键在于准确分析给定材料的主旨。

很多考生认为，这篇材料反映的是“创新”。其实不然，“金边凤尾裙”的发明并不是为了符合时代发展而在旧形态的基础上所做的全新创作，而是迫不得已为了挽回损失，灵活地变废为宝的做法，它并不是主观上的创新，而是被动地挽回损失的精心之作。可谓面临绝境，峰回路转。这主要依靠三个方面：一是积极的心态，正确面对挫折，主观上不放弃希望；二是独具慧眼，因势利导，找到了解决问题的最佳方案；三是高超的技艺，化废为宝，扭转了颓势。

综上所述，材料的主旨是告诉读者“如何正确面对挫折、如何积极战胜困难”。

如此看来，行文的立意高低，关键在于主旨是否分析到位。

【习作点评】

例文1

成功不是偶然

裁缝是如何把一个被烟头烫坏的裙子，变成抢手的“金边凤尾裙”，大获成功呢？答案是，裁缝具有创新的眼光和娴熟的技艺、有丰富的知识储备、有惊人的毅力和必胜的决心。没有人能随随便便成功，成功不是偶然的，需要我们创造成功所需的毅力、知识、技能、坚持等必然因素。**（点评：开门见山，给出观点）**

马丁路德·金说过：要最终评价一个人，不能看他在顺境时如何意气风发，而要看他在逆境中能否乘风破浪。作为军转干部，我们大多在部队取得过一些成绩，但在即将面对崭新的环境、不同的任务以及不同的工作方法时，需要我们像那位裁缝一样，时刻做好准备，转移战场**（点评：不准确。不是转移战场，是挽狂澜于既倒的应变，此处不应硬性套用转业现状）**，再立新功。

成功赢在毅力。**（点评：毅力不是材料里所反映的品质）**德国著名音乐家贝多芬一生坎坷悲壮，36岁时双耳失聪，但凭借着他对音乐的极度热爱和不向命运屈服的精神，即使双耳失聪却仍然坚持创作，凭借着这份毅力，最终创作了《月光曲》《命运交响曲》等不朽的巨作。

成功胜在技能。技能，是个人社会价值的体现，是就业的基础。技能必须经过不断地锤炼才能不断地提高。著名雕刻家米开朗基罗是典型代表，他在青年时期就十分喜爱雕刻，经常在忙碌中忘记时间，无论雕刻什么都要反反复复地练习，极其刻苦，也正是这种肯下功夫的精神成就了他的雕刻人生。

成功贵在坚持。伟大的物理学家居里夫人，为了能够专心地研制镭，剪掉了自己美丽的长发，将自己关在了工作室里，专心研究镭。**（点评：裁缝在这个故事里反映的是面对困境不放弃，用居里夫人对科学的执著来对应略显牵强）**世间最容易的事是坚持，最难的事也是坚持。说它容易，是因为只要愿意做，人人都能够做到；说它难，是因为真正能做到的毕竟是少数人。居里夫人就这样整整坚持了十年，使镭成功问世。

成功需要知识。知识的力量是无穷的，世间最美的花朵是思维着的精神，我们要用知识去武装头脑。伟大的史学家司马光，正是在浩如烟海的史实资料中，梳理总结、专心钻研，编纂了世人敬仰的巨著《资治通鉴》。**（点评：这个例子体现的不是知识的重要性，而是钻研的重要性，论证方向有误）**

成功需要努力坚持、辛勤耕耘、挥洒汗水、播种希望……我们会离成功更近一步。

从现在起，努力同行，我们一定能够胜任未来的工作岗位，更好地践行为人民服务的宗旨！

评语：全文内容、结构和表达上并无太大问题，只是在立意上与材料主旨尚有差距，材料主旨是强调从绝境中峰回路转，取得“意料之外、情理之中”的成功。而本文虽然也是谈成功，却略去了“走出绝境”的过程，自然就显得平淡了。本文的另外一个问题是与材料的结合过少，只是在开头部分引用了材料，后面都像是另起炉灶了。

本文也结合了军转实际，提及“从现在起，努力同行，我们一定能够胜任未来的工作岗位，更好地践行为人民服务的宗旨！”建议改为“到了新的环境，难免会有不适应，甚至在工作中会陷入困境，但是请相信，只要有积极的心态，敏锐的眼光，较强的能力，就一定能战胜困难。办法总比问题多，相信我们一定能够胜任未来的工作岗位，更好地践行为人民服务的宗旨”！这样就更能契合材料的主旨了。

例文 2

从困境走向成功

一个裁缝因吸烟而不小心将一条高档裙子烧了一个窟窿，为挽回损失，他在裙子四周剪了许多窟窿，并精心饰以金边，造就了流行一时的“金边凤尾裙”。从这个故事可以看到，在困境面前，只要不轻言放弃，利用自己的聪明才智和高超的技艺，就一定能走出困境，获得成功。正所谓“山重水复疑无路，柳暗花明又一村”。**（点评：对主旨把握到位）**

面对困境，首先要有永不放弃的精神来支撑。（分论点 1）永不放弃的精神，对于我们来说，既是一种磨炼，更是一种宝贵的财富。伟大的发明家爱迪生，经历了上千次的失败，仍然没有放弃，最终成功发明了电灯。由此可以看出，面对困境与挫折，我们不应该一蹶不振、迷失方向，而应该坚持不懈、永不放弃，化失败为动力，脚踏实地、勇往直前，终将获得成功。

走出困境，还需要有灵活的思维来变通。（分论点 2）人们在生活中会遇到许多复杂的问题，要解决这些问题，往往需要懂得变通，要善于转换思维，另寻突破口。一代伟人毛泽东，在刚开始带兵起义时主要进攻大中城市，进而受挫，在屡战屡败中他转变战略思维，走出了一条“农村包围城市”的武装道路，最终取得了革命的胜利。所以，在困境面前，只有灵活变通，才能走向成功。

获得成功，自身还需要有过硬的本领。（分论点3）打铁还需自身硬，没有人能随随便便成功。2012年乒乓球世锦赛女团决赛中，女团姑娘们正是依靠自身的努力和高超的水平，从老对手新加坡手里夺回了上届输掉的考比伦杯。当今社会是一个高速发展的社会，没有一定的技能就难以适应社会，更别说获得成功。只有平时多学勤练，掌握一身过硬本领和高超技能，才能在关键时刻拿得出手，获得人生更高的价值。

平坦宽阔的人生道路是没有的，上帝总在我们前进的道路上设置重重障碍。但有人说过，“当命运之门一扇接一扇关闭时，我们永远不要怀疑，因为总有一扇窗会为你打开”。所以，在困境面前，我们要不气馁、不放弃，让困难成为前进的动力，转换思维方式，依靠自身的过硬本领，造就人生的巨大成功。**（点评：结尾重申观点，进一步加强论证）**

评语：本文对材料的主旨把握比较到位。略为遗憾的是，三个因素显得割裂了，未能进一步探讨其联系和因果关系。若另起一小段，论述“精神是前提，思维是关键，本领是基础”，就比较完美了。

【例二】 阅读下列材料，根据你的心得写一篇议论文，不少于800字。

北风和南风要来一个比赛，比谁能让人们脱下身上的衣裳。

北风使出浑身的力气，狠劲儿地吹呀、吹呀……只见人们一个个冷得缩头缩脑，不但没脱下衣裳，反而把衣裳裹得更紧了。

南风轻柔地吹着，暖暖的风拂过，一会儿，人们都觉得有些热了，他们缓缓脱下了外套。

南风赢了，他转身走了，只剩下北风在那里郁闷着。

【解析】

这是一道写作题，题干中要求写一篇议论文，准确分析给定材料的主旨非常重要。

从实际考查的效果看，绝大多数应试者认为材料的主旨是“工作要注意方式方法”。因为对于风而言，任务是让人脱衣，北风让人感觉寒冷，南风让人感觉温暖，不同的感受带来不同的结果。

和例一不同，这里应试者出现的问题不是偏离主旨，而是思维局限。这是因为应试者在做主旨分析的时候，往往会有潜意识里的身份代入，比如站在“风”的“立场”上思考问题，从而得出以上结论。

如果应试者可以敞开思路，逆向思维，比如站在“人们”的立场上分析，则会有完全不一样的收获。比如“南风”对应“表扬”，“北风”对应“批评”，“脱衣”代表“放松思想、放弃原则”。这样可以得出完全不一样的文章立意“正确对待评价”。

显而易见，在卷山文海的阅卷现场，如果阅卷者能从第二个角度做适当延伸，立意会高出不少，相信一定会让阅卷者眼前一亮的。

【习作点评】

例文 1

南风和北风的小故事文章虽短,寓意深刻。南风和北风都很有代表性,是两个相反的方向,两个相悖的极端。

"南风"是以柔克刚的,很多时候"强硬的北风"也是可以立即解决问题的,灵活掌握才是难点。家,应该是我们的温暖港湾,一个累了想休息,倦了想依靠的地方,回到家,我们感到的是安全,是温暖。同时家也是最不用伪装的地方,家人是我们最亲近的人,这里总是可以随意,可以任性。人们总是觉得和亲人说话和谈论问题的时候可以无所顾忌,畅所欲言,正因为是亲人才不会计较,情绪很容易表达得直接和没有隐藏。工作中人们常常是带着假面具的,在领导面前不能激动,不能争辩,在同事面前要留有余地,大家已经尽可能地把"南风"刮在工作环境中,而回到家,在单位生的气,受的委屈,不顺利,不满通通倒了出来。很多时候人是需要有一个发泄的途径,而家,变成了最好的选择。**(点评:"南风比北风更容易被接受"是比较契合材料的观点,但这里强调在家和在单位的区别有点让人摸不着头脑,有些偏离主题,另外对工作环境的描述虽然属于直抒胸臆,但过于负面)**很多人在家里无端发火,没有原因,让家里的气氛变得紧张,孩子变得敏感,这种"北风"让人摸不到头脑,也让别人恼火,本来温馨的家变得冰冷。其实变通一下,改变角度,估计一下家人的感受,不仅能得到家人的开导安慰,心情也能得到纾解。

有很多人都是因为生气得了很重的病,脾气不好,常刮"北风"的人很容易得病,不管在家里还是工作中,强硬冰冷的态度,往往会造成与期望相反的结果。有一个老人,本身有高血压,因为一些事和家人争论,家人并没有顾忌他的病情,言辞激烈,结果造成老人情绪越来越激动,血压升高,突发脑出血,抢救无效三天后离世。老人去世后,家人很后悔,如果当时不争不吵,慢一点,言辞柔和一点,结果就不是这样了。"北风"给这个家庭带来了无法挽回的悲剧。

在现实生活中,无论在家庭还是工作中,我们都感受过来自各个方向"南北风"的不同。"南风"才是这个这个社会和谐的根基。有的城市交警实行一种人性化执法,有违章的车辆贴不罚款的提示罚单,且不论这种方法效果如何,但有一点做到了,没有争执和撕打,没有不满和纠纷。与之相反,有些城市的城管人员,与小摊贩骂声不断,甚至大打出手,非但没有解决无证摊点的问题,严重的反而升级为刑事案件。"北风"不可取啊!

评语:本文对材料的主旨把握比较到位,但在表述上存在一些问题。如突出个人情绪的表达,过于随意,不适宜于干部选拔的情境。

例文 2

正确对待表扬和批评

南风和北风竞赛的故事中,南风暖,人们脱衣;北风寒,人们穿衣。乍一看,这是顺理成章的事情。但是,换个角度去思考,所谓"金无足赤,人无完人",当我们面对暖意十足的表扬和严厉万分的批评时,我们该不该对前者沾沾自喜、全盘接受,而对后者两耳不闻,拒之门外呢?**(点评:开门见山,摆出观点)**

对待表扬时要有一双敏锐的眼睛(**点评:是不是把表扬都负面化了?建议改为"良好的心态"**)。每个人都喜欢听到好话,听那赞美之声,听着听着心中就开始暖洋洋的、美滋滋的,不知不觉之中就放松了自身的警惕,进入到了像南风那样所设的陷阱之中,失去自我,一味地听他人摆布。正如我们有的人,只喜欢表扬,不喜欢批评,最终往往被假象迷惑眼睛,顺境中妄自尊大,逆境中万念俱灰,从而倒在了那一片讴歌颂德之中。所以我们要有一双敏锐的眼睛,听到赞扬之声时一定要保持清醒的头脑,擦亮眼睛,看清楚周围的一切,提高自我免疫力,巍然不为所动。

对待批评时要有一双擅听的耳朵。北风吹啊吹,人们感觉到了冷;犹如听到批评时,心中就感觉不舒服、不自在,从而产生了排斥心理,就认不清自身存在问题,依然我行我素。殊不知"忠言逆耳利于行","当局者迷、旁观者清",如果能够听从他人批评意见,能辩证地看待问题,做到自我对照检查和自我反思,有则改之,无则加勉,就一定能有所收获。

我们要正确运用表扬与批评这两件利器。表扬是必需的,它能使人们树立信心,鼓起勇气;批评,也必不可少,它让人们懂得不断完善,不断进取。只要我们拥有敏锐的眼睛和擅听的耳朵,听到表扬不飘飘然,听到批评能反省,就一定能获得成功。

评语:本文对材料的主旨把握比较到位,立意上突出"个体如何正确对待表扬和批评"。很有新意,行文上也表现出较好的功底。

二、分析原因

【例三】 《渤海碧海行动计划》近期目标难以实现有多方面的原因。请依据给定资料进行分析。要求:准确、全面。不超过200字。

2010年,国务院正式批准由国家环保总局、国家海洋局、交通部等有关部门和天津、河北、辽宁、山东四省市联合制定的《渤海碧海行动计划》(以下简称《碧海计划》),旨在促使渤海近岸海域海洋环境质量的改善,努力实现海洋生态环境良性循环。《碧海计划》总投资500多亿元,实现项目427个,主要包括城市污水处理、海上污染应急、海岸生态建设、船舶污染治理等内容。实施区域包括天津、河北、辽宁、山东辖区内的13个沿海城市和渤海海域,以每五年为一个阶段实施。近岸海域环境保护拟分阶段推进,分为近期、中期和远期目标。2001年至2005年要实现的近期目标是:渤海海域环境污染得到初步控制,生态破坏的趋势得到初步缓解。

科学调查与监测结果证明,陆源污染对渤海威胁最大,入海河流流域周边的生活污水、工业废水、农药及化肥污染是三大陆源污染源;此外,船舶石油泄漏、海上石油开采和海水养殖中的添加剂也会对海洋造成严重污染。在近期治理阶段,为遏制陆源排污,做了大量工作,但我国四大海区中,渤海是内海,且沿岸超标排放的入海排污口最多,比例高达90%以上。渤海沿岸有分属在三省一市的13个城市,渔、盐、农、航运、石油、旅游、工业等众多行业在渤海进行经济开发活动,海洋、环保、农业、交通等政府管理部门以及三省一市地方政府又各自具有相关的管理职能,因此,很难进行海陆一体化的综合治理。有人戏谑这是"群龙闹海"——"海洋部门不上岸,环保部门不下海,管排污的不管治理,管治理的管不了排污。"众多主体分享渤海的环境效益与经济效益,这就使渤海成为典型的“公地”，直接影响沿海地方政府治理的积极性，造成治理工作效率低下。《渤海计划》只是一个政策性文件，不具有法律强制性效应，执行过程中，难以借助法律手段实现管理体系、监测体系、投资体系、统计体系、评价体系的对接统一，这也直接影响了治理的效果。有关权威部门发布的2004年渤海环境质量公报显示：“污染范围比上年扩大。未达到清洁海域水质标准的面积约2.7万平方公里，较上年面积增加约0.6万平方公里，占渤海总面积的35%。其中，轻度污染、中度污染和严重污染海域面积较上年分别增加了44%、56%和57%，污染程度明显加重。近几年的连续监测结果显示，进入21世纪以后，渤海环境污染仍未得到有效控制，轻度、中度和严重污染海域面积呈上升趋势。”显然，《碧海计划》近期目标难以如期实现，但是很多专家也指出，不能否定实施《碧海计划》的积极意义，它毕竟为其后《渤海环境保护总体规划(2008—2020年)》的制定提供了可借鉴的经验教训。

【解析】

这是一道分析原因的题目，分析原因首先要界定问题。从实际考查情况来看，绝大多数应试者不能准确、全面地给出所有答案要点，究其原因，主要是对问题界定不清。

题干中提及《渤海碧海行动计划》近期目标难以实现有多方面的原因。要搞清楚这个“原因”，首先必须厘清什么是“《渤海碧海行动计划》近期目标”。

材料第一自然段提到：2001年至2005年要实现的近期目标是：渤海海域环境污染得到初步控制，生态破坏的趋势得到初步缓解。因此，存在的问题不是“污染”，是“污染难以控制”。相应的，这里的“原因”应该理解为“渤海海域环境污染未得到初步控制，生态破坏的趋势未得到缓解”的“原因”。简单地说，并不是“污染的原因”，而是“污染难以控制和生态破坏的趋势难以缓解的原因”。

而根据材料来分析，导致渤海污染状况难以控制和生态破坏的趋势难以缓解的原因大概有这样几个方面：

(1)(历史原因)渤海沿岸超标排污口众多，积重难返。

(2)(政府客观原因)渤海沿岸行政主体与行业众多，地方政府和职能部门多头管理，难以进行海陆一体化的综合治理。

(3)(政府主观原因)众多主体分享渤海产生的效益，影响了沿海地方政府治理的积极性，治理工作效率低。

(4)(政策原因)《渤海计划》是政策性文件，不具有法律强制性，执行过程中难以借助法律手段，治理的效果欠佳。

从以上解题过程来看，只有应试者准确领会了命题者意图，才能有正确、清晰地破题方向和解题思路，而只有界定清楚问题，才能最终得出准确全面或较准确全面的答案。

【习作点评】

原因主要有以下几个方面：

(1) 地方政府和职能部门多头管理，难以进行海陆一体化的综合治理。

(2) 陆源污染对渤海威胁最大，入海河流流域周边的生活污水、工业废水、农药及化肥污染是三大陆源污染源。

(3)《渤海计划》是政策性文件，不具有法律强制性。

评语：很明显，答案要点不够全面，也不准确，如第二点，是导致渤海污染的原因。而第一点则反映应试者分析能力欠佳，没有从主客观两个角度分析问题的意识，只是按照单一主体（政府）做了分析。

【例四】 请根据给定资料简要分析希望小学遭废弃的原因。要求：对原因的分析准确、全面；不超过100字。

柳延希望小学是李某当村主任的时候筹资修建的，可惜只用了七八年就撤了，留下了空荡荡的校园。上世纪90年代，和中国大多数农村一样，李某所在的枣园镇延店则村，也经历了轰轰烈烈的建校潮。然而时隔几年，新的农村教育布局调整又让很多农村小学陷入"沉睡"状态。这其中，也殃及部分希望小学。

2009年是希望工程实施20周年。20年来，希望工程共募集资金56.7亿元，资助346万名家庭困难青少年继续学业，资助建设15 940所希望小学，为支持经济落后地区基础教育事业，促进青少年发展作出了积极贡献。

从1999年开始，中国青少年发展基金会经过调查论证后，开始实行希望工程战略重点转移：由过去对贫困失学儿童的普遍救助，转到对优秀受助生的跟踪培养；而希望小学也由起初的硬件建设为主，转向以教师培训、现代化教育设施软件建设为主。

根据教育部公布的数据，2007年全国小学在校生10 564万人，而1998年全国小学在校生是13 953.8万人，9年间减少了3 300多万人。

据2010年10月25日报载：截至2008年12月，G省长阳县76所希望小学有53所被废弃。这样的情况随着"撤点并校"的政策大规模推广，在越来越多的地区出现，很多希望小学被撤销，要求与镇小学或中心小学合并，因个别条件无法合并的，直接被闲置。

教办主任张某介绍：本世纪初，生源开始锐减，2001年，有一个镇在校学生2 400多，可现在不到1 100人，这个镇流动人口占到一半左右。随着越来越多的人外出务工，部分学龄儿童只好随家长走，异地就读。记者采访过程中见到了不少"空巢村庄"，年轻人纷纷外出打工，留在村里的，基本上都是四五十岁以上的中老年人。

农村税费改革后也引发了农村学校经费的紧张。2001年，我国农村实行税费改革，取消了原来的教育集资和教育附加，学校的经费由财政支持。而学校过多让有限的经费投入像撒胡椒面一样，有效投入降低，于是进行大撤并。

【解析】

这是一道分析原因的题目，要求找到希望小学遭废弃的原因。这道题的考察重点是思维的广度和深度。谈及某种现状的原因，在逻辑上还是有主观、客观，直接、间接之分的。如果只是简单罗列，而不去分析相关因素之间的关系，说明分析是不到位的。

【习作点评】

学生习作一

希望小学遭到废弃的原因包括：

一是农村教育布局调整和"撤点并校"政策殃及部分希望小学；

二是生源锐减，部分学龄儿童追随外地务工的家长异地就学；

三是农村税费改革引发农村经费紧张，财政经费的有效投入降低。

学生习作二

希望小学遭废弃的直接原因是撤点并校。

这是因为：一、出生率下降、随迁子女增多、辍学率高，导致生源不足。二、早期过度建设，设点过多。三、税费改革后教育经费紧张，投入减少。

评语：比较之后会发现，习作一只是简单罗列相关要点，且未探究希望小学建设的历史背景。层次上不是很清晰，内容上也不充分。习作二则将“直接原因”（撤点并校）、“深层次原因”（生源不足、设点过多、投入减少），甚至“第三层面原因”（出生率下降、随迁子女增多、辍学率高导致生源不足）剖析得非常清楚。同时也建立起各因素之间的关联。是不错的解答。

【例五】 请你分析“张悟本事件”折射出哪些现实问题。要求：问题全面明确，分析恰当透彻，表述简洁明了；不超过250字。

2011年1月26日，由我国热心科普事业的两院院士和科学专家学者共同评出的2010年全国十大科普事件在京揭晓，“张悟本事件”上榜。张悟本本为纺织厂下岗职工，由于有人“包装”“炒作”，其出版的《把吃出来的病吃回去》销售火爆，而被称为“养生食疗专家”。2010年2月湖南卫视《百科全说》为他做了专题节目后，其知名度更是迅速蹿升。2010年5月有媒体报道其学历有造假嫌疑，他大讲特讲“绿豆煮水喝能治近视、糖尿病、高血压，还能治肿瘤”“长条茄子可以吸油、降血脂，还能治肿瘤”，此种食疗理念也遭到质疑。5月26日，张悟本煞有介事地在北京召开新闻发布会回应媒体质疑。但不久，经媒体和相关单位调查证实，张悟本所称出生于中医世家，父亲张宝杨是党和国家领导人的保健医生，他曾就读于北京医科大学临床医学系、北京师范大学中医药专业，担任中华中医药学会健康分会理事、中国中医科学院中医药科技合作中心研究员，并是卫生部首批营养专家，等等，均系子虚乌有。

就是这样一位伪专家，用他的伪科学，把“悟本堂”变成了一些人心目中的神仙台，找他看病的人趋之若骛。据《成都商报》报道，有人因按张悟本的方子喝绿豆汤导致胃病、痛经。还有网友发帖称，他花2 000元找张悟本看病，开的方子是绿豆汤和冬瓜汁，用了不但没有好的效果，倒添了不少毛病。

张悟本的神医骗局被拆穿，其“行医”场所悟本堂也很快被拆除，一个靠着绿豆汤、白萝卜、长茄子“理论”忽悠民众的假专家，终于无法再混迹江湖了。包括张悟本在内，一些所谓“神医”“养生明星”的发迹，固然与其本人骗术高超、媒体包装炒作推波助澜，以及政府部门监管不力有关。但是，他们之所以能受到群众如此的追捧，从另一侧面反映了群众对普及养生保健知识的需求。随着生活水平的提高，人们对健康养生方面的信息越来越关注。我们周围有许多货真价实的医学专家，他们在理论素养、临床经验方面都有上乘水准，也出了不少论著。但是，他们往往忙于教学、诊疗、写论文、做研究，活动范围仅限于学术圈，没有将学术知识转化为群众需要的、通俗易懂的养生常识，或者说这种转化的力度还不够。所以，假神医才占有了市场。

浙江的姚某曾经是张悟本的粉丝，作为一个平民，他曾被张悟本的理论深深吸引，他曾试着生吃冬瓜汁，晚上不吃荤，还动员别人也跟着做，“我现在为自己的无知愚昧感到惭愧”。不过，他又继续发问：“张悟本出事了，每个人都恨不得踏上一脚，但他走红时，那些高贵的脚在哪里呢？”如果专家和有关部门能更早更及时地戳穿张悟本“假神医真骗子”的嘴脸，那么受蒙骗的公众应该会少得多，中国科普研究所专家H表示：“科学界若不能及时有效地发出自己的声音，理性引导公众，一方面很容易造成谣言四起，恐慌蔓延的恶性后果，也会造成科学家公信力的丧失。”

【解析】

这是一道分析原因的题目，虽然题干中表述为“请你分析‘张悟本事件’折射出哪些现实问题”，但请注意这里的“折射”一词，这表明“问题”不是直观问题，而是“问题背后的问题”或者“深层次问题”，另外“分析恰当透彻”也是指向第二甚至第三层面的“问题”。此外，“问题全面明确”的要求，则要求应试者按照一定的分类方法，在符合逻辑的前提下，尽量多地给出相关要点。同时，每个要点要有适当的延伸，体现清晰的条理性。

本题可以采用“主体分析法”来操作。从材料中来看，张悟本现象的产生，至少与以下五个主体有直接联系：“神医”自身、民众、媒体、专家、政府。找到这些主题存在的问题是第一步，接下来再进入第二层次原因分析。比如，民众盲从的原因有二：一方面是对“养生”的需求；另一方面是缺乏判断力和理性的心态。最后，再分条列出。

【参考解答】

折射出以下现实问题：

一、神医造假。原因：一是道德品质低下；二是利益驱动。

二、民众盲从。原因：一是对养生知识的需要；二是缺乏理性与判断力。

三、媒体炒作。原因：一是媒体缺乏判断；二是追逐眼球效应。

四、专家缺位。原因：一是对社会问题关注不够；二是科研成果转化不够。

五、政府监管不力。原因：一是对此类问题的危害性认识不够；二是工作效率不高，监管机制不健全。

三、分析评价

【例六】 阅读材料，谈谈你对某社区举措的看法。要求观点明确，条理清晰；字数不超过200字。

为使社区环境整治的成果得以长久有效地保持，暑假期间，某社区着手成立了“红领巾瞭望哨”。小朋友们在社区开展巡逻，把一些不文明细节以文字、照片的形式如实刊登在“瞭望台”上。有些居民在绿化带内用脸盆种菜，有些居民不按规定养狗，随意遛狗并对狗便置之不理，有些居民不将垃圾投入箱内，还有些居民将烟头随意乱扔，当这些不文明现象刊登在板报上后，立即见效，绿化带上的脸盆悄悄不见了，小区里不按规定遛狗的人也少了，箱外垃圾不见了，地上的烟头也明显减少了，“红领巾瞭望哨”队员们在劝导别人的同时，也提高了自身的道德品质，通过文明劝导，来共同提升居民群众的文明素质。

【解析】

这是一道分析评价型例题，要求应试者对相关举措谈看法，即进行评价。既然是管理举措，是否合理，是否可行，是否有效是基本的评价维度。所谓合理，是指针对性要强，要能够直指存在的问题；所谓可行，是指措施要可实施，比如在权限要求上、实施环境上、软硬件条件上要符合实际情况；所谓有效，是指该项措施的实施效果可以预见，可以解决问题，并在一定程度上解决一类型的问题。在这一题中，管理主体是社区居委会，它不是执法部门，也不是行政部门，所以在举措上不能超越其职能范围。此项举措的实施目的是"为使社区环境整治的成果得以长久有效的保持"，因此相关举措不应该是"运动"式的，即轰轰烈烈一场，结束之后一切恢复原状。遗憾的是，很多应试者在实际操作中未能认清这些问题，造成失分。

【学生习作】

通过少年儿童开展的监督行为，倡导文明准则，促进了市民道德素质的提高、社会文明风气的改善。"红领巾瞭望哨"队员们在劝导别人的同时，也使自身在实践中得到文明素质的教育提升，通过文明劝导，来共同提升居民群众的文明素质。该做法非常有创意，值得大力推广。

评语：这篇习作无论在逻辑上还是表述上都还是很有可取之处的，遗憾的是分析深度不够，评价难免浮于表面。"红领巾瞭望哨"的确可以在倡导文明方面起到一定的作用，但是，其只能在"暑假期间"设立。可想而知，暑假一结束，这个社区的管理很有可能出现"真空状态"，不文明的现象也会死灰复燃。

因此，该活动可以开展，但并不能取代居委会、物业、业主的责任。社区的良好环境要靠多措并举，居委会管理引导、物业提供服务、业主主动维护。这样，才有望实现"长久有效"。

【例七】 阅读材料，谈谈你的看法，观点明确，条理清晰。字数不超过 250 字。

今天上午，朝阳交通支队奥运村大队在慧忠路口对"中国式过马路"行为（不看红绿灯，凑一堆人就走）进行了集中整治。仅半小时的时间就查处了 19 名闯红灯的行人，对其进行罚款 10 元的处罚。

从 10 月 23 日起，石家庄行人闯红灯、不走人行横道、翻越护栏等，被处以 50 元以下罚款。石家庄交管局局长表示，在大路口，对群体性闯红灯的，要处罚前三名；在小路口，对于闯红灯的行人，将全部处以 50 元以下罚款。

【解析】

前文提及，分析评价首先要找准对象。材料涉及一个关注度很高的问题"中国式过马路"，但材料的重心并不在"中国式过马路"，而在于对"中国式过马路"的整治。如果问题界定不准确，分析的再透彻也于事无补。在实际考试中，我们发现应试者常会出现这样的问题。此外，所谓"分析问题"可以延伸为"怎么办"，但不能只谈"怎么办"，还是应该从导致问题的各方面因素，以及其发展趋势、产生影响等方面做出分析评价。也就是先谈“怎么看”，最后再适当落脚到“怎么办”。

【学生习作一】

材料反映的问题彰显了社会存在的一些不文明现象，如不及时纠正，不仅会影响交通、造成事故，同时群体性闯红灯现象的蔓延，会造成错误行为的固化，让问题更加不可收拾。（**点评：问题界定有误，材料主要是谈交管部门的措施**）交管部门采取处罚手段来制止，是一种积极行为，但方法过于简单，并不能解决根本问题。（**点评：分析评价不够深刻，只是一带而过，就转入“解决问题”了**）还应做到：(1) 加强宣传引导。可以利用媒体、网络等手段对该问题进行报道宣传，从思想上进行正确引导。(2) 细化查纠制度。对处罚的条件、标准等作进一步细化，让其更具操作性。(3) 完善交通公共设施。对红绿灯、人行线、防护栏等进行补充配齐，确保行人便于自觉遵守规则。（**点评：“解决问题”的篇幅过大。削弱了分析的深入度**）

【学生习作二】

材料所述是政府职能部门以罚款的行政处罚形式，对“中国式过马路”的行为主体进行行政执法。首先，“中国式过马路”行为具有很大危害性，危及个人和他人生命安全，如未得到制止也会对法制建设造成负面影响。其次，行政执法对解决上述问题起到了较好的积极作用，通过健全制度、加强执法，让行为主体以损失经济利益为违法代价，并合理设定处罚对象，起到有效减少违法行为目的。再次，罚款不是行政目的，集中整治未必能管长远，（**点评：从分析的延展性上来看，此部分应为重点。为了详略得当，前两点应该适当删减，而第三点应该再适当拓展**）还要完善配套措施，合理规划道路交通，完善公共设施服务，加强教育引导，才能从根本上解决“中国式过马路”问题。

【参考解答】

“中国式过马路”即不按信号灯指示，一群人强行横穿马路的行为，反映了民众安全意识、法规意识的淡薄。

其主要危害有：存在安全隐患，影响交通秩序，导致了“法不责众”观念的蔓延。

某些地方对此开展的集中整治行为。如提高违法的成本，这在一定程度上起到了惩戒作用。但是这种处罚在合理性、操作性、实效性上还存在一定的问题，如是否违背法律的平等性原则，是否能准确界定“第一人”，是否能起到预期的警示效果等。

因此，相关部门还得在制度约束的进一步完善、宣传引导和完善公共服务相结合上多下工夫。

四、比较分析

[真题]小张大学毕业后在发改委工作，专业对口，小张工作成绩突出，工作很顺利，后来调到信访局，感觉专业不对口，来访人员素质又低，在工作上就慢慢放松了对自己的要求。后来，经过领导教育，转变了观念，还被评为优秀信访干部。根据材料结合军转的实际情况，谈谈小张的经历对军转来地方工作的启示。(450字)

【解析】

所谓"启示",即启发指示,使有所领悟。因此,启示应该是一种由此及彼的普适性认识,从而起到指导工作、启迪人生的作用。而不是一种"做法、措施"的借用、通用。得到启示的过程至少应有三个步骤:从具体到抽象,升华认识;主体比较,有针对性地梳理认识;由此及彼,结合实际领悟认识。其实,不同主体皆有其个体差异,所以,"启示"之所以能成为"启示",一方面要结合主体的特点梳理,另一方面一定是抽象升华后的"普适性认识"。

【学生习作】

作为军转干部,由部队转业到地方,是岗位工作性质的重大转变。小张工作中出现的实际情况,对军转干部有以下启示:

第一,小张大学毕业,在发改委工作,专业对口,工作成绩突出,说明小张由学校门进入机关门,从事的工作与所学专业比较匹配,虽然存在角色转换(由学生转为公务员)这一实际困难,但由于所学专业的理论知识对于所从事的工作具有匹配性及指导性,工作比较顺手。这启示军转干部由部队转业到地方机关时,最好选择与部队所从事的工作内容具有相关性的岗位。(**点评:此项启示有本质性错误,转业到地方,遇到困难,有一个适应性过程很正常,正确的心态不是回避,而是积极适应。此外,虽然现在是"双选",但在政府机关,过分强调"选择"是不现实的**)

第二,小张由发改委调到信访局,感觉专业不对口、来访人员素质低,对工作放松要求,经过领导教育,转变观念,被评为优秀信访干部。这一转变给军转干部的深刻启发是:无论从事何种工作,都要干一行爱一行,转变思维观念,端正工作态度。倘若军转干部在转业时被组织安排到与原部队工作不相关的部门,要及时转变心态,高标准、严要求、多学习,努力成为一名优秀的地方公务员。(**点评:此项启示界定模糊,未结合题干中小张的具体情况来分析,只是大而化之地强调转业过程中的心态,针对性不强**)

总之,军转干部转业到地方,不但要发挥经验长处,更要有较强的适应能力,及时转变观念,迅速融入地方,军转干部要有这种自信。

【参考答题要点】

一、(小张对新岗位的不适应启示军转干部)理性认识部队和地方的差异,对转业过程中以及转业到地方工作后可能面临的暂时性困难或者不适应状况,要有一定的思想准备。

二、(小张遇到困难后的表现启示军转干部)当外部环境发生变化时,能通过自我调节系统做出能动反应,使自己的心理活动和行为方式更加符合环境变化和自身发展的要求。

三、(小张经过领导教育,转变了观念和行为启示军转干部)转业到地方后,要很好地协调和领导同事的关系,积极沟通,获得认同。在遇到实际困难的时候,要寻求同事和组织上的帮助。

【例八】 如何做好基层文化建设工作,直接关系到中华文化的继承与发扬,请你谈谈材料对做好这方面工作有哪些启示。要求:紧扣给定资料,条理清楚;不超过300字。

【材料一】 有千年历史的北京市南城牛街地区是北京最大的穆斯林聚居区，目前，这里仅回族居民就有1万多人。1997年牛街地区危改工程启动，这是北京市政府，在全市最先实施的危改面积最大、拆迁户数量多、少数民族比例最高的危改小区。2004年两期工程胜利完成。

改建后的牛街，具有浓郁的民族风情，住宅无论高矮均采用穆斯林习用的黄色加绿边装饰。始建于公元996年的辽代千年古寺——牛街清真寺周围环境也焕然一新。门前那座历史悠久的"大影壁"整修后巧妙地横亘在主干路之间的绿化隔离带上，既保持了清真寺建筑布局的完整性，更成为一道独特的景观。全长670多米的街道两侧分布着商住房，经营民族服饰、工艺品、清真副食，多家回民老字号餐馆和小吃店里的正宗清真菜肴、各种地道的牛街小吃令人怀旧，吸引着京城、外埠乃至海外的穆斯林食客。晚上处处灯火辉煌，流光溢彩，牛街老住户白奶奶常说："如今在咱牛街走走，跟上长安街差不多。"

牛街还是白猿通背拳的诞生地，因其具备"历史性"和"传承性"等文化遗产的条件，目前有关部门已将白猿通背拳列入区级非物质文化遗产推荐项目，这也是让牛街人足以自豪的事儿。

【材料二】 某报报道了乡村放映员王其伟的事迹，他从1976年参加工作至今，用一台放映机、一张大银幕为家乡61个村庄的农民送去欢声笑语。累计行程达25万公里，放映电影近万场。

王其伟高中毕业时，农村几乎没有什么文化生活，乡亲们看场电影就像过年一样，一个村庄放电影，附近村庄的群众也都会早早赶过来占座位，银幕两面的空地上围得满满当当，还有人爬到了房顶和树上。然而到了80年代后期，随着生活水平的提高，电视在农村越来越普及，农村电影放映进入了低谷，但为了心爱的电影，也为了那些喜欢看电影的乡亲们，王其伟最终还是坚持了下来。

说起放电影，给老王的印象最深的还是帮助村民学习农业科技的事。姜家村有100多亩果园，品种老化，坐果率低。村支书找到王其纬，请他去放点苹果管理的影片。接到委托后，老王精挑细选了《苹果树的修剪》《果树嫁接》等十几部科教影片为果农们放映。结果果园当年便获得了大丰收。到了秋天，王其伟再到这个村放电影的时候，果农们一下子把他围了起来，纷纷拿来大个的苹果让他吃，他们说："老王尝尝这苹果甜不甜，这里面可有你的功劳啊！"看到乡亲们发自内心的笑容，王其伟有说不出的高兴。

【材料三】 某市文化管理部门召开了一个座谈会，与会者交流农村和社区基层文化建设的心得，提出相关意见和建议。以下是几位与会者的发言摘要：

A（大学生村官）：要提高乡亲们的文化素质，培养积极向上的村风民风，我觉得鼓励他们把花在打牌、闲聊上的时间，用在读书上很重要，也有很有效。我到村里后积极地提议和向上争取。创办了全县第一家"农家书屋"，我们帮助购买图书，筹集资金，添置设施，动员群众参加读书活动，有空还给他们上课，有时还请农业大学老师、农科院技术员来开讲座。现在，农家书屋已成为我们村一大亮点，省市县领导多次来视察和调研，如今村民们有空就到书屋来看看书，读读报。打牌的少了，闲聊的少了，文化生活丰富多了。

B（大学生村官）我们村本来就有一个文化站，但那个门就天天锁着。我去了以后，主动向村支书提出保管钥匙，将文化站重新布置了一下，办了墙报宣传栏，里面摆上茶水，添加了不少新书，制定了文化站管理制度，按时开放，按章管理。现在，我们那个文化站天天村民络绎不绝,有时候里面坐不下,有人捧着书坐到门外的空地上看。

C(社区工作者):社区街道文化站的建设是一个重要问题,也是难题。我们那个文化站备有不少图书,但没有什么人来读。后来,我们在小区的路边,健身场地旁边,竖起很多宣传栏,里面内容定期更换,除了宣传国家大事,介绍社区里的好人好事,普及防火防盗卫生常识,还用来传播一些传统文化比如《弟子规》《论语》《二十四孝》等,配上漫画和导读文字。人们在散步和锻炼的时候顺便就可以看到,慢慢引起他们读书的兴趣,现在到文化站来读书的人越来越多。

【学生习作】

启示如下:

1. 因地制宜,充分尊重少数民族的风俗习惯,建设符合其民族文化的相关硬件设施,保护其民族文化及信仰;

2. 完善社区数字管理系统,倡导建设民族文化街,保护民族文化传承;

3. 重视基层文化建设,对于具备条件的项目申报非物质文化遗产,增强民族自信心和自豪感;

4. 提高基层文化工作者的思想文化水平和专业素质,鼓励文化水平高的大学生到基层参与文化的普及和建设工作,多方式传递农业科技,满足群众需求;

5. 调动资源,大力建设“农家书屋”、文化站等基础文化设施,提高群众文化素质;

6. 建立健全制度,提高文化站、书屋等的利用率,开展群众喜闻乐见的文化活动。

【点评】

这是一个典型的“应试型”答案,也是一个“忽视题干”的典型。其失败的主要原因就是未能明确提供“启示”的主体和受到“启示”的客体之间的对应关系。所谓“启示”的意思是启发指示、使人有所领悟的意思。但从这个角度看,某培训机构给出的这些要点是不是“启示”,是不是“给定材料”给出的“启示”呢?答案是肯定的。但是,能不能上升为对“搞好基层文化建设工作”的“启示”呢?答案是否定的。换言之,如果这道题的“启示”具体到对“基层文化站建设”的“启示”或者对“非物质文化遗产保护”的“启示”,上述来自某机构答案还略微沾边。但题目是要求总结对“做好基层文化建设工作”的“启示”。很明显,这里受到“启示”的客体不同,“启示”的层面也就不同了。

【解析】

客观地看,“文化站建设”“非物质文化遗产保护”只是“基层文化建设”的组成部分。因此这是谈局部工作成果对整体工作的启示,故这种启示不应该是具体做法上的,而应该是总体思路上的。从实际工作中看,并不是所有基层文化工作都和文化站或者非文化遗产有关,如果只从这两个方面谈做法上的经验,恐怕不能对较广范围的基层文化工作产生有价值的“启示”。

那这里的“启示”究竟应该是什么层面呢?我们试述一例。

材料二是上述学生习作的“六要点启示”并未直接涉及的,究其原因,是给出解答的人并未能深刻领会这一具体案例的“启示”。的确,如果就事论事来看,露天电影这种案例太特殊了,也实在谈不上“启示”,难怪被解答的人“有意无意”地回避掉了。

放映露天电影,我们可以把它看做是一种乡村生活形式,但在这里,结合上下文,我们似乎更应该把它看做是一种开展“基层文化工作”的渠道或者方式。所以,材料重点不在于探讨如何保护露天电影,而应该是在启发读者:为什么在传媒发展日新月异的今天,这种相对落后的“渠道”却保存至今,还愈发地“不可或缺”呢?

认真梳理材料后,我们发现,其原因在于老王改变了放映内容,不再是那些传统的故事片,而是贴近农民生产实际的农业科技影片。思考到这一层面,“启示”跃然眼前:基层文化建设不要阳春白雪,内容要紧密联系实际,符合群众需求,对生产生活提供智力支持。

还要注意的一点是,这里题干要求是“谈谈”启示,而不是“概括”启示。所以要点式的罗列答案明显不合题意。

总结一下,谈启示固然要梳理具体做法的规律性,更要注重这种规律性和受启示客体的匹配度。

【参考解答】

一是基层文化工作要做好具有民族特色的文化要素的挖掘、保护、传承与发扬。二是要切合基层群众的需要,要与人民群众的生产生活紧密相连。三是基层文化建设工作要完善相关设施、加强管理,并为群众使用这些设施提供必要的服务。

五、分析论证

【例九】 结合给定资料,以“红色旅游、政治工程、文化工程、经济工程”为主题,自拟题目,写一篇文章。

要求:中心明确,语文通达,条理清楚。事实与观点紧密结合,字数为1 000字左右。

2004年11月份,李长春同志在河北省考察工作时,对发展红色旅游的重大意义第一次做出了全面、深刻、权威的概括。他指出:“发展红色旅游,是巩固党的执政地位的政治工程,是弘扬伟大民族精神,加强青少年思想教育,建设社会主义先进文化的文化工程,是促进革命老区经济发展,提高群众生活水平的经济工程,是贯彻落实党的十六届四中全会精神,提高建设社会主义先进文化能力的重要举措,是贯彻落实以人为本,全面协调可持续发展的科学发展观的具体表现,也是新形势下宣传思想政治教育创新的一种形式,是一件有利于党利国利民的实事好事。”

【分析】

写一篇议论文,首先要有明确的观点,即论点。论点,又叫论断,是作者所持的观点,在逻辑学上,论点就是真实性需要加以证实的判断。它是作者对所论述的问题提出的见解、主张和表示的态度。它是整个论证过程的中心,担负着回答“论证什么”的任务,明确地表示着作者赞成什么,反对什么。它是一个意思明确的表判断的陈述句。

在较长的文章中,论点有中心论点和分论点之分。

中心论点,是作者对所论述的问题的最基本看法。是作者在文章中所提出的最主要的思想观点,是全部分论点的高度概括和集中。全文应围绕此点展开议论。

分论点是从属于中心论点并为阐述中心论点服务的若干思想观点。各分论点也需要加以论证。中心论点和分论点的关系是被证明与证明关系。凡经证明而立得住的分论点，也就成为论证中心的有力论据。

【参考解答】

本文的总论点可以确立为：红色旅游是一项伟大的政治工作、文化工程和经济工程。三个分论点是：①红色旅游是政治工程；②红色旅游是文化工程；③红色旅游是经济工程。

以下是第二个分论点的展开论证：

发展红色旅游可以推动建设先进的文化工程（分论点）。发展中国先进文化的重要内涵就是建设社会主义精神文明**（点评：解释分论点，这一步至关重要，为论证指明了方向）**。我们都知道，物质文明与精神文明是车之两轮、鸟之双翼，只有二者平衡，才能实现社会经济的共同进步。尤其在社会价值观念日益多元化的今天，弘扬伟大民族精神，建设先进文化至关重要（必要性）。所谓红色，它的内涵就是一种革命精神，是伴随着中国共产党领导中国人民推翻帝国主义、封建主义和官僚资本主义的革命斗争时期形成的。发展红色旅游，可以让民众，尤其让青少年亲身感受革命岁月的艰辛、革命前辈的光辉；充分领略中华民族勤劳勇敢、自强不息、团结不屈的伟大精神（讲道理）。这种寓教于乐的方式效果明显，正如游客所言：“踏着烈士没走完的路，继承烈士没有完成的事业……”“瞻仰一次圣地，净化一次灵魂”。红色旅游传承的红色文化带给游客灵魂的洗礼，精神的震撼，它会产生裂变的力量，为中华民族的伟大复兴提供精神动力（摆事实）。

第二章练习题

1. 阅读材料，谈谈对文中“困境中的不绝希望”这一表述的理解。

要求：准确、简明。不超过150字。

越是上学难，有些农民却越把希望寄托在下一代的上学受教育上。如F村各家相互攀比“不惜血本供孩子读书”，以至出现了忍饥挨饿、倾家荡产供孩子读书的“英雄”。教育的成本越来越高，有社会学家计算过，一个大学生4年学费大约相当于一个农村居民20年的纯收入。不用说西部贫困地区，连基本脱贫的东部地区的农民孩子离“大学梦也越来越远了”。实际上，新世纪以来，农村孩子在大学生源中的比例与上世纪80年代相比，几乎下降了一半，这就意味着“通过高考，农村孩子向上流动的渠道”正在“缩窄”。贫困家庭用于教育的支出占其收入的比例仍相当大，也就是说，农民倾其全力支持了教育的发展；而现在一旦出现了大学生就业危机，贫困农民家庭所受的损失将是巨大的。

在当下中国农村出现了必须引起社会高度关注的现象：H省的一个调查表明，个别地区的农村贫困生的失学率高达30.4%，辍学的学生基本上都是20世纪90年代出生的那一代，他们的父母有的过去还能读到高中毕业，而他们之中有数量可观的人初中还没有读完，由此导致的劳动者文化素质的下降，对未来中国发展的影响，确实令人担忧。有社会学家指出，“在一些地方已经出现明显的因教致贫、因教返贫的现象”，“G省的抽样调查显示，由于教育因素返贫的农户，占返贫总数的50%”。农民寄希望于教育使他们的子女另寻出路的想法靠不住了，于是“辍学”之风抬头，用一著名作家的话来说，就是用辍学来“保护人心，保护土地，阻止下一代向充满着蔑视、冷漠以及焦灼不宁的惨淡日子滑落”。但也如这一作家所说，这样的选择既显得“荒唐”，又有些无奈。而且也还有许多农民几乎是孤注一掷地仍然将孩子的教育放在生活中的第一位，这样的“知其不可为而为之”的努力确实给人以悲壮感。一位下乡支教的大学生说，这是“困境中的不绝希望”。如果不对农民寄以希望的教育（包括农村教育及城市教育）进行新的反思与改造，如果不从根本上解决教育资源的不合理分配与农民子弟就业难的问题，恐怕很难实现他们可以看到并应享受的教育，即广大农民寄以希望的教育。

2. 阅读下列材料，根据你的心得写一篇议论文，不少于800字。

有一片荒草地，苏格拉底问学生怎么除掉他们。有的说“用手拔”，有的说“用镰刀割”……苏格拉底说：“最好的办法是种上庄稼，杂草自然就少了。”

3. 阅读下列材料，按要求完成题目。

某村有几个效益好的企业，但其中一个企业排放的污水污染了当地的水源，导致该村村民的鱼塘中养殖的鱼类大面积死亡，村民对此很气愤，集体到该企业要求讨个说法。在发生纠纷的时候，村长也赶到了现场，但是村长非但没有劝解双方，反而偏袒企业，这样的做法让村民们更加愤怒，事态进一步扩大。

(1) 就村长行为进行辨析。(150字)

(2) 此事对行政管理工作的启示。(250字)

4. 阅读下列材料，按要求完成题目。

小张考入团市委工作，他非常积极热心，科室里的工作都抢着干；工作做完了，小张还积极向领导要求新的工作；此外，小张在每次会议上都积极发言。但是时间长了，小张发现，很多事他都是一个人在做，同事们也对他颇有微词，甚至慢慢疏远他。小张很苦恼。请根据材料结合军转的实际情况，谈谈小张的经历对军转来地方工作的启示。(450字)

5. 练习：提炼论点。

(1) 补充文中横线上内容。

题目：____________________

何谓诚信？诚信就是诚实、守信。

孔子曰：人而无信，不知其可也。孟子说：至诚而不动者，未之有也；不诚，未有能动者也。讲诚实、守信用，是人之为人的首要品格，也是一个政党赖以生存和发展的首要品格。中国共产党之所以能够克服各种艰难险阻，不断从胜利走向胜利，就在于在长期的革命、建设和改革过程中，能够始终以一颗赤诚之心，努力实践为人民服务的宗旨，赢得人民的信赖和爱戴，并从人民群众的伟大实践中不断获得前进的动力。作为中国工人阶级先锋队和中国人民的先锋、中华民族先锋队的一员，内诚于心、外信于民，每一个共产党员都应该率先垂范、身体力行。(论点)

(分论点一)诚信是________。

(分论点二)诚信是________。

诚信无言，力量巨大。有了它，人格的力量将更加强大；有了它，社会进步的跫音将更加铿锵有力；有了它，我们党的事业将不断创造新的辉煌。

(2) 补充文中横线上内容

题目：____________________

“纪律是执行路线的保证”“加强纪律性，革命无不胜”……这些有关党的纪律的语录口号，很多人曾经耳熟能详，但对现在的很多人来说，已经相当陌生了。这并不表明，讲纪律已经过时。事实上，纪律几乎无时不在，无处不有，而且必须有。(论点)

我们通常所说的纪律，是指“政党、机关、部队、团体、企业等为了维护集体利益并保证工作的正常进行而制定的要求每个成员遵守的规章、条文”。具体到中国共产党的纪律，强调的是，纪律是执行党的路线的保证，是维护党的团结统一的有力武器，是巩固党与群众密切联系的重要条件，是维护党员权利的根本保障。(解释论点)

对于一个组织而言，______________________________。

对于一个政党而言，______________________________。

对于一个执政党而言，_____________________________。

其实，说到纪律，人们首先想到的是约束，既有规章制度上的约束，也有思想观念上的自律。作为一名共产党员，这些无疑是必需的。就纪律而言，更加理想的状态应该是，每一个共产党员都能做到把他律转化为自律，把纪律约束化作内在自觉。

这是一种智慧，更是一种境界。当广大共产党员都能获得这样一种智慧，达到这样一种境界，我们党就一定能始终保持勃勃生机与活力，就一定能带领各族人民实现中华民族的伟大复兴。

(3) 根据本文的开头和结尾，拟出你认为合理的论点。

【开头段】成绩，通常是指在工作或学习中取得的成就或收获，是判断一个人或者一个单位在某一段时间内工作或学习成效的重要指标。上学时有考试来体现成绩，工作后有考核来衡量成绩，成绩好比一个指挥棒，引导人们不断向着更高的目标奋斗。

【结尾段】对共产党员来说，每个人做出的点滴成绩在历史的长河里也许微不足道，但好比精卫填海，最终必将汇聚成为改天换地的巨大能量。每一位共产党员都应当清醒地认识到自己肩负的历史使命和时代责任，尽己所能取得更多更大更好的成绩。

【论点】____

第三章 实际工作能力

大纲要求：提出问题、解决问题、沟通协调、贯彻执行和依法行政等能力。

涉及题型：案例分析题、综合分析题、材料处理题、实务操作题、写作题等。

第一节 能力指标详解

一、能力指标阐释

（一）提出和解决问题能力

要求掌握科学的调查研究方法，借助自身的实践经验或生活体验，在对给定资料理解分析的基础上，发现和界定问题，作出评估或权衡，提出解决问题的方案或措施。并善于总结经验，发现典型，指导、推动工作。

（二）贯彻执行能力

要求具有一定的政治敏锐性和洞察力，正确把握时代发展要求，科学判断形势；贯彻执行党的路线、方针、政策。能够准确理解工作目标和组织意图，遵循依法行政的原则，根据客观实际情况，及时有效地完成任务。

（三）沟通协调能力

要求有全局观念、民主作风和协作意识，能够在日常工作中根据身份、针对不同的沟通对象，妥当、有效地表达观点和意见，获得指导和建议；并能处理好方方面面的关系，能够建立和运用工作联系网络，有效运用各种沟通方式。

（四）应急应变能力

要求及时捕捉带有倾向性、潜在性问题，制定可行预案，并争取把问题解决于萌芽之中；正确认识和处理各种社会矛盾，善于协调不同利益关系；面对突发事件，头脑清醒，科学分析，准确判断，果断行动，整合资源，调动各种力量，有序应对。

（五）依法行政能力

要求有较强的法律意识、规则意识、法制观念；忠实遵守宪法、法律和法规，按照法定的职责权限和程序履行职责、执行公务；准确运用与工作相关的法律、法规和有关政策；依法办事，准确执法，公正执法，文明执法，不以权代法。

（六）公共服务能力

要求牢固树立宗旨观念和服务意识，诚实为民，守信立政；责任心强，密切联系群众，关心群众疾苦，维护群众合法权益；有较强的行政成本意识，善于运用现代公共行政方法和技能，注重提高工作效益；乐于接受群众监督，积极采纳群众正确建议，勇于接受群众批评。

第二节　典型例题

【例一】 请针对W市在进一步建设“宜居城市”过程中存在的具体问题，参考给定资料，写出解决这些问题的具体建议。（不超过300字）

1996年联合国第二次人居大会提出了“宜居城市”的概念。在现代化城市建设中，首先要考虑经济、文化、社会环境、自然环境的协调发展，只有这样，才能打造良好的人居环境，进而满足居民物质和精神生活的需求，使城市成为适宜所有居民环境，进而满足居民物质和精神生活的需求，使城市成为适宜所有居民工作、生活和居住的家园。

扼守渤海海口的W市曾被联合国有关机构授予“宜居城市”称号。W市为了进一步建设“宜居城市”，准备扩大城市的“宜居”范围，决定把污染海水的养殖业逐步取消或迁出市区，此项计划已进入实施阶段。如W市城区东侧的海湾，以前有成片的养殖区，自从开发附近岛屿为旅游风景区，先前的海水养殖逐渐外迁到了70公里以外的外海。最近，W市又着手将污染环境的渔港码头搬迁到郊区。渔港码头搬迁后的新址在市区最北端的远遥村。记者看到，村边到处都是生活垃圾和建筑垃圾，刚刚下过大雨，污水冲刷着垃圾堆，向大海直扑下来，沙滩脏得没处下脚，海水散发出扑鼻的恶臭，新码头的修建已经动工，眼下正在用建筑垃圾填海，渔港码头搬迁到这里，引起了当地村民的不满。村民们说，它们会转移污染，会把这里的海水弄脏，村子弄脏，村里的小渔船也将没有生存空间。另外，远遥村的村民们还养着几千亩扇贝，等渔港搬来后，这项生产也难以为继了。W市对海岸环境的整治，是从“景观治理”的角度来搞的，而市区的渔村，没有主打的旅游项目，常年以传统的渔业、海水养殖业为经济支柱。“远遥村的人也是W市人呀，他们什么时候也能过上‘宜居’的日子？”

W市所辖的银滩自然环境优美，在2002年11月被国家旅游局批准为4A级旅游区。银滩开发初期的定位是建一个旅游区，后来外省某大油田在此处投资4亿元买地盖房，准备将4 000户油田职工家属搬迁过来。紧跟着，又有几家石油化企业出来开发房地产，盖楼卖给自己的职工，相关石油、石化产业也准备搬迁过来。大喜过望的W市提出口号：“把银滩打造成不出石油的石油城！”据称，如果这些油田所开发的楼盘全部售出，可以安置60万人，现在整个银滩开发区大约只有2万居民。银滩管委会宣传科科长告诉记者：“某大油田投资5亿元，正在银滩以北建一个工业园，已经奠基了。”

W市今后怎样发展，怎样建设“宜居城市”引起社会的极大关注。很多市民认为，这里的城市建设年年上项目，名气越来越大，收入肯定越来越多，前景应该看好。一位出租车司机说，十年前W市还破破烂烂的，现在真像个大城市了，来这儿旅游的人很多了，钱也好赚了。记者问他：“你们就不担心人多了，这里就不再清静了吗？”这位司机说：“挣不到钱，怎么生活，光清静有啥用？”

【分析】

本题考查提出问题和解决问题，即针对“W市在进一步建设‘宜居城市’过程中存在的具体问题”，提出解决这些问题的“具体建议”。因此，首先应该找到所谓“具体问题”，才能有针对性地提出建议，否则建议会成为“空中楼阁”，无的放矢或者无法实施。

对于提出问题,有的观点认为,所谓提出问题就是去材料中"概括"出问题。操作起来的确方便,但实际效果却不太好。不是界定不准,就是概括不全,直接影响下一步"解决问题"。

对于解决问题,有观点认为,关键在于熟练运用"万能对策",比如"制度上如何如何";"法律上如何如何";"宣传上如何如何";"执行上如何如何"等。殊不知,所谓"万能",即规避个性化要素,通常具有指导性但不可直接"具体化"。所以生搬硬套必然导致"对策"无针对性。

因此,本题的第一步在于准确界定具体问题;第二步则是针对性的解决问题。

【学生习作】

问题:

一、政府的建设观念出了问题,只注重市区而没有重视郊区的宜居建设;

二、转移污染影响村民的生产、生活,冲击传统的支柱产业,挤压生存空间;

三、规划有问题,没有从当地的实际出发;

四、政府当初的计划未落实;

五、市民的发展观念存在误区。

对策:

一、完善人才考核制度,树立符合科学发展的政绩观和发展观;

二、加大投入,设立专项资金,借助科技手段,发展新兴的支柱产业,专项整治和清理污染问题;

三、成立专门的调研小组进行实地调研,制定出符合实际的规划方案,经过研究后再实施;

四、成立监管部门,加大监管力度确保规划的执行和落实,加强督办、查办;

五、通过电视、报刊、网络等途径,加强对城市合理建设和发展的宣传教育,提升环保意识。

【点评】 审题不清,此题要求针对具体问题,提出具体建议。而本答案问题虽不全面,尚算得上具体,但是建议非常笼统,欠缺针对性,与前列问题无法对应。另从题意来看,不需要写出问题,直接写建议即可。

【参考解答】

具体建议如下:

社会环境方面。宜居城市的建设一方面要统筹城乡,保障居民的充分就业,满足其物质生活需求;另一方面要充分考虑迁入人口的安置和管理以及服务问题,营造安定有序的社会环境。

自然环境方面。停止转移污染的做法,对于污染较重的行业和地区,采用及时有效的治理措施;对于新上项目可能带来的污染问题,要未雨绸缪,进行充分评估和论证。

经济发展方面。要因地制宜地制定发展规划,让发展项目符合当地资源条件;要科学控制发展速度与规模,避免房地产业、石化工业盲目、重复发展,造成资源浪费和闲置。

文化发展方面。要建设文化基础设施，开展文化创建活动，满足人民群众的精神文化需求；要在全社会普及“宜居理念”、深化“科学发展理念”。

【例二】 按照要求结合材料完成(1)、(2)两题。

法制报报道了某市H区暴发狂犬病疫情以及随后的处理情况。具体报导如下：

进入3月以来，某市H区暴发狂犬病疫情，截至目前，有11人患狂犬病死亡，多人被狗咬伤，这些数字还有继续增加的趋势。随后，当地政府部门为控制疫情，捕杀了三万多只狗，遭到众多爱狗人士的激烈批评，使H区一度陷入“屠狗风波”的舆论漩涡。

H区许多群众有养犬习惯。全区拥有各类犬37万多只，这意味着平均每10人就拥有一只狗。部分群众认识不足、管理不善，随意遗弃造成大量流浪犬。犬只随意流动是导致狂犬病疫情蔓延的主要原因。

H区连续召开狂犬疫防控紧急会议，指出狂犬病已严重危害到群众的身体健康和生命安全。一场为期30天的集中整治犬类活动在全区紧急开展。

政府强调：所有犬只必须进行免疫并办理相关证件，一律实行拴养和圈养。严禁携犬进入商场、市场、学校、公园等公共场合，一经发现一律予以强制捕杀。记者在政府发布的通告上看到如下条文：“各乡镇实施组织由公安、农业、城管等部门组成的专业队伍对未免疫的犬只进行捕杀，犬主不得进行阻拦，不得要求赔偿，群众也可自行组织捕杀犬只。”

许多养狗人惶恐不安：以前H区对犬类实行挂牌管理实施并不完善，大部分养狗者都没有主动进行免疫、办理证件。这就意味着，禁令期间，如果不及时主动检疫或没有办理证件，这些狗将在劫难逃。

5月23日，“禁犬令”实施，“打狗队”开始出现在H区的大街小巷、村镇市集。行动成果不断扩大，一些现场捕狗、杀狗的视频开始在网上传播。对流浪狗的围剿，引来了潮水般的争议质疑声。

“H区一直是狂犬病的老疫区，只是今年比往常要厉害些。如果及早加强管理，哪有今天这些事?”H区街头，一位执勤的民警向记者坦诚他并不赞同以“杀狗”代“防疫”。

“人的利益至高无上，狂犬病疫情严重，为了保证人的安全为何不能杀?!”也有一些支持政府行动的声音，认为人和狗的生命同样值得尊重，但是当两者发生冲突时，当然应该以人为重。

H区当地网友认为，狗是可以养的，但一定要纳入日常管理，要建立档案，发给狗证，对应当进行免疫而不愿免疫的狗的主人，可以发出警告限期免疫。

“我们换位思考一下，如果有公民患流感，肯定要采取有效的隔离并积极治疗。狂犬病的传染速度和危险性与当前的流感相比要小得多，对于没有攻击性的狗和看护好的狗，即便携带病毒，也应该是治疗，而不是将其杀死。而现在，屠刀伸向了没有确定携带病毒的狗!”动物救助中心的一位女士对记者说。

随着时间的推移，打狗行动出现扩大化。

疫情重灾区之一的H区Y乡政府发出通知，要求凡是家养犬5月底前一律自觉送到社区，由社区捕杀队统一进行捕杀和尸体处理，凡阻挡灭犬和藏匿犬只的将严肃处理，3年内不得再养犬只。

“我们山里人平时出门干农活，让狗看家很放心，待它也像家里人一样。现在为了完成任务残忍地把它处死，全家人都难受得很。”Y乡的一位村民告诉记者，村干部组织起来的打狗队，挨家搜查，见狗就杀，不少狗即使打过了狂犬疫苗，也被强行拉出处理。

“狂犬病疫情严重如果是事实，那么依照传染病防治和动物卫生防疫法采取必要的紧急措施无可厚非。”某大学行政法学院教授表示，但是，政府日常就应该加强犬类的管理，等到情况失控才紧急处理，这就造成了许多养狗者的痛苦。政府的行政行为应当把握平衡原则，尽最大努力在社会利益与个人权利之间寻求合理界限。该教授认为：“毕竟狗是个人财产，公民面对社会公共利益的需要，有时应当付出代价。不考虑政府行政行为的必要性，是不是一定要通过大范围捕杀来实现防治疫情的目的？对那些有主且本可以通过严格检疫，限制活动范围等方式实现管理的狗采取非常措施，其合理性就值得思考。”

某政法大学动物保护法研究中心主任指出，全国各地政府出面捕杀的事件一再发生，根源是我国动物保护立法的缺失和立法的不完善，此外政府和民众的动物保护意识也至关重要。“这些被捕杀的宠物是无辜的，我国虽然还没有对驯养动物进行全面保护的法律，但目前我国对家养动物检疫的法律规定还是有的。之所以现出狂犬病，是因为饲主没有尽到对所饲养动物的防疫义务，政府动物行政主管部门监管不力，关于办理动物登记、年检制度、防疫制度执行不彻底造成的。”“H区屠狗事件中多网友称要保护的‘狗权’，就指的是动物福利。而且很多人已经感受到了动物福利层面立法的缺失给社会发展带来的压力，这是社会文明的表现。”

(1) 根据媒体报导，针对H区爆发狂犬病疫情以及“屠狗”行动的前前后后所暴露出的问题，请提出你的解决建议。要求：所提建议具体简明，条理清楚，具有针对性和可行性，不超过200字。

(2) 根据媒体报导，概括H区爆发狂犬病疫情以及“屠狗”行动的前前后后所暴露出的问题，并针对这些问题提出你的解决建议。要求：1. 对存在问题的概括准确、扼要；2. 所提建议具体简明、有针对性；3. 不超过500字。

【分析】

本题考查提出问题和解决问题的能力。设置这样的两个大体相同、略有差异的设问，实际上是想提示应试者，要重视审题。对于题目要求，要字斟句酌，比如题干：

(1) 针对H区……的问题，请提出你的解决建议。

(2) 概括H区……的问题，并针对这些问题提出你的解决建议。

这在答题形式上有不一样的要求，前者只要求写出“建议”，后者要求写“问题”+“建议”。

再看要求：

(1) 要求：所提建议具体简明，条理清楚，具有针对性和可行性，不超过200字。

(2) 要求：①对存在问题的概括准确、扼要；②所提建议具体简明、有针对性；③不超过500字。

最大的区别是(2)有“对存在问题的概括准确、扼要”这一要求，这是因为“具体问题”与“具体建议”属于同一问题的正反表述，如问题为：犬类未办证，则建议为：加强犬类管理，每犬一证。因此，若要求写“具体建议”，则“问题”应该“扼要”，写成一个方面的问题。这样，可以避免重复。

【例三】 假如你是国家汉办的一名工作人员，请结合给定资料，针对两位网友的观点，分别给他们写一个回帖。

要求：立场正确，内容全面，论述有力，不考虑格式，不超过400字。

2004年11月21日，全球第一所孔子学院在韩国首尔揭牌。如今，387所孔子学院和509所中小学孔子课堂，覆盖108个国家和地区，这已然超过歌德学院60年来的建院总数，仅2011年，就开设各种层次汉语课程2.4万班次，注册学员达50万人，逾700万人参加上万场次文化交流活动……这项浩大工程的具体承办者是1987年成立的“国家对外汉语教学领导小组”（简称为“国家汉办”）。孔子学院严格遵守的是中外合作办学的模式，而非中方单独行为。

网友A：孔子学院大部分都来自于政府的投入。据国家汉办《关于2009年孔子学院总部工作计划的汇报》显示，2008年中央财政给孔子学院的投入逾50亿多元。而国内的教育投入呢？中国的农村中小学的人均教育经费每年300元都难以保证，外来务工子女因为教育资源的不均衡而流离失所，读书越来越难。这真是一个巨大的反差。难道不应该把有限的银子用到解决中国国内儿童失学等问题上吗？

网友B：我们知道，孔子学院受到了国外热烈的欢迎，甚至掀起了一股“汉语热”。

这也确实使中国的传统文化传播了出去。可是，国内似乎对中国的传统文化没有那么重视。对于孔子的“仁说”，有多少青年朋友信奉？中国的传统节日，甚至没有国外的“洋节”受欢迎。为什么不在国内加强传统文化的宣传和推广呢？

【分析】

本题考查贯彻执行能力、沟通协调能力和依法行政能力。题目要求作为国家汉办的工作人员给网友写一个回帖，所以一定要切准身份。作为国家汉办（非政府部门）的工作人员，不能在政府决策上做任何表态，也不适宜于对非本部门事物做出承诺。

【学生习作】

对网友A回帖：

一、加大国内基础教育投入，才能从全局着眼提升国家整体实力，政府应不断加大相应的资金投入。**（点评：作为对外汉语教学的非政府部门，对国内基础教育战略做出评判不太适宜）**

二、英法德等文化强国的发展理念与经验值得我们学习。设立“孔子学院”，可引进先进文化教育与传播理念，改善国内基础教育。**（点评：此非孔子学院主要功能，非常牵强，反而会引起进一步的质疑）**

三、对学院工作的开展，我们会优化布局，加强管控，合理配置资源，做到资源的最优化利用。1. 加强国内、国际交流与合作，实现对资金和师资的节约有效利用；2. 搭建国外优秀教育资源与国内教育资源匮乏地区的交流与合作，做到二者有机结合。**（点评：同上，孔子学院的主要作用是组织协调引导对外汉语教学，极少涉及国内基础教育领域）**

对网友B回帖：

一、传统文化对于提升国家软实力建设，提升综合实力确实有重要作用。

二、孔子学院能加速传统文化人才培养，引入国外先进的文化传播运营方式，可促进对中国传统文化传播。**（点评：孔子学院没有这项工作要求）**

三、通过对外交流，引入外国先进文化教育机制，可为中国传统文化找到更具吸引力的教学方式。**（点评：同上，牵强附会）**

四、引进国外先进产业发展经验，可推动我国文化产业发展，这对传统文化的复兴极为重要。**（点评：不符合汉办的身份）**

另：答案形式应该是应用文体，而非答案要点。

【参考解答】

回复网友A的帖子内容：

首先感谢您对孔子学院工作的关注。孔子学院是我国向外传播中华文化，体现国家软实力的重要渠道，同时也是促进世界各民族文化交流融合的舞台。向外传播中华文化意义重大，它与发展国内教育并不矛盾对立，都是当前的重点工作**（点评：重点谈孔子学院）**。据悉，**（点评：一定范围内客观地谈基础教育投入问题）**国家已经逐步加大对基础教育的投入力度，国家中长期教育规划也已有相应部署，相信会逐步改善。最后再次感谢您，希望您继续关注对外汉语教学工作。

回复网友B的帖子内容：

首先感谢您对孔子学院工作的关注。孔子学院是我国向外传播中华文化，体现国家软实力的重要渠道，同时也是促进世界各民族文化交流融合的舞台。不论是语言还是文化的输出，都必须理顺“修内功”与“走出去”的关系。因此，我们也很关注传统文化的继承和发扬问题，因为只有它发展好了，只有修好内功，才能在世界上走得更远。据我们了解，现在不仅是政府相关部门，很多社会团体和普通群众都积极参与到此项工作中来，取得了良好的效果。

最后再次感谢您，希望您继续关注对外汉语教学工作。

【例四】 请根据给定资料，提出解决希望小学遭废弃问题的具体建议，供上级有关部门参考。要求：不超过300字。

柳延希望小学是李某当村主任的时候筹资修建的，可惜只用了七八年就撤了，留下了空荡荡的校园。上世纪90年代，和中国大多数农村一样，李某所在的枣园镇延店则村，也经历了轰轰烈烈的建校潮。然而时隔几年，新的农村教育布局调整又让很多农村小学陷入“沉睡”状态。这其中，也殃及部分希望小学。

2009年是希望工程实施20周年。20年来，希望工程共募集资金56.7亿元，资助346万名家庭困难青少年继续学业，资助建设15 940所希望小学，为支持经济落后地区基础教育事业，促进青少年发展作出了积极贡献。

从1999年开始，中国青少年发展基金会经过调查论证后，开始实行希望工程战略重点转移：由过去对贫困失学儿童的普遍救助，转到对优秀受助生的跟踪培养；而希望小学也由起初的硬件建设为主，转向以教师培训、现代化教育设施软件建设为主。

根据教育部公布的数据，2007 年全国小学在校生 10 564 万人，而 1998 年全国小学在校生是 13 953.8 万人，9 年间减少了 3 300 多万人。

据 2010 年 10 月 25 日报载：截至 2008 年 12 月，G 省长阳县 76 所希望小学有 53 所被废弃。这样的情况随着"撤点并校"的政策大规模推广，在越来越多的地区出现，很多希望小学被撤销，要求与镇小学或中心小学合并，因个别条件无法合并的，直接被闲置。

教办主任张某介绍：本世纪初，生源开始锐减，2001 年，有一个镇在校学生 2 400 多，可现在不到 1 100 人，这个镇流动人口占到一半左右。随着越来越多的人外出务工，部分学龄儿童只好随家长走，异地就读。记者采访过程中见到了不少"空巢村庄"，年轻人纷纷外出打工，留在村里的，基本上都是四五十岁以上的中老年人。

农村税费改革后也引发了农村学校经费的紧张。2001 年，我国农村实行税费改革，取消了原来的教育集资和教育附加，学校的经费由财政支持。而学校过多让有限的经费投入像撒胡椒面一样，有效投入降低，于是进行大撤并。

【学生习作】

希望小学遭到废弃的原因包括：一是农村教育布局调整和"撤点并校"政策殃及部分希望小学；二是生源锐减，部分学龄儿童追随外地务工的家长异地就学；三是农村税费改革引发农村经费紧张，财政经费的有效投入降低。**（点评：一、二、三点之间非并列关系，不能简单罗列，二、三两点是直接导致撤点并校的原因；另外，既然是撤点并校，撤的是希望小学，说明其在教学资源上不够优质，这一方面也不可忽视）**

解决希望小学遭到废弃的具体建议包括科学规划、合理利用和宣传引导三个方面内容：一是科学规划。新建希望小学的选址，务必符合当地农村中小学教育布局调整计划，在捐建希望小学之前，首先要了解当地教育部门未来的发展布局，一旦被撤并，要及时进行资产置换，保证捐方利益，在新学校里也要保留捐方曾经捐赠过的痕迹。**（点评：该考生习惯刻板的"从问题中得到对策"，既然已经撤点并校，哪里还有新建学校的可能？）**二是合理利用。废弃小学的校舍属于集体财产，应当最大限度的利用起来，采取积极措施建立乡村图书馆、村文化活动中心等村民文化娱乐场所。提高农村居民生活质量，实现废弃校舍的"零闲置率"。三是宣传引导。通过增加就业岗位，增强学校基础设施建议等方面的努力，鼓励农民工在家乡务工、子女在本地就学，保证希望小学生源情况。**（点评：此答案基本不具备可行性，城市化进程中，劳动力向城市转移是普遍趋势，此措施大谈增加当地就业岗位，颇为不切实际）**

【分析】

此题属于对解决问题能力的考察，但其主要内容是基于对工作目标的分析，简而言之，应该把工作放在实际情境中去思考和解决。从某种意义上说，希望小学遭废弃既有历史遗留问题，也有现实的必然性。因此这里解决"希望小学遭废弃问题"并不是要恢复希望小学的教学，而是要解决"希望小学遭废弃"后带来的"校舍空置、部分学生失学、教师失业"等一系列后续问题。

【参考解答】

此题属于对解决问题能力的考查，但其主要内容是基于对工作目标的分析，答案要点如下：

原因分析：希望小学废弃有外部原因，即因为生源、投入减少，地方上对乡村教育资源进行了整合（撤点并校）；这其中也有早期建设的希望小学教学教学设置、教学质量不够优质的现实原因。

解决策略：

一、上级教育主管部门对希望小学的撤点并校要严格把关，能够转为中心学校或寄宿制学校的，要尽量予以保留和扩建，避免造成教育资源浪费。

二、如果确需撤并，这些希望小学被废弃，要解决好三个方面问题：

1. 要妥善解决被撤并的希望小学的学生上学问题，做好宣传引导工作，降低学龄儿童的辍学率；要保证学龄儿童到邻近中心学校就读，同时要对他们给予必要的补助。

2. 要妥善解决好被撤并学校的老师去向问题，对能力素质较强的教师，要尽量给予保留，对于能力素质较弱的要安排进行分流，妥善解决好就业的问题。

3. 解决好被撤并学校的校舍使用问题，能转为公益用途的尽量用于公益事业，不能转为公益用途的要依法合理进行转让和财产置换，并使转让所得经费反哺教育事业。

三、从根本上解决问题要做好两方面的工作：

1. 加大对农村基础教育力度，统筹城乡教育发展；

2. 继续做好农村教育资源的整合工作，提高办学效益，优化办学资源配置；

3. 加强现有希望学校的软件环境建设，提升教育质量。

【例五】 近日，多家媒体纷纷对某地上百名教师吃空饷的问题给予了报道，引起舆论的轩然大波。教育局长在面对新闻记者采访时称："空饷吃的是地方财政，不是国家财政，关你记者什么事？"(1) 请你谈谈如何正确应对媒体采访。(200 字以内)(2) 如果你是这位教育局长，准备接受采访，请列出你讲话的要点。

【答案要点】

一、如何正确应对媒体。

1. 思想上要有正确认识，只有在思想上避免对立，才能在行动上有积极的配合。要主动接受媒体监督，才能有效促进政治文明建设，保证政务公开依法行政。

2. 行动上要积极配合，配合新闻媒体的采访，要尽量给予方便。

3. 要讲究原则：程序原则、定性原则、积极引导原则。

①程序原则：机关单位接受媒体采访，要遵循相关的原则和规定，要按程序规范操作。

②定性原则：对于事件问题的发展阶段要有一个正确的定性，不应盲目表态。如果问题没有定性，则要向媒体如实说明，并欢迎他们继续监督调查处理过程；如果已经定性，则要进行积极引导。

③积极引导原则：如果确是本单位的问题，要向媒体客观介绍，并积极寻求社会的理解。如介绍已采取的积极措施以及今后如何避免类似问题等。

二、教育局长接受采访讲话要点。

一是表示感谢。感谢新闻媒体对教育工作的关注，对教育工作中存在问题的监督。

二是表明态度。积极响应报道，高度重视，已经会同相关部门制定了处置方案。

三是介绍处处置方案：①责成相关部门对教师在编在岗情况进行核实，对新闻媒体曝光的单位要重点进行核实；②如果属实，对吃空饷的教师要进行清退，对空置的编制要进行收回；③对于这个事件中失责的个人要进行追究问责，要通过相关手段挽回造成的经济损失；④防止此类事件再次发生。

四是介绍平时工作的情况。如：教师编制管理是日常工作的一项重点，每年都对教师的在编在岗情况进行核实，以确保有限的教育经费和资源用到实处。

五是在整个调查处置过程中欢迎媒体全程监督，在问题调查清楚后，及时将情况向媒体公布。

六是再次对媒体的监督表示感谢，建议客观报道，不要过分解读。

【例六】 南京市某区拟在全区范围内开展"居民安全文化教育"活动。请根据"给定资料"，从"安全文化理念""增强安全意识""日常安全须知"三个方面为社区的宣传栏写一份宣传稿。不超过500字。

一些有识之士一直呼唤构建一个城市综合减灾应急系统，而公众则需要培养必要的危机意识，要"伤后知痛"。现在很多事故灾害都直接波及城市中无辜的公众。在不少情况下，传统观念已经无法适应现代城市的灾难与危机。

因此，对相关公共文化教育的呼唤已成为许多人的共识。但我们与一些发达国家相比，仍有差距，主要表现在文化自律性、生命文化观、安全技能等方面。有学者认为：西方人对遵守安全规章制度往往表现出一种自觉性及自律性，强调保障安全是人的权利；中国人从古至今则更多地强调用典范的影响力来影响行为，此种方式很难完全适宜于现代城市化的生活状态。西方人"生命第一"的文化原则是神圣不可侵犯的；中国人却过多地宣传"国家财产第一原则"，这与"应急避险权"所主张的"生命高于一切"的原则似乎相悖。美国在1985年就组建了社区救灾反应队，美国国家防火协会经常组织北美统一的火灾"大逃亡"训练活动；中国人在相当一个时期内还只停留在对安全警钟的认知环节，暴露出在安全知识、安全技能、安全产品上存在的诸多不足。这一切，都告诫我们必须系统地、更加完善地开展公共文化教育。

【学生习作】

增强安全意识　共建和谐社区

为了保障居民的安居乐业，同时给居民营造一个安全舒适的生活环境，我区近期将开展"居民安全文化教育"活动，增强大家的安全意识、提高安全技能。**（点评：对题意理解上有偏差，这里的"活动"并非集中举行的现场活动，而是全区统一部署的整体性工作）**

本次活动旨在通过加强"居民安全文化教育"，转变大家固有的安全文化理念。"自救优于互救，互救优于公救"是降低灾害损失的经验之谈，假如发生火灾，受灾人员若是缺乏自救常识，生存几率将会很低，就算配备有足够的灭火设施，若是没人会用，也就毫无意义了。

因此，本次活动的重要内容便是增强安全意识，提高居民的安全技能。我们将通过举行安全宣讲会的形式，配合发放安全手册，为广大居民讲解和传授日常安全的注意事项以及防灾救灾的相关技能，并且会定期开展演习，让广大居民的安全知识和技能切实转变为安全能力。**（点评：依然曲解了“居民安全文化教育”活动，错误的将宣传稿理解为是对社区现场活动的宣传）**

安全问题无小事，尤其是在日常生活中电、气的不正确使用都会成为安全隐患。用电安全需要注意经常检查线路、插座和刀闸是否安全可靠；用气安全，尤其是使用煤气时要注意通风换气，一旦发现煤气中毒，应先把门窗打开，避免明火。**（点评：将题目中“日常安全须知”理解为告知群众相关注意事项，曲解了题意）**

安全感是生活质量的刻度，是人们首要的心理需要。安全问题关乎每一个人，希望大家在此次活动中积极响应、广泛参与。**（点评：对题意理解上有偏差，这里的“活动”并非集中举行的现场活动，而是全区统一部署的整体性工作）**最后祝大家生活平安幸福。

【分析】

此题难度较大。应试者应准确理解“居民安全文化教育活动”是全区统一部署的整体性工作。原材料中提及“但我们与一些发达国家相比，仍有差距，主要表现在文化自律性、生命文化、安全技能观等方面。”“这一切，都告诫我们必须系统地、更加完善地开展公共文化教育。”就是要告诉应试者此次活动的目的是要转变群众的固有观念，让他们在思想上重视“生命”，从而重视“安全”；在思想上重视“安全”，从而重视“自律”，约束自己以“远离灾难”；还应意识到，如果“灾害难以避免”（如自然灾害或突发灾害），则只有具备了一定的技能，才能“化险为夷”。

所以，此篇宣传稿应该是“居民安全文化教育活动”的一部分，是社区的具体工作落实。

就“宣传”而言，其具备激励、鼓舞、劝服、引导、批判等多种功能。在这里，则起到了引导教育、统一思想的作用。

【参考解答】

生命非常重要，因为生命对我们来说只有一次，一旦失去人就不复存在，生命非常重要，因为生命对于个人非常重要，对于家庭的稳定、社会的和谐也更重要。所以我们每个人都需要安全，我们应该注重安全，这样才能保护我们的生命。

注重安全才能远离危险，我们怎样才能远离危险呢？第一，我们必须牢固树立安全意识，我们应该认识到灾害随时潜伏在我们身边，只有我们按照安全规则去办，才能远离危险。不要像某些人，刚开始总是不相信，最后总是感叹这种事情偏偏发生在自己身上。

安全意识当然可以让人们远离灾难，但有时灾难却是防不胜防，当灾难真的来临的时候，我们怎样才能不束手无策，这要靠我们平时去积累安全常识和安全技能。近年来，在上海市的特大火灾当中，居住在二楼的居民都没有安全逃生，血的事实告诉我们：自救优于他救，了解安全知识、掌握安全技能在关键时刻可以挽救自己生命。

各位居民，为配合全区的开展的“居民安全文化教育”活动，为大家配备了安全常识小手册，请大家到居委会领取，也请大家认真学习。通过学习，珍视生命，远离危险，面对危险，能够自救。

【例七】 A市市政府准备大力宣传推进对近海水域的污染整治工作，请你结合给定资料，以市政府工作人员的身份，草拟一份宣传纲要的内容要点，需体现政府精神，促进全市各界关心、支持污染整治工作，不超过400字。

A市早在宋代就享有“东海明珠”的美誉。眼下，这里正在打一场保卫“蓝色国土”的扫黑战役。此“黑”非黑社会势力，而是污染所致的“黑水”。A市海岸带流淌的黑水是漂染、造纸、电镀等企业排放的废水。J市与S市为A市所辖的县级市。早在1997年，濒临海湾的J市准备在郊区西滨兴建“电镀集中控制区”。当时，J市考虑的只是本辖区的环境尽量不受污染。至于会不会危及下游S市，那是其次的问题。事实上，兴建“电镀集控区”，可能造成一系列的后果。一是集控区电镀、造纸、漂染、制革等企业排放的工业废水具有严重化学毒性，对水产资源有毁灭性的破坏。二是A市所属的几个海湾都是内海腹地浅水湾，海水自净能力差，工业污水将随退潮排出，随涨潮返回，难以排向深海。三是海湾一带是省级蛏苗生产基地，也是红膏鲟、海鳗和虾类的产卵、成苗地，海水污染不仅严重损害上述珍贵水产资源，也给该地区群众生产、生活造成严重危害。四是贝类具有富集重金属的特点，受污染贝类上市后影响人民群众的身体健康。为此，省水产厅发文，明确提出“按环保的条件评估，不宜在J市西滨镇设立电镀集控区”。但是，就在为选址争议期间，西滨镇已经陆续兴建了一些严重污染环境的工厂，使下游S市附近的水头村深受其害。

2006年1月，A市人代会通过《关于加强近海水域环境污染治理的决议》(简称《决议》)，确定将“A市近海水域的污染整治”列为政府必须无条件完成的一项“铁任务”。《决议》内容简明了，几乎一句话就是一个措施和目标：市政府组织开展近海水域环保状况勘察调查，制定年度治理计划；加快环保基础设施建设，控制近海陆源污染物排放；加强环境监管，巩固治理成效；按照“谁污染谁治理”的原则，征收超标排污费；监督企业完善治污设施并保证正常运行，确保达标排放；落实县(市、区)长环保目标责任制和重点乡镇领导干部环保绩效考核制度，督促本地区污染源治理。2月，市政府通过了市环保局主持编制的《A市近海水域污染专项整治方案》。3月，有关部门完成了全市近海水域的污染源调查。4月，市政府出台了对近海海湾沿岸进行综合治污的具体规划。5月，市人大、政府多位领导同志到J市、S市检查整治工作。据悉，J市计划5年内投入24亿元用于近海水域污染专项整治。除了保证资金的投入，目前，J市即将完成对23家污染企业的在线监控，污水处理厂首期4万吨规模的厂区土建工程已经完成，年内拟试运行，市中心区的生活污水有望得到妥善处理。最令人鼓舞的是“西滨镇电镀集中控制区”项目已被市政府彻底否决，污染源头将被切断。S市政府也出台了“专项整治方案”，将全市70家企业列入污染源监测名单。市政府还计划在四五年内投入3.4亿元用于海水治污，并将在今后5年内逐步淘汰全市的畜禽养殖业，尽力减少污染源。该市政府呼吁，对一些重污染企业将要拿出“壮士断腕”的勇气，如此作为，方可保证将整治工作“进行到底”。

【学生习作】

我市部分地区为推动经济发展，兴建了一些高污染的工厂。受地方政府不合理规划的影响，工业污水难以排向深海，导致水质和底质环境逐年恶化，对水产资源造成了毁灭性破坏，给群众造成严重的经济损失，甚至影响群众身体健康，癌症患者呈逐年增加之势。为深入推进环境治理，市政府决定采取以下措施：**(点评：本题要求提纲挈领的呈现**

内容要点，不是要一个完整的纲要，所以不应采取总分写法）

一、加强调查。开展近海水域环保状况勘察调查，制定年度治理计划。

二、加大投入。加快环保基础设施建设，控制近海陆源污染物排放。

三、加强监管。巩固治理成效；按照“谁污染，谁治理”的原则，征收超标排污费。监督企业完善治污设施并保证正常运行，确保排放达标。

四、完善制度。落实环保目标责任制和环保绩效考核制度，督促污染源治理。

五、转变观念。坚决停止“西滨镇电镀集中控制区”项目建设，切断污染源头。

未来五年，市政府将不断加大投入，兴建污水处 理厂，减少污染源头。呼吁社会各界关注并大力支持市政府治污措施，将整治工作进行到底，彻底恢复我市生态环境。

（点评：要想“促进全市各界关心、支持污染整治工作。”必须让基层政府、职能部门、企业、民众等各主体意识到此事责任重大或与自己利益攸关。所以不能仅仅局限于介绍具体措施，要有所针对性和指向性）

【分析】

宣传纲要是对宣传工作的一种设计和规划，通常包括宣传的背景、指导思想、宣传内容、宣传方式、分工要求、时间界限、宣传对象等，是写给宣传部门看的，是指导他们进行宣传工作的，是工作指导性质的。这里只要求给出“宣传内容”的要点，并不是要求给出整篇纲要。

【参考解答】

本题的答案要点为：

一、污染现状：由于A市企业超标排放以及内海浅水湾的地形导致我市近海水域污染严重，化学毒性物质和重金属严重超标。

二、危害：A市污染已严重影响到海岸生态环境和渔业养殖、人民群众生命健康，已引起市委市政府的高度重视。

三、政府前期工作：根据市人代会《决议》要求，市政府通过了整治方案，并完成了初步调查。近期将斥巨资用于近海水域专项整治。此外，治理工作将发动社会各界力量形成整体联动，从源头抓起，强化工业废水的预处理，控制工业废水的排放。

四、整治举措：近期将斥巨资用于近海水域专项整治，此外，治理工作将发动社会各界力量形成整体联动，从源头抓起，强化工业废水的预处理，控制工业废水的排放。整治工作将按照“谁污染谁治理”的方针征收排污费，重污染企业将逐步被关闭。

五、相关要求：全市各市、区，各单位应以大局为重，协同工作。另污染整治工作将实行责任制，对领导干部进行绩效考核。

【例八】 机关干部赵某去北京参加会议，在返回南京的飞机上，与一位到南京转机的北方商人相识。该老板问赵某：“听说你们南京建设得很不错，就是路太堵，今年想去看青奥会，不知道交通方便不方便。”闲聊当中，赵某向这位从未到过古都的北方商人介绍了南京的有关情况。临别时，这位商人说：“一定要到南京看看。”如果你是赵某，你怎样向这位商人介绍南京的情况？请分条撰写要点，不超过300字。

【参考解答】

一、向商人对南京的关心表示感谢。

二、正面回应商人关于南京道路拥堵的问题：客观承认南京道路交通的状况，重点讲清南京近年来在改善道路交通方面所做的工作和努力：如修建了地铁、拓宽了路面等。

三、向商人介绍南京“青奥会”的相关情况：“青奥会”的筹备情况、赛事安排情况、开闭幕时间等。

四、向商人介绍南京的人文历史和地理环境情况，可以介绍南京悠久的历史、深厚的文化底蕴以及名胜古迹等，介绍南京优越的地理位置。

五、适时了解商人的投资行业，有针对性介绍南京的经济发展状况以及投资政策、环境，欢迎商人来南京投资创业。

六、最后对商人发出邀请，欢迎其来南京旅游观光、投资创业。

【例九】 某乡镇为了疏通公路进行修筑，需要拆迁一部分民房。已提供了临时居住地，一部分村民已经搬迁，但有一位老人留恋祖宅不肯搬迁，作为搬迁组工作人员，你将如何和老人进行有效沟通，以说服他搬迁？

【分析】

本题考查沟通协调能力。

【参考解答】

如果我是搬迁工作组人员，我将采取如下方法与老人进行沟通：

一是前期调查了解。

通过向村干部、老人的邻居等了解老人的家庭、个人以及性格等基本情况，使沟通有的放矢；了解老人的相关诉求及相关政策情况。

二是灵活沟通方法。

选好时间地点：在沟通地点上尽量选择在老人家里；在沟通时间上选择在老人心情较好的时候；选择老人的亲戚朋友、邻居、村干部等作为沟通助手，一起来做其思想工作；要耐心、包容，反复做好其思想工作。

三是明确沟通的内容。

1. 讲清搬迁的意义：“要想富先修路”，宣传搬迁修路对本村经济发展、对人民群众生活改善的重要意义，让老人知道可以更好地生活，对老人家及其子女都有好处。

2. 向老人宣传国家有关政策。搬迁的有关政策，以及相关补助等。

3. 向老人介绍安置点情况。如生活设施、相关服务等。

4. 回应老人的相关诉求。可以为老人对老房子进行拍照和摄影留念，在安置点与老邻居居住在一起，回迁时尽量安排老人在其老宅附近安置。

5. 对其关怀和做出必要的承诺。

第三章练习题

1. 某市西城区毕家山街道，地处城郊结合部，除大片新建住宅小区外，还有上百栋失地农民的回迁安置楼房组成的居民小区。街道从 2009 年开始，规划建设了创业示范一条街。某日，该区幼儿园购买街上一家经营户销售的熟食，造成一些儿童呕吐腹泻，引起儿童家长强烈不满，在幼儿园聚集。你作为街道负责人，怎么处理?

2. 单位新建设的办公楼落成竣工，房间分配工作中，各科室都提出了自己的诉求，很难统一，请你拿出一个合理且易执行的方案。

3. 请你根据下述背景资料，草拟调研通知需要补充的两个方面的内容要点。(不超过 300 字)

为认真贯彻省委、省政府关于人才工作的决策和部署，深入调查全省人才工作的实际状况，以改革创新精神推动“十二五”人才工作规划真正落到实处，省人才工作领导小组研究决定，近期将组织力量开展人才工作专题调研。

此次调研范围为省直有关单位、各市及部分工业企业、高等院校和科研机构。主要了解“十二五”人才工作规划落实的基本情况、各类人才队伍建设、人才工作服务经济社会发展大局等方面的主要做法、基本经验、工作典型和存在的突出问题以及加快人才强省建设的工作思路和意见建议。调研分 5 个小组，分别由省人才工作领导小组有关成员单位负责同志带队，每组两名工作人员从省人才工作领导小组成员单位有关处室抽调。整个调研工作于 2011 年 11 月底结束。省级新闻媒体将配合这次调研，及时宣传人才工作典型事例。

某同志起草的调研工作通知中缺少调研方式和调研具体要求等内容，处长请你补充这两个方面的内容。

4. 你作为下述材料中承办处室的工作人员，处长要求你提出接待方案的要点，并设计座谈会方案的要点。(不超过 300 字)

近年来，我省认真落实中央关于建设资源节约型、环境友好型社会的要求，努力推进节能减排工作，单位生产总值能耗、化学需氧量、二氧化碳排放量均圆满完成国家下达指标，所有市县都建成污水处理厂，一批重点企业的节能减排工作走在全国前列，受到兄弟省市的关注。

近日，某省发展改革委给我省发展改革委来电称，该省发展改革委张副主任一行三人，拟于 10 月 25—26 日来我省学习节能减排工作的做法和经验，并进行实地考察。

5. 你作为下述材料中承办业务处室的工作人员，处长要求你提出妥善处理此事的初步设想。

《中华人民共和国文物保护法》规定：文物保护单位的保护范围不得进行其他建设工程或者爆破、钻探、挖掘等作业。但是，因特殊情况需要在文物保护单位的保护范围内进行其他建设工程或者爆破、钻探、挖掘等作业的，必须保证文物保护单位的安全，并经核定公布该文物保护单位的人民政府批准，在批准前应当征得上一级人民政府文物行政部门同意；在全国重点文物保护单位的保护范围内进行其他建设工程或者爆破、钻探、挖掘等作业的，必须经省、自治区、直辖市人民政府批准，在批准前应当征得国务院文物行政部门同意。

近日，省文物局接某市文物局报告：接群众举报，在该市全国重点文物保护单位的保护范围内，发现未经批准正在施工的建筑物，但对文物本体未造成破坏；市文物局已协调当地政府责令停工。省文物局主要领导批示，要求主管业务处室高度重视，妥善处理此事。

6. 假定下述资料是某市城管局编发的一份简报中的三则简讯，请为此撰写一则能体现编者意图的250字左右的"编者按"。要求：针对性强，思路清晰，语言简洁顺畅，书写工整。

(1)（《解放日报》网）城管队的大门，曾是无证摆摊者最不敢来的地方。昨晚8点左右，20多名无证摆摊者被邀请到了虹口区城管队的会议室。参加会议的还有工商、药监、公安、环保、市容等相关职能部门的负责人。

"今天这个会，大家都把想法拿出来交流一下，一来是宣传政策，二来也想听听你们的心声。"夜排档整治机动队队长王文达的开场白简单明了。才到上海三个星期的曹磊马上站起来说："我家的几亩田都被淹了，我上有两位老人，下有两个孩子，一无技术二无文凭，就是做点小生意，搞不懂为什么要被你们抓来抓去的。"

"说是便民排档，满足群众需要，你们考虑过卫生保证吗？在座的谁有健康合格证？"听罢摊贩诉苦，工商执法队队长李建纲忍不住开口，"你们说的概括起来就是合情合理，但不要忘记更要合法。谋生之道不能与城市发展格格不入。"

小摊主张大卫告诉记者，一开始城管队请他上门"做客"，还有点不敢去，这会不会是"请君入瓮"？城管队员找他谈了多次，考虑了近一周，他才约好同乡一起来。"我今天觉得挺感动的，从来没有这样和领导坐在一起交流，给我们说话的机会。做排档生意只能是过渡的，今后打算另谋出路。"

(2)（《解放日报》）8个小摊贩，投票选出小组长，有人监督卫生，有人维护秩序，分工有序，秩序井然，"大盖帽"顿时闲了下来。镇江市中山桥西北侧的义士路上，马路摊点的"民主自治"试点进行得有声有色。

试点一个月，效果竟然出奇的好。小贩自治组组长黄××说，作为小组长，她的主要任务是内部协调，上传下达。现在大家规规矩矩，既用不着起大早赶过来抢位子，也不会跟城管队员发生摩擦。上家泼了脏水扔了垃圾，下家就会提醒清扫，下家有了生意忙不过来，上家就在旁边搭把手。

镇江城管行政执法支队副支队长华炯把"民主自治"的好处归纳为"一箭三雕"：秩序规范了，市容整洁了，关系和谐了。"最主要的一点，城管队员的工作模式和内涵发生了变化——实行自治之后，城管队员的功能从原来的执法为主转变为现在的协调为主，有什么问题，聚在一起开个会，提个醒就行了。现在城管队员在与不在，现场的秩序、卫生都差不多！"华炯说，城管队员行政执法，如同行走在风口浪尖。不管理是失职，管了吧，和摊主的矛盾就会很尖锐。现在矛盾解决了，大盖帽也可以“隐身”了。市城管局有关负责人表示，“民主自治”这一做法将在该市800多户占道经营者中逐步推开。

(3)（东北新闻网）2008年3月19日上午，广西壮族自治区南宁市政府举行了“城管工作进万家”暨“城市管理公众参与日”启动仪式。这标志着城管工作“进社区、进企业、进商户、进工地、进校园、进乡镇”的活动在南宁全面展开。同时，3月19日被确定为南宁市“城市管理公众参与日”，这在全国尚属首例。

7. 完成材料后所附题目。

A市启动城市公交线路整体优化工作，决定取消某社区门口的站点，该社区居民对此很有意见。2013年7月5日，该社区派出10名群众代表到市公交公司讨说法。公司李副经理要求相关部门将10位群众安排在会议室，召开了一次座谈会。

座谈会由李副经理主持。他做了主要发言，并听取了群众代表的意见。他还代表公司做了相关表态。

座谈会取得了较好的效果。

<u>你是会议现场的记录人员，请以会议记录的形式写出李副经理在现场的讲话。要求：①只记录李副经理的发言；②中间若涉及群众代表发言，请用“代表：……”的形式代过，无需写出具体内容；③字数控制在400字以内。</u>

第四章 适应和创新能力

大纲要求：转业思想准备，环境适应，角色转变，创新思维等。

涉及题型：论述题、案例分析题、综合分析题、材料处理题、写作题等。

第一节 能力指标详解

一、转业思想准备

端正走留态度，坚定安置信心，充分做好转业思想准备。正确认识自身已经具备的能力和素养，树立对转业安置后工作生活的信心；理性认识部队和地方的差异，对转业过程中以及转业到地方工作后可能面临的暂时性困难或者不适应状况，要有一定的预见性和初步的化解思路；对转业到地方后的人生规划和职业规划有初步的设想。

二、环境适应能力

从部队到地方，当外部环境发生变化时，能通过自我调节系统做出能动反应，使自己的心理活动和行为方式更加符合环境变化和自身发展的要求，使自身与环境尽快达到新的平衡的能力。具体包括对地方工作性质、机关文化、管理方式等方面的适应能力。

三、角色转变能力

充分认识到个体因社会任务和职业生涯的变迁，从一个角色进入另一个角色的过程，其根本的变化是社会权利和义务的变化。在转业到地方后，尽快明确自己所履行的社会责任、所遵循的社会规范、所扮演的社会角色。通过清晰全面的社会角色重新定位，顺利地实现特定角色所承担的目标与任务，更好地符合社会期望。

四、创新思维

创新思维是指以新颖独创的方法解决问题的思维过程，通过这种思维能突破常规思维的界限，以超常规甚至反常规的方法、视角去思考问题，提出与众不同的解决方案，从而产生新颖的、独到的、有社会意义的思维成果。转业干部应努力减少思维定势、打破思维惯性、提升思维层面以树立创新思维。

第二节 典型例题

【例一】 写作(本题 40 分)(2012 年真题)

昌辉是一名给养员出身的普通战士，在退伍返乡的列车上热情服务大众，递茶倒水，一刻不停，不知疲倦，得到大家一致好评。列车到站，昌辉默默离开。因为这事，昌辉被同车厢的一个中年人看中，后来中年人找到他家，聘请他当了经理。

昌辉的事肯定给你有一些启示，根据材料，结合自己的转业经历，以“变与不变”为题，写一篇议论文，800字左右。

【分析】

关于议论文写作，长期以来存在普遍的误区，即写成原因一对策型文章。此类文章主要由问题+原因+对策组成，论证的感觉比较薄弱。

议论文又叫说理文，它是一种剖析事物、论述事理、发表意见、提出主张的文体。作者通过摆事实、讲道理、辨是非等方法，来确定其观点正确或错误，树立或否定某种主张。议论文应该观点明确、论据充分、语言精练、论证合理、有严密的逻辑性。

议论文是以议论为主要表达方式，通过摆事实、讲道理，直接表达作者的观点和主张的常用文体。它不同于记叙文以形象生动的记叙来间接地表达作者的思想感情，也不同于说明文侧重介绍或解释事物的形状、性质、成因、功能等。总之，议论文是以理服人的文章，记叙文和说明文则是以事感人，以知授人的文章。

议论是作者对客观事物进行分析、评论、说服，以表明自己的见解、主张、态度的表达方式，通常由论点、论据、论证三部分构成。议论文题目分为论题型、论点型、寓意型。论题型为作者观点；论点型一般没有观点倾向性，例如：君子之交淡如水；寓意型一般与论题论点并存且不能直接作为中心论点要还原本意。

议论文的语言特点是：①准确、严密；②概括性和简洁性；③使用修辞，体现其用词鲜明、生动和感情色彩。

【学生习作1】

变与不变

——在变化中坚守军人本色

作为一名普通退伍军人，昌辉在返乡途中仍然热心服务群众，不知疲倦，列车到站时默然离开。昌辉的事迹给了我很多启示：无论环境如何改变，岗位如何变化，我们身上那种军人无私奉献的服务精神、吃苦耐劳的工作态度以及淡泊名利的崇高品质决不能随之改变。对于我个人而言，无论身在何处、担任何职，军人本色必须长期保持。**（点评：结合材料，给出论点：不论环境、岗位如何变化，军人品质不能变）**

身份改变，无私奉献的服务精神不能变。（分论点1）在退伍返乡的列车上，昌辉同志热心服务，递茶倒水。这种无私奉献的服务精神是他在部队养成的习惯，乐此不疲。作为一名转业干部，身份变了，不再是身着军装的解放军，但军人的品质一定要内化于心，外化于行，在新的工作岗位上，我更要牢记党的宗旨，把为人民服务作为自己的出发点和落脚点，在学中干、在干中学，把为群众做好事、做实事，当做一种常态，形成一种习惯，向先进人物看齐，把无私奉献当做一种崇高精神追求。

环境改变，吃苦耐劳的工作态度不能变。（分论点2）昌辉服务群众不知疲倦，不求回报，因此赢得大家好评。工作中，我们常常看到，有的人拈轻怕重，生怕多干吃亏，甚至到处挑毛病，讥讽干事的人，其实群众的眼睛是雪亮的，投机取巧、光说不干的人，并没有得到什么所谓的“巧”，相反却失去了群众的信任，和集体渐行渐远。人生最美是军旅，吃苦耐劳的工作态度是我们在军旅收获的人生中最宝贵的财富之一，从军队到地方，环境改变了，没有了命令和纪律的约束，没有了经常性思想政治教育，但吃苦耐劳的工作态度永远不能变。今后的工作中我要时刻坚守军人本色，并将这种品质贯穿于工作始终，从点滴小事做起，用行动践行军人本色。

角色改变，淡泊名利的崇高品质不能变(分论点3)。最后在列车到站时，昌辉同志选择默默离开，不张扬、不邀功，做了好事不留名、不求回报。正是因为他的种种表现，同车厢的一个中年人才亲自登门聘请他当经理。一滴水也能反映太阳的光辉，个人的品质就是在这些细微的小事中得以展现。从军队到地方，身份改变了，由军人变成了普通工作人员，无论何时，我们淡泊名利的崇高品质不能变。今后的工作中我将讷言敏行、衔枚疾进，树立正确的名利观，既要努力工作又要看淡名利，服从单位大局，荣誉面前发扬风格，多查找不足，用品质赢得群众和领导的信任。

铁打的营盘流水的兵。时光如白驹过隙，军号声声伴我走过千山万水，一切仿佛是昨天的梦。时间挪移，环境变迁，我们都在不断地努力改变自己，工作的思路、方法、手段都在学习中不断改变，但是爱岗敬业、甘于奉献、默默无闻的军人本色却始终未曾改变。辉煌只属于过去，未来需要我们继续发扬好作风、好品质，相信只要坚守住这份本色，明天的征程上仍会洒满阳光。（全文约1 050字）

【点评】 本文开篇结合材料提出中心论点，然后分成三个分论点，紧密围绕“变与不变”展开写作，全文材料和观点结合较为紧密，语言畅达，层次分明，不失为一篇好文章。遗憾的是，在对三个分论点展开论证的时候，未有回答“为什么不能变”，只是强调“我不能变”，使得论证力度略显单薄。（建议二类上，28～30分）

【学生习作2】

变与不变

事物是在不断变化发展的。人每天都在成长，都在变化。落花坠地，旧燕归来，**人生和世界亦如是，变化中蕴涵着不变，不变中蕴涵着变化。（点评：思路开阔，有深度，具有思辨性）**退伍战士昌辉用不变的军人品质诠释了“不变”的真谛。作为一名军转干部，**什么在变，什么没变，什么应该变，什么不能变？（点评：以设问引出下述论点，引人沉思）**

环境变了，但价值标准没有变。（分论点1）从部队到地方，可以说从相对封闭单纯的环境到相对开放复杂的环境，有的同志会担心能否适应。其实，虽然环境变化了，但是真善美的标准，是非功过的判断没有变。无论是部队提倡的“忠诚于党、热爱人民、报效国家、献身使命、崇尚荣誉”当代革命军人核心价值观，还是十八大提出的“富强、民主、文明、和谐，自由、平等、公正、法治，爱国、敬业、诚信、友善”社会主义核心价值观，都是中华传统美德的传承和发展，都是民族精神和时代精神的延伸和再创造，两者的价值理念是一脉相承的。孟祥斌、高铁成，杨善洲、任长霞等等，无论是部队的英雄还是地方的楷模，都启示着我们，唯有奉献，才获认同。

角色变了，但本色不能变。（分论点2）军人转业去地方，由一名军人变为一名地方政府工作人员，身份角色变了，但依然代表军人形象，依然需要获得社会认同。作为一名地方政府工作人员，工作的直接对象是广大人民群众，与部队工作相比，与人民群众更贴近了，更紧密了，全心全意为人民服务的标准也更高了，因此，为人民服务的宗旨绝不能变，军人的本色绝不能变。此外，进入新的领域，面对新的环境，必然会有各种各样的困难和挑战，保持军人本色，才能更好地发挥军人自身的优势，用军人坚毅、顽强的作风去克服重重困难和接受各种挑战，更快胜任新岗位。

从部队到地方，也不能一成不变。（分论点3）工作思路和工作方法要能够与时俱进，地方工作任务多，分工细，涉及面广，加之当前改革发展进入攻坚期，各种社会现象和社会矛盾更加复杂多样。因此，作为军转干部，只有及时打破部队形成的工作的思维定式，找到并掌握地方工作的特点和规律，迅速转变工作思路和方法，并能在转变中不断的创新思路和方法，才能把工作真正做好。

风物长宜放眼量。作为军转干部，不能忘记过去，也要立足现在，更要展望未来。要保持优良传统，用踏石留印，抓铁留痕的精神，在新的岗位锐意进取，努力创新，以不变的军人本色续写新的辉煌。

（全文约900字）

【点评】 本文开篇结合材料以设问方式提出中心论点“环境变了，价值标准没有变，军人本色不能变，工作思路要变一变”。然后分成三个分论点，紧密围绕“变与不变”展开写作。考生思维全面、观点深刻，逻辑严密，论证有力，与材料结合较为紧密。在900字的篇幅内纵横捭阖，难能可贵！（建议一类文）

【例二】 综合分析（本题10分）（2006年真题）

有人做过调查，世界500强企业中有近1/3的企业家都曾有过军人背景。在中国，联想的柳传志、海尔的张瑞敏等优秀企业家也都有过军旅生涯。下面是另一位优秀企业家、有过30年军旅生涯的中国国际航空股份有限公司董事长李家祥的几件事：

（1）2000年11月，一纸调令将完全没有企业管理经验、从未接受过专业管理课程教育的空军少将李家祥“空降”到国航，在短短一年的时间内，国航迅速实现了扭亏。这位传奇式的空军少将带着他在部队中培养的特色素质以及科学的思维方式，创造了中国民航业的奇迹。

（2）在中蒙边界雷达站当兵时，李家祥发现连队驻地附近有些地方的草长得不错，产生了一个新奇的想法：能长草的地方为什么不能长蔬菜？他带领战友大胆试验，结果种下的菜苗成活了，不但各种蔬菜都有，而且还种了西瓜、甜瓜、黄瓜，饲养了一些牛、羊、骆驼。他们的做法被广泛借鉴，边防部队的生活得到了极大改善。

（3）对于困难，李家祥有自己的看法：“说到底那个困难，是因为自己做不了，才说它难。实质上许多困难的事儿，不是那个事儿困难，而是你自身没有具备那么一个克服困难的信心和素质。”他告诉大家：“危机危机，有它‘危’的那一面，但是还有‘机’的那一面，当领导的要善于把握这个‘机’，把危机变成转机。”

（4）领导班子不团结是企业经营风险中重大的风险。李家祥坚持树立团队意识，打牢团结基础，在国航各单位形成了团结的领导班子与和谐的上下级关系，为企业形成核心竞争力提供了重要保障。

(5) 谈到来国航在很短时间内完成角色转换,李家祥认为大道相通。他说:"空军与民航有许多内容是相通的。最大的区别不过是军队讲求战斗力,而民航讲究高质量服务,追求盈利能力。从空军到民航,就是军用和民用的转换问题。大道相通,大道通了就能举一反三,大道是真正的法宝。"

请回答下列问题:

1. 联系全文,分析材料(3)中李家祥的话对转业干部进入新领域创业的启示。

2. 李家祥说的"大道相通"在这里指不同行业之间存在相通之处,请分析军旅生涯给企业家带来的素质和信心。

【参考解答】

李家祥是优秀专业干部的代表,他的经历对转业干部进入新领域创业有很大的启示意义。本题答题思路如下:

启示:一是要有创新理念,要有对创业的理性认识;

二是要有信心,坚持不懈;

三是要有较高的能力素质,很好地应对遇到的困难;

四是要抓住规律,把握机遇。

素质:敏锐的洞察力,科学的思维方式,创新理念,团队意识。

信心:战胜困难的信心,开拓局面的信心。

【例三】

英国的科学家公布过一个实验:

他们为了试一试南瓜这样一种普普通通的廉价的植物生命力能有多强,就在很多很多同时生长的小南瓜上加砝码,砝码的重量就是小南瓜所能承受的极限。

这样,不同的南瓜压不同的砝码,只有一个南瓜压得最多。从一天几克到几十克、几百克、几千克,这个南瓜成熟的时候,上面已经压了几百斤的重量。

最后的实验是把这个南瓜和其他南瓜放在一起,大家试着一刀剖下去,看质地有什么不同。当别的南瓜都随着手起刀落噗噗地打开的时候,这个南瓜却把刀弹开了,把斧子也弹开了,最后,这个南瓜是用电锯吱吱嘎嘎锯开的。它的果肉的强度已经相当于一株成年的树干!

思考这个故事蕴含的哲理,自拟标题,写一篇800字左右的议论文。

【分析】

议论文的立论是关键的一步,较多应试者在立论的时候容易先入为主,脱离材料。比如"压力铸造成功",压力的确是材料中明显的信息点,但是"成功"并不在材料中所体现,只能说是"坚强"。

这个故事中有两个关键点:一、压力下成长让南瓜变得坚硬;二、压力要适度,否则将把南瓜压碎。由此,我们可以得到论点:压力铸就坚强,但压力也要适度。从而形成两个分论点,即:压力铸就坚强和压力也要适度。充分论证之后,结合军转实际,适当展开

“新的人生旅途中，如何面对压力，坚强成长”。

【例四】

去年某市政府共接收142名不同职务的军队转业干部，经调查了解，发现他们对二次就业的心理状态大致有三种。

一是失衡感。大部分转业干部认为我们为了祖国的安全，人民群众的幸福安康，流血流汗，尽心尽力，把一腔忠诚献给了万里边防，牺牲了自己的青春年华，现在服从军队改革需要，安排转业到地方工作，地方政府理应给他们安置到最合适的工作单位，给予优惠的待遇，但地方政府不尽如人意，没有按照上级的政策规定安置到位，特别是团职以上的领导干部没有相应的职位，令他们很失望，从而产生失衡心理。

二是恐慌感。有的转业干部担心到了新单位新岗位许多东西自己不熟悉，怀疑自己能否很快适应；有的同志担心地方人际关系复杂，到了新单位能否和同事处得和谐，得到他们的尊重；还有的同志担心待遇受到影响，岗位不再像部队那样稳定，就怕被优化淘汰，从而产生恐慌心理。

三是自卑感。有的同志在部队指挥千军万马，转业就业后可能只是政府机关里的一般科员和副职，往日的风光一去不复回，有些不习惯；有的转业干部可能就业到自己的老部下单位工作，过去他是首长，现在他是部下，感到不自在，从而心理上产生自卑。

该市军转部门负责同志认为：“如何让军队转业干部正视现实问题，及时地调整心态，勇敢地面对新情况、新挑战，是我们地方政府关注的问题。但我认为解决他们就业心态问题，还需要他们自己战胜自己。”

阅读以上材料，回答以下两题：

（1）谈谈如何调整材料中所述的三种二次就业心态。（300字）

（2）谈谈对该军转部门负责同志观点的理解。（200字）

【参考解答】

一、如何调整二次就业心态：

1. 面对失衡感。一是降低期望值；二是淡薄；三是对于正当的权益，要合理争取，对于地方政府的困难，也要做到理解。

2. 面对恐慌感。一是要准确定位，做好心理准备；二是要加强了解，提前准备；三是要积极自信，努力尝试。

3. 面对自卑感。一是要平常心，正视落差；二是要端正权力观念；三是眼光要长远。

二、对军转部门同志观点的理解：

1. 这个过程是每个军转干部都必须经历的过程，是每个军转干部都要面对的问题。

2. 地方政府对这个问题是高度重视的，会为大家解决一些困难，我们要相信地方政府。

3. 关键在于军转干部自己，要调整好自己的心态。要以健康积极的心态去迎接挑战，面对困难。

【例五】 请阅读案例,按要求作答。

案例一

一位军转干部在部队没什么太强的文字基础,刚到地方,又想表现自己,在文字方面露一手。碰巧,写的一篇东西见了报,在机关挺有影响,给人一种很有文字水平的印象。是才就得用,于是,机关不少材料一股脑推到他的手下。最后终因基本功不行,招架不住,败下阵来。

案例二

一位转业干部刚刚走上工作岗位,发现了很多问题,就大刀阔斧干了一场。因为工作局面有所改观,受到领导表扬。但很快,他在处理一项工作的时候,由于调查研究不细,否认了前任领导,引起较大非议。此后,他发现看不惯的人和事越来越多,工作也很快陷入僵局。上级有看法,同事有议论,自己受委屈。

请用300字的篇幅谈一谈案例对你转业到地方工作有什么启示。

【参考答案】

这两个案例对我们转业到地方上有很大的启示。转业到地方工作对于军转干部来说第一个考验就是尽快适应环境,融入角色,而案例中的两名同志在这方面都出现了问题,因此给我们很大启示,主要体现在以下四个方面:

一、要有良好的心态。一方面要有进取心,也要有平常心(怎么看待自己)。所谓进取心是要不甘人后,做出成绩。所谓平常心是要量力而为、适度而为。理性看待成绩和表扬。一方面既要积极自信,又要谦虚谨慎(怎么看待工作)。所谓自信,是指对自己有一个客观全面的评价,既知道自己的长处,又知道自己的不足。一方面要讲究原则,也要宽容友善(怎么看待别人)。

二、要有充分的准备。首先是思想准备。对转业过程中和转业到地方后可能遇到的暂时性困难、不适应的状况要有一定的预见性和初步的化解思路。其次是能力准备。包括业务能力、知识结构等。再次是要调查研究。对新岗位的职能、工作范围、工作要求、机关文化要有一个初步的了解。

三、要适应环境的转变。首先是不同群体文化的差异;其次是沟通协调的新要求;再次是评价机制的变化。

四、要依靠组织、团结同志。在自己工作出现问题和困难的时候要积极寻求组织和同事的帮助,依靠组织的力量和同志的帮助渡过难关,提高自己。

【例六】 请阅读案例,按要求作答。

请阅读材料,以"选择"为题,写一篇800字的文章。要求:提炼论点、分论点,给出论证思路。

一天,女儿满腹牢骚地向父亲抱怨起生活的艰难。父亲是一位著名的厨师。他平静地听完女儿的抱怨后,微微一笑,把女儿带进了厨房。父亲往三只同样大小的锅里倒进了一样多的水,然后将一根大大的胡萝卜放进了第一只锅里,将一个鸡蛋放进了第二只锅里,又将一把咖啡豆放进了第三只锅里,最后他把三只锅放到火力一样大的三个炉子上烧。

20分钟后,父亲关掉了火,让女儿拿来两个盘子和一个杯子。父亲将煮好的胡萝卜和鸡蛋分别放进了两个盘子里，然后将咖啡豆煮出的咖啡倒进了杯子。他指着盘子和杯子问女儿："孩子，说说看，你见到了什么？"

女儿拿起一把叉子碰了碰胡萝卜，发现胡萝卜已经变得很软。她又拿起鸡蛋，感觉到了蛋壳的坚硬。她在桌子上把蛋壳敲破，仔细地用手摸了摸里面的蛋白。然后她又端起杯子，喝了一口里面的咖啡。做完这些以后，女儿开始回答父亲的问题："这个盘子里是一根已经变得很软的胡萝卜；那个盘子里是一个壳很硬、蛋白也已经凝固了的鸡蛋；杯子里则是香味浓郁、口感很好的咖啡。"

【分析】

破题：

对材料所表现出来的问题定位要准，对开水的不同定位，那么对萝卜、鸡蛋、咖啡豆的定位也不同。

角度一：

面对人生，每个人都有不同的选择，选择什么样的态度，结果也会不一样。选择退缩，我们的人生就会变得软弱；选择对立，我们的人生会被社会所淘汰；选择融入，我们的人生就会变得更加精彩。

论点：不同的选择，带来不同的人生。

角度二：

面对困难（开水），胡萝卜是变软了，变得柔弱无力；鸡蛋是变硬变坚强；咖啡豆最了不起，无论环境怎么恶劣，它依然向四周散发香气，依然用自己去有感染别人，甚至把一锅开水变成香气四溢的咖啡。

论点：我们要选择坚强，我们要选择传递正能量。

角度三：

面对环境（开水），三种不同的态度为：

胡萝卜：顺应的态度，接受新的环境的影响；鸡蛋：坚持，保持原真的自我；咖啡：融入，影响升华。有的时候我们要服从大局，牺牲自己；有的时候我们要坚持自己；有的时候我们要影响他人，升华自己。

论点：面对新的环境，既不能随波逐流，也不能自我封闭，而要积极融入。

【学生习作1】

选　择

女儿向厨师父亲抱怨生活的艰难，其父将胡萝卜、鸡蛋、咖啡豆分别放入三个装有一样多水的锅里煮，结果发现胡萝卜变得很软、蛋壳很硬、咖啡豆却煮成了美味的咖啡。这个寓言故事告诉我们：面对新的环境，我们既不能选择随波逐流，也不能选择自我封闭，而应该选择积极地去融入。**（点评：结合材料，提出论点。将开水视为"新的环境"）**

面对新的环境，我们不能随波逐流。**（分论点1）**胡萝卜进锅前是强壮、结实的，它在面对开水时就好比面对了新的环境，因为它不愿意去改变环境，而是随波逐流，故它进水后就变软了，最终变得弱不禁风、软弱无力。面对新环境时，如果我们不去学会适应它，我们势必将被淘汰。俗话说“优胜劣汰”、“适者生存,不适者将被淘汰”、“水能载舟,也能覆舟”也都说明了如果不学会去适应环境、改变环境,而是一味地随波逐流,势必变得软弱无力。

面对新的环境,我们不能自我封闭。**(分论点2)**鸡蛋在面对的新环境时,不愿意去适应和改变沸水,而是一味地固守自封,虽然他变坚强了,但最终它变得与外界失去了联系,被孤立了。孔子学院的作用就是对外传播我国的优秀的传统文化,如果面对新的环境,我们像鸡蛋那样自我封闭,一味地注重继承和发展国内的传统文化,不注重对外输出,那中国传统文化的传播将不可能在世界上走得更远。所以这更说明了我们要改变环境,不能固守成规。

面对新的环境,我们要积极融入。**(分论点3)**咖啡豆很独特,在面对给它带来痛苦的沸水这个新环境里,能够正确面对,积极融入其中,最终使它自己在100度的高温时散发出最佳的香味,最终改变了水。咖啡豆这种身受损而不堕其志的精神值得我们去学习,因为这种精神会使我们走向成功。如果我们在环境或逆境中,能够积极融入其中,学会去适应他、改变它、战胜它,我们一定会走出困境,并使周围的情况变好了。

总之,我们在面对新的环境时,一定要学会去适应它,要学会正确选择,我们不能随波逐流,也不能自我封闭,而是应该积极融入。(773字)

【点评】 本文开篇结合材料提出中心论点,然后分成三个分论点,阐述面对新的环境,应该做出何种选择。论证结构上采用“先破后立、层层深入”的结构,论证方法上主要是采用事实论据进行例证,也能较好的联系实际。遗憾的是,说理稍显薄弱,使得论证力度略显单薄。

【学生习作2】

选　择

在人生的道路上遇到困难时,是进还是退,是坚持还是放弃,是许多人面临过的选择。胡萝卜、鸡蛋、咖啡豆的故事告诉我们:面对困难,不同的选择带来不同的人生。**(点评:结合材料,提出论点。将“开水”视为“困难”)**

面对困难,选择随波逐流,结果注定平凡的人生。(分论点1)就像故事中的胡萝卜入锅之前是强壮的,结实的,毫不示弱,但进入开水之后,它变软了,变弱了。人生亦如此。许多人平时看起来很勇敢、很坚强,而当困难来临时,就一味的选择放弃,不再有向上的意识和进取的精神,就会像胡萝卜一样,被熬化了,没有了伟大的理想。

面对困难,选择封闭自己,结果注定是坎坷多难的人生。(分论点2)故事中的鸡蛋从柔软而敏感变得僵硬的结果。告诉我们面对困难只知道选择强硬去抗争,而不是去化解困难,化危为机的话,我们将会付出很大的代价。毕竟独善其身总不如兼济天下能带来更大的社会认同。

面对困难,选择乐观的去改变困难,结果将是辉煌的人生。(分论点3)故事中咖啡豆通过自身努力,改变了给它带来痛苦的开水,并在它达到高温时让它散发出最佳的香味。人生亦是如此,面对困难,学会转变困境,在困难中找到希望。所谓苦难中孕育机会。海燕在暴风雨中振翅飞翔,凤凰涅槃浴火重生,彩虹总在狂风暴雨后绚烂,苦难的过程总是让人不堪回首,但经历苦难历练的事物总是可得到升华,光彩异常。

有当代爱因斯坦之称的物理学家史蒂芬霍金。他在风华正茂的时候便遭受肌肉萎缩,全身几乎不可动弹,嘴巴也歪了,没有了说话能力。在这样的苦难面前,他用三个手指把他内心浩瀚的小宇宙表达出来,在宇宙黑洞的探索之路上留下了自己无比坚毅的足迹,创造无限的价值。在苦难面前,他选择了改变困难,所以他如同一个巨人坚毅的活着。

人生因选择而不同,人生因选择而精彩。

【点评】 本文在立论上与第一篇习作做出了不一样的选择。将“开水”视为“困难”,给出了“不同的选择带来不同的人生”的论点。在论证上事实、说理兼顾,能与观点紧密结合。如果能与军转实际作适当联系,就符合考试的要求了。

第四章练习题

1. 请阅读材料，回答问题。

军转干部大李到地方机关工作一段时间后，经常开口闭口“我在部队怎样怎样”，“我当兵时如何如何”。很快，被单位的年轻同志起了个绰号“想当年”，还有人在背后喊他“大声公”。大李很苦恼。

如果你是大李，你会怎么做？

2. 请阅读材料，回答问题。

优秀转业干部老梁，现在已经是机关处级干部，部门业绩不断提升，且多次获评“优秀共产党员”“优秀公仆”。战友们纷纷向他取经，他说了一句话，“知足知不足，作为不作为”。

请围绕你对这句话的理解，写一篇800字的议论文。

3. 列宁说：“忘记历史就意味着背叛。”恩格斯却说：“不要被死人抓住了活人。”

结合对这两句话的思考，写一篇800字左右的议论文。要求：观点明确、论证充分。避免写成对策性文章。

第五章　职业道德修养

大纲要求：树立正确的人生观、价值观；机关工作人员必备的职业道德修养。

涉及题型：简答题、论述题、案例分析题、综合分析题、材料处理题、写作题等。

第一节　能力指标详解

一、理解职业道德内涵

（一）职业道德的定义

职业道德是指人们在职业生活中应遵循的基本道德，即一般社会道德在职业生活中的具体体现。是职业品德、职业纪律、专业胜任能力及职业责任等的总称，属于自律范围，它通过公约、守则等对职业生活中的某些方面加以规范。

职业道德主要内容：爱岗敬业，诚实守信，办事公道，服务群众，奉献社会。

（二）职业道德的构成

包括：职业观念、职业态度、职业技能、职业纪律和职业作风。

（三）职业道德的社会作用

1. 职业道德水平是社会精神文明发展程度的突出标志，是社会道德的重要组成部分；2. 发扬职业道德是发展物质生产，提高劳动者工作效率的精神动力；3. 提高职业道德是改善人际关系、建立优良的社会道德风气的主要手段；4. 促进个人职业道德是提高劳动者素质，完善人的人格，使人的价值得以全面实现的保证。

二、理解公务员职业道德内涵

（一）公务员职业道德的特点

鲜明的政治性、特殊的强制性、行为的示范性、公权性、严格性、责任性。

（二）公务员职业道德的社会作用

1. 公务员职业道德是整个社会道德的重要组成部分；

2. 能够保证公务员有效履行行政职责；

3. 能够增强公务员自律意识，加强廉政建设，防止腐败行为，树立政府的正面形象。

（三）公务员职业道德的内涵

忠于国家，服务人民，恪尽职守，公正廉洁。

三、理解公务员责任与义务

（一）公务员责任

公务员责任具有两层含义：一是分内应做的工作；二是对工作中出现的问题所应承担的后果。

分内应完成的工作：1. 忠于职守，积极工作；2. 遵守纪律，廉洁奉公，作风正派，办事公道，起模范作用；3. 在工作中积极创新；4. 增进民族团结、维护社会稳定；5. 爱护公共财产，节约国家资财；6. 防止或者消除事故，使国家和人民群众利益免受或者减少损失；7. 在抢险、救灾等特定环境中奋不顾身；8. 同违法违纪行为作斗争；9. 在对外交往中为国家争得荣誉和利益。

对工作中出现问题所应承担的后果：一是行政责任。分为警告、记过、记大过、降级、撤职、开除。二是刑事责任。

（二）公务员义务

公务员应当履行下列义务：

1. 模范遵守宪法和法律；2. 按照规定的权限和程序认真履行职责，努力提高工作效率；3. 全心全意为人民服务，接受人民监督；4. 维护国家的安全、荣誉和利益；5. 忠于职守，勤勉尽责，服从和执行上级依法作出的决定和命令；6. 保守国家秘密和工作秘密；7. 遵守纪律，恪守职业道德，模范遵守社会公德；8. 清正廉洁，公道正派；9. 法律规定的其他义务。

四、理解公务员纪律

公务员必须遵守纪律，不得有下列行为：

（一）散布有损国家声誉的言论，组织或者参加旨在反对国家的集会、游行、示威等活动；（二）组织或者参加非法组织，组织或者参加罢工；（三）玩忽职守，贻误工作；（四）拒绝执行上级依法作出的决定和命令；（五）压制批评，打击报复；（六）弄虚作假，误导、欺骗领导和公众；（七）贪污、行贿、受贿，利用职务之便为自己或者他人谋取私利；（八）违反财经纪律，浪费国家资财；（九）滥用职权，侵害公民、法人或者其他组织的合法权益；（十）泄露国家秘密或者工作秘密；（十一）在对外交往中损害国家荣誉和利益；（十二）参与或者支持色情、吸毒、赌博、迷信等活动；（十三）违反职业道德、社会公德；（十四）从事或者参与营利性活动，在企业或者其他营利性组织中兼任职务；（十五）旷工或者因公外出、请假期满无正当理由逾期不归；（十六）违反纪律的其他行为。

五、理解公务员的权力观

（一）要明确权力的根本来源和基础，即：权为民所赋；

（二）要明确权力的根本性质和归宿，即：权为民所用；

（三）要明确权力的运行和监察，即：权为民所察。

第二节　典型例题

【例一】 简答何为促进作风建设和反腐倡廉建设的途径。

【参考解答】

1. 提高对作风建设和反腐倡廉建设重要性的认识。作风建设和反腐倡廉建设是巩固党的执政地位的重大政治任务，要充分认清作风建设和反腐倡廉建设的长期性、复杂性和艰巨性。

2. 加强完善制度。

3. 旗帜鲜明地推进作风建设和反腐倡廉建设实践。

4. 加强对权力运行的监督和制约。

5. 建立健全预防和惩治腐败体系。

【**例二**】 简答：公务员职业道德建设的重要意义是什么？

【**参考解答**】

1. 能够提升社会道德的水平。是社会道德的重要组成部分，对社会起示范作用。

2. 是保证公务员有效履行行政职责的重要途径。能够提升公务员的思想政治水平，适应市场经济发展的需要，是促进公务员公务服务的需要。

3. 是增强公务员的自律意识，从而防治腐败行为，展现政府良好形象的迫切需要。

4. 是建设服务型政府的要求。

【**例三**】 论述公务员职业道德的内涵。

【**参考解答**】

忠于国家，服务人民，恪尽职守，公正廉洁。

一、忠于国家

忠于国家是公务员的天职。

1. 忠于中国特色社会主义事业，坚决拥护中国共产党的领导，坚定理想信念，在思想上、政治上、行动上与党中央保持高度一致；

2. 忠于国家利益，维护党和政府形象、权威，维护国家统一和民族团结，严守国家秘密，同一切危害国家利益的言行作斗争；

3. 忠于国家宪法，遵守法律法规，按照法定的权限、程序和方式执行公务，知法守法、依法办事，维护法律尊严。

二、服务人民

服务人民是公务员的根本宗旨。

1. 树立和坚持马克思主义群众观点，尊重人民群众历史主体地位，坚持以人为本、执政为民，对人民负责，为人民服务，受人民监督，让人民满意，永做人民公仆；

2. 增强对人民群众的深厚感情，保持同人民群众的血肉联系，把实现好、维护好、发展好最广大人民根本利益作为工作的出发点和落脚点；

3. 坚持群众路线，尊重群众首创精神，深入调查研究，问政于民、问需于民、问计于民，积极回应人民群众要求；

4. 提高为人民服务本领，善于做群众工作，努力提供均等、高效、廉价、优质的公共服务，促进科学发展和社会和谐。

三、恪尽职守

恪尽职守是公务员的立身之本。

1. 增强职业使命感和责任意识，树立正确的世界观、权力观、事业观，把个人价值的实现融入到为党和人民事业的不懈奋斗之中；

2. 弘扬职业精神，勇于创造、敢于担当、顾全大局、甘于奉献，在完成急难险重任务、应对突发事件等考验面前冲锋在前；

3. 发扬职业作风，求真务实，勤于任事，艰苦奋斗、淡泊名利，兢兢业业做好本职工作；

4. 严守职业纪律，严于律己、谨言慎行，不玩忽职守、敷衍塞责，不滥用职权、徇私枉法。

四、公正廉洁

公正廉洁是公务员的基本品质。

1. 崇尚公平，履职为公，办事出于公心，努力维护和促进社会公平正义；

2. 正气在身，坚持真理、崇尚科学，诚实守信、为人正派，不以私情废公事，不拿原则做交易；

3. 为政以廉，坚守信念防线、道德防线、法纪防线，不以权谋私，勇于同腐败现象作斗争，弘扬传统美德，模范遵守社会公德和家庭美德。

第五章练习题

1. 简答题。

(1) 公务员职业道德的主要内容。

(2) 公务员的权利和义务是什么?

(3) 社会主义核心价值观的内涵。

2. 论述题。

(1) 论述当前加强公务员职业道德建设的现实必要性。

(2) 论述公务员的人生观、世界观和价值观。

3. 案例分析题。

请侧重从公务员职业道德修养角度对以下案例反映的问题进行评析。要求:思维开阔、思路清晰、分析透彻,有思辨性。(400 字以内)

刚刚辞职的时候,M 有些不习惯,“忽然之间没上级、没束缚了,不知道向谁汇报”。

辞职之前,M 已经在东部某市的家乡做了十多年的公务员,是城建系统内的一个副科级干部。这份职业曾带给他体面、安稳的生活,近年来,他的想法产生了一些变化,收入偏低,晋升无望,在体制内要做点事情又很难,最终 M 选择了离开,“最起码收入会翻很多倍”。

M 心中,值得怀念的公务员黄金时代还要追溯到他刚刚考上公务员的时候。那是 2002 年,当时的 M 已经在一家改制后的央企里工作超过 10 年。因为历史负担重,企业的收入很低,看着一茬茬的年轻人学会技术就选择离开,M 觉得前途无望,于是回老家考了公务员。

“选择考公务员的时候就是考虑稳定,那时候考上公务员大家都很羡慕。”虽然是从北京回到地方,M 的收入却不降反升。他在北京的时候年收入六万多元,在老家,算上各种福利补贴,还有招商引资的奖金,一年能达到十几万元。

公务员的工作让 M 过上了安稳而体面的生活。考上公务员的第二年,M 还解决了副科级待遇,并很快买了房子,体制内的身份也让他觉得很有面子。虽然 2008 年的时候,阳光工资开始实行,诸如招商引资奖金这样的收入被砍掉,但与金融危机中的企业相比,公务员“安稳”的生活还是让人觉得踏实。

2013 年开始,事情起了变化。“八项规定”实施以来,公务员的隐性收入减少,强力反腐也波及了 M 所在的城市,这个经历过大拆大建的城市,数名重要官员落马,城建系统看上去变得有些危险。

M 算了算,自己如今的年收入加起来只有 8 万元左右,提拔似乎也没什么指望。

先行者不断出现,2013 年年底,M 提出辞职,没能成功。2014 年 5 月,M 又一次提出辞职,这次他终于成功离开,“我们已经四十几岁了,再晚一些,真没有出来的必要了”。

第 三 编

❖ 历年真题汇编

2014年军转干考试真题汇编

第一题：

人民军队具有召之即来，来之能战，战之必胜的优良作风。习近平总书记指出，党的群众路线教育实践活动有时限，但作风建设，永远在路上！请结合材料，谈谈军队转业干部如何继续弘扬军队优良的作风。（500字，20分）

第二题：

某城市建有公共厕所670多座，数量和住建部规定的数量相差比较多，市民反映公共厕所没统筹安排开放时间，老早关闭，还有的地方安排厕所多，有的地方半天找不到厕所。好多厕所坏了没人修。开放时间结束得比较早，建设和管理不是同一单位，在新城的规划建设当中，公用设施没有规划。请根据材料回答：

1. 请分析本市在公共厕所建设和管理中存在的问题。要求200字。
2. 结合材料，谈谈管理者如何加强对公共设施的管理。（300字，共25分）

第三题：

A市根据任务筹集一批大米运往B市。在一次运输过程中，发生车祸，大米倾覆，遭到小鸟吃食，一群鸟吃了掉在路上的大米死了。A市组织相关人员在事故调查时说，小鸟是吃大米过多，被撑死的。此事经媒体报道后，引来大片质疑。接着组织专业人员进行调查，三天后A市质检部门经化验得知大米有毒；B市接到A市通知后，紧急收回已经售出的大米，并采取了相应措施。

1. 请对A市政府处理此事进行评析。（200字，10分）
2. 请针对此类公共危机事件提出对策。（300字，15分）

第四题：

党风廉政建设事关党的生命线，某省级机关要组织一次党风廉政建设宣传活动，请你拟制单位组织党风廉政宣传教育月活动的工作思路。（500字，30分）

第五题：（此题出现在无锡等地的连级考试试卷中）

某单位的工作比较出色，上级要召开经验交流会，领导要在交流会上作经验介绍。领导把写交流发言稿的任务交给了一个老同志，发言稿写完后，领导不满意，认为稿子没有突出单位的工作亮点和成绩。你作为一名刚转业到该单位的转业干部，现在领导把写交流稿的任务交给你，那么你如何完成这项工作？（总字数要求2 100字）

（注：网络资源整理版）

2013年军转干考试真题汇编

一、论述题(15分)

材料:革命战争时期,人民群众帮助我们赢得胜利,陈毅说"淮海战役的胜利,是人民群众用小车推出来的";改革开放时期,安徽小岗村实行包产到户,广西某村实行村委制度,很多方法来自群众,并推行到全国;当前,总体上党员干部是好的,也有部分党员干部不接地气。习总书记说开展党的群众路线教育就是要如何如何。

问:结合材料和实际,请你谈谈对坚持党的群众路线教育的理解。(350字左右)

二、综合分析题(20分)

小张刚参加工作由于专业对口,取得了很大成绩,后面调去搞群众信访工作,由于不适应,想调走,在领导的教育和帮助下,改进作风,转变思路,在新的工作岗位上又取得了新成就。

从小张的变化,对你转业到地方有什么工作启示?(450字左右)

三、案例分析题(25分)

某市某路,很多违章停车的司机会收到一张特殊的罚单,单据上不是写的处罚金额,而是很有爱的四个字"下不为例"。

跟其他秩序民警一样,××每天的工作就是疏导交通和给违法停放机动车张贴罚单。可与其他交警不同的是,接到他"罚单"的司机不但没有怨言,还对他充满感激。

对于这种"温情罚单",有人觉得是人性执法,有人觉得有法可依,并批评"罚款"执法,还有人调侃道"反正也不罚钱,下次我也停那里去"。

问:1. 请你对"温情罚单"现象进行评析。(250字左右)

2. 对做好行政管理工作,有哪些启示?(350字左右)

四、实务操作题(40分)

1. 6月3日,某市突降暴雨,一骑车女子在经过北环高速桥下涵洞时,不慎掉入涵洞内的暗渠,不见踪影。接报后,相关单位组织人员进行救捞。救援人员采用门板测、尺子量等方法想得到涵洞地形。市三防办以致电与发函的形式,通知权属管理单位市北环高速公路有限公司事故情况,并请其提供事发地段涵洞平面与结构图纸,但一直没有得到回应。数小时后,救援无果,救援人员放弃救援。但现场没有任何警示标志和围挡,仍有不少行人从涵洞中通过。

几天后,该女子尸体浮出水面,很多群众要求讨个说法。市北环高速公路有限公司称并不清楚事发地点究竟属于北环高速的红线范围还是市政道路的红线范围,只有确定之后才能知道由谁负责对其维护和管养。

问:针对材料中存在的问题,请你就类似事件提出合理可行的建议。(350字左右)

2. 某市城市发展规划,随着竣工临近,加强了封堵,造成上下班高峰期间道路拥堵,另外夜间施工,对居民的出行和休息造成了很大的影响。群众给市长信箱发了很多信表达不满、提出批评。市政府办公室将市长信箱内容整理出来交给相关职能部门,要求及时回复。

假定你是此职能部门机关工作人员,领导让你负责此事,你准备怎么办?(450字左右)

(注:网络资源整理版)

2012年军转干考试真题汇编

一、单项选择题

1. 十七届六中全会关于文化建设的出发点和落脚点是 （ ）

A. 社会主义精神文明建设 B. 中国特色社会主义核心价值体系

C. 满足人民精神文化需求 D. 社会主义道德建设

2. 江苏省“十二五”期间发展的基调是 （ ）

A. 稳中发展 B. 稳中求进 C. 又快又好 D. 又好又快

3. 2012年举行的第30届奥运会举办地是 （ ）

A. 伦敦 B. 悉尼 C. 墨尔本 D. 华盛顿

4. “绷得太紧的弦会断”体现的哲学原理是 （ ）

A. 抓住主要矛盾 B. 把握事物的质

C. 把握事物的量 D. 把握事物的度

5. 下列成语能表现矛盾在一定条件下相互转化的是 （ ）

A. 塞翁失马，焉知非福 B. 一着不慎，满盘皆输

C. 千里之堤毁于蚁穴 D. 流水不腐户枢不蠹

6. 新民主主义革命的三大法宝是 （ ）

A. 党的建设、统一战线、武装斗争 B. 党的建设、统一战线、民主政治

C. 党的建设、民主政治、武装斗争 D. 党的建设、统一战线、和平解放

7. 科学发展观的核心是 （ ）

A. 全面协调 B. 统筹兼顾 C. 可持续发展 D. 以人为本

8. 我国的基本经济制度是 （ ）

A. 以公有制为主导多种所有制经济并存发展

B. 以国有制为主体多种所有制经济并存发展

C. 以集体所有制为主体多种所有制经济并存发展

D. 以公有制为主体多种所有制经济并存发展

9. 我国的政体是 （ ）

A. 人民民主专政 B. 民主集中制

C. 人民代表大会制度 D. 政治协商制度

10. 社会主义民主政治建设的根本目的是 （ ）

A. 依法治国 B. 维护社会稳定秩序

C. 打击犯罪 D. 保证人民当家做主

11. 下列属于准公共产品的是 （ ）

A. 教育、社会保险 B. 公安、国防

C. 教育、国防　　D. 公安、社会保险

12. “吾日三省吾身”强调的是 (　)

A. 约束的自主性　　B. 约束的规范性

C. 约束的积极性　　D. 约束的强制性

13. 在近代中国提出“振兴中华”第一人的是 (　)

A. 林则徐　　B. 洪秀全　　C. 孙中山　　D. 李大钊

14. 某商品标价 200 元，200 元在这里执行的功能是 (　)

A. 价值尺度　　B. 流通手段　　C. 储藏手段　　D. 支付手段

15. 《西游记》《水浒传》的作者分别是 (　)

A. 吴敬梓、施耐庵　　B. 吴承恩、施耐庵

C. 罗贯中、吴敬梓　　D. 吴承恩、罗贯中

16. 关于 PM2.5 的说法不正确的是 (　)

A. 是指大气中直径小于或等于 2.5 微米的颗粒物

B. 是可入肺颗粒物

C. 对环境的影响不大

D. 对能见度有重要的影响

17. “十二五”期间，江苏发展的主题是 (　)

A. 推动科学发展，建设美好江苏

B. 创新驱动，协调发展，绿色增长，惠民优先

C. 加快转变经济发展方式

D. 保障和改善民生

18. 人力资源与社会保障部发布的《工伤条例》属于 (　)

A. 法律　　B. 行政法规　　C. 地方法规　　D. 部门规章

19. 某酒商将自己的产品贴上获得展览会金奖的标签，但是实际根本没有这回事情，商家的这种行为属于 (　)

A. 商业诽谤　　B. 虚假表示　　C. 商品假冒　　D. 合法行为

20. 甲吃了乙医院开出的，丙厂生产的药，产生不良反应，经检验，属于药品质量不合格，甲可以向谁申请赔偿 (　)

A. 甲只能以乙医院为赔偿主体

B. 甲只能以丙厂为主体

C. 甲可同时以乙医院和丙厂为赔偿主体

D. 要先搞清责任方再决定谁为赔偿主体

二、多项选择题

21. 2011 年 7 月 1 日，胡锦涛在庆祝中国共产党成立 90 周年讲话中指出我党取得的三大成就是 (　)

A. 开辟了中国特色社会主义道路

B. 形成了中国特色社会主义理论体系

C. 建成了惠及十几亿人口的更高水平的小康社会

D. 确立了中国特色社会主义制度

22. 搭乘“神舟九号”飞船上天的是 ( )

A. 刘洋 B. 刘旺 C. 杨利伟 D. 景海鹏

23. 邓小平同志提出的“三个有利于”具体指 ( )

A. 是否有利于发展社会主义社会的生产力

B. 是否有利于增强社会主义国家的综合国力

C. 是否有利于提高人民的生活水平

D. 是否有利于社会主义市场经济发展

24. 加强和创新社会管理,进一步完善社会管理,需要做好 ( )

A. 党委领导 B. 政府负责 C. 社会协同 D. 公众参与

25. 下列属于行政权力主体的有 ( )

A. 市公安局 B. 市司法局 C. 市人民法院 D. 市人大常委会

26. 职业道德的基本要求 ( )

A. 爱岗敬业 B. 诚实守信 C. 服务群众 D. 奉献社会

27. 以下属于第三产业的是 ( )

A. 金融 B. 种植业 C. 旅游业 D. 建筑业

28. 新时期的江苏精神是 ( )

A. 注重民生 B. 创业创新创优

C. 以人为本 D. 争先领先率先

29. 执行任务时涉及一定亲属关系人员利害关系的,应当回避,下列人员中,属于亲属关系的有 ( )

A. 父母 B. 岳父母 C. 配偶 D. 侄子

30. 甲养了一头牛,由于牛生病后,甲担心其传染给其他牛,遂将其抛弃在野外。乙捡到后精心料理,该牛恢复很好,成为高产奶牛。甲便向乙要求,主张要回奶牛。请问,下列说法不正确的为 ( )

A. 乙构成不当得利,应该返还奶牛

B. 乙构成无因管理,返还奶牛后,甲应该支付相应的费用

C. 甲将奶牛抛弃,失去奶牛的所有权,乙可以不用返还

D. 甲将奶牛抛弃,失去奶牛的所有权,收归国家所有

三、案例分析题

方某到宾馆开房间,服务员告诉他如果有贵重物品可以放到前台保管。晚上睡觉醒来,发现房门半开,电脑、钱包等财物全没了,他找宾馆看监控,结果发现监控一直没开,唯一的一名保安也不在位。方某到派出所报案,要求宾馆赔偿。宾馆以服务员已经提醒过为由,拒绝赔偿。请问宾馆是否应该赔偿?请说明理由。

四、综合分析题

某政府机关工作人员在网站回复网民的提问,居然是:请你自己去百度一下!请你从建设服务型政府的角度评析这种行为。

五、公文写作题

每年四、五月份，南山镇金花盛开之时，风景优美，吸引众多游人前来观光。A 县旅游局计划与南山镇镇政府联合请示县政府，计划于明年筹办首届南山金花旅游节。如果你是具体负责此事的工作人员，请你草拟出此公文。要求：准确、规范。

六、作文题

昌辉是一名给养员出生的普通战士，在退伍返乡的列车上热心服务群众，递茶倒水，一刻不停、不知疲倦，受到大家的一致好评，列车到站，昌辉默默离开。因为这事，昌辉被同车厢的一个中年人看中，后来中年人找到他家，聘请他当了经理。昌辉的事例肯定给了你一些启示，根据这个材料，结合自己转业的经历，以“变与不变”为题，写一篇议论文。(800 字左右)

(注：网络资源整理版)

2009 年军转干考试真题汇编

一、单项选择题(在下列选项中选择最恰当的一项，并用 2B 铅笔在答题卡相应题号下涂黑所选答案项的信息点，在试卷上作答一律无效。本大题共有 20 小题，每小题 1 分，共 20 分)

1. 中共十七届三中全会提出，到 2020 年农民人均纯收入比 2008 年 ( )
   A. 增长 50% B. 翻一番 C. 增长 150% D. 翻两番
2. 《中共中央国务院关于深化医药卫生体制改革的意见》的长远目标是 ( )
   A. 建立全民免费医疗制度
   B. 解决“看病难，看病贵”的问题
   C. 大力发展私立医院
   D. 建立健全覆盖城乡居民的基本医疗卫生制度
3. 新当选的澳门特别行政区第三任行政长官是 ( )
   A. 崔世安 B. 董建华 C. 何厚铧 D. 曾荫权
4. 辩证唯物主义认为，各种物质形态的普遍本质和唯一特性是 ( )
   A. 实际存在 B. 客观实在 C. 具体性 D. 特殊性
5. 马克思主义认为，发展的实质是 ( )
   A. 事物数量的增加 B. 新事物的产生和旧事物的灭亡
   C. 事物性质的变化 D. 事物数量的增加和性质的变化
6. 社会主义初级阶段基本经济制度是 ( )
   A. 社会主义现代企业制度
   B. 社会主义市场经济体制
   C. 按劳分配为主体、多种分配方式并存
   D. 公有制为主体，多种所有制经济共同发展
7. 建设社会主义文化的根本点是 ( )
   A. 培育“四有”社会主义公民 B. 大力发展文化产业
   C. 建设社会主义核心价值体系 D. 深化文化体制改革
8. “三个代表”重要思想的关键是 ( )
   A. 党的先进性 B. 与时俱进
   C. 民主集中制 D. 执政为民
9. 贯彻科学发展观的切入点是 ( )
   A. 以人为本 B. 全面协调 C. 可持续 D. 五个统筹
10. 代表我国行使元首权的是 ( )
    A. 国务院 B. 国家主席
    C. 人大常委会委员长 D. 国务院总理

11. 以下属于纯公共产品的是 ( )

A. 交通 B. 医疗 C. 国防 D. 教育

12. 下列关于守法的说法不正确的是 ( )

A. 守法是法律创制的前提

B. 守法是法的实施的一个基本方式

C. 守法的对立面是违法

D. 守法包括履行法律义务和行使法律权利

13. 小王应征入伍,驻守海岛 ( )

A. 是权利 B. 是责任 C. 是命令 D. 是义务

14. 下列不适用死刑的是 ( )

A. 贪污罪 B. 受贿罪 C. 交通肇事罪 D. 抢劫罪

15. 明星极力推销一款产品,声称:“此产品是唯一能够快速减肥永不反弹的。”但此产品有严重质量问题,明星承担什么责任 ( )

A. 不承担责任 B. 承担一半责任

C. 承担全部责任 D. 承担连带责任

16. 下面说法正确的是 ( )

A. 同级机关和部门之间可以联合行文

B. 公文分绝密、机密

C. 公文应该简明生动

D. 上级政府各部门与下一级政府之间不能联合行文

17. 社会主义制度在中国成立的标志 ( )

A. 新中国的建立 B. 社会主义改造的完成

C. 中国共产党的成立 D. 改革开放开始

18. 第二次技术革命的标志是 ( )

A. 蒸汽机的出现 B. 电力的广泛应用

C. 内燃机的出现 D. 计算机的出现

19. 我国社会保障制度改革的重点是 ( )

A. 社会救济 B. 社会福利 C. 社会保险 D. 优抚安置

20. 我国的内河第一大港口是 ( )

A. 南京港 B. 武汉港 C. 南通港 D. 重庆港

二、多项选择题(在下列选项中至少有两项是正确的,请找出正确的选项,并用2B铅笔在答题卡相应题号下涂黑所选答案项的信息点。在试卷上作答一律无效,多选或少选均不得分。本大题共有10小题,每小题1分,共10分)

21. 党的十七大报告指出,当前我国节能减排和保护生态工作要突出解决的重点是 ( )

A. 工业 B. 交通业 C. 农业 D. 建筑

22.《中共中央关于推进农村改革发展若干重大问题的决定》指出,流转方式有 ( )

A. 转包 B. 股份合作 C. 出租 D. 转让、互换

23. 属于社会意识形态的是 ( )
A. 艺术 B. 哲学 C. 宗教 D. 逻辑学
24. 感性认识有哪些性质 ( )
A. 直接性 B. 间接性 C. 具体性 D. 抽象性
25. 邓小平理论基本形成的标志是 ( )
A. 南方谈话 B. 十二大 C. 十三大 D. 十四大
26. “走出去战略”包括 ( )
A. 对外贸易 B. 境外投资 C. 劳务输出 D. 对外承包工程
27. 下列可以被辞退的是 ( )
A. 一年累计旷工 15 天 B. 连续 2 年定期考核不合格
C. 是哺乳期内影响工作 D. 不胜任本职,又不服从其他安排的
28. 甲乙两公司因为合同纠纷诉至法院,法院进行调解,以下说法正确的是 ( )
A. 调解是此诉讼程序中的必经程序
B. 如双方达成调解协议后,则由法院制作调解书
C. 如双方达成调解协议后,但乙公司在调解书送达之前反悔,则调解无效
D. 调解书和仲裁书一样,具有强制执行效力
29. 政府刺激经济增长的方法一般有 ( )
A. 增加政府支出 B. 增加货币供应量
C. 加息 D. 减税、退税、抵免税
30. 技术创新活动最一般的特征是 ( )
A. 市场性 B. 计划性 C. 创造性 D. 综合性

三、案例分析题

(一) 玉器经销商翁某和某玉器厂有长期的业务来往,翁某在一次对玉器厂的考察中,看中了一个玉器大白菜和一个玉器牡丹亭,觉得很满意。此后,翁在参加某展览会前夕,发电报给玉器厂,称将以 3 万和 5 万购买玉器厂的玉器大白菜和牡丹亭,因时间较急,让玉器厂邮寄给翁,邮费由翁承担,玉器厂当即回电表示同意,并将两件玉器寄出。此时陈某也对玉器厂的玉器牡丹亭感兴趣,向玉器厂表示愿以 8 万元价格购买玉器牡丹亭,玉器厂同意了,将交寄的玉器牡丹亭追回,又以 8 万元价格卖给了陈某。同时玉器大白菜在邮寄过程中遭遇山洪暴发,玉器大白菜损毁。因此翁某与玉器厂产生纠纷。

31. 请问翁发电报是属于 ( )
A. 要约 B. 要约邀请 C. 新要约 D. 承诺
32. 玉器厂对翁某的承诺是否生效 ( )
A. 两个玉器的承诺都生效
B. 两个玉器的承诺都不生效
C. 玉器大白菜的承诺生效,玉器牡丹亭的承诺不生效
D. 玉器牡丹亭的承诺生效,玉器大白菜的承诺不生效
33. 经销商是否可以追回牡丹亭 ( )
A. 有权,合同未成立

B. 有权，合同成立未生效

C. 无权，合同成立但未生效

D. 无权，合同成立且生效

34. 大白菜被山洪冲走了，大白菜灭失由谁承担责任 （ ）

A. 快递公司　　B. 翁某

C. 玉器厂　　D. 快递和玉器厂共同承担

35. 牡丹亭所有权应该属于谁 （ ）

A. 玉器厂　　B. 翁某　　C. 快递公司　　D. 陈某

（二）2008年7月，大冈市城市建设委员会内设机构建设监察大队（以下简称监察大队）发现某厂在其厂区内建了一座高2米，长32米的围墙。该大队发现后，以该厂未获得行政许可为由，责令该厂限期自行拆除，该厂未执行。8月8日，该大队根据国家《×××建设法规》，该市人大定的《××××规定》，该市政府制定的《××××规定》做出《×××拆除决定》，并于7日后将该厂围墙进行了强制拆除，该厂不服，向法院提出诉讼，要求法院确认监察大队行政行为违法并赔偿其相应损失。

36. 下列哪一个是具体行政行为 （ ）

A. 国家《×××建设法规》　　B. 大冈市人大《×××规定》

C. 大冈市政府《×××规定》　　D. 监察大队《×××拆除决定》

37. 强制拆除的行为属于什么 （ ）

A. 行政强制　　B. 行政处罚

C. 行政许可　　D. 行政监察

38. 此案被告是谁 （ ）

A. 市政府　　B. 行政监察大队

C. 市规划局　　D. 市城市建设委员会

39. 法院作出的判决是 （ ）

A. 确认《×××拆除决定》违法

B. 撤销《×××拆除决定》

C. 确认拆迁行为违法，并作出赔偿决定

D. 驳回原告诉讼请求

40. 法院以何形式出具? （ ）

A. 判决书　　B. 裁定书　　C. 调解书　　D. 决定书

四、综合分析题

41. 大部制改革的目的是 （ ）

A. 以人为本　　B. 社会和谐

C. 全面发展　　D. 适应社会主义市场经济

42. 大部制改革的核心是 （ ）

A. 转变政府职能　　B. 节约行政成本

C. 提高行政效率　　D. 精简行政人员

43. 大部制改革的重点是 （ ）

A. 政出多门　　B. 部门利益　　C. 职能交叉　　D. 权责不清

44. 大部制改革的亮点是　　(　　)

A. 效率　　B. 民主　　C. 民生　　D. 法治

45. 大部制改革是建立什么政府部门　　(　　)

A. 政府部门联合办公,集中行使职权

B. 大部制就是加大部门权力,做成大政府

C. 把很多部门综合成一个部门

D. 大部制改革就是将职能相近的部门整合,由一个较大的部门来行使

五、公文题

新海市建市40周年,邀请省大型歌舞团前来××广场演出,届时会有万民群众观看。新海市公安局交通管理局经研究决定,于当日晚6点半对××××路段进行交通管制,改由××××绕行。并将此刊登在报纸上。

请写一篇公文,选择合适的文种,大约在250左右。(有格子限制)

六、写作题

材料:奥运期间大量志愿者汇集到北京,为奥运会做出了极大的贡献,感动了世界。请以“弘扬奥运志愿精神”为话题,结合上述材料,写一篇800字的议论文。

(注:网络资源整理版)

2008 年军转干考试真题汇编

一、单项选择题(在下列选项中选择最恰当的一项,并用 2B 铅笔在答题卡相应题号下涂黑所选答案项的信息点,在试卷上作答一律无效。本大题共有 20 小题,每小题 1 分,共 20 分)

1. 中国在第 29 届奥运会上获得金牌总数为　　(　　)

A. 50　　B. 51　　C. 52　　D. 53

2. 十七大报告提出经济发展的目标是　　(　　)

A. 增强发展的协调性,实现经济又好又快地发展

B. 增强发展的协调性,实现经济又快又好地发展

C. 增强发展的可持续性,实现经济又快又好地发展

D. 增强发展的可持续性,实现经济又好又快地发展

3. “建设有中国特色的社会主义”是________会议第一次正式提出的　　(　　)

A. 十一大　　B. 十一届三中全会

C. 十二大　　D. 十三大

4. 正确处理改革、发展、稳定的结合点是　　(　　)

A. 加大对外开放　　B. 改善人民生活

C. 提高科技水平　　D. 增强社会凝聚力

5. 领导班子建设的核心是　　(　　)

A. 加强党的思想建设　　B. 提高领导水平和执政能力

C. 加强廉政建设　　D. 提高道德修养

6. 改革开放以来我们在市场经济上的认识主要是　　(　　)

A. 市场经济和社会制度没有关系　　B. 市场经济就是国家经济

C. 市场经济就是公有制　　D. 市场经济和社会制度紧密相关

7. 构建和谐社会的重大原则是指　　(　　)

A. 经济发展,市场繁荣　　B. 污染减少,环境优美

C. 共同建设,共同享有　　D. 社会公平,法制健全

8. 坚持中国特色社会主义政治发展道路的关键是　　(　　)

A. 坚持改革开放

B. 坚持人民代表大会制度

C. 坚持政治协商制度

D. 把党的领导、依法治国和人民当家做主结合起来

9. 认识的第二次飞跃是指　　(　　)

A. 从感性到理性　　B. 从理性到感性

C. 从实践到认识　　D. 从认识到实践

10. 在考虑问题时有时出现过犹不及的哲学依据是 （ ）
A. 人的认识具有局限性 B. 矛盾是普遍存在的
C. 认识是不断发展的 D. 把握度

11. 商品经济最基本的矛盾是 （ ）
A. 价值和使用价值 B. 公平和效率
C. 个体劳动和社会劳动 D. 供求矛盾

12. 科学发展观的核心是 （ ）
A. 发展 B. 以人为本 C. 统筹兼顾 D. 可持续

13. 居民委员会是 （ ）
A. 社会团体 B. 基层机关
C. 基层群众自治组织 D. 政府的派出机构

14. 具有行政主体资格的是 （ ）
A. 省人大 B. 省政协 C. 县公安局 D. 政府的派出机构

15. 查封扣押商品行为是 （ ）
A. 行政强制 B. 行政处罚 C. 行政许可 D. 行政监察

16. 在行政诉讼中不动产管辖属于 （ ）
A. 级别管辖 B. 地域管辖 C. 专属管辖 D. 指定管辖

17. 今年液化气行业联合一体，反对自己降价，集体涨价的行为是 （ ）
A. 政府指导行为
B. 行业维护自身合法权益的行为
C. 违反《反垄断法》
D. 促进经济效益提高的行为

18. 某厂家生产产品发生质量问题，造成客户人身伤害，下列说法正确的 （ ）
A. 应当向原告所在地起诉 B. 只能向被告所在地起诉
C. 应当向被告地或者侵权行为地起诉 D. 只能向侵权行为地起诉

19. “可持续发展”第一次在国际会议上被系统阐述的文件是 （ ）
A. 我们共同的未来 B. 联合国气候变化框架公约
C. 京都议定书 D. 哥本哈根协议

20. 战国时期儒家的代表人 （ ）
A. 孟子、庄子 B. 孟子、荀子 C. 墨子、孟子 D. 墨子、庄子

二、多项选择题（在下列选项中至少有两项是正确的，请找出正确的选项，并用2B铅笔在答题卡相应题号下涂黑所选答案项的信息点。在试卷上作答一律无效，多选或少选均不得分。本大题共有10小题，每小题1分，共10分）

21. 中国特色社会主义取得的成绩主要取决于 （ ）
A. 中国人民的勤劳和智慧
B. 改革开放
C. 形成了中国特色的社会主义道路
D. 形成了中国特色的社会主义理论体系

22. 胡锦涛在抗震总结上的讲话，主要体现了 （ ）
(注，本题四选项未知)

23. 下列体现再分配公平和效率的有 （ ）
A. 提高最低工资标准 B. 提高所得税额
C. 建立健全保障体系 D. 完善分配制度

24. 江苏十一届党代会中提出的富民优先体现了 （ ）
(注，本题四选项未知)

25. 奥运上的精神体现下列的哲学观点是 （ ）
A. 意识对物质起能动的反作用 B. 社会意识决定社会存在
C. 社会意识对发展起到促进作用 D. 物质就是意识，意识就是物质

26. 近代史上中华民族面临的主要矛盾有 （ ）
A. 帝国主义和中华民族的矛盾 B. 民族资产阶级和封建主义的矛盾
C. 资产阶级和无产阶级的矛盾 D. 封建主义和人民大众的矛盾

27. 某甲在公园游玩，被一个掉下的枯枝砸伤，下列说法正确的是 （ ）
A. 由于枯枝是自然掉下，公园管理方不承担责任
B. 若甲无责任，则甲要承担赔偿责任
C. 若由于公园管理方管理疏忽，则管理方要承担赔偿责任
D. 若都没有责任，则甲和公园管理方共同承担责任

28. 根据解释尺度来分类，下列属于法律解释的有 （ ）
A. 任意解释 B. 限制解释 C. 字面解释 D. 扩充解释

29. 下列关于中央军事委员会的说法正确的是 （ ）
A. 中央军委是最高的军事机关 B. 军委实行首长负责制
C. 军委主席不得超过两届 D. 军委对人大及常委会负责

30. 下列属于太空资源的利用的有 （ ）
A. 轨道资源 B. 环境资源
C. 天体矿物资源 D. 生物资源

三、法律案例题(10分)(一)题目是单项，(二)题是多项

(一) 张大山和村委会签订承包合同，承包某林地，后张大山转包给其弟弟张小山。村委发现后，撤销与张大山的承包合同。

31. 承包经营合同属于 （ ）
A. 所有权 B. 相邻权 C. 担保物权 D. 用益物权

32. 张大山对土地拥有的权利不包括 （ ）
A. 收益 B. 占有 C. 使用 D. 处分

33. 张大山与张小山之间的转包是否合法 （ ）
A. 不合法
B. 合法，只要转包合同不超过期限
C. 合法，张大山可以随意处分承包经营权
D. 合法，因为张大山与张小山是亲戚关系

34. 村委撤销合同的行为是 ( )
A. 合法的
B. 违法,因为转包合同未事先经村委会认可
C. 违法,因为承包人可以自行转包
D. 违法,因为承包人不享有流转的权利
35. 承包合同的当事人是 ( )
A. 张大山和张小山 B. 张大山和村委会
C. 张大山、张小山和村委会 D. 张小山和村委会

(二) 甲公司因乙公司侵权,于是报告工商局,工商局作出罚款,乙公司不服提起行政诉讼。

36. 下列属于法的适用的是 ( )
A. 该省人大制定地方性法规 B. 乙公司进行诉讼
C. 工商局进行行政处罚 D. 法院受理诉讼
37. 工商局行政处罚的行为是 ( )
A. 行政行为 B. 依职权行为
C. 行政司法行为 D. 依申请行为
38. 行政诉讼中适用的原则是 ( )
A. 正确 B. 合法 C. 主动 D. 及时
39. 乙公司对行政处罚不服可以采取的方式有 ( )
A. 可以直接进行行政诉讼
B. 应当进行行政诉讼
C. 必须先进行行政复议
D. 可以先行政复议,不服再进行行政诉讼
40. 对于行政处罚不服的进行诉讼,下列说法对的是 ( )
A. 以甲公司为被告 B. 诉讼中行政机关的法人代表必须参加
C. 法院必须组建合议庭审查 D. 法院不得以提起诉讼加重处罚

四、公文实务题(10 分)(均为单选)

(一) 省政府办公厅关于转发国务院办公厅关于转发国务院体改办国家经贸委关于促进连锁经营发展若干意见的通知的通知

各市、各厅局、直属机构:

国务院办公厅转发的国务院体改办国家经贸委关于促进连锁经营发展若干意见的通知已经国务院同意,现在转发给你们,请认真贯彻执行。

发展连锁经营是促进大流通,带动大生产的重要措施,是改造传统商业,提升流通产业竞争力,推动流通现代化的有效途径。各单位要进一步提高认识,结合实际情况,采取切实措施,催进连琐经营的发展。

政府办公厅

二〇〇二年十月四日

41. 本公文的标题写法不正确，下列写法最正确的是（　　）

A. 关于转发国务院体改办国家经贸委关于促进连锁经营发展若干意见的通知

B. 关于转发《国务院体改办国家经贸委关于促进连锁经营发展若干意见》的省政府办公厅的通知

C. 省政府办公厅《国务院体改办国家经贸委关于促进连锁经营发展若干意见》的转发通知

D. 转发《国务院体改办国家经贸委关于促进连锁经营发展若干意见》的通知

42. 公文中画线的部分应该修改，正确的是（　　）

A.《国务院体改办国家经贸委关于促进连锁经营发展的若干意见》经由国务院同意

B.《国务院体改办国家经贸委关于促进连锁经营发展的若干意见》已经经国务院同意

C. 收到《国务院体改办国家经贸委关于促进连锁经营发展的若干意见》

D. 国务院同意《国务院体改办国家经贸委关于促进连锁经营发展的若干意见》

43. 公文中的最后一段正确的处理是（　　）

A. 保留　　B. 删除　　C. 无所谓　　D. 修改

44. 公文正文中错别字的个数是（　　）

A. 1　　B. 2　　C. 3　　D. 4

45. 公文标题中"意见的通知"将意见后的"的"去掉的做法（　　）

A. 正确　　B. 错误　　C. 正确但不必要　　D. 无所谓

（二）南京军区后勤部财务部为了加强财务人员的业务能力，准备与某大学一起代培财务人员，财务部领导让工作人员张某给大学写一篇公文函。

46. 此公文函的标题正确的是（　　）

A. 关于代培财务人员的商洽函　　B. 代培财务人员函

C. 关于商洽代培财务人员的函　　D. 关于代培财务人员问题的函

47. 该发文机关是（　　）

A. 后勤部　　B. 财务部

C. 南京军区　　D. 后勤部和财务部

48. 该公文的签发人是（　　）

A. 后勤部负责人　　B. 财务部负责人

C. 财务部负责人和张某　　D. 张某

49. 该公文的结束语不正确的是（　　）

A. 特此函复　　B. 特此函商　　C. 特此函达　　D. 望函复为盼

50. 若该大学和财务部在一个城市，则该公文的传送方式为（　　）

A. 邮寄　　B. 电报　　C. 口头　　D. 直接送达

五、简析题（10 分）

甲、乙是新录用的公务员，在报到第一天，处长分别问他们一个问题："若在工作中遇到领导决定，你怎么执行？"甲说："当然不能执行，执行错误的决定违反了人民的利益。"乙回答说："要执行，执行领导决定是公务员的义务。"处长听后笑笑未回答。请从公务员职业道德和公务员法的角度来谈谈你对这一现象的认识。

六、写作题(40 分)(一)10 分(二)30 分

【资料】

(1) 在国外,中国品牌不被外国顾客认识,很多人经常认为"三星"、"索尼"是中国的品牌;同样,认为新加坡是中国城市。

(2) 四川地震后,国务院决定 5 月 19～21 日定为国难日。北京某法庭在审理案件前,默哀三分钟,结束后,两位当事人和解了,认为这个时候不应该给国家添麻烦。

(3) 9 月下旬,"神舟七号"成功上天,翟志刚成为中国太空行走的第一人。中国载人航空技术跻入世界先列。

(4) 8 月 11 日,北京奥运会女子花剑个人 1/32 决赛在击剑馆进行,加拿大选手栾菊杰 13 比 9 战胜突尼斯选手伊娜·布贝克里。获胜后栾菊杰高举"祖国好"。现场为之感动。

(5) 姚明参加 NBA 打球,每次比赛前的晚上,当地酒吧经常有球迷聚会,有些球迷用不标准的汉语高喊:"要命(姚明)、要命(姚明),偷懒(投篮)、偷懒(投篮)!"

(一) 根据上面的 5 段材料,请你用"词"或者"词组"表达你对每段的感悟(给出 5 行格子,每行 20 个格子)

(二) 请你根据上面的"感悟",选择一点"感悟",结合你的军旅生活,写一篇演讲稿。

(注:网络资源整理版)

2007年军转干考试真题汇编

答题说明:本试卷第1～45题为客观题,请在客观题答题卡上作答,其他试题为主观题,请在试卷指定位置上作答,在非指定位置上作答一律无效。

一、单项选择题(在下列选项中选择最恰当的一项,并用2B铅笔在答题卡相应题号下涂黑所选答案项的信息点,在试卷上作答一律无效。本大题共有20小题,每小题1分,共20分)

1. 今年6月25日,胡锦涛在中央党校省部级干部进修班的重要讲话中指出,当代中国发展进步和全党全国各族人民团结奋斗的旗帜是 ( )

   A. 党的基本路线　　B. 建设社会主义新农村

   C. 中国特色社会主义　　D. 实现社会主义现代化

2. 社会建设与广大人民群众的切身利益紧密相连,加强社会建设的重点是 ( )

   A. 社会就业、社会保险和社会保障的问题

   B. 人民最关心、最直接、最现实的利益问题

   C. 教育、医疗和住房问题

   D. 物价上涨、社会安定和就业问题

3. 中共十六届六中全会指出,社会和谐的基本条件是 ( )

   A. 社会公平正义　　B. 社会生产力高度发达

   C. 社会主义民主政治　　D. 经济社会协调发展

4. 科学研究基本确认,造成全球气候变暖的主要原因是 ( )

   A. 人类过度使用化石燃料,排放了大量温室气体

   B. 人类过度开发了自然界、破坏了生存环境

   C. 自然灾害造成了大量物种消失

   D. 工业化、城镇化的高速发展,破坏了生态平衡

5. 当前我国优化公共资源配置的重点是 ( )

   A. 发展民主政治和维护国家安全　　B. 发展社会事业和解决民生问题

   C. 发展社会事业和维护国家安全　　D. 解决社会就业和社会保障问题

6. 江苏省第十一次党代会提出加快构建"和谐江苏",必须坚持的"四个优先"是 ( )

   A. 富民优先、科教优先、环保优先和节约优先

   B. 强省优先、科教优先、环保优先和节约优先

   C. 富民优先、科教优先、环保优先和效率优先

   D. 强省优先、科教优先、环保优先和诚信优先

7. 科学发展观的核心是 ( )

   A. 节能减排　　B. 以人为本　　C. 可持续发展　　D. 统筹兼顾

8. 中国共产党坚持先进性和增强创造力的决定性因素是 ( )
A. 坚持党的思想路线,解放思想、实事求是、与时俱进
B. 搞清楚什么是社会主义,怎样建设社会主义
C. 坚持党的基本经验、基本路线和基本纲领
D. 加强群众思想政治工作,巩固党的执政基础

9. 马克思主义的活的灵魂是 ( )
A. 一切从实际出发　　B. 具体问题具体分析
C. 真理都是相对的　　D. 矛盾具有普遍性

10. 区分不同性质生产关系的根据是 ( )
A. 人们在生产中的地位和关系　　B. 产品的分配形式
C. 生产资料所有制性质　　D. 人们的交换关系和消费关系

11. 发展科学技术的战略基点和调整产业结构、转变增长方式的中心环节是 ( )
A. 增强自主创新能力　　B. 实施科教兴国战略
C. 实施人才强国战略　　D. 坚持可持续发展战略

12. 建设创新型国家的关键是 ( )
A. 科技　　B. 人才　　C. 教育　　D. 体制

13. 根据 1999 年宪法修正案,中华人民共和国实行依法治国,建设社会主义 ( )
A. 法制国家　　B. 法治国家　　C. 法制社会　　D. 法治社会

14. 李某在某烟酒商店花 500 元买了一条名牌香烟,经质检部门鉴定为假冒名牌,李某除可以向商店主张 500 元的烟款返还外,还可以主张赔偿,商店赔偿的最高额为( )
A. 100 元　　B. 200 元　　C. 500 元　　D. 1 000 元

15. 我国第一部明确规定信赖保护原则的法律是 ( )
A.《行政处罚法》　　B.《行政许可法》
C.《行政监察法》　　D.《行政复议法》

16. 调整公务员职务、级别、工资以及公务员奖励、培训、辞退的依据是 ( )
A. 岗位考核的结果　　B. 平时考核的结果
C. 定期考核的结果　　D. 平时和定期考核的结果

17.《公民道德建设实施纲要》指出,加强公民道德建设的重点是 ( )
A. 尊老爱幼　　B. 诚实守信
C. 团结互助　　D. 邻里和睦

18. 戊戌变法最突出的历史功绩是 ( )
A. 促进思想启蒙　　B. 挽救民族危亡
C. 推动政治改革　　D. 发展社会经济

19. 确定中国工农红军建党建军原则的会议是 ( )
A. 遵义会议　　B. 洛川会议
C. 古田会议　　D. 八七会议

20. 下列不属于目前国际公认的高新技术前沿的是 ( )
A. 航天航空技术　　B. 计算机与信息技术
C. 生物技术　　D. 新材料技术

二、不定项选择题（在下列选项中至少有1项是符合题意的，请找出恰当的选项，并用2B铅笔在答题卡相应题号下涂黑所选答案项的信息点。在试卷上作答一律无效，多选或少选均不得分。本大题共有10小题，每小题1分，共10分）

21. 今年6月25日，胡锦涛在中央党校省级干部进修班的重要讲话中指出，中国特色社会主义事业的总体布局是（ ）
   A. 经济建设、政治建设、文化建设和社会建设全面发展
   B. 经济建设、政治建设、文化建设和思想建设全面发展
   C. 物质文明、政治文明、精神文明和道德文明全面发展
   D. 经济建设、政治建设、社会建设和组织建设全面发展

22. 中共十六届六中全会审议通过的重要文件有（ ）
   A.《中共中央关于构建社会主义和谐社会若干重大问题的决定》
   B.《关于召开党的第十七次全国代表大会的决议》
   C.《中共中央关于加强党的执政能力建设的决定》
   D.《中共中央关于完善社会主义市场经济体制若干问题的决定》

23. 现代农业之路的特征有（ ）
   A. 提高劳动生产率　　B. 提高资源利用率
   C. 提高产品商品率　　D. 提高市场占有率

24. 坚持与时俱进，就需要在实践中探索（ ）
   A. 人类社会发展的规律　　B. 社会主义建设的规律
   C. 共产党执政的规律　　D. 自然界发展的规律

25. 下列命题中，属于唯物辩证法的观点有（ ）
   A. 新事物对于旧事物，“容不得又离不得”
   B. 事物的表现形式和它的本质是直接合二为一的
   C. 假象也是本质的表现
   D. 发展是对立面的统一和斗争

26. 下列可以由全国人大常委会行使撤销权的情形有（ ）
   A. 国务院制定的同法律相抵触的行政法规
   B. 国务院制定的同法律相抵触的决定和命令
   C. 省级人大常委会制定的与法律相抵触的地方法规
   D. 省级人大常委会制定的与行政法规相抵触的地方法规

27. 公务员洪某不服县卫生局对其免职的人事处理，依法可以采取的救济途径有（ ）
   A. 向县卫生局申请复核　　B. 向县人事局提起申诉
   C. 向市卫生局提出行政复议　　D. 向县人民法院提起行政诉讼

28. 在社会主义市场经济体制下，我国宏观调控的主要目标有（ ）
   A. 稳定物价　　B. 增加就业
   C. 促进经济增长　　D. 保持国际收支平衡

29. 马克思主义最崇高的社会理想包括（ ）
   A. 物质财富极大丰富
   B. 社会成员的思想觉悟、道德水平极大提高

C. 社会成员得到自由而全面的发展

D. 民主制度高度完善

30. 胡锦涛在孙中山诞辰 140 周年纪念会上指出，孙中山留给我们的宝贵精神遗产有 （　　）

A. 生命不息、奋斗不止的坚强意志

B. 鞠躬尽瘁、死而后已的高尚品德

C. 不屈不挠、艰苦奋斗的革命精神

D. 天下为公、解放人类的博大胸怀

三、案例分析题[本大题(一)为单项选择题，请在选项中选择最恰当的 1 项，并用 2B 铅笔在答题卡相应题号下涂黑所选答案项的信息点，在试卷上作答一律无效。(二)为多项选择题，每小题至少有 2 项是符合题意的，请找出恰当的选项，并用 2B 铅笔在答题卡相应题号下涂黑所选答案项的信息点，多选或少选均不得分，在试卷上作答一律无效。本大题共有 10 小题，每小题 1 分，共 10 分]

(一) 2006 年 4 月，A 食品公司与 B 饮料厂经过协商，准备共同投资兴建 C 饮品有限公司。双方约定：C 公司注册资本为 200 万元，其中 B 饮料厂以厂房、设备作价出资 120 万元，A 以货币投资 80 万元。双方按照出资比例分享盈利和承担亏损，C 公司生产许可证、注册登记以及其他筹备事项由 B 饮料厂负责。之后，A 食品公司依约将 80 万元投资款汇入 B 饮料厂，但 B 饮料厂因故不能取得 C 公司的生产许可证，所以也无法办理工商注册登记，直至次年 2 月 C 公司一直不能成立。期间，B 饮料厂的生产经营活动没有中断，但其产品生产者的名称均已标明是“C 饮品有限公司”，产地仍为 B 饮料厂所在地，因其产品原料把关不严，导致一批饮料质量严重不合格，被质监部门处以没收和罚款。A 公司因 C 公司不能成立，要求 B 饮料厂返还投资款 80 万元，B 饮料厂同意返还，但认为被行政处罚的损失部分应当按照约定风险共担，双方因此产生纠纷。

31. C 饮品有限公司应当取得生产许可证方能成立，这属于 （　　）

A. 合同的约定　　B. 法律的规定

C. 行业协会的规定　　D. 行政机关的规定

32. 质监部门对案例中饮料质量严重不合格行为的处罚，被处罚主体应当是 （　　）

A. B 饮料厂　　B. A 食品公司

C. A 食品公司和 B 饮料厂　　D. C 饮品公司

33. 对 B 饮料厂的产品标明“C 饮品有限公司”的行为，应当认定为 （　　）

A. 擅自使用他人名称的不正当竞争行为　　B. 伪造产地的不正当竞争行为

C. 伪造企业地址的质量违法行为　　D. 伪造企业名称的质量违法行为

34. 本案所涉产品质量监督制度，主要是 （　　）

A. 产品质量检验制度　　B. 产品质量体系认证制度

C. 产品质量认证制度　　D. 以抽查为主的监督检查制度

35. 对 A 食品公司要求 B 饮料厂返还全部投资款的主张，B 饮料厂应当 （　　）

A. 全部返还　　B. 扣除行政处罚应承担的比例后返还

C. 不予返还　　　　　　　　　　　D. 扣除全部行政处罚的损失后返还

(二) 2003 年 10 月 20 日，某县人民政府征兵办公室从县卫生局和县人民医院抽调人员参加征兵体检工作。参加入伍应征的陶某检验结果为乙型肝炎表面抗原阳性，因此未能入伍。一年后，陶某经县、市人民医院检查，结论均为乙肝表面抗体阴性，陶某遂以县卫生局为被告向该县人民法院提起行政诉讼，主张其并非乙肝病毒携带者，认为体检结论虚假，致其未被征召入伍，且给其生活带来一定负面影响，要求法院确认征兵体检行为无效。

县人民法院审查认为，县卫生局不是本案的适格被告，并告知原告变更被告，后原告陶某即变更了本案被告。经县人民法院报请，市中级人民法院决定由本院管辖。市中级人民法院审理认为，原告陶某的起诉不属于行政诉讼受案范围，依照《中华人民共和国行政诉讼法》第四十一条第(四)项之规定，裁定驳回了陶某的起诉。

36. 陶某提起行政诉讼，不能成为本案适格被告的是　(　　)

A. 县人民医院　　　　　　　　　B. 县人民政府

C. 县卫生局　　　　　　　　　　D. 县人民政府征兵办公室

37. 县人民法院告知陶某变更被告，如陶某不同意，则县人民法院可能采取的做法是　(　　)

A. 裁定驳回起诉　　　　　　　　B. 判决驳回起诉

C. 决定继续审理　　　　　　　　D. 判决继续审理

38. 经县人民法院报请，市中级人民法院决定由本院管辖，这不属于　(　　)

A. 移送管辖　　　　　　　　　　B. 指定管辖

C. 管辖权异议　　　　　　　　　D. 管辖权转移

39. 原告陶某的起诉不属于行政诉讼受案范围，因为　(　　)

A. 公民应征入伍是履行义务，被告只取消了原告服兵役的义务，未侵犯其合法权益

B. 体检结论只起客观证明作用，未对原告设定行政法上权利义务，不具有可诉性

C. 被告的征兵工作是为了保卫国防，属于国家行为，不属于行政诉讼受案范围

D. 被告对原告的征兵体检行为属于不具有强制力的行政指导行为，不具有可诉性

40. 陶某如不服市中级人民法院驳回起诉的裁定欲提起上诉，则下列说法正确的有　(　　)

A. 陶某应当在收到裁定书之日起十日内向省高级人民法院提起上诉

B. 陶某应当在收到裁定书之日起十五日内向省高级人民法院提起上诉

C. 陶某逾期不提起上诉，市中级人民法院的一审裁定发生法律效力

D. 陶某逾期提起上诉，市中级人民法院的一审裁定发生法律效力

四、公文实务题［本大题共 20 分。(一)为单项选择题，在选项中选择最恰当的 1 项，并用 2B 铅笔在答题卡相应题号下涂黑所选答案项的信息点，在试卷上作答一律无效。本题共 5 小题，每小题 1 分，共 5 分。(二)为主观题，请在试卷题目下的空白处作答，共 15 分］

(一) 下面是一篇公文正文中的部分内容，请认真阅读，并完成后面的问题：

80 年前的今天，中国共产党发动了<u>震惊中外</u>的南昌起义。这个伟大的事件，以打响武装反抗国民党反动派第一枪的<u>英雄壮举</u>，以党独立领导的新型人民军队诞生的重要标志，载入了中国革命史册。“八一”这个光荣的日子，成为人民解放军的盛大节日。

80年来，在中国共产党领导下，人民解放军高举党的旗帜，高举人民的旗帜，牢记使命，英勇奋战，为中国人民解放事业，为我国社会主义建设和改革事业，为捍卫国家主权、安全、领土完整，建立了不可磨灭的历史功勋。人民解放军的80年，是紧紧同全国各族人民站在一起、全心全意为人民服务的80年，是为民族独立和尊严、社会发展和进步英勇奋斗的80年，是为维护世界和平、促进人类进步事业作出重要贡献的80年。人民解放军以威武之师、文明之师、和平之师闻名于世，赢得了党和人民的高度信赖和荣誉。

……

在座的英雄模范们，是人民解放军的优秀代表。党中央、国务院和中央军委决定召开这次全军英雄模范代表大会，号召全军同志和全国人民向你们学习，就是要把你们身上体现出来的高尚精神和优良品德进一步推向全军、推向全社会。希望同志们珍惜崇高荣誉，牢记历史使命，争取更大光荣。

建设中国特色社会主义伟大事业，需要广泛形成________英雄模范、________英雄模范的社会风尚。英雄模范精神越光大，我们的民族就越有力量。全军同志要率先学习英雄模范，努力为党和人民建立新的业绩，为“八一”军旗增添新的光彩。

41. 根据题意判断，这篇公文是 （　　）

A. 军队机关的“决定”　　B. 军队机关的“报告”

C. 军队首长的节日“慰问信”　　D. 军队首长的会议“讲话稿”

42. 按照国家标准《出版物上数字用法的规定》和公文书写规范要求，这篇公文中“80年”的写法 （　　）

A. 书写完全正确

B. 书写错误，应全部改为“八十年”

C. 既可写成“80年”，也可写成“八十年”

D. 书写不完全正确，两个段首的“80年”应改为“八十年”

43. 如果某军队机关要将这篇公文全文以行政公文形式下发给下属机关，下列做法中最恰当的是 （　　）

A. 以“会议纪要”形式印发　　B. 以“会议记录”形式印发

C. 以“通知”形式转发　　D. 以“报告”形式转发

44. 下列词语中，分别填入上面公文中两个横线处最恰当的是 （　　）

A. 崇尚　学习　　B. 尊重　学习　　C. 崇尚　爱护　　D. 尊重　爱护

45. 上面公文中有5个画线词语，其中成语有 （　　）

A. 1个　　B. 2个　　C. 3个　　D. 4个

（二）下列文字摘自一篇公文的正文，请阅读后按要求回答问题：

去年底召开的中央经济工作会议和今年的全国人民代表大会提出，要把节能减排作为调整经济结构、转变增长方式的突破口和重要抓手，作为宏观调控的重点任务。今年4月，国务院召开全国节能减排工作电视电话会议，温家宝总理在会上发表重要讲话，全面部署节能减排工作。此后，国务院印发节能减排综合性工作方案，提出了45条具体工作安排……

根据市委、市政府、市人大近日联合发出的《关于加强节能减排工作的通知》〔××发

(2007)23号〕的工作部署,为全面贯彻落实节能减排的政策,促进我县节能减排工作取得新进展,县委、县政府、县人大决定联合发出通知,部署加强全县节能减排工作。现将有关事项通知如下:

……(下略)

中共××县委、××县人民政府、××县人大
二〇〇七年×月×日

1. 请你根据题意,为这篇公文正确撰写一个完整的标题。(5分)

2. 假设你是××县××局办公室秘书小Q,局领导要求你负责组织一项关于本局节能减排工作的调研工作。请你根据上面的文件精神,参考下面所给的资料,拟定一个恰当的调研计划。要求:符合调研计划写作要求,措施具有可行性,结构完整,一步骤合理,不超过400字。(10分)

【资料】国家发改委近期将重点推进以下工作:一是强化节能减排目标责任考评制度;二是坚决遏制高耗能、高排放行业过快增长;三是加快淘汰落后产能的力度;四是加快实施节能减排重点工程;五是抓好重点行业、重点企业、重点领域节能减排;六是加快节能减排技术的开发和推广;七是实施有利于节能减排的经济政策;八是加强对节能减排工作的监督检查;九是组织开展节能减排全民行动。

五、简析题(请在本题下的空白处作答,在其他位置上作答一律无效。共10分。)

(一) 随着科学技术,尤其是互联网技术的飞速发展,网络文化已经成为一种强势的大众传媒文化,正日益深入地影响着人们的工作、学习、生活和思想行为。2007年1月23日,胡锦涛总书记在主持中共中央政治局第三十八次集体学习时讲话指出,各级领导干部要重视学习互联网知识,提高领导水平和驾驭能力,努力开创中国网络文化建设的新局面。

(二) 中国传统文化的核心是"和",这种"和"的思想,集中体现了人与自然之间、人与人之间"和谐"的价值观。在追求"和"的同时,中国传统文化也讲究"和而不同",认为这是万物生长、发育的法则和规律。人类社会也是如此,即世界是多样性的统一。在"和平"与"发展"成为当今人类社会主题的全球化时代,以儒家文化为代表的中国文化的精髓,对于保持人的高尚道德精神,维系人与人之间以及人与自然之间的和谐关系,无疑具有特殊的作用和价值。

(三) 有人说网络文化兴盛,反映了大众文化时代的到来,而传统文化和精英思想相对被小众化,出现这样的情况很正常,毕竟消费时代,社会生产与市场化要相契合,这并没有什么不好。有人说网络文化的出现,使人类面临着新文化选择,中华传统文化应积极挺进多元化的网络文化阵地。又有人说中国网络文化是传统文化的精神延伸,是西方文明与中华文明的结晶,更是中国人民智慧的集合。还有人说传统文化和网络文化不但存在着对立冲突,更存在着文化共性,具有互补性。

阅读上述材料,就传统文化与网络文化之间的关系,谈谈你的认识。

六、写作题(请在试卷上设置的方格中作答,共30分。)

2006年是红军长征胜利70周年。红军长征的胜利,是中国革命转危为安的关键:在血与火的征程中,党对军队绝对领导的根本原则永远深印在了我军的旗帜上。可以说,一部红军长征史,就是一部牢铸军魂的光荣史,是长征的一个重要历史功绩。2007年8月1日是中国人民解放军建军80周年纪念日。为纪念建军80周年,中宣部、解放军四总部联合主办了“我们的队伍向太阳——新中国成立以来国防和军队建设成就展”。据来自《解放军报》的报道,展览于7月16日在中国人民革命军事博物馆开幕以来,每天观众络绎不绝。走进6 540平方米的巨大展区,仿佛走进人民军队成长壮大的历史隧道,在历史的追寻中聆听着军魂壮歌、胜利战歌、和谐颂歌、和平赞歌。

请你从“军魂牢铸我的人生”角度,写一篇800字左右的文章,抒发你作为一名新时代中国军人的哲思和情怀。标题自拟,除诗歌外文体不限。

(注:网络资源整理版)

2006年军转干考试真题汇编

一、单项选择题(在下列选项中选择最恰当的一项,并用2B铅笔在答题卡相应题号下涂黑所选答案项的信息点,在试卷上作答一律无效,本大题共有20题,每小题1分,共20分)

1. 中华人民共和国中央政府门户网站正式开通的时间为　(　)
   A. 2005年10月1日　B. 2005年12月1日
   C. 2006年1月1日　D. 2006年2月1日
2. 今年4月27日,我国在太原卫星发射中心用“长征四号乙”运载火箭,成功送入预定轨道的卫星是　(　)
   A. “实践一号”　B. “资源一号”
   C. “风云一号”卫星　D. “遥感卫星一号”
3. 今年6月10日是我国第一个　(　)
   A. 土地日　B. 公民道德宣传日　C. 全国助残日　D. 文化遗产日
4. 相对于和谐社会的社会目标而言,小康社会主要是实现　(　)
   A. 生活上的目标　B. 政治上的目标
   C. 经济上的目标　D. 科学技术上的目标
5. 加快转变经济增长方式的关键是　(　)
   A. 增强自主创新能力　B. 提高经济效益
   C. 缩小区域经济发展差距　D. 促进人和自然的和谐发展
6. “三个代表”重要思想在邓小平理论的基础上,进一步回答了的问题是　(　)
   A. 什么是马克思主义,怎样发展马克思主义
   B. 什么是社会主义,怎样建设社会主义
   C. 什么是先进文化,怎样建设先进文化
   D. 什么是先进生产力,怎样发展生产力
7. 中国共产党在长期执政条件下保持先进性和增强创造力的决定性因素是　(　)
   A. 开展批评与自我批评,增强党的战斗力
   B. 发扬党的优良传统和作风,密切联系群众
   C. 着重从思想上建设党,立党为公,执政为民
   D. 坚持党的思想路线,解放思想、实事求是、与时俱进
8. 依法治国是党领导人民治理国家的基本方略,其根本目的在于　(　)
   A. 保证人民充分行使当家做主的权利,维护人民当家做主的地位
   B. 依法打击敌视和破坏社会主义的敌对分子,维护社会稳定
   C. 维护宪法和法律在国家政治、经济和社会生活中的权威
   D. 确保国家各项工作有法可依,依法行政

9. 邓小平指出,社会主义的根本原则是 （ ）
A. 不断发展生产,增加社会财富
B. 扩大改革开放,增强综合国力
C. 实行合理的分配制度,提高人民生活水平
D. 坚持公有制为主体,实现共同富裕
10. 我国外交政策的根本宗旨是 （ ）
A. 谋求最大的国家利益和民族利益　B. 独立自主地处理对内对外一切事务
C. 维护世界和平,促进共同发展　D. 发展我国与世界各国的关系
11. 在实际工作中,要坚持一切从实际出发,理论联系实际,主要是因为 （ ）
A. 主观和客观的统一是具体的历史的统一
B. 意识依赖于物质
C. 客观实际决定主观意识
D. 意识对物质具有能动作用
12. "有志者,事竟成,破釜沉舟,百二秦关终属楚。苦心人,天不负,卧薪尝胆,三千越甲可吞吴。"蒲松龄这幅自勉联所蕴含的哲学道理是 （ ）
A. 事情的发展是内因和外因共同起作用的结果
B. 内因和外因在事物发展中的地位和作用是不同的
C. 外因能起主导作用,成为事物发展变化的根本原因
D. 内因是事物变化发展的根本原因,外因通过内因而起作用
13. "从群众中来,到群众中去"这一科学工作方法的认识论依据是 （ ）
A. 感性认识是理性认识的基础　B. 理性认识是感性认识的升华
C. 实践和认识是辩证统一的　D. 认识是不断深化和向前发展的
14. 马克思主义认为,评价道德的根本标准在于,看它是否 （ ）
A. 有利于巩固统治阶级的统治地位　B. 符合全社会成员的利益
C. 有利于社会的发展和历史的进步　D. 符合社会各阶级的利益
15. 下列选项中,属于公民人身自由权的是 （ ）
A. 劳动权　B. 休息权　C. 集会自由　D. 通信自由
16. 我国的政权组织形式是 （ ）
A. 政党制度　B. 选举制度
C. 人民民主专政制度　D. 人民代表大会制度
17. 下列规范性法律文件中,不具有行政许可设定权的是 （ ）
A. 法律　B. 地方性法规　C. 部门规范　D. 行政法规
18. 行政诉讼特有的基本原则是 （ ）
A. 人民法院独立行使审判权原则　B. 对具体行政行为是否合法有审查权原则
C. 以事实为依据,以法律为准绳原则　D. 公开审判与两审终审制原则
19. 由于错误的具体人事处理对公务员造成经济损失的,有关机关应当 （ ）
A. 赔礼道歉　B. 依法赔偿　C. 恢复名誉　D. 依法补偿
20. 在行政处罚的分类中,警告属于 （ ）
A. 行为罚　B. 申诫罚　C. 人身罚　D. 财产罚

二、多项选择题(在下列选项中至少有两项是正确的,请找出正确的选项,并用2B铅笔在答题卡相应题号下涂黑所选答案项的信息点。在试卷上作答一律无效,多选或少选均不得分。本大题共有10小题,每小题1分,共10分)

21. 胡锦涛在纪念抗日战争胜利60周年大会上的讲话中指出,中国人民抗日战争胜利的重大意义在于 (　　)
A. 捍卫了中国的国家主权和领土完整,使中华民族避免了遭受殖民奴役的厄运
B. 促进了中华民族的觉醒,为实现彻底的民族独立和人民解放奠定了重要基础
C. 促进了中华民族的大团结,弘扬了中华民族的伟大精神
D. 对世界各国人民夺取反法西斯战争的胜利、维护世界和平产生了巨大影响

22. 科学发展观的核心是"以人为本","以人为本"的涵义包含 (　　)
A. 把人民的利益作为一切工作的出发点
B. 创造人们充分发挥聪明才智的社会环境
C. 尊重和保障人权
D. 不断提高人们的思想道德素质、科学文化素质和健康素质

23. "三个代表"重要思想运用马克思主义基本理论研究现实中的重大问题,不断深化了 (　　)
A. 对共产党执政规律的认识　　B. 对社会主义建设规律的认识
C. 对人类社会发展规律的认识　　D. 对自然界发展规律的认识

24. 近年来我国民营经济正在成为推动国民经济发展的重要力量,发展民营经济是 (　　)
A. 宏观调控的结果　　B. 社会主义市场经济发展的要求
C. 按劳分配原则的体现　　D. 改革开放深化的要求

25. 环境污染使人们越来越重视环境问题,这是因为 (　　)
A. 地理环境是人类物质生活的必要条件　　B. 地理环境决定社会性质和制度
C. 地理环境直接决定社会发展　　D. 地理环境通过物质生产制约社会发展

26. "能群者存,不能群者灭;善群者存,不善群者灭。"古人这句话给人们的启示有(　　)
A. 要坚持集体主义的价值取向　　B. 利用集体去获取个人利益
C. 人民群众是历史的创造者　　D. 人的存在和发展离不开社会

27. 根据《宪法》规定,全国人大常委会有权 (　　)
A. 制定宪法　　B. 解释宪法　　C. 制定法律　　D. 解释法律

28. 行政法的内容主要有 (　　)
A. 行政组织法　　B. 行政行为法　　C. 行政程序法　　D. 行政救济法

29. 行政诉讼证据应当具有 (　　)
A. 真实性　　B. 合法性　　C. 逻辑性　　D. 关联性

30. 公务员有下列情形的,予以辞退 (　　)
A. 不能胜任现职工作,又不接受其他安排的
B. 在年度考核中,连续两年被确定为不称职的
C. 一年内旷工累计超过30天的
D. 患病或者负伤,在规定的医疗期内的

三、公文实务题(请在答题卡上作答,在试卷上作答一律无效,作答时必须使用0.5毫米的黑色签字笔书写,本题6分)

中共××市委办公室文件

×委办发06(45)号

中共××市委办公厅、××市人民政府办公厅

关于转发《关于落实2006年军队转业干部安置计划的通知》

各区(县)委和人民政府,市委各部委,市府各委办局,市各直属单位:

今年我市的安置任务是继1985年百万大裁军以来最重要的一年,全市各级、各部门、各单位要按照市委、市政府的统一部署,保证完成军转干部安置任务。市里将成立军转安置工作联合督察组,对安置工作进度、安置计划和安置政策的落实情况进行督促检查。对不参加双向选择洽谈会的单位,进行指令性分配。对不接受或不落实安置计划的部门和单位,要进行通报批评,并追究领导和相关当事人的责任。

为贯彻落实中共中央、国务院、中央军委《关于做好2004—2006年军队体制编制调整改革期间转业干部安置工作的通知》和省委办公厅、省政府办公厅《关于落实2006年军队转业干部安置计划的通知》的文件精神,圆满完成中央和省下达我市的军队转业干部安置任务,经市委、市政府同意,现就落实我市2006年军队转业干部安置计划有关事项通知如下:

一、充分认识做好军队安置工作的重要意义

……(略)

二、不折不扣地落实好全市军转安置计划

……(略)

三、……(略)

四、……(略)

附:关于落实2006年军队转业干部安置计划的通知

中共××市委办公厅(印)××市人民政府办公厅(印)

二〇〇六年七月二十八日

主题词:×××× ×× ××

中共××市委办公厅 **2006年7月28日印发**

上面是一份带版头的文件,请回答下列问题:

1. 这份文件的版头部分存在不符合公文格式规范之处,请指出并给予改正。
2. 这份文件标题的写法存在问题,请写出正确的标题。
3. 这份文件正文部分第一自然段的位置不妥,应放在什么地方?

四、案例分析题(请在答题卡上作答,在试卷上作答一律无效,作答时必须使用0.5毫米的黑色签字笔书写,本大题共有2小题,每小题7分,共14分)

(一) 2006年3月9日夜11时,卢沙县公安局"110指挥中心"接待赵某报警,有3名男子正在赵某的个体服装店砸抢财物,即指令民警李某、吴某出警。出警途中,两人遇上老同学张某,双方聊天约半个小时。待他们到达现场时,行为人已于10分钟前逃离,被砸物品损失1 800元,被抢服装价值1 500元。此案一直未破。赵某认为,卢沙县公安局接警后不及时出警,其行政不作为造成自己财产损失,请求卢沙县公安局赔偿损失3 300元。卢沙县公安局认为,损失是由违法行为人造成的,县公安局没有赔偿责任。

请回答下列问题并简要说明理由。

1. 卢沙县公安局的行为是否合法?

2. 卢沙县公安局应否给予赵某行政赔偿?

3. 卢沙县公安局应如何追究民警李某、吴某的责任?

(二) 村民沈某与林某因土地使用权问题发生争议,请求所在镇镇政府裁决。2000年3月1日,镇政府对沈某、林某作出调整土地使用权的处理决定。沈某对决定不服,于同年3月23日向人民法院提起行政诉讼,请求撤销镇政府的决定。法院于3月27日立案,3月29日向镇政府送达起诉状副本及应诉通知书,告知"在收到起诉书状副本之日起十日内,向我院行政法庭提供据以作出行政处理决定的有关材料并提交答辩状"。镇政府于4月2日向法院提交了答辩状,坚称其行政行为合法,但一直未能够提供相关证据及依据。

请回答下列问题并简要说明理由。

1. 本案的诉讼当事人有哪些?

2. 沈某主张撤销镇政府的行政决定,是否按照"主张者举证"原则承担行政行为不合法的举证责任?

3. 应对本案如何裁判?

五、综合分析题(请在答题卡上作答,在试卷上作答一律无效。作答时必须使用0.5毫米的黑色签字笔书写。本题10分)

有人做过调查,世界500强企业中有近1/3的企业家都曾有过军人背景。在中国,联想的柳传志、海尔的张瑞敏等优秀企业家也都有过军旅生涯。下面是另一位优秀企业家、有过30年军旅生涯的中国国际航空股份有限公司董事长李家祥的几件事:

(1) 2000年11月,一纸调令将完全没有企业管理经验、从未接受过专业管理课程教育的空军少将李家祥"空降"到国航,在短短一年的时间内,国航迅速实现了扭亏。这位传奇式的空军少将带着他在部队中培养的特色素质以及科学的思维方式,创造了中国民航业的奇迹。

(2) 在中蒙边界雷达站当兵时,李家祥发现连队驻地附近有些地方的草长得不错,产生了一个新奇的想法:能长草的地方为什么不能长蔬菜?他带领战友大胆试验,结果种下的菜苗成活了,不但各种蔬菜都有,而且还种了西瓜、甜瓜、黄瓜,饲养了一些牛、羊、骆驼。他们的做法被广泛借鉴,边防部队的生活得到了极大改善。

(3) 对于困难,李家祥有自己的看法:"说到底那个困难,是因为自己做不了,才说它难。实质上许多困难的事儿,不是那个事儿困难,而是你自身没有具备那么一个克服困难的信心和素质。"他告诉大家:"危机危机,有它'危'的那一面,但是还有'机'的那一面,当领导的要善于把握这个'机',把危机变成转机。"

(4) 领导班子不团结是企业经营风险中重大的风险。李家祥坚持树立团队意识,打牢团结基础,在国航各单位形成了团结的领导班子与和谐的上下级关系,为企业形成核心竞争力提供了重要保障。

(5) 谈到来国航在很短时间内完成角色转换,李家祥认为大道相通。他说:"空军与民航有许多内容是相通的。最大的区别不过是军队讲求战斗力,而民航讲究高质量服务,追求盈利能力。从空军到民航,就是军用和民用的转换问题。大道相通,大道通了就能举一反三,大道是真正的法宝。"

请回答下列问题:

1. 联系全文,分析材料(3)中李家祥的话对转业干部进入新领域创业的启示。

2. 李家祥说的"大道相通"在这里指不同行业之间存在相通之处,请分析军旅生涯给企业家带来的素质和信心。

六、写作题(请在答题卡上作答,在试卷作答一律无效,作答时必须使用 0.5 毫米的黑色签字笔书写,本题 40 分)

阅读下面给定材料,按照后面的写作要求写作。

今年 6 月 26 日,首届全军青年十大爱军精武标兵颁奖典礼在北京举行。中共中央总书记、国家主席、中央军委主席胡锦涛亲笔题写了"爱军精武标兵"奖章章名。在鲜红的八一军旗下,从南疆到北国,从蓝天到大海,如今绿色军营处处呈现出强素质、练打赢、当尖兵的浓厚氛围,涌现出一大批爱岗敬业矢志精武的先进典型。下面让我们透过训练场上的捷报与科研试验的硕果,一睹这些精武标兵们的风采。

现任海军某潜艇长的马立新,心系潜艇事业,关注世界海军发展前沿,刻苦钻研相关专业知识。他先后撰写 10 多篇研究文章,在《海军学术研究》、《世界海军训练》等专业杂志上发表;又打破常规训练,摸索总结了"多方协同开放式"、"合同对抗捆绑式"等 6 种训练法,大大提高了训练效益。

现任空军某试飞团副团长的李中华,多次执行重大科研试飞任务,飞出了某型飞机的多项极限数据,出色完成某型飞机失速尾旋、小速度特技飞行等科研试飞任务,填补多项国内空白,为我国航空武器装备发展作出突出贡献。

现任第二炮兵导弹发射营士官的潘海亮,刻苦努力,钻研业务,迅速成为排除导弹武器故障的能手,并写出《电爆管等效器灯不亮故障快速检修办法》的文章,对工作有很大指导作用;同时,还主动申请担任控制专业培训教员,把自己的经验毫无保留地传授给同志们。

现任兰州军区某参谋的冯世清,对待训练认真负责,仔细分析训练规律,科学安排训练内容,努力提高训练效益,每次训练都力争出精品、出样品;2003 年 4 月在新疆军区司令部参谋业务比武竞赛中,夺得装甲兵专业第一名,荣立二等功,破格晋升为正连职。

现任沈阳军区某防空旅参谋长的刘鑫,把信息化知识、中外先进武器装备、我军及外军的作战理论等作为主攻方向,系统学习了数十本信息化书籍,开发 10 多个应用软件,并先后发表学术论文 10 余篇;他从排长到参谋长,变化了 8 个岗位,都有科技成果问世。

现任北京军区某工兵团副团长的刘向阳,为了提高面对各种复杂场景的救援能力,坚持边训练边学习，经常请教国家地震局、地质研究所的专家，熟练掌握了救援的基本知识和技能；几年来，先后研究出10余种新的救援方法，编写了7本救援方面的教材，填补了我国在这一领域的空白。

现任广州军区某部科长的江旻舟，2000年提出研制“某数字化系统”的设想，经过顽强拼搏取得成功，最大限度地优化整合了本单位的装备和人力资源；2003年又研制成功西方军事强国尚处于摸索阶段的课题“某信息综合系统”，使本单位的信息化建设水平至少向前推进了20年。

现任济南军区装备部某部副部长的刘卫星，为了安全有效地完成大规模爆炸危险品的销毁工作，在没有可借鉴先例的情况下，冒着生命危险，经过数百次试验，率先摸索出一套成熟的销毁技术和科学的管理办法，又带领技术人员依托海岛部队的仓库进行弹药防潮研究并取得成功，全军已运用这一技术改造了数百条洞库。

现任成都军区某团政治处副主任的程大远，勇于创新，凭着对计算机软件知识的熟悉和硬件维修技能，开发成功“战区装甲作战指挥控制系统”，大大提高了某型坦克车载指挥系统的效果：在2004年的一次演习中，这一系统显示神奇的威力，部队作战指令的传输速度提高了4倍。

现任武警青海省总队某直属中队中队长的高军强，在自然条件异常艰苦的情况下，带领官兵打黑除恶、扶正祛邪，先后参与执行重大任务23次，抓获犯罪嫌疑人140多名，收缴枪支13支、子弹1 523发、管制刀具210余柄，为高原各族人民生活在团结稳定的环境中，作出重要贡献。

以上10位爱军精武标兵是我国部队广大指战员的杰出代表，在他们身上展现着军人的风貌，军人的境界。那就是为了部队的召唤，为了祖国的尊严，为了人民的利益，作为一名军人可以毫不犹豫地贡献出自己的一切。

写作要求：

根据材料中反映的爱军精武标兵的事迹和精神，自选角度，自拟标题，写一篇800～1 000字的议论文。

（注：网络资源整理版）

2005 年军转干考试真题汇编

一、单项选择题(在下列选项中选择最恰当的一项,并用 2B 铅笔在答题卡相应题号下涂黑所选答案的信息点,在试卷上作答一律无效。共 40 题,每题 0.5 分,共 20 分)

1. 陈云同志在几十年的工作实践中总结出十五字箴言:不唯上、不唯书、只唯实,交换、比较、反复,这十五个字体现的哲学思想是 ( )

   A. 唯物论和经验论　　B. 唯物论和辩证法

   C. 辩证法和经验论　　D. 唯物论和价值观

2. 主观唯心主义和客观唯心主义的共同点在于,他们都 ( )

   A. 承认世界是主观精神的产物　　B. 承认世界是客观精神的产物

   C. 否认世界的物质性　　D. 否认世界是运动的

3. 唯物辩证法认为,矛盾问题的精髓是 ( )

   A. 主要矛盾和非主要矛盾的关系问题

   B. 矛盾的共性与个性、绝对和相对的关系问题

   C. 内部矛盾和外部矛盾的关系问题

   D. 根本矛盾和非根本矛盾的关系问题

4. 马克思主义认识论认为,认识的本质是 ( )

   A. 主体对客体的选择　　B. 主体对客体的直观反映

   C. 主体对客体的能动反映　　D. 主体对客体的建构

5. 只要再多走一小步,仿佛是向同一方向迈出的一小步,真理便会变成谬误。对这句话的正确理解是 ( )

   ①任何真理都不存在绝对的因素　②任何真理都有自己适用的条件和范围　③真理和谬误是认识过程中的两个阶段　④真理和谬误的对立只是在非常有限的领域内才有绝对的意义

   A. ①④　　B. ②③　　C. ②④　　D. ③④

6. 人类社会产生私有制的根本原因是 ( )

   A. 个体劳动代替了集体劳动　　B. 贫富对立的出现

   C. 生活资料变成了私有财产　　D. 原始社会末期生产力的发展

7. 历史唯物主义研究人的本质的出发点是 ( )

   A. 人的思想动机　　B. 人的社会关系

   C. 人类的共同利益　　D. 人类的共同需要

8. 马克思主义和中国实际相结合的第二次飞跃是指 ( )

   A. 中国共产党的成立　　B. 中华人民共和国的成立

   C. 毛泽东思想的产生　　D. 邓小平理论的产生

9. 把邓小平理论确立为党的指导思想,并写入党章的是　(　　)

A. 中共第十四次代表大会　B. 中共十四届三中全会

C. 中共第十五次代表大会　D. 中共十五届三中全会

10. 社会主义的目标是消灭剥削,消除两极分化,最终达到共同富裕,实现这一目标的根本条件是　(　　)

A. 生产力的高度发达　B. 实行按劳分配

C. 坚持和完善公有制　D. 人与人之间的平等

11. 我们社会主义的根本任务是解放生产力、发展生产力,确定这一任务的哲学依据是　(　　)

A. 物质第一性原理　B. 唯物史观

C. 唯物辩证法　D. 科学实践观

12. 改革开放以来,我国人民生活水平有了很大的提高,这说明,尽快实现小康的根本途径是　(　　)

A. 缩小贫富差距,消除两极分化

B. 以经济建设为中心,大力发展生产力

C. 保持社会稳定,不断深化改革

D. 扩大对外开放,参与世界竞争

13. 公有制为主体、多种所有制经济共同发展,是我国社会主义初级阶段的一项基本经济制度,生产资料公有制是　(　　)

A. 我国国民经济的主导力量　B. 我国社会主义经济制度的基础

C. 我国社会主义的政治制度　D. 制定各项政策的依据

14. 保持经济总量的基本平衡是指　(　　)

A. 社会总供给与社会总需求的基本平衡

B. 进出口贸易额基本平衡

C. 社会发展两大部类基本平衡

D. 积累基金与消费基金的基本平衡

15. 新时期我国爱国主义的主题是　(　　)

A. 实现国家的统一　B. 加强民族团结

C. 建设有中国特色社会主义　D. 巩固统一战线

16. 坚持中国共产党的领导是　(　　)

A. 坚持四项基本原则的核心　B. 党的基本路线的全部内容

C. 社会主义民主政治的基本特征　D. 社会主义经济建设的基础

17. 我们党要始终代表中国最广大人民的根本利益,它体现了　(　　)

①人民群众是历史的创造者的原理　②中国共产党全心全意为人民服务的宗旨

③中国共产党各项工作的出发点和归宿　④发展经济的迫切性和重要性

A. ①②③　B. ①②④　C. ②③④　D. ①③④

18. 科学发展观的实质是　(　　)

A. 促进人与自然的和谐发展　B. 实现经济社会更快更好地发展

C. 坚持统筹兼顾　D. 处理好各种社会矛盾

19. 随着生产的发展和社会分工的出现，产生了不同的职业，从而形成了职业道德，所谓职业道德是指 （　）
A. 各行各业的行规
B. 从事一定职业的人们在其特定的工作中或劳动服务中的行为规范的总和
C. 在社会公共生活中必须遵守的行为规范的总和
D. 社会全体成员都必须遵守的生活准则和道德准则

20. 国家干部遵纪守法、秉公办事，不论远近亲疏都一视同仁，这体现了 （　）
A. 助人为乐的社会公德　　B. 办事公道的职业道德
C. 尊老爱幼的家庭美德　　D. 完美无缺的人际关系

21. 提高国家机关工作人员的职业道德修养，必须做到 （　）
①要有道德修养之心　②要有道德修养之行　③要做道德修养之事
A. ①②　　B. ①③　　C. ②③　　D. ①②③

22. 国家机关工作人员职业道德的根本价值取向是维护社会公正，因此，国家机关工作人员应该是 （　）
A. 社会公正的化身和楷模　　B. 权力和利益的交换者
C. 个人利益的受益者　　D. 社会各成员利益的维护者

23. 国家机关工作人员道德修养应以修身为本，国家机关中一些腐败分子违法犯罪的原因之一，就是他们失去了 （　）
A. 个人的自尊心　　B. 对道德良知的敬畏感
C. 自我的责任感　　D. 服务社会的意识

24. 在我国，有权修改《宪法》的国家机关是 （　）
A. 全国人民代表大会　　B. 全国人民代表大会及常务委员会
C. 全国人民代表大会主席团　　D. 中国共产党中央委员会

25. 根据2004年《宪法》修正案的规定，在下列哪种情况下，国家可以依照法律规定对土地实施征收或征用并给予补偿 （　）
A. 为了国家利益的需要　　B. 为了集体利益的需要
C. 为了公共利益的需要　　D. 为了个人利益的需要

26. 有权制定行政法规的国家机关是 （　）
A. 全国人民代表大会　　B. 全国人民代表大会常务委员会
C. 国务院　　D. 中央军事委员会

27. 某县交通局在查处非法营运车辆时，扣留了非法营运车辆的号牌（俗称“牌照”），该行为的性质是 （　）
A. 行政渎职　　B. 行政越权　　C. 滥用职权　　D. 程序违法

28. 下列属于《行政许可法》调整范围的事项是 （　）
A. 婚姻登记　　B. 房屋产权登记
C. 猪肉卫生检疫　　D. 交通事故责任认定

29. 下列关于行政诉讼法的表述，正确的是 （　）
A. 人民法院审理行政案件，不适用调解
B. 行政处罚主要证据不足的，可以判决变更

C. 人民法院审理行政赔偿案件，不适用调解

D. 人民法院审理行政案件，一律公开进行

30. 公民、法人或其他组织对下列哪种行为不服，不能提起行政诉讼 ( )

A. 行政处罚 B. 行政处分

C. 行政强制措施 D. 行政许可

31. 行政相对人对具体行政行为不服，直接向人民法院提起诉讼的，除法律另有规定外，应当在知道作出该具体行政行为之日起多长时间内提起诉讼 ( )

A. 15日 B. 30日 C. 3个月 D. 6个月

32. 2004年10月1日，西气东输全部工程按期建成投产，来自新疆塔里木的天然气与陕北长庆的天然气混合在一起，源源不断地涌进东段管线，奔向西气东输工程的重点上海。西气东输工程建成投产的重大意义表现在 ( )

①有利于国家加强宏观调控，统筹区域发展 ②使西部地区的资源优势变为经济优势 ③党和政府可以更好地行使经济职能 ④进一步促进民族团结和各民族共同繁荣

A. ①②③ B. ①③④ C. ②③④ D. ①②④

33. 我国第一颗原子弹爆炸成功40年来的实践证明，我们并没有构成对世界的威胁，相反有利于维护世界的稳定，这是因为 ( )

①我国奉行的是独立自主的和平外交政策 ②促进世界的和平与发展是我国外交政策的基本目标 ③和平共处五项原则是我国对外关系的基本准则 ④我国目前的任务是搞经济建设

A. ①②④ B. ①③④ C. ②③④ D. ①②③

34. 许振超30年来一直在青岛港工作，在他身上集中体现了当代工人的精神风范和优秀品质，他把"咱当不了科学家，但可以做个能工巧匠"和"现代化大生产说到底最需要团队协作，仅凭我一个人，一身铁又能打几个钉"作为座右铭。这给我们的哲学启示是 ( )

①扎根在平凡的工作岗位照样能实现人生价值 ②要正确处理个人与社会的关系 ③要树立全局观念和整体意识 ④要坚持集体主义价值观

A. ①②③④ B. ①③④ C. ①②④ D. ②③④

35. 经国务院批准，自2005年起，每年7月11日为中共________，同时也作为________在我国的实施日期。2005年的主题是________。 ( )

A. 航海日 世界海事日 热爱祖国、睦邻友好、科学航海

B. 航海日 世界航海日 热爱祖国、和谐发展、科学航海

C. 探险日 世界探险日 勇于探险、改革开放、和谐共赢

D. 旅行日 世界旅行日 热爱祖国、睦邻友好、科学航海

36. 今年5月11日新华社报道，国务院办公厅发出通知，要求各地区、各部门要把解决________投资规模过大、价格上涨幅度过快等问题作为当前加强宏观调控的一项主要任务。 ( )

A. 钢铁 B. 房地产 C. 煤炭 D. 石油

37. 大陆为台湾建造的第____艘现代巨轮____号，2005年6月10日在上海交船下水。( )

A. 一 "和平统一" B. 三 "和平统一"

C. 二　“中华和平”　　D. 一　“中华和平”

38. 2005年2月16日，旨在减少温室气体排放的《京都议定书》正式生效。《京都议定书》的目标是在2008年至2012年间，将______的二氧化碳等6种温室气体排放量在1990年的基础上平均减少______。（　　）

A. 发展中国家　5.2%　　B. 发达国家　5.2%

C. 发展中国家　3%　　D. 发达国家　2%

39. 成语“刻舟求剑”的故事中，刻舟者的错误在于（　　）

A. 不懂得事物是运动变化发展的　　B. 只注重感性认识，不懂得理性认识

C. 违背了思维与存在的辩证关系　　D. 颠倒了主要矛盾和次要矛盾的关系

40. 2004年是全国人民代表大会成立________，是中国人民政治协商成立________。（　　）

A. 50周年　55周年　　B. 51周年　56周年

C. 50周年　51周年　　D. 52周年　54周年

二、案例分析题（共两大题，每题5分，共10分。请在试卷上作答）

（一）

（在1～5小题的选项中，每一题只有一项是正确的，请将正确选项填写在试卷上的每一小题的括号内）

一位大学生在毕业分配时，面对尖锐的择业冲突，她最看重的是自己的专业兴趣，希望能留在大城市的大学或研究机构里工作，实现自己更高的人生价值，但由于自己来自边远地区，按照当时的政策规定，分配时要回原籍，即使不回原籍，要留在研究机构中又没有指标，只能去中学教书，而无论回原籍还是去中学教书都不是她所喜欢的，这种择业冲突造成了她精神上的痛苦和厌倦，在需要自己努力争取，多方联系工作的时候，她反而变得什么都没有兴趣，提不起精神，感到难以应付。

1. 这个案例主要反映的不良择业心态是（　　）

A. 虽有远大的理想，但往往不能正视现实

B. 想做一番事业，但缺乏艰苦创业的心理准备

C. 渴望竞争，但缺乏竞争的勇气

D. 鱼与熊掌不可兼得，难以决断

2. 这个案例反映了该择业者择业中的心理障碍主要有（　　）

①焦虑心理　②自卑抱怨心理　③虚幻型企盼心理　④攀比心理

A. ③④　　B. ①④　　C. ①②　　D. ②③

3. 针对上述案例，你认为择业者首先应该怎样调整自己的择业心态（　　）

A. 摆脱依赖心理　　B. 有自知之明

C. 强化吃苦意识　　D. 增强心理承受能力

4. 根据职业理想实现的内容与要求，你认为该择业者应调整的基本素质结构是（　　）

①加强基本知识和能力结构　②养成良好的心理品质　③培养高尚的道德精神　④提高职业选择策略

A. ①②　　B. ②③　　C. ③④　　D. ②④

5. 根据上述案例分析,你认为该择业者应采取如下哪些措施（　）
①广泛搜集大城市的就业信息　②坚持以自己的专业兴趣为重,但不一定非在大城市择业不可　③调整自己的专业兴趣,先在大城市留下再做打算　④适时调整心态,积极联系适合自己专业的工作
A. ①③　B. ②③　C. ①④　D. ②④

（二）

2003年3月7日,青年梁某在新海市洋口区江东路骑自行车与张某发生碰撞,引发双方口角,梁某挥拳打了张某,致其脸部轻微伤,附近群众纷纷围观。洋口区公安局治安科调查取证后认为,梁某在公共场所殴打他人,妨碍治安管理,应予以处罚。根据《中华人民共和国治安管理处罚条例》第十九条的规定,以该治安科的名义作出治安拘留10天的处罚决定。梁某不服,申请行政复议。请回答以下问题。

1. 洋口区公安局治安科的处罚决定是否合法?为什么?

2. 梁某申请行政复议,谁是被申请人?哪些行政机关对该案具有管辖权?

三、综合分析题(请在试卷上作答。共2大题,每大题10分,共20分)

（一）

1. 党和人民的儿子、好战士杨业功,与无数的先辈一起,用青春、热血和生命铸就了一个大国的标志。41年的军旅生涯,从东南到西北,他把心血足迹洒在祖国的山山水水,从士兵到将军,从一名农家子弟到党的高级领导干部,他把生命与忠诚奉献给了党和人民。

2. "位不在高,廉洁则名。权不在大,为公则灵。斯是公仆,唯吾德馨。"杨业功擅长以诗言志,他填写的这首《公仆铭》,不仅是他为官的心得,也是他为官的真实写照。坚持原则,掌权为公,是杨业功的一贯作风。他认为,领导自身严、形象正,就能底气足、胆子大,就能带出部队良好的风气。

3. 求胜先求实。"什么是真正的制胜之道?务实、求实、落实!"杨业功曾反复强调。

4. "越是位高权重,就越要在生活小事上把好防微杜渐的关口;别人给你送礼送钱,那是在试探你做官的'底线'。"杨业功常这样告诫干部。他家的门楣上写着:"携礼莫入。"有人觉得是摆样子,就想着推开无声的"挡箭牌"。"1994年,一个老板送来4 000元钱。首长让我把钱送走。说:'君子用钱,但不能为钱所用。'"谭佑华记忆犹新。

以上是关于导弹司令杨业功事迹的材料。根据上述材料回答以下问题:

1. 试析杨业功的《公仆铭》。

2. 谈谈杨业功的事迹对我们实现人生价值有哪些启迪。

（二）

如何认识和对待传统文化,目前在我国至少有以下几种观点:一是认为传统文化就是过去的历史上的文化,维护和发扬传统文化就是照本宣科过去的历史上的文化,否则就是背离传统文化;一是认为传统文化之所以能成为传统并将继续成为传统,就是因为

传统文化有从新的文化参照中吸取营养、壮大自身，亦即对传统自身作新的解释的功能，某一传统文化一旦失去了这种功能，则这一传统文化就会被消亡，也就无从谈维护和发扬；一是认为传统文化有优良和糟粕之分，优良传统文化具有永恒性，无需要更新内涵或作新的解释，要去除传统文化之糟粕，保持和发扬优良传统文化。

请你谈谈对如何维护和发扬传统文化的看法。

四、写作题(共 50 分，请在试卷上作答)

阅读下列给定材料，根据后面的要求写作。

60 年前的 8 月 15 日，日本天皇以广播“终战诏书”的形式，宣布无条件投降。中国人民赢得了抗日战争的伟大胜利。伟大的抗日战争，是近代中华民族解放斗争的里程碑。六年局部抗战，八年全面抗战，中国人民进行了艰苦卓绝的斗争，付出了巨大的民族牺牲，彻底打败了日本侵略者，为世界反法西斯战争的胜利作出了巨大贡献。这一惊天动地伟业，向世界展示了中国人民伟大的爱国主义和大无畏的英雄气概，展示了中国共产党在全民族抗战中的伟大历史作用。

当年杨虎城将军面对史沫特莱“中国有强大的实力抗击日本吗”的提问，作出了这样的回答：“谁能从理论上解答这个问题？我认为中国的力量不在飞机和坦克，日本拥有更多的飞机和坦克。我们的力量就在于我们懂得我们必须抗日。这不是单纯的物质力量问题，他需要我们面对现实，有坚强意志，只要我们有坚定的意志，我们就有力量抗战。”八年抗战的结局，充分印证了杨将军的预见性。

然而，在回顾这段以人力和火力相拼的历史的时候，我们除了对血肉拼搏的感动，更有对实力不济的无奈。在整个抗日战争中，中国军民伤亡总数达 3 581.9 万人。除了 300 多万倒在疆场上的战士，还有 2 000 多万无辜平民惨死在日军的屠杀和轰炸中，失去了本不该失去的生命。从另一个意义上看，活着的人们所作出的牺牲，同样是巨大的。抗战期间，无数家庭或背井离乡、颠沛流离，或在敌占区备受煎熬、度日如年。数百家工厂和数十所高校也经历了大规模的“流亡”，从沿海沿江地区长途迁移到内地，有的是一迁再迁。在整个抗战中，中国财产损失不计其数。

在强大的物质力量面前，精神力量固然可贵，但总是呈现出一种苍白无力的悲壮。周恩来总理曾对那场战争感慨：我们反对帝国主义的实力政策，对付帝国主义却不能不讲实力。只有在国家总体实力包括军事实力方面能追上世界水平，中华民族才能真正地自立于世界民族之林。

写作要求：

请你根据上述材料的提示，从“实力与和平的关系”角度，自拟标题，写一篇议论文，字数不少于 1 000 字。

（注：网络资源整理版）

部分参考答案与解析

2012 年军转干考试真题汇编参考答案与解析

一、单项选择题

1. C 【解析】十七届六中全会强调指出，在加快发展文化产业的同时，要坚持把社会效益放在首位，要以满足人民精神文化需求为出发点和落脚点。

2. B 【解析】[总基调：稳中求进、又好又快] 做好明年经济工作，要把握好总基调，就是坚持稳中求进、又好又快的工作导向，从江苏的基础条件和发展定位出发，着眼于“稳”，立足于“进”，以进促稳、好中求快、又好又快。做到这一点，必须强化“八项工程”这个主抓手，突出转型升级这个着力点，营造和谐稳定的好环境。

3. A 【解析】2012 年伦敦奥运会，即 2012 年夏季奥林匹克运动会，正式名称为第 30 届夏季奥林匹克运动会。2005 年 7 月 6 日，国际奥委会在新加坡举行的第 117 次国际奥委会会议上宣布，由英国伦敦主办此次奥运会，这是伦敦第 3 次主办夏季奥运会。

4. D 【解析】题眼在“太紧”，这是形容程度的形容词。

5. A 【解析】“塞翁失马，焉知非福”指的是失去了马，本来是祸，后来机缘巧合，变成了福，说明“祸”、“福”这对矛盾在一定条件下可以互相转化。

6. A 【解析】党的建设、武装斗争、党的建设，是中国共产党在中国革命中战胜敌人的三个法宝，三个主要法宝。这是中国共产党的伟大成绩，也是中国革命的伟大成绩。三大法宝是中国共产党领导中国革命经验的科学总结，是毛泽东新民主主义革命理论体系的重要组成部分。

7. D 【解析】科学发展观核心是以人为本，体现了马克思主义历史唯物论的基本原理，体现了我们党全心全意为人民服务的根本宗旨和我们推动经济社会发展的根本目的。深刻理解以人为本，才能深刻理解和全面把握科学发展观。

8. D 【解析】完善公有制为主体、多种所有制经济共同发展的基本经济制度，是十六届三中全会提出在新世纪完善我国社会主义市场经济体制的一项主要任务。在社会主义市场经济条件下，坚持公有制主体地位和发展非公有制经济相辅相成，并不根本对立。

9. C 【解析】政体又称政权的组织形式，是指一定社会的统治阶级采取的一定组织形式去组织反对敌人、保护自己的政权机关。根据我国宪法的规定，人民代表大会制度是我国的政体。

10. D 【解析】人民当家做主，就是人民群众在党的领导下，通过人民代表大会、共产党领导的多党合作和政治协商、民族区域自治以及基层民主自治等制度形式，掌握国家政权，行使民主权利，管理国家事务、管理经济文化事业、管理社会事务。它是社会主义民主政治建设的根本目的。

11. A 【解析】准公共产品亦称为“混合产品”，是指具有有限的非竞争性或有限的非排他性的公共产品，它介于纯公共产品和私人产品之间，如教育、政府兴建的公园、拥挤的公路等都属于准公共产品。对于准公共产品的供给，在理论上应采取政府和市场共同分担的原则。国防、公安明显具有排他性。

12. A 【解析】题眼在“三”，所以强调的是约束的自主性。

13. C 【解析】孙中山在建立兴中会时提出挽救国家危亡的口号。《兴中会章程》:“是会之设,专为振兴中华、维持国体起见。”

14. A 【解析】商品标价体现的是价值尺度的功能。

15. B 【解析】《水浒传》又名《忠义水浒传》,简称《水浒》,由江苏兴化籍作者施耐庵作于元末明初,是中国四大名著之一;《西游记》是中国古典四大名著之一,是由明代小说家吴承恩所完善中国古代第一部浪漫主义的汉族长篇神话小说。

16. C 【解析】细颗粒物又称细粒、细颗粒、PM2.5。细颗粒物指环境空气中空气动力学当量直径小于等于 2.5 微米的颗粒物。它能较长时间悬浮于空气中,其在空气中含量浓度越高,就代表空气污染越严重。虽然 PM2.5 只是地球大气成分中含量很少的组分,但它对空气质量和能见度等有重要的影响。与较粗的大气颗粒物相比,PM2.5 粒径小,面积大,活性强,易附带有毒、有害物质(例如,重金属、微生物等),且在大气中的停留时间长、输送距离远,因而对人体健康和大气环境质量的影响更大。C 项显然错误。

17. A 【解析】“十二五”时期,我国仍将处于可以大有作为的重要战略机遇期,工业化、信息化、城镇化、市场化、国际化深入发展,长三角地区科学发展、和谐发展、率先发展、一体化发展的步伐明显加快,江苏将由全面建成小康社会向基本实现现代化迈进,创新驱动、协调发展、绿色增长和惠民优先将成为这一时期发展的主要特征。

18. D 【解析】人力资源与社会保障部属于国务院的部门,故为部门规章。

19. C 【解析】违法取得商誉肯定不是合法行为,但也没有诽谤致他人损害,虚假表示需要双方之间,而贴不属于商品的商标属于虚假宣传。但是宣传和商品不符合,故属于商品假冒。

20. C 【解析】我国《消费者权益保护法》第十一条规定:“消费者因购买、使用商品或者接受服务受到人身、财产损害的,享有依法获得赔偿的权利。”第三十五条规定:“消费者在购买、使用商品时,其合法权益受到损害的,可以向销售者要求赔偿,销售者赔偿后,属于生产者的责任或者属于向销售者提供商品的其他销售者的责任的,销售者有权向生产者或者其他销售者追偿;消费者或者其他受害人因商品缺陷造成人身、财产损害的,可以向销售者要求赔偿,也可以向生产者要求赔偿;属于生产者责任的,销售者赔偿后,有权向生产者追偿,属于销售者责任的,生产者赔偿后,有权向销售者追偿。”

二、多项选择题

21. ABD 【解析】胡锦涛总书记在庆祝中国共产党成立 90 周年大会上的讲话中指出,经过 90 年的奋斗、创造、积累,党和人民“开辟了中国特色社会主义道路,形成了中国特色社会主义理论体系,确立了中国特色社会主义制度。”对于第三项成就,他进一步指出,就是“推进社会主义制度自我完善和发展,在经济、政治、文化、社会等各个领域形成一整套相互衔接、相互联系的制度体系”。

22. ABD 【解析】2012 年 6 月 16 日傍晚 18 时 37 分许,中国“长征二号 F”运九运载火箭在酒泉卫星发射中心载人航天发射场点火起飞,将“神舟九号”载人飞船发射升空。中国首位女航天员刘洋与另两位男航天员景海鹏、刘旺一道,搭乘“神舟九号”飞船出征太空。

23. ABC 【解析】“三个有利于”标准之一,是有利于发展社会主义社会的生产力,这体现了历史唯物主义的基本原理。“三个有利于”标准之二,是有利于增强社会主义国家的综合国力。改革开放,解放和发展生产力,是为了民富国强。“三个有利于”标准之三，是有利于提高人民的生活水平，这正是社会主义的本质要求。社会主义的根本目的，就是要使全社会成员过上好的生活，包括物质生活和精神文化生活。这就是今天所说的“以人为本”。

24. ABCD 【解析】加强和创新社会管理，要牢牢把握最大限度激发社会活力、最大限度增加和谐因素、最大限度减少不和谐因素的总要求，以解决影响社会和谐稳定突出问题为突破口，提高社会管理科学化水平，完善党委领导、政府负责、社会协同、公众参与的社会管理格局，加强社会管理法律、体制、能力建设，维护人民群众权益，促进社会公平正义，保持社会良好秩序，建设中国特色社会主义社会管理体系，确保社会既充满活力又和谐稳定。

25. AB 【解析】市公安局和市司法局属于政府部门，市人民法院属于司法机关，市人大常委会属于立法机关。

26. ABCD 【解析】《公民道德建设实施纲要》指出，职业道德是所有从业人员在职业活动中应该遵循的行为准则，涵盖了从业人员与服务对象、职业与职工、职业与职业之间的关系。随着现代社会分工的发展和专业化程度的增强，市场竞争日趋激烈，整个社会对从业人员职业观念、职业态度、职业技能、职业纪律和职业作风的要求越来越高。基本规范是：要大力倡导以爱岗敬业、诚实守信、办事公道、服务群众、奉献社会为主要内容的职业道德，鼓励人们在工作中做一个好的建设者。

27. AC 【解析】第三产业，又称第三次产业，是英国经济学家、新西兰奥塔哥大学教授费希尔1935年在《安全与进步的冲突》一书中首先提出来的。它是指除农业、工业、建筑业以外的其他各业。

28. BD 【解析】2011年10月召开的中共江苏省委十一届十二次全委会，正式将“三创三先”公布为“新时期江苏精神”。即“创业、创新、创优，争先、领先、率先”。

29. ABCD 【解析】根据《公务员法》第70条的规定：“公务员执行公务时，有下列情形之一的，应当回避：(一)涉及本人利害关系的；(二)涉及与本人有本法第六十八条第一款所列亲属关系人员的利害关系的；(三)其他可能影响公正执行公务的。”如果属于(一)(二)种情形的，则必须回避；如果属于(三)中情形的话，则可能回避。《公务员法》第68条规定：“第六十八条　公务员之间有夫妻关系、直系血亲关系、三代以内旁系血亲关系以及近姻亲关系的，不得在同一机关担任双方直接隶属于同一领导人员的职务或者有直接上下级领导关系的职务，也不得在其中一方担任领导职务的机关从事组织、人事、纪检、监察、审计和财务工作。因地域或者工作性质特殊，需要变通执行任职回避的，由省级以上公务员主管部门规定。”

30. ABD 【解析】甲抛弃了牛，失去了所有权，乙先占取得所有权，不构成不当得利；乙不为甲管理，不构成无因管理；乙先占取得所有权，不需要上交国家。

三、案例分析题

答案：应该赔偿

理由：《消费者权益保护法》第七条规定：“消费者在购买商品时，享有财产安全。消费者有权要求经营者提供的商品和服务，符合保障人身、财产安全的要求。”宾馆有安保的义务，顾客与宾馆之间是服务合同关系。提醒不代表履行了安保义务，何况只是告知“可以”而非“必须”。因此不能免除宾馆的安保附随义务。

2009年军转干考试真题汇编参考答案与解析

一、单项选择题

1. B 【解析】中共十七届三中全会通过《中共中央关于推进农村改革发展若干重大问题的决定》,该文件中提出了2020年农民人均纯收入比2008年翻一番的农村改革发展基本目标。
2. D 【解析】《中共中央国务院关于深化医药卫生体制改革的意见》深化医药卫生体制改革的总体目标是:建立健全覆盖城乡居民的基本医疗卫生制度,为群众提供安全、有效、方便、价廉的医疗卫生服务。
3. A 【解析】崔世安以282票当选澳门特别行政区第三任行政长官。
4. B 【解析】列宁提出了:"物质是标志客观实在的哲学范畴,这种客观实在是人通过感觉感知的,它不依赖于我们的感觉而存在,为我们的感觉所复写、射影、反映。"(《列宁选集》第2卷第128页)并指出"客观实在"是物质的"唯一特性"。
5. B 【解析】发展的实质是事物的前进和上升,是新事物的产生和旧事物的灭亡。如果没有发展,就没有缤纷绚丽的自然界,就不会有生生不息的人类社会,也不会有日新月异的现代科技。
6. D 【解析】在我国社会主义初级阶段,坚持以公有制为主体,多种所有制经济共同发展的基本经济制度,不能搞私有化,也不能搞纯而又纯的公有制,这是由我国社会主义初级阶段的基本国情,特别是社会生产力的总体水平与结构决定的。对于这个基本经济制度,必须坚定不移、毫不动摇。任何的动摇与偏离,都会使我国经济社会发展步入歧途。
7. C 【解析】建设社会主义核心价值体系,既是丰富发展中国特色社会主义理论与实践的需要,也是构建和谐社会、建设和谐文化的必然要求。建设社会主义核心价值体系涉及社会生活的方方面面,是全社会的共同责任。
8. B 【解析】能否真正做到"三个代表"关键在于是否坚持与时俱进。"三个代表"的根本要求中最核心的要求是保持党的先进性。"三个代表"的根本要求之中最为本质的要求是坚持执政为民。
9. D 【解析】"五个统筹"深刻体现了科学发展观的内在要求,是贯彻落实科学发展观的切入点和实现途径。
10. B 【解析】国家元首在形式上是最高国家权力的执掌者和国家在对外关系中的最高代表。中国的情况复杂一些。根据1982年《中华人民共和国宪法》的规定,国家主席是中华人民共和国的国家元首。20世纪90年代以来,中国国家主席在国际上频频展开了一系列重大的首脑外交活动。
11. C 【解析】纯公共品是指那些为整个社会共同消费的产品。它是在消费过程中具有非竞争性和非排他性的产品,是任何一个人对该产品的消费都不减少别人对它进行同样消费的物品与劳务。
12. A 【解析】法的遵守是指国家机关、社会组织、公民个人按照法律规定从事事务和行为。法的遵守是法的实施的最普遍的方式。

13. D 【解析】

14. C 【解析】根据《刑法》第三百八十三条对贪污犯罪的,根据情节轻重,分别依照下列规定处罚:贪污罪(一)个人贪污数额在十万元以上的,处十年以上有期徒刑或者无期徒刑,可以并处没收财产;情节特别严重的,处死刑,并处没收财产。

第三百八十六条 对犯受贿罪的,根据受贿所得数额及情节,依照本法第三百八十三条的规定处罚。索贿的从重处罚。

第二百六十三条 以暴力、胁迫或者其他方法抢劫公私财物的,处三年以上十年以下有期徒刑,并处罚金;有下列情形之一的,处十年以上有期徒刑、无期徒刑或者死刑,并处罚金或者没收财产:

(一) 入户抢劫的;

(二) 在公共交通工具上抢劫的;

(三) 抢劫银行或者其他金融机构的;

(四) 多次抢劫或者抢劫数额巨大的;

(五) 抢劫致人重伤、死亡的;

(六) 冒充军警人员抢劫的;

(七) 持枪抢劫的;

(八) 抢劫军用物资或者抢险、救灾、救济物资的。

第一百三十三条 违反交通运输管理法规,因而发生重大事故,致人重伤、死亡或者使公私财产遭受重大损失的,处三年以下有期徒刑或者拘役;交通运输肇事后逃逸或者有其他特别恶劣情节的,处三年以上七年以下有期徒刑;因逃逸致人死亡的,处七年以上有期徒刑。

15. D 【解析】《广告法》第三十八条规定:"违反本法规定,发布虚假广告,欺骗和误导消费者,使购买商品或者接受服务的消费者的合法权益受到损害的,由广告主依法承担民事责任;广告经营者、广告发布者明知或者应知广告虚假仍设计、制作、发布的,应当依法承担连带责任。"

16. A 【解析】同级政府、同级政府各部门、上级政府各部门与下一级政府可以联合行文;政府与同级党委和军队机关可以联合行文;政府部门与相应的党组织和军队机关可以联合行文;政府部门与同级人民团体和具体行政职能的事业单位也可以联合行文。

公文分"绝密"、"机密"、"秘密"。

公文文字应该庄重、朴实、准确、精练。

17. B 【解析】1949 年 10 月 1 日,中华人民共和国成立,标志着我国历史进入向社会主义过渡的时期——新民主主义社会,该阶段存在五种经济成分,社会主义公有制经济还没有成为主要形式。到 1956 年底,我国基本完成对农业、手工业和资本主义工商业的社会主义改造。这样,国家基本上实现了生产资料私有制转变为社会主义公有制。这标志着社会主义制度在我国基本建立起来了。

18. B 【解析】第二次工业革命以电力的广泛应用为显著特点。从 19 世纪六七十年代开始,出现了一系列电气发明。德国人西门子制成发电机,比利时人格拉姆发明电动机,电力开始用于带动机器,成为补充和取代蒸汽动力的新能源。电力工业和电器制造业迅速发展起来,人类跨入了电气时代。

19. C 【解析】社会保险是社会保障制度的核心，是社会保证体系中覆盖面最广、社会意义最大的社会保障形式。

20. A 【解析】本题考查应试者对江苏省省情的了解。南京港，新中国第一个也是最大的内河油港、新中国最大的外贸港口、新中国最先进的专业化集装箱装卸港口。下至仪征，上至安徽交界的大刀河口。

二、多项选择题

21. ABD

22. ABCD 【解析】《中共中央关于推进农村改革发展若干重大问题的决定》指出，加强土地承包经营权流转管理和服务，建立健全土地承包经营权流转市场，按照依法自愿有偿原则，允许农民以转包、出租、互换、转让、股份合作等形式流转土地承包经营权，发展多种形式的适度规模经营。

23. ABC 【解析】从社会意识与经济基础的关系来看，分为意识形态（与经济基础的关系密切，有阶级性，如政治法律思想、道德、宗教、艺术、哲学等）与非意识形态（与经济基础的关系不密切，没有阶级性，如形式逻辑、语言学、自然科学等）

24. AC 【解析】感性认识是认识的初级阶段，是主体在实践过程中通过感官直接接触客体而产生的，是人们关于事物的现象、各个片面和外部联系的认识，其特点是直接性、形象性和生动具体性。

25. AD 【解析】从十一届三中全会开始，在现代化建设和改革开放的实践中邓小平理论得以形成和发展，大体上经历了以下四个阶段：

第一阶段：邓小平理论形成的萌芽阶段（十一届三中全会前后到十二大）；

标志：党的十二大，第一次提出了建设有中国特色的社会主义命题

第二阶段：形成轮廓的时期（十二大到十三大）

标志：十三大提出了社会主义初级阶段的理论

第三阶段：走向成熟，形成邓小平建设有中国特色社会主义理论体系（十三大到十四大）

标志：南方谈话、十四大

第四阶段：作为党的指导思想最终确立的阶段——党的十五大

标志：第一次以邓小平理论命名，并作为党的指导思想写入党章，随后的人大会议上作为国家的指导思想写入宪法中。

26. BCD 【解析】“走出去”战略的最终明确，是在2000年10月召开的党的十五届五中全会上。全会审议并通过了《中共中央关于制定国民经济和社会发展第十个五年计划的建议》，该《建议》列举了未来五年我国对外投资的主要类型，即境外加工贸易、资源开发和对外承包工程等。2005年10月召开的党的十六届五中全会上，《中共中央关于制定国民经济和社会发展第十一个五年规划的建议》指出，持有条件的企业“走出去”，按照国际通行规则到境外投资，鼓励境外工程承包和劳务输出，扩大互利合作和共同发展。

27. BD 【解析】根据《公务员法》第八十三条　公务员有下列情形之一的，予以辞退：

（一）在年度考核中，连续两年被确定为不称职的；

（二）不胜任现职工作，又不接受其他安排的；

（三）因所在机关调整、撤销、合并或者缩减编制员额需要调整工作，本人拒绝合理安排的；

（四）不履行公务员义务，不遵守公务员纪律，经教育仍无转变，不适合继续在机关工作，又不宜给予开除处分的；

（五）旷工或者因公外出、请假期满无正当理由逾期不归连续超过十五天，或者一年内累计超过三十天的。

28. ABC 【解析】《民事诉讼法》第九条规定："人民法院审理民事案件，应当根据自愿和合法的原则进行调解；调解不成的，应当及时判决。"可见，A项正确。

第八十九条规定："调解达成协议，人民法院应当制作调解书。调解书应当写明诉讼请求、案件的事实和调解结果。调解书由审判人员、书记员署名，加盖人民法院印章，送达双方当事人。调解书经双方当事人签收后，即具有法律效力。"可见，B正确。

第九十一条规定："调解未达成协议或者调解书送达前一方反悔的，人民法院应当及时判决。"可见，C正确。

29. ABD 【解析】政府刺激经济增长的方法是实行积极的财政政策和适度宽松的货币政策。针对2009年金融危机，中国政府宣布将实施大规模的经济刺激措施，在2010年底以前投入总额4万亿人民币，用于基础设施建设和增加银行信贷等，其中包括在今年第三季度增加1 000亿人民币的财政投入。C项加息会使市场上流通的货币量减少，不是刺激经济的方法。

30. ACD 【解析】技术创新的特点是：一是创造性；二是风险性；三是收益性（市场性）；四是系统性（综合性）；五是破坏性；六是实践性。

三、案例分析题

（一）

31. A 【解析】根据《合同法》第二章第十四条规定："要约是希望和他人订立合同的意思表示，该意思表示应当符合下列规定：（一）内容具体确定；（二）表明经受要约人承诺，要约人即受该意思表示约束。"

根据《合同法》第二章第十五条规定："要约邀请是希望他人向自己发出要约的意思表示。寄送的价目表、拍卖公告、招标公告、招股说明书、商业广告等为要约邀请。"

题目中是翁某主动向厂家伸出"橄榄枝"，故为要约。

32. A 【解析】根据《合同法》第二章第二十六条规定："承诺通知到达要约人时生效。承诺不需要通知的，根据交易习惯或者要约的要求作出承诺的行为时生效。"文中玉器厂"回电"表示同意，说明承诺已生效。

33. D 【解析】根据《合同法》第二章第二十五条规定："承诺生效时合同成立。"并且第三章第四十四条规定："依法成立的合同，自成立时生效。"所以，经销商无权追回牡丹亭，因为合同成立并生效。

34. B 【解析】根据《合同法》第一百四十二条规定："标的物毁损、灭失的风险，在标的物交付之前由出卖人承担，交付之后由买受人承担，但法律另有规定或者当事人另有约定的除外。"大白菜是在交付之后的运输途中损毁，故应由翁某承担责任。

35. D 【解析】动产所有权交付时转移。牡丹亭已经交付给陈某，故陈某是牡丹亭的所有权人。

（二）

36. D 【解析】具体行政行为是指行政主体在行使职权的过程中做出的对特定的公民、法人或者其他组织的权利或义务产生实际影响的行为或相应的不作为。ABC均为抽象行政行为。

37. A 【解析】依行政强制措施的标的可分为三类：(1)对人身的强制措施。如扣留、遣送等。(2)对财物的强制措施。如查封、扣押、冻结等。(3)对行为的强制措施，如对吸毒者吸毒行为的制止等。

《行政处罚法》第八条　行政处罚的种类：

（一）警告；

（二）罚款；

（三）没收违法所得、没收非法财物；

（四）责令停产停业；

（五）暂扣或者吊销许可证、暂扣或者吊销执照；

（六）行政拘留；

（七）法律、行政法规规定的其他行政处罚。

38. D 【解析】此题变相在考查行政主体的概念。行政主体是指依法享有国家的行政权力，以自己的名义实施行政管理活动，并独立承担由此产生的法律责任的组织。行政主体是指具备行政法上人格的主体。监察大队是城市建设委员会的内设机构，故不具有独立的行政上的人格。此题应为D。

39. C 【解析】《行政处罚法》第20条规定："行政处罚由违法行为发生地的县级以上地方人民政府具有行政处罚权的行政机关管辖。法律、行政法规另有规定的除外。"监察大队不具有行政处罚权，故强拆属于违法行为。

40. A

四、综合分析题

41. D 【解析】大部制改革"既是社会主义市场经济体制深层次改革的需要，也是深化行政体制改革的重要环节"。一是政府部门职能分工的状况不适应经济社会发展和市场经济体制的需要。如政府部门设置过多，政府职能转变还没有完全到位，决策、执行、监督职能配置不够科学，政府部门之间职能交叉、政出多门、权责不清的现象比较突出等。二是目前经济运行中存在的一些突出问题与政府机构改革相对滞后、机构设置过细有关。如经济运行过热的苗头日益明显，中央宏观调控的效果不佳，与部门利益作祟有很大关系等。

42. A

43. A

44. C

45. D

五、公文题

【解析】

1. 文种(通告)

2. 标题：×××交管局关于×××××的通告

3. 主送机关(不写)
4. 署名
5. 成文时间
6. 文章结构
7. 不能超出格子

六、写作题

略

2008 年军转干考试真题汇编参考答案与解析

一、单项选择题(20 分)

1. B 【解析】中国在第 29 届北京奥运会上获得的金牌数量取得了历史性突破，首次跃居金牌榜的首位，共获得 51 枚金牌。
2. A 【解析】十七大报告提出经济发展的目标是:增强发展协调性，努力实现经济又好又快发展。
3. C 【解析】邓小平在党的十二大开幕词中首次提出“走自己的道路，建设有中国特色的社会主义”。
4. B 【解析】改革、发展、稳定三者存在着不可分割的内在联系。发展是解决经济社会一切问题的关键，改革是经济社会发展的主要动力，稳定是改革发展的前提和保证，三者是内在统一的有机整体。站在新的历史起点上处理这三者之间的关系，其结合点就是实现好、维护好、发展好最广大人民群众的根本利益。
5. B 【解析】党的十七大报告强调“必须把提高领导水平和执政能力作为各级领导班子建设的核心内容抓紧抓好”。
6. A 【解析】改革开放以来，我们从根本上破除了把计划经济和市场经济看作属于社会基本制度范畴的思想束缚，强调计划多一点还是市场多一点，不是社会主义与资本主义的本质区别，由此确立社会主义市场经济体制的改革目标。
7. C 【解析】胡锦涛总书记在 2007 年两会期间看望工会、共青团、青联、妇联的全国政协委员并参加联组讨论时发表了“在共建中共享，在共享中共建”的重要讲话，进一步阐明了构建社会主义和谐社会进程中必须坚持的重大原则，丰富了构建社会主义和谐社会重大战略思想的内涵。
8. D 【解析】
9. D 【解析】从感性认识到理性认识，是认识的第一次飞跃;从理性认识到实践，是认识的第二次飞跃。
10. D 【解析】“过”“不及”都说的是度的问题。
11. C 【解析】由于简单商品经济是以生产资料私有制和社会分工为基础进行的，因此，生产商品的劳动同时具有私人劳动和社会劳动两重性质，私人劳动只有经过交换才能转换为社会劳动。因而私人劳动和社会劳动的矛盾是简单商品经济的基本矛盾。
12. B 【解析】科学发展观，第一要务是发展，核心是以人为本，基本要求是全面协调可持续发展，根本方法是统筹兼顾。
13. C 【解析】居民委员会是居民自我管理、自我教育、自我服务的基层群众性自治组织，是中国人民民主专政和城市基层政权的重要基础，也是党和政府联系人民群众的桥梁和纽带之一。
14. C 【解析】行政主体是指享有国家行政权力，能以自己的名义从事行政管理活动并独立承担由此产生的法律责任的组织。

    省人大是地方国家权力机关，不具有行政主体资格;中国人民政治协商会议(简称人民政协)是中国人民爱国统一战线的组织，是中国共产党领导的多党合作和政治协商的重要机构，是中国政治生活中发扬社会主义民主的一种重要形式，因此，省政协也不具有行政主体资格；政府派出机构是指有关政府或政府部门在一定区域内或组织内设立的，授权实施某方面行政管理职能的代表机关，它不能以自己的名义从事行政管理活动等，所以也不具有行政主体资格。

15. A 【解析】依行政强制措施的标的可分为三类：(1) 对人身的强制措施。如扣留、遣送等。(2) 对财物的强制措施。如查封、扣押、冻结等。(3) 对行为的强制措施，如对吸毒者吸毒行为的制止等。

16. B 【解析】《行政诉讼法》第十九条规定：因不动产提起的行政诉讼，由不动产所在地人民法院管辖。

17. C 【解析】题干中液化气行业的行为已构成垄断行为中的"经营者达成垄断协议"，该行为违反《反垄断法》。

18. C 【解析】《民事诉讼法》第二十九条规定：因侵权行为提起的诉讼，由侵权行为地或者被告住所地人民法院管辖。

19. A 【解析】1987 年，世界环境与发展委员会出版《我们共同的未来》报告，将可持续发展定义为："既能满足当代人的需要，又不对后代人满足其需要的能力构成危害的发展。"它系统阐述了可持续发展的思想。

20. B 【解析】战国时期儒家代表人物当推孟子和荀子。

二、多项选择题(10 分)

21. CD 【解析】胡锦涛指出，改革开放以来我们取得一切成绩和进步的根本原因，归结起来就是，开辟了中国特色社会主义道路，形成了中国特色社会主义理论体系。

22. 【说明】本题答案为 ABCD，但四个选项未知，故略过。

23. ABC

24. 【说明】本题答案为 ABCD，但四个选项未知，故略过。

25. AC 【解析】题干重在突出奥运精神作为一种社会意识所起的作用。

26. AD 【解析】中国近代社会有两大主要矛盾，一是帝国主义和中华民族的矛盾，二是封建主义和人民大众的矛盾。

27. CD 【解析】《侵权责任法》第九十条规定："因林木折断造成他人损害，林木的所有人或者管理人不能证明自己没有过错的，应当承担侵权责任。"公园管理方作为树木的管理者，理应对园内的树木妥善管理。若由于公园管理方管理疏忽，则管理方要承担赔偿责任；若管理方不存在管理疏忽，则甲和公园管理方共同承担责任。

28. BCD 【解析】"法律解释"是指一定的解释主体根据法定权限和程序，按照一定的标准和原则，对法律的含义以及法律所使用的概念、术语等进行进一步说明的活动。根据解释尺度的不同，法律解释可以分为限制解释、扩充解释与字面解释三种。

29. ABD 【解析】《宪法》规定：中央军事委员会领导全国武装力量；中央军事委员会由主席、副主席若干人，委员若干人组成；中央军事委员会实行主席负责制；中央军事委员会每届任期同全国人民代表大会每届任期(5 年)相同；中央军事委员会主席对全国人民代表大会和全国人民代表大会常务委员会负责。

30. ABC 【解析】太空资源即地球以外的宇宙以其特殊环境所构成的环境资源。茫茫太空为人类提供了高远位置、微重力、高真空、无污染、太阳能和其他丰富的物质资源,概括起来包括轨道资源、环境资源和天体矿物资源。这些太空资源的探测和开发利用,将带来人类文明的新进步。

三、法律案例题(10分)

31. D 【解析】承包经营合同是农业集体经济组织与所属农民(承包人)之间关于承包人经营集体所有或者国家所有集体使用的财产,并交付一定劳动收益的协议。承包人与农村集体经济组织确立了土地承包经营权合同关系后政府主管部门发放该用益物权凭证。

32. D 【解析】《中华人民共和国农村土地承包法》第十六条规定承包方享有下列权利:(一)依法享有承包地使用、收益和土地承包经营权流转的权利,有权自主组织生产经营和处置产品;(二)承包地被依法征用、占用的,有权依法获得相应的补偿;(三)法律、行政法规规定的其他权利。

33. B 【解析】张大山与张小山之间的转包是否合法要看流转的期限是否超过承包期的剩余期限,如果转包合同不超过承包期的剩余期限,就是合法的。

34. C 【解析】村委撤销合同的行为侵犯了张大山的权益,属于违法行为。

35. B 【解析】案例中,该承包合同的承包方是张大山,发包方是村委会。

36. CD 【解析】行政诉讼法律适用,是指人民法院按照法定程序,将法律、法规以及法院决定参照的规章具体运用于各种行政案件,对被诉具体行政行为的合法性(包括行政处罚的合理性)进行审查的活动。

37. AB 【解析】行政处罚是指行政机关或其他行政主体依法定职权和程序对违反行政法规尚未构成犯罪的相对人给予行政制裁的具体行政行为。

38. ABD 【解析】《行政诉讼法》第一条规定:“为保证人民法院正确、及时审理行政案件,保护公民、法人和其他组织的合法权益,维护和监督行政机关依法行使行政职权,根据宪法制定本法。”

39. AD 【解析】《行政处罚法》第六条规定:公民、法人或者其他组织对行政机关所给予的行政处罚,享有陈述权、申辩权;对行政处罚不服的,有权依法申请行政复议或者提起行政诉讼。

40. CD 【解析】该案例中,当以作出行政处罚决定的工商局为被告;目前,《行政诉讼法》中有关诉讼参加人的规定没有指出行政机关的法人代表必须参加。

四、公文实务题

(一)

41. D 【解析】转发类通知是指转发上级机关或同级机关或不相隶属机关文件的通知,在承上启下的机关使用频率很高。该类通知的标题,一般由“发文机关+关于转发+原文标题+文种”组成。但实际办文中,经常会遇到转发的层次较多的情况,这时标题中“关于”、“转发”、“通知”反复在一个标题内多次出现,十分累赘。为达到晓谕性,使标题简练、流畅,方便理解,一般采取以下几种方法:1. 省略发文机关名称。2. 省略介词“关于”或文种“通知”。当原文标题中有“关于”一词时,且文种为通知,标题可拟为“转发+原标题”。3. 省略被转发文件联合发文机关名称,只在正文里列出各个联合发文机关。4. 有的文件标题比较长,采用省略法拟制标题仍然较长,可用发文字号作为新拟标题的事由,以代替原文标题。5. 若上级文件到本单位时已经经过三四层转发，可以直接转发首发文件。6. 在系统内部行文，可使用规定的规范化简称。

42. C 【解析】转发类通知正文开头一般直说转发事项，如“将某某文件转发给你们”或“收到某某文件，现在转发给你们”，再对如何贯彻执行提出具体要求等。

43. A 【解析】该公文中最后一段提出了具体要求，避虚就实，应该保留。

44. B 【解析】正文第二段中的“竟”应改为“竞”，“催进连琐经营的发展”中的“琐”应改为“锁”。

45. A

(二)

46. C 【解析】公文函的标题一般有两种形式。一种是由发文机关名称、事由和文种构成。另一种是由事由和文种构成。“商洽代培财务人员”是事由，“函”是文种，C项拟制的标题正确。

47. B 【解析】题干中已经表明“财务部领导让工作人员张某给大学写一篇公文函”，所以该发文机关是财务部。

48. B 【解析】公文的签发人是发文机关最后核查并批准公文向外发出的领导人姓名。其作用在于对公文的制发和内容负责。

49. A 【解析】函的结束语，通常应根据函询、函告、函商或函复的事项，选择运用不同的结束语。如“特此函询(商)”、“特此函告”、“特此函复”等。有的函也可以不用结束语，如属便函，可以像普通信件一样，使用“此致”、“敬礼”。该公文是函商，所以不能用“特此函复”。

50. D 【解析】函有时效性问题，既然该大学和财政部在一个城市，当采用“直接送达”这一最快捷的方式进行传送。

五、简析题(10分)

【解析】 略

六、写作题(40分)(一)10分(二)30分

【参考答案】

(一)

1. 品牌竞争力、深化改革开放，等等
2. 民族精神、集体主义、社会主义、万众一心，等等
3. 自主创新、中华民族崛起，等等
4. 感恩、博爱、同一个世界、同一个梦想，等等
5. 文化交流、责任，等等

(二)

略

2007年军转干考试真题汇编参考答案与解析

一、单项选择题

1. C 【解析】2007年6月25日,中共中央总书记、国家主席、中央军委主席胡锦涛在中央党校省部级干部进修班发表重要讲话。胡锦涛强调,中国特色社会主义,是当代中国发展进步的旗帜,是全党全国各族人民团结奋斗的旗帜。我们必须始终不渝地坚持以邓小平理论和“三个代表”重要思想为指导,深入贯彻落实科学发展观,毫不动摇地坚持和发展中国特色社会主义。

2. B 【解析】在谈到加快推进社会建设时,胡锦涛说,社会建设与广大人民群众的切身利益紧密相连,必须摆在更加突出的位置。加强社会建设,要以解决人民最关心、最直接、最现实的利益问题为重点,使经济发展成果更多体现到改善民生上,尤其要注重优先发展教育,实施扩大就业的发展战略,深化收入分配制度改革,基本建立覆盖城乡居民的社会保障体系,建立基本医疗卫生制度,提高全民健康水平,完善社会管理,维护社会安定团结。

3. A 【解析】中共十六届六中全会指出:“社会公平正义是社会和谐的基本条件,制度是社会公平正义的根本保证,必须加紧建设对保障社会公平正义具有重大作用的制度,保障人民在政治、经济、文化、社会等方面的权利和利益,引导公民依法行使权利、履行义务。”

4. A 【解析】科学研究已经基本确认,造成全球气候变暖的主要原因,是人类过度使用化石燃料,排放了大量温室气体。

5. B 【解析】中共十六届六中全会指出:“以发展社会事业和解决民生问题为重点,优化公共资源配置,注重向农村、基层、欠发达地区倾斜,逐步形成惠及全民的基本公共服务体系。”

6. A 【解析】会议指出:“要坚定地走率先发展、科学发展、和谐发展之路,实行富民优先、科教优先、环保优先、节约优先方针,推动科学发展观在江苏具体化。”

7. B 【解析】科学发展观第一要义是发展,核心是以人为本,基本要求是全面协调可持续性,根本方法是统筹兼顾。

8. A 【解析】党的十六大报告指出:“贯彻‘三个代表’重要思想,必须使全党始终保持与时俱进的精神状态,不断开拓马克思主义理论发展的新境界。坚持党的思想路线,解放思想、实事求是、与时俱进,是我们党坚持先进性和增强创造力的决定性因素。与时俱进,就是党的全部理论和工作要体现时代性,把握规律性,富于创造性。能否始终做到这一点,决定着党和国家的前途命运。”

9. B 【解析】列宁指出:“马克思主义的最本质的东西、马克思主义的活的灵魂:具体地分析具体的情况。”在此基础上,1944年毛泽东同志在《学习和时局》一文中指出,对于任何问题应取分析态度,不要否定一切,对于具体情况作具体的分析,是马克思主义最本质的东西,是马克思主义活的灵魂,这是唯物辩证法的最根本的要求,是指引无产阶级取得革命和建设伟大胜利的伟大方法论。

10. C 【解析】生产关系包括生产资料所有制形式、人们在生产中的地位及其相互关系和产品分配方式三项内容。其中，生产资料所有制对生产关系起决定作用。这种作用表现在：①一定的生产资料所有制是一定生产关系产生和形成的社会前提和条件，它决定了劳动力和生产资料的结合方式，决定了直接生产过程中人们的不同地位和相互关系，从而也决定了人们在交换和分配过程中的关系。②一定的生产资料所有制决定了一定生产关系的基本特征和本质，决定了社会各个阶级的划分和它们的不同物质利益。③生产资料所有制的根本改变必然导致生产关系的一系列变革。区分不同性质生产关系的根据是生产资料所有制性质。

11. A 【解析】"十一五规划"指出，发展科学技术的战略基点和调整产业结构、转变增长方式的中心环节是增强自主创新能力。

12. B 【解析】胡锦涛在中国科学院第十三次院士大会、中国工程院第八次院士大会上发表的重要讲话指出，建设创新型国家，关键在人才，尤其在创新型科技人才。

13. B 【解析】1999 年宪法修正案规定："中华人民共和国实行依法治国，建设社会主义法治国家。"

14. D 【解析】《中华人民共和国消费者权益保护法》第四十九条规定："经营者提供商品或者服务有欺诈行为的，应当按照消费者的要求增加赔偿其受到的损失，增加赔偿的金额为消费者购买商品的价款或者接受服务的费用的一倍。"本案例中，李某花 500 元购买香烟，所以，商店除返还 500 元的烟款外，赔偿李某的最高额为 1 000 元。

15. B 【解析】行政信赖保护原则是德国行政法院根据法律的安定性原则和民法的诚实信用原则逐步确立起来的，目的在于维护法律秩序的安定性和保护社会成员的正当利益。信赖保护原则在很多国家和地区，如德国、日本、韩国、我国的台湾地区等得到了程度不同的运用。在我国，《行政许可法》的颁布和实施标志着信赖保护在我国已经纳入法制规范。

《行政许可法》第八条体现了这一原则，该条规定："公民、法人或者其他组织依法取得的行政许可受法律保护，行政机关不得擅自改变已经生效的行政许可。行政许可所依据的法律、法规、规章修改或者废止，或者准予行政许可所依据的客观情况发生重大变化的，为了公共利益的需要，行政机关可以依法变更或者撤回已经生效的行政许可。由此给公民、法人或者其他组织造成财产损失的，行政机关应当依法给予补偿。"

16. C 【解析】《公务员法》规定："公务员的考核分为平时考核和定期考核。定期考核以平时考核为基础。定期考核的结果分为优秀、称职、基本称职和不称职四个等次。定期考核的结果作为调整公务员职务、级别、工资以及公务员奖励、培训、辞退的依据。"

17. B 【解析】江泽民同志在十六大报告中指出："认真贯彻公民道德建设实施纲要，弘扬爱国主义精神，以为人民服务为核心，以集体主义为原则、以诚实守信为重点，加强社会公德、职业道德和家庭美德教育。"

18. A 【解析】戊戌变法指 1898 年(农历戊戌年)以康有为为首的改良主义者通过光绪皇帝所进行的资产阶级政治改革，是中国清朝光绪年间(1898 年)的一项政治改革运动。主要内容是：学习西方，提倡科学文化，改革政治、教育制度，发展农、工、商业等。B、D 两项是戊戌变法的目的之一，谈不上是功绩。C 项推动政治改革，不符合史实。由于戊戌变法的失败，中国失去了一批倾向在原有体制内下实行改革的精英和支持者,代之而起的是主张激烈变革,推翻原有制度和政府的革命者,最后造成了清朝的覆亡,中国两千年的帝制亦画上句号。四个选项中只有A项成立。因为戊戌变法本身虽然失败,但却促成了近代中国一次思想潮流的解放。资产阶级维新派提倡新学,主张兴民权,对封建思想进行了猛烈的抨击,为近代思想启蒙运动的蓬勃兴起开辟了道路,促进了中国人民的觉醒。

19. C 【解析】1929年12月28日至29日,红四军第九次党的代表大会在上杭县古田村召开,即古田会议。该会议解决了如何把一支以农民为主要成分的军队建设成为中共领导下的新型人民军队的问题,它所确定的着重从思想上建党和从政治上建军的原则,为后来的农村包围城市、武装夺取政权道路思想的形成、发展和成功实践奠定了基础,古田会议因此成为中共和人民军队建设史上的重要里程碑。

20. A 【解析】目前,国际上公认的并列入21世纪重点研究开发的高新技术领域,包括信息技术、生物技术、新材料技术、新能源技术、空间技术和海洋技术等。

二、不定项选择题

21. A 【解析】胡锦涛总书记在中央党校重要讲话的一个极为重要的内容,就是进一步深刻阐述了中国特色社会主义事业的总体布局,对经济建设、政治建设、文化建设和社会建设提出了重要要求,构成了发展中国特色社会主义的行动纲领。

22. A 【解析】中共十六届六中全会听取和讨论了胡锦涛受中央政治局委托作的工作报告,审议通过了《中共中央关于构建社会主义和谐社会若干重大问题的决定》。

23. AB 【解析】中共中央国务院出台的2007年中央"一号文件"指出:"要用现代物质条件装备农业,用现代科学技术改造农业,用现代产业体系提升农业,用现代经营形式推进农业,用现代发展理念引领农业,用培养新型农民发展农业,提高农业水利化、机械化和信息化水平,提高土地产出率、资源利用率和农业劳动生产率,提高农业素质、效益和竞争力。"

24. ABC 【解析】与时俱进,把握规律性,是对党全部理论和工作的一个总体要求。在当今时代和当代中国,与时俱进,把握规律性,集中起来就是,要站在时代的制高点上,不断深化对共产党执政规律、社会主义建设规律和人类社会发展规律的认识,以指导党的建设和社会主义现代化建设的实践。

25. ACD 【解析】事物都是肯定方面和否定方面的统一体,代表否定方面的新生事物是旧事物中不可缺少的因素。新事物对于旧事物来说,既是促使其灭亡的因素,又是其赖以存在的因素,即所谓"容不得又离不得"。

任何事物都是现象和本质的统一,本质决定现象,现象表现本质。透过现象发现本质是科学研究的任务,因为"如果事物的表现形式和事物的本质会直接合二为一,一切科学就成为多余的了"(马克思语)。B项命题不属于唯物辩证法的观点。

本质是现象的根据,现象是本质的表现形态;任何本质都会通过现象表现自身;现象总是以某种方式表现本质,假象也是对本质的一种表现。假象是从反面歪曲地表现本质的现象。假象和错觉不是一回事,错觉是由人的感觉上的错误造成的,属于主观的范畴;假象则是客观存在的种种条件造成的,它是现象的一种,属于客观的范畴。

所谓矛盾是事物发展的动力,是指矛盾着的对立面又斗争、又同一,由此推动了事物的发展或者说矛盾的相对的同一性和绝对的斗争性相结合,构成了事物发展的动力。

26. ABCD 【解析】宪法规定全国人民代表大会常务委员会行使下列撤销权：撤销国务院制定的同宪法、法律相抵触的行政法规、决定和命令；撤销省、自治区、直辖市国家权力机关制定的同宪法、法律和行政法规相抵触的地方性法规和决议。

27. AB 【解析】C项中的行政复议说法错误。公务员对涉及本人的免职这一人事处理不服的，可以自知道该人事处理之日起三十日内向原处理机关（本案例中即是县卫生局）申请复核；对复核结果不服的，可以自接到复核决定之日起十五日内，按照规定向同级公务员主管部门（本案例中即是县人事局）或者作出该人事处理的机关的上一级机关（本案例中即是市卫生局）提出申诉；也可以不经复核，自知道该人事处理之日起三十日内直接提出申诉。

28. ABCD 【解析】我国宏观调控的主要目标有促进经济增长、增加就业、稳定物价、保持国际收支平衡。

29. ABC 【解析】胡锦涛同志在2003年"七一"重要讲话中指出："实现物质财富极大丰富、人民精神境界极大提高、每个人自由而全面发展的共产主义社会，是马克思主义最崇高的社会理想。"

30. ABD 【解析】胡锦涛指出，孙中山先生追求真理的开拓进取精神和矢志不渝的爱国主义情怀，孙中山先生天下为公的博大胸怀和放眼世界的开放心态，孙中山先生生命不息、奋斗不止的坚强意志和鞠躬尽瘁、死而后已的高尚品德，是他留给我们的宝贵精神遗产。

三、案例分析题

31. B 【解析】《公司法》第六条指出：法律、行政法规规定设立公司必须报经批准的，应当在公司登记前依法办理批准手续。由此可判断，C饮品有限公司应当取得生产许可证方能成立，这属于法律的规定。

32. A 【解析】案例中质量严重不合格的饮料是B饮料厂生产的产品，所以被处罚主体应当是B饮料厂。A食品公司依约参与投资的C饮品有限公司并未成立。

33. D 【解析】《产品质量法》第三十条规定：生产者不得伪造产地，不得伪造或者冒用他人的厂名、厂址。

34. A 【解析】《产品质量法》第十二条规定：产品质量应当检验合格，不得以不合格产品冒充合格产品。本案例中，B饮料厂因其产品原料把关不严，导致生产的一批饮料质量严重不合格，因此，本案所涉产品质量监督制度主要是产品质量检验制度。

35. A 【解析】A食品公司参与投资的C饮品有限公司并没有正式成立，C饮品有限公司不具备被处罚主体资格，B饮料厂是行政处罚的唯一当事人。因此，B饮料厂应当承担全部行政处罚的损失，且全部返还A食品公司的全部投资款。

36. ACD 【解析】《行政诉讼法》第二十五条第一款，公民、法人或者其他组织直接向人民法院提起诉讼的，作出具体行政行为的行政机关是被告。本题中，县人民医院和县卫生局只是借调人员，并非作出具体行政行为，而县人民政府征兵办公室不是独立的行政主体。征兵体检这一具体行政行为是县人民政府作出的，只能以县人民政府为被告。本题为选非题，故ACD入选。

37. A 【解析】行政诉讼判决，是指人民法院代表国家，在审理行政案件终结时，根据事实和法律,对被诉具体行政行为是否合法,作出的具有法律约束力的判定,以及对被诉具体行政行为的效力作出的权威性处理。它适用于法院对当事人权利义务实体问题的处理。一审判决主要有维持判决、驳回诉讼请求判决、确认判决、撤销判决、重作判决、变更判决、履行判决。

行政诉讼裁定,是人民法院在审理行政案件过程中,为解决本案的程序问题所作出的对诉讼参与人发生法律效果的司法决定(意思表示)。行政诉讼裁定主要适用于下列事项:(1) 起诉不予受理;(2) 驳回起诉;(3) 管辖异议;(4) 终结诉讼;(5) 移送或者指定管辖;(6) 诉讼期间停止具体行政行为的执行或者驳回停止执行的申请;(7) 财产保全;(8) 先予执行;(9) 准许或不准许撤诉;(10) 补正裁判文书中的笔误;(11) 中止或者终结诉讼;(12) 提审、指令再审或者发回重审;(13) 准许或不准许执行行政机关的具体行政行为;(14) 其他需要裁定的事项。

行政诉讼决定,是指人民法院为了保证行政诉讼的顺利进行,对诉讼中发生的某些特殊事项所作的处理决定。主要有:第一,回避决定;第二,采取强制措施的决定;第三,延长诉讼期限的决定;第四,再审的决定;第五,对重大、疑难行政案件的处理决定;第六,执行程序的决定。此外,行政机关拒绝履行判决、裁定的,人民法院可以从期满之日起,对该行政机关按日处以 50 至 100 元的罚款决定。

38. BC **【解析】**移送管辖指:"人民法院发现受理的案件不属于自己管辖时,应当移送有管辖权的人民法院。受移送的人民法院不得自行移送。"(《行政诉讼法》第 21 条)

指定管辖是指:"有管辖权的人民法院由于特殊原因不能行使管辖权的,由上级人民法院指定管辖。人民法院对管辖权发生争议,由争议双方协商解决。协商不成的,报它们的共同上级人民法院指定管辖。"(《行政诉讼法》第 22 条)

管辖权异议是指当事人对管辖提出异议。

管辖权转移是指管辖权由一个法院转移到另一个法院。

本题中,中级法院决定管辖县法院的案件,管辖权从下级法院转移到上级法院,属于管辖权转移,县法院将发现案件不属于自己管辖,将案件移送给中级法院,属于移送管辖。这里不涉及管辖权异议和指定管辖。本题为选非题,故 BC 入选。

39. BD **【解析】**《行政诉讼法》第十一条:人民法院受理公民、法人和其他组织对下列具体行政行为不服提起的诉讼:

(一) 对拘留、罚款、吊销许可证和执照、责令停产停业、没收财物等行政处罚不服的;

(二) 对限制人身自由或者对财产的查封、扣押、冻结等行政强制措施不服的;

(三) 认为行政机关侵犯法律规定的经营自主权的;

(四) 认为符合法定条件申请行政机关颁发许可证和执照,行政机关拒绝颁发或者不予答复的;

(五) 申请行政机关履行保护人身权、财产权的法定职责,行政机关拒绝履行或者不予答复的;

(六) 认为行政机关没有依法发给抚恤金的;

(七) 认为行政机关违法要求履行义务的;

(八) 认为行政机关侵犯其他人身权、财产权的。

除前款规定外，人民法院受理法律、法规规定可以提起诉讼的其他行政案件。

第十二条：人民法院不受理公民、法人或者其他组织对下列事项提起的诉讼：

（一）国防、外交等国家行为；

（二）行政法规、规章或者行政机关制定、发布的具有普遍约束力的决定、命令；

（三）行政机关对行政机关工作人员的奖惩、任免等决定；

（四）法律规定由行政机关最终裁决的具体行政行为。

40. AC 【解析】《行政诉讼法》第五十八条：当事人不服人民法院第一审判决的，有权在判决书送达之日起十五日内向上一级人民法院提起上诉。当事人不服人民法院第一审裁定的，有权在裁定书送达之日起十日内向上一级人民法院提起上诉。逾期不提起上诉的，人民法院的第一审判决或者裁定发生法律效力。

本题说的是不服裁定，因此应当是十日而非十五日。

四、公文实务题

（一）

41. D 【解析】由文中"在座的……"及内容特点可以判断这篇公文是军队首长的会议"讲话稿"。

42. A 【解析】公文中的数字，除成文日期、部分结构层次序数和在词（如"一切"）、词组（如"上一级机关"）、惯用语（如"一锤子买卖"）、缩略语（如"三个代表"）、具有修饰色彩语句（如"一刀切的工作方法"）中作为词素的数字必须用汉字外，应当使用阿拉伯数字。

43. C 【解析】某军队机关要将军队首长的会议"讲话稿"下发给下属机关，应当以"通知"形式进行转发。"会议纪要"、"会议记录"都偏重于记载、传达会议具体情况和议定内容，不符合题干要求；"报告"通常用于向上级机关汇报工作，反映情况，答复上级机关的询问等，也不符合题干要求。

44. A 【解析】崇尚、学习构成递进关系，符合文中语境。

45. A 【解析】成语是我国汉字语言词汇中一部分定型的词组或短句。成语有固定的结构形式和固定的说法，表示一定的意义，在语句中是作为一个整体来应用的。成语有很大一部分是从古代相承沿用下来的，在用词方面往往不同于现代汉语，它代表了一个故事或者典故。按照上述定义，5个画线词语中只有"全心全意"是成语。

（二）

【解析】　略

五、简析题

【解析】　略

六、写作题

【解析】　略

2006年军转干考试真题汇编参考答案与解析

一、单项选择题

1. C 【解析】中华人民共和国中央人民政府门户网站(简称"中国政府网")于2006年1月1日正式开通。中国政府网的网址是www. gov. cn,现开通中文简体版、中文繁体版和英文版。

2. D 【解析】2006年4月27日6时48分,我国在太原卫星发射中心用"长征四号乙"运载火箭,成功将"遥感卫星一号"送入预定轨道。这是2006年我国的首次航天发射。卫星质量为2 700余公斤,主要用于科学试验、国土资源普查、农作物估产和防灾减灾等领域。

3. D

4. A 【解析】1979年12月6日,邓小平在会见日本首相大平正芳时,根据我国经济发展的实际情况,第一次提出了"小康"概念以及在20世纪末我国达到"小康社会"的构想。党的十二大正式引用了这一概念,并把它作为20世纪末的战略目标。在"小康社会"人民的生活达到"小康水平",这是指在温饱的基础上,生活质量进一步提高,达到丰衣足食。

5. A 【解析】党的十六届五中全会审议通过的《中共中央关于制定国民经济和社会发展第十一个五年规划的建议》指出,必须加快转变经济增长方式,主要是促进多方面的创新,如"着力自主创新"、"创新发展模式"、"要把增强自主创新能力作为调整产业结构、转变经济增长方式的中心环节"。

6. A 【解析】"三个代表"重要思想是中国共产党人在对党的八十年历史经验的高度总结、对当今世界和中国发展变化趋势和特征认真分析研究、对党在新的历史条件下所担负的使命和对执政党的性质与宗旨进一步认识基础上形成的科学理论,开辟了马克思主义理论在当今中国的新境界,是中国共产党的立党之本、执政之基、力量之源,是中国共产党新世纪的宣言书。它同时是全面推进党的建设新的伟大工程的根本指针。它将统一于党的建设的各个方面,统一于党领导人民进行改革和社会主义现代化建设的全过程。

7. D 【解析】在"5·31"重要讲话中,江泽民同志明确指出,贯彻"三个代表",关键在坚持与时俱进,并强调,坚持解放思想、实事求是的思想路线,弘扬与时俱进的精神,是党在长期执政条件下保持先进性和创造力的决定性因素。

8. A 【解析】依法治国作为党领导人民治理国家的基本方略,其根本目的在于保证人民充分行使当家做主的权利,维护人民当家做主的地位。

9. D 【解析】邓小平明确指出:"一个公有制占主体,一个共同富裕,这是我们所必须坚持的社会主义的两条根本原则。"(《邓小平文选》第3卷,第111页)这两条原则相辅相成,互为条件,体现着社会主义所特有的本质特征,把社会主义与资本主义鲜明地区别开来了。

10. C 【解析】中国对外政策的宗旨是维护世界和平,促进共同发展。独立自主是我国外交政策的根本原则。

11. A 【解析】物质决定意识,意识是客观事物在人脑中的反映;意识具有能动作用,它不仅能够正确地反映事物的本质和规律,而且能够反作用于客观事物,这就是物质和意识的辩证关系。这种辩证关系要求我们在实际工作中必须正确处理主观与客观的关系,做到主观和客观相符合。而要做到主客观相符合,就必须一切从实际出发。B、C、D 项内容不完整。

12. D 【解析】蒲松龄一生壮志难酬,屡试不第。为了激励自己不断发愤读书和创作,在压纸用的铜尺上刻上了此联。上联意为:一个有志气的人,做事情是一定会成功的!下联用的是越王勾践卧薪尝胆、灭吴雪耻的典故,表示要学越王勾践刻苦自励、发愤图强的毅力。综其所述,都在强调自身、内因的力量。故 D 项入选。

13. C 【解析】"从群众中来",表明了人民群众的实践是正确思想的来源,是党制定路线、方针、政策的基础和出发点;其实质就是在实践的基础上,由感性认识能动地上升到理性认识的过程。"到群众中去",就是宣传解释党的路线、方针、政策,教育、发动群众贯彻执行,并检验、修正、补充和发展党的路线、方针、政策的过程;其实质就是理性认识回到实践,指导实践,改造世界的过程,是检验、修正、补充和发展理性认识的过程。坚持不断地"从群众中来,到群众中去"的过程,也就是实践、认识、再实践、再认识,循环往复以至无穷的过程,是认识无限曲折上升式发展的过程。

14. C 【解析】道德评价必须依据一定的客观标准。这个标准随着社会经济关系的变化而变化,它是绝对的,又是相对的。在阶级社会和有阶级存在的社会,不同阶级有不同的善恶观念,因而有不同的道德评价标准。作为占统治地位的道德,总是以统治阶级的根本利益作为道德评价的基础。没有超阶级的、永恒不变的善恶标准。

15. D 【解析】我国宪法规定,人身自由作为公民的一项基本权利,不仅包括公民的身体不受非法逮捕、限制、搜查、审问和侵害,而且还包括公民的人格尊严不受侵犯,公民的住宅不受侵犯,公民的通信自由和通信秘密受法律保护等。A 项劳动权是人权的重要组成部分;B 项休息权也是人权的部分;C 项集会自由是自由权的一种;D 项通信自由和通信秘密是隐私权的一种,属于公民人身自由权的范畴,主要是指公民通过信件、电报、电话、邮件、包裹、数据电文等形式表达意愿的权利。通信自由和通信秘密包括两层含义:一是任何个人或组织非依法律不得以任何理由侵犯公民的通信自由和通信秘密。任何非法扣押、审查、监视、窃听、出版私人通信的行为,都是对通信自由的侵犯;二是只有依据法律授权的国家机关才能干预个人的通信自由。

16. D 【解析】政权组织形式就是国家采取何种形式来组织自己的政权机关。我国的政权组织形式是人民代表大会制度。

17. C 【解析】行政许可设定权,就是规定公民、法人或者其他组织从事某些特定的活动,需要事先经行政机关批准的权力。根据《行政许可法》的规定,享有行政许可设定权的,只有法律、行政法规(包括国务院的决定)、地方性法规以及省级人民政府规章。

18. B 【解析】行政诉讼法的基本原则包括一般性原则和特有原则。一般性原则是指宪法和法律规定的,在开展行政诉讼、民事诉讼和刑事诉讼中都必须遵守的共同性行为准则。包括审判独立原则;以事实为根据,以法律为准绳原则;当事人法律地位平等原则;辩护原则;合议、回避、公开审判、两审终审原则;人民检察院有权对行政诉讼实行法律监督原则。特有原则是行政诉讼特有的不同于民事诉讼、刑事诉讼的特殊原则。包括人民法院审理行政案件对具体行政行为是否合法有审查权原则;被告对作出的具体行政行为负有举证责任原则;诉讼不停止执行原则;人民法院审理行政案件不适用调解原则;司法变更权有限原则。

19. B 【解析】根据《公务员法》十七章第一百零三条规定,机关因错误的具体人事处理对公务员造成名誉损害的,应当赔礼道歉、恢复名誉、消除影响;造成经济损失的,应当依法给予赔偿。

20. B 【解析】一般把行政处罚分为:申诫罚、财产罚、能力罚、人身罚。1. 申诫罚。又称名誉罚,是指通过适当损害被处罚人的名誉达到处罚目的的一种行政处罚。在行政处罚法的规定中主要指警告。2. 财产罚。凡是以限制和剥夺被处罚人财产权益的方式达到制裁目的的行政处罚即属财产罚,包括罚款和没收两种形式。3. 能力罚。又称行为罚,是指行政主体限制或剥夺违法当事人某些特定行政能力和资格的处罚,包括责令停产停业、暂扣或吊销许可证和执照等形式。4. 人身罚。又称为自由罚,是指行政主体在一定期限内剥夺违法当事人的人身自由的行政处罚。依行政处罚法的规定,限制人身自由的行政处罚只能由公安机关进行,所以,行政拘留也被称为治安拘留。

二、多项选择题

21. ABCD 【解析】2005年9月3日,纪念中国人民抗日战争暨世界反法西斯战争胜利60周年大会在北京人民大会堂隆重举行。胡锦涛发表重要讲话,指出中国人民抗日战争,是近代以来中国反抗外敌入侵第一次取得完全胜利的民族解放战争。中国人民抗日战争和世界反法西斯战争的胜利,是20世纪人类历史上的重大事件,对于中华民族发展和世界文明进步都具有重大而深远的意义。

22. AD 【解析】以胡锦涛总书记的定义为准:"坚持以人为本,就是要以实现人的发展为目标,从人民群众的根本利益出发谋发展、促发展,不断满足人民群众日益增长的物质文化需求,切实保障人民群众的经济、政治和文化权益,让发展的成果惠及全体人民。"

23. ABC 【解析】"三个代表"重要思想同马克思列宁主义、毛泽东思想和邓小平理论一脉相承而又与时俱进,创造性地回答了建设什么样的党、怎样建设党的问题(A项)。"三个代表"重要思想把马克思列宁主义、毛泽东思想特别是邓小平理论运用于新的实践,进一步回答了什么是社会主义、怎样建设社会主义,在一系列问题上取得了新的突破,主要体现在:一是对邓小平理论已经提出的基本概念进行丰富和发展,形成了完整系统的理论。二是在邓小平理论基本论述的基础上,根据实践的发展形成了新的理论内容(B项)。"三个代表"重要思想全面反映了我们党对当今世界和当代中国的最新认识,体现了我们党对人民群众丰富实践的最新总结,完整地而不是零碎地、系统地而不是个别地丰富和发展了中国特色社会主义理论(C项)。

24. BD 【解析】民营经济的产权性质符合市场经济的需求。民营经济和市场经济的发展,是相得益彰、相互促进的。市场经济体制理论和体制构架为民营经济的发展提供了体制性平台,而民营经济又塑造、推进和完善了市场经济体制。从一定意义上讲,当代中国民营经济的发展历史,就是社会主义市场经济发展的历史。改革开放以来,民营经济从无到有,从弱到强,从"社会主义经济的补充力量"发展到"社会主义市场经济的重要组成部分",民营经济对社会的贡献有目共睹,它们创造的财富占GDP的65%,解决的就业是75%,(贡献的)税收是49%。另外,加快民营经济的发展步伐和建立更合理的市场竞争机制对解决目前受金融危机影响的就业问题会有很大的帮助。

25. AD 【解析】地理环境是社会形成和发展的自然前提与必要条件,但不是社会存在和发展的决定力量。它只有通过生产方式才能转化为社会的要素,才能发挥影响社会发展的作用。B、C项是典型的"地理环境决定论"观点。

26. AD 【解析】语出严复的《天演论》,意为:我们大家都是社会中一分子,只有善于团结人,善于处理人与人之间的关系的人才能在这个社会中生存。强调的是个人与社会的关系。B项表述错误;C项不切合题意。

27. BCD 【解析】A项制定宪法是全国人民代表大会的权力;全国人大常委会只有解释宪法的权力,制定和修改除应当由全国人民代表大会制定的法律以外的其他法律,解释法律等。故BCD入选。

28. ABCD 【解析】行政法是规定国家行政主体的组织、职权、行使职权的方式、程序以及对行使行政职权的法制监督,调整行政关系的法律规范系统。行政法的基本内容:行政组织法,其基本功能在于降低成本、提高行政质量;行政行为法,行政行为法主要规定行政主体行使职权的方式、程序,其主要调整行政管理关系;行政法制监督、行政救济、行政责任法,这一部分主要规定对行政主体行使职权行为如何实施法制监督,对受到违法行政行为侵犯的行政相对人如何进行法律救济,行政主体及其工作人员对其违法失职行为应承担什么样的法律责任,其主要调整行政法制监督关系。

29. ABD 【解析】行政诉讼证据具有三个基本特征:行政诉讼证据的客观性,即行政诉讼证据必须是客观存在的事实材料;行政诉讼证据的相关性,即行政诉讼证据必须是同案件有关联,并能够起到证明作用的客观事实材料;行政诉讼证据的合法性,即行政诉讼证据只能依照某种法定程序收集,并经过人民法院的审查、判断,才能作为定案的根据。

30. ABC 【解析】根据《公务员法》第八十三条公务员有下列情形之一的,予以辞退:①在年度考核中,连续两年被确定为不称职的;②不胜任现职工作,又不接受其他安排的;③因所在机关调整、撤销、合并或者缩减编制员额需要调整工作,本人拒绝合理安排的;④不履行公务员义务,不遵守公务员纪律,经教育仍无转变,不适合继续在机关工作,又不宜给予开除处分的;⑤旷工或者因公外出、请假期满无正当理由逾期不归连续超过十五天,或者一年内累计超过三十天的。

三、公文实务题

1. 【答案】发文字号格式不正确。犯了年号不全、错用括号、摆放位置有误、字体字号不标准的错误。应为:×委办发〔2006〕45号

【解析】发文字号由发文机关代字、年份和序号组成。《国家行政机关公文格式》明确规定:年份应标全称,年份的括号应为六角括号"〔〕",就发文字号的摆放问题,《国家行政机关公文格式》附件的《条文释义》中讲得非常明确和具体:发文字号的位置,本标准规定在发文机关标识下空2行,发文字号与红色反线(即文件版头上的一条红色横线)之间间隔4 mm。发文机关标识与红色反线之间的距离是3行位置,而发文字号应标在

第 3 行，不要紧贴红色反线；《国家行政机关公文格式》规定：发文字号，用 3 号仿宋体字。

2.【答案】

中共××市委办公厅

××市人民政府办公厅

批转落实 2006 年军队转业干部安置计划的通知

【解析】标题由发文机关名称、公文主题和文种组成，一般都要写全。该标题存在的问题有：一是滥用标点符号。公文标题中除法律、法规、规章名称加书名号外，一般不使用标点符号。二是多层转发，语意难解。多层转发时，标题中会出现多个"关于"和多个"通知"，处理不当会使读者不知所云，可通过省略一个通知字样的方式来"消肿"。三是批转、转发、印发文件选词不当。下发隶属机关的公文标题用"批转"，下发上级、同级和不相隶属机关的公文标题用"转发"，下发行政法规、规章的公文标题用"发布"或"印发"。

公文标题如果字数偏多，需要分行排列，分行时须注意不要把各行上下对齐排成等长，有二行时可上短下长或下短上长，有三行以上时，可排成金字塔式、倒金字塔式或瓶式，不得将两个字以上的词拆开排在不同行的首尾。总之标题的排布要做到词义完整、排列对称、间距恰当。

3.【答案】第一自然段应该放在文章的最后一段，附件前面。

【解析】第一自然段的主要内容是该市落实通知的具体要求。而公文的主要内容应该是批转《关于落实 2006 年军队转业干部安置计划的通知》，所以关于该通知的内容应该放在前面。具体要求应该放在公文的最后。

四、案例分析题

(一)

1.【答案】不合法。行政失职。没有依法及时履行法定义务。

2.【答案】应当。因行政行为不当给相对人造成财产损害的均应赔偿。

【解析】《行政赔偿法》第四条 行政机关及其工作人员在行使行政职权时有下列侵犯财产权情形之一的，受害人有取得赔偿的权利：

(一) 违法实施罚款、吊销许可证和执照、责令停产停业、没收财物等行政处罚的；

(二) 违法对财产采取查封、扣押、冻结等行政强制措施的；

(三) 违反国家规定征收财物、摊派费用的；

(四) 造成财产损害的其他违法行为。

第五条　属于下列情形之一的，国家不承担赔偿责任：

(一) 行政机关工作人员与行使职权无关的个人行为；

(二) 因公民、法人和其他组织自己的行为致使损害发生的；

(三) 法律规定的其他情形。

3.【答案】存在重大过失故意，可行政追偿；可对二人作出行政处分。

【解析】《行政赔偿法》第十四条 赔偿义务机关赔偿损失后，应当责令有故意或者重大过失的工作人员或者受委托的组织或者个人承担部分或者全部赔偿费用。对有故意或者重大过失的责任人员，有关机关应当依法给予行政处分，构成犯罪的，应当依法追究刑事责任。

（二）

1.【答案】原告:沈某;被告:镇政府;第三人:林某。

2.【答案】否。行政行为不合法的举证责任应由镇政府举证。镇政府应提供事实证据和法律证据。

【解析】《行政诉讼法》第三十二条:被告对作出的具体行政行为负有举证责任,应当提供作出该具体行政行为的证据和所依据的规范性文件。

3.【答案】镇政府在法定期内不能提供证据的,视为被诉行政行为没有相应证据。法院依法可以判决撤销,并可判决被告重新作出具体行政行为。

【解析】《行政诉讼法》第五十四条　人民法院经过审理,根据不同情况,分别作出以下判决:

(一)具体行政行为证据确凿,适用法律、法规正确,符合法定程序的,判决维持。

(二)具体行政行为有下列情形之一的,判决撤销或者部分撤销,并可以判决被告重新作出具体行政行为:

1. 主要证据不足的;
2. 适用法律、法规错误的;
3. 违反法定程序的;
4. 超越职权的;
5. 滥用职权的。

(三)被告不履行或者拖延履行法定职责的,判决其在一定期限内履行。

(四)行政处罚显失公正的,可以判决变更。

五、综合分析题

【答案】略

六、写作题

【答案】略

2005 年军转干考试真题汇编参考答案与解析

一、单项选择题(在下列选项中选择最恰当的一项,并用 2B 铅笔在答题卡相应题号下涂黑所选答案的信息点,在试卷上作答一律无效。共 40 题,每题 0.5 分,共 20 分)

1. B 【解析】本题考查对唯物主义和辩证法的理解。这十五字箴言是陈云 1990 年 1 月 24 日同浙江省党政军领导谈话时提到的。“不唯上”,并不是领导的话不要听,而是不迷信权威;“不唯书”,也不是说文件、书不要读,而是不迷信书本教条;“只唯实”,就是从实际出发,实事求是地研究处理问题;“交换”,就是互相交换意见,以避免把片面的实际当成了全面的实际;“比较”,就是上下、左右进行比较;“反复”,就是决定问题不要太匆忙,要留一个反复考虑的时间。这 15 个字,前 9 个字是唯物论,后 6 个字是辩证法,总起来就是唯物辩证法。
2. C 【解析】主观唯心主义把世界上一切事物当做是主观感觉或者意识的产物,认为感觉、经验、心灵、意识、观念等是一切事物产生和存在的根源。例如“我思故我在”“存在就是被感知”“人的理性为自然界立法”“万物皆备于我”等都是主观唯心主义;客观唯心主义则认为某种客观精神或原则是先于物质世界并独立于物质世界而存在的本体。例如柏拉图的“理念创造一切”、黑格尔的“绝对观念外化为万事万物”、老子的“道生万物”、朱熹的“理在事先”等都是客观唯心主义。可见,主观唯心主义和客观唯心主义否认世界是物质的,都把精神、意识当做世界的本原,第一性的东西,故 C 项正确。
3. B 【解析】这是涉及矛盾精髓的问题。矛盾的基本属性是同一性和斗争性。同一性是相对的,斗争性是绝对的。矛盾具有普遍性和特殊性,普遍性是共性,特殊性是个性。矛盾问题的精髓,指事物矛盾的普遍性和特殊性、共性和个性、绝对和相对关系的原理,是毛泽东同志对事物矛盾的实质的概括。他认为:“这一共性个性、绝对相对的道理,是关于事物矛盾的问题的精髓”(《毛泽东选集》第 1 卷第 295 页)故 B 项入选。
4. C 【解析】辩证唯物主义认为,认识的本质是主体在实践基础上或通过实践对客体的能动的、创造性的反映。认识对客体的反映是具有能动性和创造性的特征,包括一定的选择性、重构性,而不是简单的、直接的摹写。故 C 项入选。
5. C 【解析】真理是同客观事物及其发展规律相符合的认识,是对客观事物本来面目的正确反映;真理具有绝对性和相对性,是绝对和相对的辩证统一,否认真理的绝对性的表现就是怀疑主义和诡辩论。故①不正确。谬误则是同客观事物及其发展规律相违背的认识,是对客观事物本来面目的歪曲反映。真理和谬误在一定范围内的对立是绝对的,真理不是谬误,谬误不是真理。二者有着原则的界限,不能混淆。真理和谬误同属认识范畴(而非两个阶段,故③不正确),二者之间又相互依存,存在着统一的关系:真理同谬误是相比较而存在、相斗争而发展的;真理和谬误在一定条件下又是可以相互转化的。故 C 项入选。
6. D 【解析】私有制不是从来就有的,而是社会生产力发展到一定历史阶段的产物。
7. B 【解析】历史唯物主义认为:“人的本质并不是单个人所固有的抽象物。在其现实性上,它是一切社会关系的总和。”所谓社会关系也就是人在实践活动中结成的各种相互关系的总称。劳动促使人们结成复杂的外部社会关系,也正是在这个意义上,马克思认为人的本质是劳动而不是其他。

8. D 【解析】马克思主义同中国实际相结合有两次历史性飞跃,产生了两大理论成果。第一次飞跃的理论成果是被实践证明了的关于中国革命和建设的正确的理论原则和经验总结,它的主要创立者是毛泽东,我们党把它称为毛泽东思想。第二次飞跃的理论成果是建设有中国特色社会主义理论,它的主要创立者是邓小平,我们党把它称为邓小平理论。邓小平理论所揭示的有关马克思主义中国化的基本问题,对于21世纪马克思主义中国化事业的推进,具有方法论的意义。

9. C 【解析】中国共产党第十五次全国代表大会在北京举行。这次大会的一个重大历史功绩和理论贡献,就是把邓小平理论确立为党的指导思想并写入党章。

10. A 【解析】马克思主义唯物史观认为:生产力是社会赖以生存的基础和推动社会发展的最根本的力量。只有大力发展生产力,才能使社会主义社会不断由低级阶段向高级阶段发展,并为共产主义的最终实现奠定物质基础。社会主义社会发展的根本目标,就是消灭剥削,消除两极分化,最终达到共同富裕,能否达到这个目标,关键就取决于生产力的发展状况。

11. B 【解析】生产力是唯物史观的基石,生产力与生产关系之间的相互作用和矛盾运动,是人类社会发展的最普遍规律。在生产方式中,生产力既是决定的因素,又是最根本的因素,整个社会生产方式的变化总是从生产力的变化和发展开始的。

12. B 【解析】全面建设小康社会,经济发展是基础。要实现这一目标,最根本的就是要坚持以经济建设为中心,不断解放和发展生产力。

13. B 【解析】生产资料公有制是我国社会主义经济制度的基础。A项是国有经济。C项中:人民代表大会制是我国的根本政治制度,此外中国共产党领导的多党合作制、政治协商制度以及民族区域自治制度、基层群众自治制度是我们基本政治制度。D项是我国处于并将长期处于社会主义的初级阶段。

14. A 【解析】经济总量平衡是指社会总供给量与社会总需求量之间应保持相适应的状态。经济总量平衡是指总供给和总需求的平衡与协调,两者相互关系的变化直接影响到宏观经济的稳定。对总供给和总需求进行必要的管理,保持两者基本平衡,是宏观经济管理的首要任务。

15. C 【解析】逐步摆脱贫穷落后,把我国建设成为一个富强、民主、文明、和谐的社会主义现代化国家,实现中华民族的伟大复兴,已经成为今天全国各族人民的共同愿望。这就从总体上指明了在整个社会主义初级阶段我国强国富民的必由之路,规定了新时期爱国主义的主题是发展中国特色社会主义。

16. A 【解析】邓小平在“关于思想战线上的问题的谈话”中指出,“坚持四项基本原则的核心,是坚持共产党的领导。没有共产党的领导,肯定会天下大乱,四分五裂。历史事实证明了这一点”。所以A项入选。党的基本路线的全部内容是“一个中心、两个基本点”,因此B项不选。社会主义民主政治的基本特征是把坚持党的领导、人民当家做主和依法治国有机统一起来。发展社会主义民主政治,建设社会主义政治文明,核心在于坚持党的领导。其次,人民当家做主是社会主义民主政治的本质要求,是社会主义政治文明建设的根本出发点和归宿。因此C项不选。

17. A 【解析】就目前我国经济发展的形势而言,发展经济迫切性和重要性是加快经济发展方式转变、提高自主创新能力等，与党要代表最广大人们根本利益无关。故④错误。

18. B 【解析】科学发展观的实质是实现经济社会更快更好地发展，核心是以人为本，根本方法是统筹兼顾。

19. B 【解析】职业道德作为“特殊行为规范的总和”，是职业或行业范围内的特殊道德要求，是一般社会道德在职业或行业氛围内的具体体现。

20. B 【解析】办事公道、不徇私情，是为人民服务的道德原则，在从业人员和国家、事业、人民群众之间关系上的最主要的社会主义职业道德规范，是社会主义条件对所有从业人员的基本职业道德要求。

21. D

22. A 【解析】“公正取向”是每个国家机关工作人员职业道德必须具备的素养。社会公正已成为民众高度关注的重大社会问题。如利益交换、利益分配、竞争规则等都要求公正。从公正原则的制定者、公正与否的仲裁者——国家机关工作人员来看，自身首先应该是公正的化身与楷模。而衡量是否公正的标尺，则是其所掌权力与所尽义务是否对等。

23. D 【解析】道德修养是一个人在思想品质、道德意识等方面经过自我锻炼、自我改造、自我教育，所达到的一定的道德水平和在实践中所形成的道德情操。道德修养的途径和方法有：见贤思齐，向道德高尚的人看齐，学习他们的可贵品行；省察克治，对照良知自我反省，并及时改正不善的念头和言行；勿以善小而不为，勿以恶小而为之；慎独，在无人看见无人监督时，更要警觉，坚守自己的道德信念；公正康洁。

24. A 【解析】根据《宪法》第六十二条规定，全国人民代表大会有权修改《宪法》；第六十七条，全国人民代表大会常务委员会享有“解释宪法，监督宪法实施”的权力，无权修改宪法。

25. C 【解析】《宪法》第十条第三款规定：“国家为了公共利益的需要，可以依照法律规定对土地实行征收或者征用并给予补偿。”《土地管理法》第 2 条第 4 款规定：“国家为了公共利益的需要，可以依法对土地实行征收或者征用并给予补偿。”

26. C 【解析】根据《宪法》第八十九条第一款　国务院有权“根据宪法和法律，规定行政措施，制定行政法规，发布决定和命令”，故 C 项入选。

27. A

28. B

29. A 【解析】《行政诉讼法》第五十条：“人民法院审理行政案件，不适用调解。”

30. B 【解析】《行政诉讼法》第十二条：“人民法院不受理公民、法人或者其他组织对下列事项提起的诉讼：(一)国防、外交等国家行为；(二)行政法规、规章或者行政机关制定、发布的具有普遍约束力的决定、命令；(三)行政机关对行政机关工作人员的奖惩、任免等决定；(四)法律规定由行政机关最终裁决的具体行政行为。”故，对于行政处分不能提起行政诉讼，B 项入选。

31. C 【解析】《行政诉讼法》第三十九条：“公民、法人或者其他组织直接向人民法院提起诉讼的，应当在知道作出具体行政行为之日起三个月内提出。法律另有规定的除外。”

32. A 【解析】实施西气东输工程，有利于促进我国能源结构和产业结构调整，带动东、西部地区经济共同发展，改善长江三角洲及管道沿线地区人民生活质量，有效治理大气污染。这一项目的实施，为西部大开发、将西部地区的资源优势变为经济优势创造了条件，对推动和加快新疆及西部地区的经济发展具有重大的战略意义。针对本题强调西气东输的经济层面而言，④不符合题意，故选A。

33. D 【解析】④言外之意好像我们经济建设搞上去了就可以搞"世界威胁"了，故错误。

34. A

35. A 【解析】2005年7月11日是郑和下西洋600周年纪念日。"航海日"是由政府主导、全民参加的全国性的法定活动日，既是所有涉及航海、海洋、渔业、船舶工业、航海科研教育等有关行业及其从业人员和海军官兵的共同节日，也是宣传普及航海及海洋知识、增强海防意识、促进社会和谐团结的全民族文化活动。2005年首届"航海日"的主题是"热爱祖国、睦邻友好、科学航海"。

36. B

37. D 【解析】大陆直接为台湾建造的第一艘现代巨轮"中华和平"号于2005年6月10日在上海交船下水，中国国民党主席连战的夫人连方瑀女士应邀为新船命名，全国政协副主席董建华出席命名仪式。

38. B 【解析】《京都议定书》的目标是在2008年至2012年间，将主要工业发达国家的二氧化碳等6种温室气体排放量在1990年的基础上平均减少5.2%。减排的温室气体包括二氧化碳(CO_2)、甲烷(CH_4)、氧化亚氮(N_2O)、氢氟碳化物(HFCs)、全氟化碳物(PFCs)、六氟化硫(SF_6)。

39. A

40. A 【解析】1954年9月15日，第一届全国人民代表大会第一次会议在北京隆重开幕。1949年9月21日，中国人民政治协商会议第一届全体会议在北平隆重举行，宣告中国人民政治协商会议正式成立。

二、案例分析题

(一)

1. A 【解析】材料中大学生选择留在大城市打拼，理想是好的，但是现实情况是必须回原籍，反映出大学生择业时的盲目性。材料中我们难以判断大学生是否缺乏"艰苦创业"、"竞争勇气"。所以B、C排除；材料中鱼与熊掌不是不可兼得，而是大学生无视"熊掌"的存在。

2. C 【解析】略

3. D 【解析】略

4. D 【解析】①题目本身没有涉及，③偏离题意。故②④正确

5. C 【解析】 略

(二)

1.【答案】不合法。①实体上，应为侵犯人身权利，不是妨碍治安管理；②程序上，情节轻微可先调解，再处罚，并告知当事人就民事争议可提起民事诉讼；③拘留10日过重，违反行为与行政处罚相适应原则。

2.【答案】公安分局。一般来说行政复议案件的被申请人是作出被申请复议的具体行政

行为的行政机关。本案中，虽是以治安科得名义作出了行政处罚行为，行政机关的派出机构、内设机构或其他组织未经法律、法规授权对外以自己名义作出具体行政行为的则由该行政机关作为被申请人。

新海市公安局或洋口区政府依据行政复议法及其实施条例，对于经国务院批准的实施省以下垂直领导的部门作出的具体行政行为不服的可以选择向该部门的本级人民政府或上级主管部门申请行政复议。

三、综合分析题

【答案】略

四、写作题

【答案】略

第四编

❖ 全真模拟卷

江苏省营职以下军队转业干部考前模拟卷(卷一)

命题:张棣博士(150 分钟 100 分)

一、论述题(15 分)

党的十八大以来,中央高度重视培育和践行社会主义核心价值观。习近平总书记多次作出重要论述、提出明确要求。请结合实际论述社会主义核心价值观的内涵以及培育和践行社会主义核心价值观的现实必要性。(400 字)

二、案例分析题(25 分)

【案例】省某主管部门发文要求,为满足群众日益增长的精神文化需求,各地要把丰富群众业余文化生活和文化活动场所建设作为改善农村生活环境、提高广大群众幸福指数的一项重要的民生工作来抓。在完善基础设施的基础上,要不断加强农村文化队伍建设。各乡镇为丰富农民文化生活,当年每个乡镇至少组织一个农民剧团,成立一支电影放映队,开设五家农民书屋。此项政策引起社会上很大反响。有人说这是丰富农民文化生活,是一件大实事,也有人说各乡镇情况不一,不能搞一刀切。

问:(1) 如果你是政府部门的工作人员,你如何看待和应对社会反响?(200 字)

(2) 为了进一步做好这件实事,下面还要做哪些工作?(250 字)

三、综合分析题(20 分)

某单位的几位年轻人住在集体宿舍,因为没有空调和网线,夏天的晚上,他们就跑到办公室过夜。领导以为他们是晚上加班,表扬了他们。后来其他同事知道了这件事,渐渐地疏远了这几个年轻人。

问:(1) 你认为其他同事为什么疏远了这几个年轻人?(150 字)

(2) 根据材料,谈谈这件事对军转来地方工作的启示。(250 字)

四、材料处理题(20 分)

8 月 14 日,省委第五批选派干部、C 县 L 乡叶集村党支部第一书记金岚岚,在为任职村贫困学生申请“希望工程”助学金途中，突遇交通事故，不幸牺牲，年仅30岁。

参加工作8年来，全岚岚始终严格要求自己，勤奋敬业，务实进取，深受组织、同事和群众的好评。先后3次被评为Z市直机关、市审计局优秀共产党员，3次被评为优秀公务员，连续3年被单位评为先进工作者，先后荣获Z市优秀审计主审和审计能手称号。

今年5月，她积极响应组织号召，主动申请选派到最艰苦的农村基层任职，满腔热情地投身到帮助群众脱贫致富的事业中，直至献出宝贵的生命，诠释了一名年轻共产党员对党的无限忠诚和对事业的无比热爱。

她舍小家顾大家，在担任项目主审时，女儿生病，婆婆住院，都坚持不请假，不耽误工作。到村任职后，顾不上年仅4岁的女儿，全身心投入工作，在短短103天的日子里，对470个五保户、残疾人、留守儿童家庭一户不落地进行了走访，让行动不便的村民用上了代步车，为贫困学生争取到了助学金，承诺给精神病患者提供定期治疗，对困难党员进行了慰问。

在对开发区家电和汽车摩托车下乡补贴资金、银行承兑汇票资金、国有企业收入进行审计时，她尽职尽责，深入细致，找出了问题，堵住了漏洞，维护了国家和人民的利益。在处室负责人因事请假时，她主动顶岗，圆满完成各项工作。面对村民致富困难，她深入调研，摸清村情，制定并着手实施富民强村规划。

在审计工作中，她总是能以真诚的态度，妥善做好与被审计单位及相关方面的沟通协调工作。她干一行、爱一行、钻一行、精一行，迅速成长为审计业务能手。

“我干完了，还有吗？”是她的口头禅。高烧39.5度，她仍然坚持工作；别人午休了，她还在斟酌审计报告；临产当月，她仍然坚持工作；到村任职后，她婉拒组织上的照顾安排，坚持吃住在村；在土地流转期间，她头顶烈日亲手丈量土地。

请根据背景材料，为省直某单位起草一个开展向金岚岚同志学习的活动方案。要求：①列出要点并加以说明，不写成短文，以“一……；二……；三……”的形式表达；②400字左右。

五、实务操作题(20分)

6月8日下午，高考英语听力考试，紧挨着南京市九中高考考点的道路上，应试者家长排成一排，指挥过往的自行车、电动车绕道而行，以免噪音影响应试者的考试。几个骑自行车的人被家长们强行拉下，几乎跌倒，怒不可遏。据微博消息，现场甚至有家长与驾驶人发生肢体冲突。

在三中考点，2点50分戒严刚开始几位家长就在非机动车道上拦截过往的助力车、电瓶车等。之后，家长人数越聚越多，在长白街与白下路交界路口，家长们站成一排，形成人墙，把整个白下路拦了起来。遇到想要开车冲过的市民，家长们甚至不顾危险上前阻挡。

近年来，每逢高考、中考，家长“暴力堵路”“暴力护考”的现象时有发生，给公共秩序带来较大影响。请从政府角度，写出处理此类问题的建议。(350字)

江苏省营职以下军队转业干部考前模拟卷(卷二)

命题:张棣博士(150 分钟　100 分)

一、简答题(10 分,每题 5 分)

1. 2014 年 3 月 9 日,习近平总书记在十二届全国人大二次会议安徽代表团参加审议时,发表“三严三实”讲话。请简要回答“三严三实”的内涵。

2. 中国共产党第十八届中央委员会第三次全体会议通过了《中共中央关于全面深化改革若干重大问题的决定》。请简要回答全面深化改革的六大方面内容。

二、综合分析题(20 分)

阅读漫画,回答以下两题:

自欺欺人　　图/蒋跃新　新华社发

(1) 漫画反映了什么现象?(150 字)

(2) 如何在机关工作中杜绝这种现象?(200 字)

三、案例分析题(20 分)

为防治雾霾,某区出台了一系列秸秆禁烧政策,要求乡镇(街道)要向区政府缴纳 10 万元保证金,党政主要负责人每人缴纳保证金 2 万元。出现秸秆焚烧"第一把火"的乡镇、辖区党政主要负责人除在新闻媒体上公开检讨外,将被免职并扣除保证金,且一年内不得交流、提拔、重用,年终考核实行"一票否决"。对出现着火点的乡镇,除全额扣除保证金外,按每个火点追加 2 万元禁烧保证金。没有发生一起秸秆焚烧事件的乡镇,除退还保证金外,还将给予个人保证金同等金额的奖励。

阅读案例,回答以下两题:

(1) 对案例中相关政策进行辨析。(150 字)

(2) 谈谈案例对做好基层管理工作有哪些启示。(200 字)

四、实务操作题(20 分)

为进一步健全落实领导干部下基层的长效机制,日前,省直某厅领导率队深入定点联系村,向基层百姓问需、问计、问民生。期间,村民普遍反映:由于地处偏远山区,生病就医、孩子上学问题比较突出;村里虽然通了石子路,但是路况较差,村民出行总是提心吊胆;用电设施老化,遇到刮风下雨,经常停电,等等。厅领导当即表示,对大家反映的问题,将认真研究,积极帮助解决。

根据材料,假定你是厅领导的随行人员,请提出解决村民所反映问题的工作思路。(要求:以"第一,……;第二,……;……"的形式依次分条陈述,语言简洁,不超过 300 字)

五、写作题(30 分)

身高 1.74 米,体重 150 斤,在北方城市的机关大院内,这几乎是一个标准身材。当小邹回顾自己进入"体制"的四年,注视着自己不论从体型还是心理,都逐渐被"体制"化,甚至连血压、血脂也与周围的同事趋同时,面对着在外人看来"很顺"的处境,他有了一种莫名的骚动。

对于这份职业,小邹的理解来自于四年间循环往复的工作节奏,作为一个普通工作人员,他只不过是需要在每个时间段内完成"规定动作",虽不能消极怠工,但也不需要超额完成任务,四年来的工作天天如是,没有什么波澜。

有一段时间,小邹曾经尝试着改变自己的节奏,对于自己分内应做的工作一丝不苟,提高工作效率,而对于非分内的工作,熟悉业务流程的他也尽量帮着跑,他希望这样能够时刻让自己处于一种高效率的工作状态中,"不会有被社会主流抛弃的感觉"。

然而,小邹很快放弃了这种做法。因为他这样的工作态度,让周围的同事极不适应,经常有人认为他是多管闲事;领导也找他谈话,希望他能够“稳重一些”。到了发薪日,小邹的薪水也仍然是那个很少变化的数字。

小邹对于自己的收入也是不满的。以小邹的收入,如果仅仅是正常生活并不存在任何问题,当然,这一切都必须建立在不买房的情况下。但,小邹必须买房,而且已经买了房。他说:“这既是对女友的承诺也是对自己的要求,更是在心理上认同自己的一个标尺。”

已经还了两年贷款的小邹随口就能够报出自己资金的大致去向:2 800 多元的月收入在还完 1 800 多元的贷款之后,1 000 元的生活费用几乎让他每月都捉襟见肘。“如果赶上亲戚朋友结婚、生小孩需要随礼,我可能还要向父母借钱。”

其实,对于现实不安且不满的小邹并不是没有想过跳槽,然而,他的顾虑几乎同他的渴望一样多。

是否应该用永久的安全换取仅仅是可能的发展机会?这是小邹头痛的一件事,毕竟,鱼和熊掌不可兼得,对于接近而立之年的小邹来说,马上就要面临结婚、生子等一系列问题,而一旦跳槽,这一切肯定要推迟,这是他并不愿意看到的。

跳不跳槽这个问题,已经困扰了小邹一年多,时至今日,他仍然没有下定决心。“像我这样的人多了去了,既然大多数都选择了继续,肯定是有一定道理的,虽然我的心在躁动,但我真的不知道该如何抉择。”

阅读材料,以“选择”为题,写一篇议论文。

要求:观点明确,思想深刻,论证充分,字数控制在 800 字左右。

江苏省营职以下军队转业干部考前模拟卷(卷三)

命题:张棣博士(150分钟　100分)

一、综合分析题(20分)

小张是借调到某单位的年轻职工,他和该单位领导及该单位职工老赵一起去某县调研。该县是领导以前工作过的地方。在调研中小张发现该县存在很严重的问题,他对老赵说要向领导汇报,老赵建议小张谨慎点好。调研结束后还没等到向领导汇报,两人就被邀请去吃饭,席间小张对该县情况插话较多,而且把他发现的问题直接提出来了,导致当时现场气氛尴尬。

阅读材料,回答以下两题:

(1) 小张的做法存在哪些问题?为什么会出现这些问题?(150字)

(2) 根据材料,谈谈此事对军转来地方工作的启示。(250字)

二、案例分析题(20分)

6月15日起,江苏省南京市大幅调高了城区停车收费标准,主城核心区干道停车费涨至最高20元/小时,停满24小时要交244元;与此同时,南京市最严违停处罚也开始实施,违停一次罚款100元,扣3分。当两项新政同时发威,市民的质疑和争议声也此起彼伏。

据南京交管部门统计,新政实施一周来,新街口地区的车流量有所减少。实施首日当天,相比上周日(8号),15日新街口周边主干道的车流量减少了三成左右,新街口商贸区车流量也下降了三成左右。为配套停车费涨价,南京市11日还推出更为严厉的违停处罚措施,作为“组合拳”。凡是在主城区有禁令标志和标线的路段违停,一律罚款100元记3分。有市民在接受采访时表示,宁愿接受处罚也不愿意在停车场接受高额停车费。大幅度提高收费标准,也造成了一些停车乱象和交通方面的隐患。记者看到在核心区收费路段,常常是一边车位停不满,另一边的违停区,甚至人行道上都停满了车,还有些车主“躲”进小路违停。记者在核心区丹凤街看到,原先路两边有护栏隔离的慢车道,也被最近新划分的停车位所占据,而骑车的市民只能骑上主干道,在机动车流里穿行。据了解,当前南京机动车保有量达到188万辆,而江南六区泊位缺口就高达28万个。为此,南京在两个月内新划出一万三千多个停车位。即便如此,新街口的停车位仍然“一位难求”。

阅读案例,回答以下两题:

(1) 对案例中相关政策进行评析。(要求:客观全面,有深度。150 字)

(2) 你对解决材料反映的核心问题有何建议?(要求:问题定位准确,建议有针对性、可行性,分条列出。200 字)

三、材料处理题(20 分)

为了全面推进大学生心理健康教育工作,S 大学举办了以“迎校庆、健心灵、献爱心、促成长”为主题的第六届心理健康节活动。

2013 年 4 月 26 日下午,著名相声表演艺术家 J 到校作了题为“中国曲艺的魅力”的讲座。讲座现场气氛异常火爆,能容纳 300 人的音乐厅座无虚席,很多学生一直站着听完整场讲座。4 月 28 日晚,第四届校园相声大赛如期举行,共吸引了一千多名师生参加。有同学以充满诗意的语言表达了自己的感受:“相声通向笑声,笑声连接大家的心声。笑帮人宣泄喜怒哀乐的情绪。笑帮人应对酸甜苦辣的人生!”

S 大学是较早创办心理运动会的单位之一。5 月 12 日下午,第五届心理运动会拉开帷幕,活动精彩纷呈,创新无限。“漫天飞舞”项目要求参赛选手中女生蒙住眼睛抛毽子,而男生站在女生身后 5 米的圆圈内用篓子接毽子。漫天飞舞的彩毽和同学们的欢声笑语飘扬在操场上空,其乐融融。“心灵感应”环节要求参赛者一人蒙住眼睛,背着另一位同学,在被背同学的指引下绕过障碍,背者失去方向、小心探索道路的迷茫,被背同学指点迷津、化险为夷的喜悦,使得比赛充满刺激和欢乐,全场气氛渐入高潮。“齐心协力”“铁人三项”“背对背拥抱”的比赛模式也都突破常规,不仅强调个人的体能展现,更考验团队的默契配合。参与的同学活力四射,乐在其中,观战的同学呐喊助威,激情澎湃,整场活动都洋溢着喜悦和乐趣。

举办讲座是开展心理健康教育的传统方式,深受师生欢迎。组委会针对辅导员、心理保健员、普通学生等不同群体组织了若干场精彩讲座。

5 月 21 日下午,学校党委副书记带着各院系辅导员听取 S 大学心理健康教育中心主任 D 教授作《如何应对心理压力》的讲座。D 教授是国家首批注册心理督导师,她的精彩讲解有助于辅导员们应对职场与生活压力,享受健康人生。

4 月 28 日下午,S 大学心理健康教育中心 W 老师为全校各班班长、心理保健员作了一场题为《常见的心理问题》的讲座;5 月 7 日晚,W 老师又作了一场《与大学生谈人生规划》的讲座,师生们表示要将所学知识运用于工作、生活中,以调节自我,服务大家。

健康节筹备期间,四川雅安发生 7 级地震,给当地人民群众生活财产造成了重大损失,地震深深牵动着师生的心。健康节组委会寻思把给灾区募捐的爱心奉献活动也列为心理健康节的重要组成部分,试图使学生们在募捐活动中体认到爱心与向善是心理健康的真正底蕴。

以上材料介绍了S大学举办心理健康节活动的情况。假如你是该省教育厅的一名工作人员，全程观摩了这次活动，校方请你在这次活动的总结会上发言，请草拟一个简短的发言稿。

要求：(1) 内容具体，符合实际；(2) 目的明确，切合主题；(3) 语言生动，有感染力；(4) 不超过500字。

四、实务操作题(20分)

西部××自治区团委向江苏团省委发来一份电传，全文内容如下：

共青团江苏省委员会：

兹有我自治区团委，组织共青团活动，由我委××书记带队共36人，赴南京进行革命传统教育，定于5月3日下午乘火车到达南京站，拟于5月4日参观南京雨花台革命教育基地。敬请贵单位能给予接待安排相关活动。为盼！

共青团××自治区委员会

二〇一四年四月十九日

如果你是江苏团省委负责具体接待的工作人员，请回答以下问题：

(1) 你认为，依据这份电传的内容，是否能够让你圆满完成接待任务？为什么？(150字)

(2) 请你谈谈完成这项任务的工作思路。(不超过400字)

五、论述题(20分)

坚持中国道路，弘扬中国精神，凝聚中国力量，意识形态工作发挥着思想引领、舆论推动、精神激励的重要作用。请论述当前做好意识形态工作的根本任务和着力点。(400字以内)

江苏省营职以下军队转业干部考前模拟卷(卷四)

命题:张棣博士(150 分钟 100 分)

一、综合分析题(20 分)

"到了村里,才知道农民种烟顾虑重重,看来强行推广是行不通的。"昨日,郧西县湖北口回族乡干部李善平,站在小新川村的烟叶地里感叹。

小新川村地处鄂陕边界,平均海拔 1 000 米,距乡政府 35 公里。村里人多地少,其中 2/3 还是山地。村民靠种玉米、小麦、土豆为生,经济困难,亟待脱贫致富。

农业专家建议种烟叶,乡政府决定在小新川村大面积推广。消息传开后,多数村民反对。为啥?大伙说了句俗话:"听了领导话,种地准抓瞎""领导说啥不种啥,兴许能抱金娃娃"。

去年年初,郧西县从乡镇机关选派 200 余名干部到村组工作,分管烟叶生产的乡干部李善平被派到小新川村驻村。他带着铺盖锅碗住到村里,挨家挨户巡访,扩大烟叶生产。

阅读材料,回答以下两题:

(1) 请分析材料中农民"俗话"背后反映的问题。(150 字)

(2) 如果你是乡干部李善平,你接下来该怎么做?(250 字)

二、实务操作题(20 分)

为了贯彻中央"保民生、聚民心、促发展"的政策精神,A 市政府有关部门决定从百姓最关心、与人民群众生活最密切的十件事着手开展创建工作。现在委派你作为调查员去收集相关资料以供领导决策时参考。

(1) 你将如何开展工作?(300 字)

(2) 近期你将向领导进行专题汇报,请列出汇报要点。(150 字)

三、论述题(20 分)

据调查，面对转业，有一半以上的干部感觉不适应：压力大、茫然、烦躁、焦虑。有九成以上的干部希望转入公务员序列，愿意自主择业的人少之又少。面对未来的岗位，相当一部分干部都不愿意转入公安、城管等部门。面对转业考试，很多干部奔波于各培训辅导机构，生怕错过“专家讲解”。面对各种“消息”，很多干部的情绪随之如潮水般波动。面对未来的道路，很多人都表示“无力掌控，听天由命”。

请根据以上材料论述如何正确面对转业。(300 字)

四、写作题(40 分)

有人说只有不断尝试才能抓住机会，也有人说人生最重要的是懂得取舍。请围绕这两句话展开议论，写一篇文章。(800 字以内)

江苏省营职以下军队转业干部考前模拟卷(卷五)

命题:张棣博士(150 分钟　100 分)

一、材料处理题(50 分)

(一)阅读材料,完成后面题目。(25 分)

浙江 Z 公司新品线组长老梁,利用 3 个月的工余时间,经过 100 多次反复的试验,攻破了"丝攻短牙(拔牙)项目",让该公司每年仅这个工序就节约了 10 多万元的生产成本。"作为生产工人,最关心的就是产品的合格率。我这样做,只是坚持我的工作准则,尽量降低产品的废品率,节约生产成本。"老梁这样理解自己的自主创新,"我是通过这种创造性劳动体会到了更多的价值。我们工人不该只是流水线上的生产工具,我们应该成为一个个充满创造性的个体。其实只要给我们工人一个杠杆,我们同样能撬动地球!"

宝钢集团以全国钢铁业 6% 的产量,实现了全行业约 30% 的利润。有何秘诀呢?"职工是企业力量之基、活力之源!"宝钢集团董事长说,"宝钢式创新的最大特色是'蓝领创新',每天产生专利 4 件,五成由一线工人创造。"工人发明家孔利明 20 多年来,为宝钢解决各类设备的疑难杂症,主导生产工艺改进,直接创造的经济效益达上千万元。"我的大学在宝钢。"这是孔利明的肺腑之言。出身钳工的卢江海在孔利明的带动下,立足本职岗位搞专利研发,成为宝钢的"金点子大王",一年内他提出 13 条合理化建议,创造 26 项实用专利、4 项发明专利。宝钢的职工创新以开放式的岗位责任制为基础,逐步形成深入的创新体系和跨岗位、跨区域、跨专业的协同创新机制,同时,还建立了全覆盖的创新激励体系,职工创新奖励从 10 元到 100 万元。"机器不能代替人,中国工人在任何时代都是有力量的,关键在于怎样激发他们的创造力。"上海市总工会主席认为,宝钢"蓝领创新",就是现代企业制度下如何依靠职工的最好诠释。

假设某市总工会领导阅读了上述材料后,拟在全市制造业中开展"蓝领创新"活动。请以"××市总工会"的名义代写一份倡议书。

要求:定位准确,内容全面,语言生动,具有号召力。(400 字)

(二)阅读材料,完成后面题目。(25 分)

《光明日报》报道,目前我国的老龄人口已达 1.6 亿,并且以每年 800 万的速度递增。面对老龄化社会,引起人们忧虑的一个主要理由是数量众多的老龄人口抚养问题,特别是"421"结构的家庭如何赡养老人的问题。

据某报报道,沿海某市一对退休老夫妻告诉记者说:"儿女住得都不远,也不知道他们整天忙些什么,一年都不回家几次。这个说忙着开会,那个说正在外地出差,总之是为了生活在奔波。无奈之下，想出了怪招：既然他们怕回家耽误挣钱，那么干脆我们就给他们开工资，'有偿回家'。一个月支付1 000元，'工作'就是每周回家陪我们吃顿饭，如果能经常带孩子回来，月底还有'奖金'。"

两天后该报又报道，该市某派出所民警接到了在内地某市打工的张某的电话，说连续一个星期往父母家打电话均没有人接。由于其父母均有重病，不知出了何事，他请求民警到父母家中看看。民警立即驱车前往张某父母家中，发现其父母均已去世多日。

该报记者还获悉，市老年志愿者协会下设的法律援助中心每天都接待一些前来咨询法律问题的老年人，内容多为消费投诉、家庭纠纷、财产公证、再婚、立遗嘱等生活中的法律问题，经过调解，大部分老人的问题都会得到比较圆满的解决。

今年年初，C女士60岁的父亲突患脑出血，瘫痪在床。她的父母都是退休工人，每月两千多的医药费，实在承受不起，更令她心疼的是，妈妈的身体也渐渐吃不消了。父母在哪里养老的问题越来越困扰着她。她和丈夫商量，想把父母接来天津，送到小区附近的养老院，但小两口每月的工资收入8 000元，在同龄人中虽不算低，但除去房子月供后只剩4 000元，再刨除各种必须支出，几乎是个"月光族"。哪还有钱支付养老院的费用。

Z女士原来是某社区的清洁工，后来社区成立了福利中心，她便做了特殊护理工。去年她参加了市里首批养老护理员职业资格培训，拿到了国家职业资格证书，成了技术娴熟的专业护工。记者领略了她熟练的职业技能，令记者没有想到的是，一个简单的为老人"翻身"，竟然也有技巧在里面。Z女士说，过去只知两臂用力，铆足劲头把老人翻个身。培训后才知道，如果先把老人一条腿交叉在另一条腿前，然后再翻身，不仅省力，而且老人也不感到辛苦。不久前，社区里一位老人囫囵吞下了三颗提子，噎在喉咙里憋紫了脸，正在家属手足无措之时，Z女士赶到了，她马上用专业手法为老人拍背、清喉，救了老人一命。

假定你是某街道办事处的一名工作人员，请根据材料，拟写一份《某街道办事处关于改进老年人服务工作的指导意见》。要求：文字简明，分条撰写，有指导性与可行性；不超过400字。

二、实务操作题(20分)

请找出下面请示中的不当之处，列举并直接改出。

××机关团委关于申请演讲比赛活动经费的请示报告

××领导：

为了提高团组织的威信，增强团员的组织观念，进一步过好团的生活，经我团委研究，拟于5月20日前后组织一次演讲比赛活动。本次，拟吸收团外青年参加。具体比赛办法和活动经过，我们意见如下：

一、演讲比赛以各团支部为单位，各团支部选派两名学生参加，按得分名次评选一、二、三等奖。

二、获奖多的团支部评为优胜团支部。

三、奖优胜团支部镜匾一块。

四、还准备组织一次知识竞赛活动，内容包括时事知识测验、团的知识问答、谜语、诗歌等，答对者获奖。奖品有铅笔、信封、明信片、笔记本等。以上活动共需经费5 000元。

以上请示，如无不当，请批复。

机关团委

××××年5月

三、综合分析题(各15分，共30分)

1. 关于机关工作，有一种说法，"有制度按制度办，没制度按照惯例办，没惯例比照着办，没有比照摸索着办"。你怎么看待这一观点？(300字)

2. 谈谈治标和治本的关系。(300字)

2014江苏省营职以下军队转业干部考前模拟卷(黄金卷)

命题:张棣博士(150分钟　100分)

一、简答题(10分)

1. 中共中央、国务院近日印发了《关于全面深化农村改革加快推进农业现代化的若干意见》,其中对全面深化农村改革提出了四点要求,请简要阐释。

2. 请简要回答《中共中央关于全面深化改革若干重大问题的决定》中提到的"全面深化改革的总目标""必须长期坚持的重要经验"的含义。

二、论述题(20分)

请论述中国梦的内涵和特质。(300字)

三、综合分析题(20分)

为深入贯彻党的十八大、十八届三中全会和习近平总书记系列重要讲话精神,江苏省委近日专门制定了《关于落实党风廉政建设党委主体责任、纪委监督责任的意见》(简称《意见》)。《意见》要求,各级党委必须当好党风廉政建设的领导者、执行者、推动者,切实担负统一领导、直接主抓、全面落实的主体责任,党委主要负责人是党风廉政建设第一责任人,班子其他成员对分管范围内的党风廉政建设负有"一岗双责"责任,必须牢固树立不抓党风廉政建设就是严重失职的意识。各级纪委要全面落实监督责任,切实履行执纪监督问责职责,坚定不移改进作风,坚定不移惩治腐败,切实加强反腐倡廉制度建设,确保制度刚性执行。

严格的责任追究是贯彻落实党风廉政建设责任制最重要的防线,也是督促各级党委、纪委把责任落到实处的有力举措。省委强调,落实"两个责任"实行"一案双查",既追究当事人的责任,也倒查领导人的责任,切实做到有责必问、有错必究。只有从严查处违规案件、严肃责任追究、强化警示作用,才能有效维护党风廉政建设责任制的权威性、实效性，使各级党委、纪委和相关职能部门更加自觉地肩负起党风廉政建设的政治责任，做到守土有责，种好“责任田”，从根本上遏制腐败蔓延的势头，取得人民群众满意的成效。

(1) 简析“两个责任”和“一案双查”的内涵。(200 字)

(2) 简析省委制定《意见》的现实意义。(300 字)

四、实务操作题(50 分)

第一题(25 分)

6 月 15 日起，江苏省南京市大幅调高了城区停车收费标准，主城核心区干道停车费涨至最高 20 元/小时，停满 24 小时要交 244 元；与此同时，南京市最严违停处罚也开始实施，违停一次罚款 100 元扣 3 分。当两项新政同时发威，市民的质疑和争议声也此起彼伏。

据南京交管部门统计，新政实施一周来，新街口地区的车流量有所减少。实施首日当天，相比上周日(8 号)，15 日新街口周边主干道的车流量减少了三成左右，新街口商贸区车流量也下降了三成左右。为配套停车费涨价，南京市 11 日还推出更为严厉的违停处罚措施，作为“组合拳”。凡是在主城区有禁令标志和标线的路段违停，一律罚款 100 元记 3 分。有市民在接受采访时表示，宁愿接受处罚也不愿意在停车场接受高额停车费。大幅度提高收费标准，也造成了一些停车乱象和交通方面的隐患。记者看到在核心区收费路段，常常是一边车位停不满，另一边的违停区，甚至人行道上都停满了车，还有些车主“躲”进小路违停。记者在核心区丹凤街看到，原先路两边有护栏隔离的慢车道，也被最近新划分的停车位所占据，而骑车的市民只能骑上主干道，在机动车流里穿行。据了解，当前南京机动车保有量达到 188 万辆，而江南六区泊位缺口就高达 28 万个。为此，南京在两个月内新划出一万三千多个停车位。即便如此，新街口的停车位仍然“一位难求”。

考虑到新政实施以来，社会关注度极高，市民的质疑和争议声也此起彼伏。市政府拟召开一次新闻发布会，作为发言人，请撰写发言通稿。

要求：定位准确、内容全面、体现政府精神。(400～500 字)

第二题(25 分)

南京青奥会开幕在即，为弘扬南京城市精神，展现我们这样一个城市的人文气质、人文精神，给全世界朋友留下一个深刻美好的印象，南京市委文明办发出“文明出行、文明观赛、开放包容、热情友善”的倡导，请就此给广大市民写一份倡议书。(400～500 字)

江苏省营职以下军队转业干部考前模拟卷(卷六)

命题:张棣博士(150 分钟　100 分)

一、简答题(10 分)

1. 习近平同志在党的群众路线教育实践活动工作会议讲话中提到的教育实践活动的主要任务、着眼点、总要求分别是什么?(5 分)

2. 十八大报告对加强党自身的建设作了全面部署,提出了哪些新要求?(5 分)

二、案例分析题(20 分)

浙江武义县后陈村是全县经济条件较好的村,但由于财务使用不透明,村民从上世纪 90 年代以来连续向县纪委、街道反映村里问题,却长期得不到彻底解决。2002 年和 2003 年,连续两任村支书因经济问题被查处。2004 年初,村里有 1 000 亩土地被征用,获补偿金 1 900 多万元,在人均发放 7 000 多元后,还剩 1 000 多万元。如何处理这些集体资产成为村内一个难题。为帮助村民寻找从根本上解决问题的办法,由县纪委牵头组建的村务监督改革指导小组进驻后陈村,指导组在大量听取村民意见的基础上,决定组建一个相对独立于村委会及村党支部的监督委员会,真正能从根本上让村民有效制约村干部的权力。6 月,后陈村在海选村委员基础上由群众选举产生了全国第一个村级民主监督组织——村务监督委员会,与村党支部、村委员一起称为"三委会"。

监督会成立不久,即对村里两口池塘的承包进行了全程监督,结果每口池塘三年的承包价从 2.8 万元升至 5.8 万元;2005 年后陈村举行垃圾清运投标会,村委会主任主持会议,监委会主任到场监督,不到 5 分钟结果就出来了,没有人对投标公正性表示质疑。

监委会成立后,后陈村每年的创收情况,包括出租土地给广告公司做广告牌、旧粮站出租、经营沙场、村自留土地上的杉树出售,以及向上级部门申请到的资金补助等,每一笔都要经过监委会审核后公布。2004 年,当年的招待开支是 23 909 元,比前些年下降近一半,村干部再不能拿着发票随便报销了。在村财务公开栏前,村民告诉记者:"过去简直是胡来,集体的钱像是干部自己的,现在不一样了。"监委会主任说:"我的职责就是看他们有没有按程序办事,有没有搞暗箱操作。"

监委会成立以来,后陈村的固定收入逐年增加,村干部连续 8 年实现零违纪,村民连续 8 年实现零上访。村两委已顺利完成了 3 次换届。最近的一次换届,村两委成员一个没动,全部高票当选,一次通过。

目前,浙江省 3 万多个行政村,村村建立了村务监督委员会,实现了村级监督组织全覆盖,村务监督委员会这一有效而不需要太大监督成本的权力制衡制度,对建立乡村"阳光权力体系"共建和谐社会带来重要启迪。村务监督委员会这一制度创新已被写进《中华人民共和国村民委员会组织法》,并在全国推行。

摘编自《人民日报》2012年5月14日

(1) 后陈村是如何通过制度创新来保障权力在阳光下运行的?(10分)

(2) 全国第一个村务监督委员会的建立对推进基层民主制度建设有何启示?(10分)

三、实务操作题(20分)

近年来,我省认真落实中央关于建设资源节约型、环境友好型社会的要求,努力推进节能减排工作,单位生产总值能耗、化学需氧量、二氧化碳排放量均圆满完成国家下达的指标,所有市县都建立了污水处理厂,一批重点企业节能减排工作走在全国前列,受到兄弟省市的关注。

某省发展改革委来电,张副主任一行三人,拟于10月26日来我省学习节能减排的工作做法和经验,并进行实地考察。

如果你是承办处室工作人员,请你提出接待方案,并设计座谈会方案要点。(不超过300字)

四、写作题(50分)

英国作家阿兰·德波顿在四川大地震之后发表文章,介绍并阐发了古代罗马哲学家塞内加关于人类灾难的哲学思考。

公元62年2月5日凌晨,一场强烈的震灾在坎帕尼亚省地底迸发,数千名毫无察觉的居民在几秒钟内丧命。庞培城内大部分建筑在睡梦中的人们头顶上坍塌。救援行动因随后发生的火灾而受阻。幸存者除了身上污黑的衣衫,失去了一切。在整个罗马帝国境内,到处是惊恐、难以置信和愤怒的情绪。这个世界上最强大、技术上最先进的民族,在大自然的脾气面前,怎会如此不堪一击?

这些痛苦与惶惑,引起了塞内加的注意。他撰写了一系列文章来安慰他的刚刚遭逢灾难的读者,然而,他的安慰却多少显得生硬和阴郁:"你们说'我没想到这一切会发生'!难道你们以为,当你知道某件事有可能发生,当你看见它已经发生,这件事居然还不会发生吗?"为了平息读者心中的不平,塞内加在公元62年的春季提醒大家:无论我们认为自己已变得多么高明和安全,自然灾难与人为灾难始终是我们生命的一部分。因此,我们必须时刻想到未可预料的事情。平静,不过是历次混乱之间的间歇。没有什么是绝对可靠的,即便是我们双脚依凭的大地。

塞内加认为，由于未曾预料到的事件对我们的伤害最大，由于我们必须预想到所有事情，因此我们任何时候都必须牢记，最糟糕的事情随时都有可能发生。每个人在驾车启程，走下楼梯，或是与朋友话别时，都应意识到各种致命的可能性。塞内加强调："不应有始料未及之事。我们的思想应先行一步，去面对所有的问题。我们所要考虑的，不应仅是什么事常会发生，而更应是什么事有可能发生。人是什么？人是一件容器。哪怕是最轻微的振动，最小的颠簸，都会让它破碎。人的躯体软弱而易碎。"

在经历了大地震之后，许多人主张应疏散整个地区的民众，并且不要在震区重建房屋。但塞内加并不认为地球上会有一个地方具有彻底的安全。"谁又能保证，他们所站立的这块或那块土地，就是更好的地基呢？如果我们以为，世界上的某个地方可以幸免于难，保证安全，那我们就错了……大自然还没用这种方式创造过任何永恒不变的东西。"

有中国学者读了阿兰·德波顿的文章之后这样解读塞内加的思想：没有绝对的安全，在某种意义上说，人类的历史正是一个与灾难相伴以及与灾难抗争的历史，而塞内加的思想看似悲观，却有助于我们培养忧患意识，有助于国人在灾难来临之际保持清醒、从容与淡定，并减轻灾难和流血带来的震惊，进而积极地应对灾难。从这个意义上说，塞内加道出的是与中国古代改革家王安石的"天变不足畏"相近的思想。

"无论我们认为自己已变得多么高明和安全，自然灾难与人为灾难始终是我们生命的一部分。"请结合你对这句话的思考，联系自己的经验或感受，自拟题目，写一篇文章。

要求：

(1) 自选角度，立意明确，有思想性；

(2) 参考给定资料，但不拘泥于给定资料；

(3) 语言流畅；

(4) 总字数为800～1 000字。

江苏省营职以下军队转业干部考前模拟卷(卷七)

命题:张棣博士(150 分钟 100 分)

一、简答题(10 分)

1.《中共中央、国务院关于加快发展现代农业 进一步增强农村发展活力的若干意见》中提出的 2013 年农业农村工作的总要求是什么?(5 分)

2. 请简要回答新时期应如何发挥社会主义政治制度的优越性。(5 分)

二、综合分析题(20 分)

某图书馆向所有读者免费开放。乞丐拾荒者和衣衫破旧的民工小心翼翼进来了,无人阻挡,于是他们便堂而皇之地在馆内读书看报。有读者对此表示不满,向馆长抱怨说:图书馆是大雅之堂,如果允许乞丐和拾荒者进入阅读,就是对其他读者的不尊重。馆长回答说:我无权拒绝他们入内阅读,但你有权选择离开。

此事被发在微博上,顿时触动了社会的神经,引发人们对人文精神的关注和思考,中央电视台等主流媒体对此进行了报道,一场公共图书馆办馆理念的大讨论由此引发。

公共图书馆一向更愿意向体面的文化人敞开,常在门口赫然告示:衣冠不整谢绝入内!把读者分为三六九等,拒绝部分人入内,其公益性大打折扣,而该馆长希望图书馆成为每一个读书人的天堂,无论何人,只要进了图书馆,在知识面前都享有同等权利,不得有高低贵贱之分。为此,该馆在全国同行中率先推出免证阅读制度,任何人进馆借读书籍都不需要证件和费用,以体现人道、人文的公共图书馆理念和人性化的服务。

对于图书馆实行免费开放可能带来的问题,该馆有关负责人感触颇深:自图书馆实行零门槛后,我们不仅没有感到压力增加,反而感觉开放的时间越长,不尊重这种权力的读者越少,我们和读者都被这种和谐的环境所改变,至于进馆要先洗手,馆内并没有硬性规定,耳濡目染的时间长了,谁也会自觉地洗手,然后再阅读。

“如果没有天堂,天堂应该是图书馆的模样。”这是文学大师、曾任阿根廷国立图书馆馆长的博尔赫斯的一句名言,该图书馆向乞丐和拾荒者免费开放,不啻一轮明亮的太阳让乞丐和拾荒者在得到温暖的同时,也净化我们的心灵。

摘编自《中国青年》(2011 年第 5 期)、《光明日报》(2012 年 5 月 10 日)

(1) 从法律角度如何理解“我无权拒绝他们入内阅读,但你有权选择离开”?(10分)

(2) 图书馆向乞丐和拾荒者免费开放对我们处理人际关系有何启示?(10分)

三、材料处理题(20分)

最近,省政府转发了发展改革委制定的《江苏省2012年经济体制改革要点》。如果你作为市政府办公厅的工作人员,请你代市政府办公厅就省政府《江苏省2012年经济体制改革要点》(节选)中推进科技创新体系建设、推进资源性产品价格和环保收费改革、创新现代农业发展机制、统筹城乡基本公共服务、促进非公有制经济发展、深化收入分配制度改革、推进医药卫生体制改革等七方面内容,提纲挈领地提出我市相关职能部门的工作任务。

附《江苏省2012年经济体制改革要点》部分内容

一、加快建立经济转型升级的体制机制

(一) 推进科技创新体系建设。深化科技体制改革,积极探索科教协同创新体制机制,切实加快科教结合产业创新基地建设。探索建设产学研合作长效机制,重点发展产业技术创新战略联盟、校企联盟等合作组织,引导支持科技园区与高校、院所共建一批新型研发机构,提升园区科技创新能力。积极推进国家促进科技和金融结合试点省建设,进一步完善科技投融资体系,扩大科技小额贷款公司试点范围,加快设立科技支行。积极推进苏南自主创新示范区建设筹备工作。(省科技厅、发展改革委、财政厅、金融办、经济和信息化委、教育厅、商务厅)

……

(四) 推进资源性产品价格和环保收费改革。加快推进居民阶梯式水价、水利工程供水价格、水资源费调整和城市供水价格改革。出台居民阶梯式电价改革政策。改革成品油价格管理方式。制定出台促进风能、光伏太阳能发展的政策措施。完善排污权有偿使用和交易的政策框架,选择重点行业开展二氧化硫排污权有偿使用和交易试点,探索建立省级排污权交易平台。加快建筑节能市场化改革。深化生态补偿机制改革,逐步探索建立自然环境和生态保护转移支付制度。开展环境污染强制责任保险试点。(省物价局、环保厅、发展改革委、财政厅、经济和信息化委、住房城乡建设厅、水利厅)

二、推进城乡发展一体化改革

(一) 创新现代农业发展机制。积极推进农业现代化试点县和国家现代农业示范区建设。创新农村土地承包经营权流转机制,健全农技推广服务体系,增强农业科技创新和推广转化能力。加快构建现代粮食仓储物流体系。大力发展农民合作组织,推进农业适度规模经营。加快推进农村集体土地确权登记发证工作,完善农村基本经营制度。鼓励县级成立农村土地承包经营权流转交易服务平台。健全农村土地承包纠纷仲裁工作体系。加快集体林权配套改革。(省农委、国土资源厅、粮食局、林业局)

……

（三）统筹城乡基本公共服务。加快建立与基本公共服务均等化要求相适应的公共财政体系。全面开展新农合支付方式改革，建立简便规范的转诊制度。健全城乡基层医疗卫生服务网络，推动乡村卫生机构标准化建设。完善农村义务教育经费保障机制，支持建立城市支援农村的教育帮扶机制，完善政府主导的扶困助学机制。合理配置城乡文化资源，完善覆盖城乡公共文化服务体系。探索建立多元化的基本公共服务供给制度，引导和鼓励人民团体、社会组织和企业参与提供公共服务。（省财政厅、发展改革委、卫生厅、教育厅、编办、人力资源社会保障厅）

三、深化国有企业改革和促进非公经济发展

……

（二）促进非公有制经济发展。鼓励和引导民间投资健康发展，支持民间投资加快进入铁路、市政、金融、能源等领域。健全融资性担保体系，发挥股权登记质押平台作用，完善中小微企业信贷激励和考核机制。推动更多符合条件的中小企业在中小板和创业板上市融资与再融资，积极组织中小企业发行集合债券和集合票据。继续落实国家对小微企业减半征收企业所得税政策，对金融机构与小微企业签订的借款合同免征印花税。探索省级非公开上市科技型中小企业产权交易中心和区域性小微科技型企业股权流转平台建设。（省经济和信息化委、发展改革委、金融办、财政厅、商务厅、科技厅、工商局）

……

五、深化收入分配与社会保障制度改革

（一）深化收入分配制度改革。加快推进行政性垄断行业改革。不断深化事业单位收入分配制度改革。积极争取国家支持江苏建立个税标准差别化调节机制，提高中低收入群体的收入水平。逐步健全最低工资标准、职工工资、养老金、城乡低保标准的正常增长机制。（省发展改革委、财政厅、人力资源社会保障厅）

六、加快社会事业体制改革

（一）推进医药卫生体制改革。加快建设全民基本医保制度，巩固扩大基本医疗保障覆盖面，提高基本医疗保障水平。扩大门诊统筹实施范围，推进基本医疗保险市级统筹。稳步推进医保支付方式改革。完善城乡医疗救助制度。巩固完善基本药物制度和基层医疗卫生机构运行新机制，有序推行村卫生室实施基本药物制度，同步落实对乡村医生的各项补助和支持政策，鼓励符合规划要求的非政府办基层医疗卫生机构实施基本药物制度。完善药品生产流通和医药卫生监管体制，健全药品供应保障体系。深化基层医疗卫生机构人事、分配制度改革。加快以县级医院为重点的公立医院改革步伐，推进公立医院服务体系、管理体制、补偿和运行机制改革，建立现代医院管理制度。（省发展改革委、卫生厅、财政厅、编办、人力资源社会保障厅、物价局、工商局、质监局、食品药品监管局）

……

各市人民政府、省各有关部门要按照省政府对经济体制改革工作的要求，加强组织领导，强化责任分工，切实把推进2012年改革工作与全面实施“十二五”规划有机结合起来，制定推进改革的实施方案和时间、步骤，狠抓工作落实，确保全面完成年度改革目标任务。发展改革部门要进一步完善统筹协调推进改革的工作机制，切实加强对改革工作的协调指导和督促检查，确保改革有序、有力、有效推进。

四、论述题(20 分)

请论述如何看待和处理当前多发的群体性事件？

五、写作题(30 分)

英国的科学家公布过一个实验：

他们为了试一试南瓜这样一种普普通通的廉价的植物生命力能有多强，就在很多很多同时生长的小南瓜上加砝码，砝码的重量就是小南瓜所能承受的极限。

这样，不同的南瓜压不同的砝码，只有一个南瓜压得最多。从一天几克到几十克、几百克、几千克，这个南瓜成熟的时候，上面已经压了几百斤的重量。

最后的实验是把这个南瓜和其他南瓜放在一起，大家试着一刀剖下去，看质地有什么不同。当别的南瓜都随着手起刀落噗噗地打开的时候，这个南瓜却把刀弹开了，把斧子也弹开了，最后，这个南瓜是用电锯吱吱嘎嘎锯开的。它的果肉的强度已经相当于一株成年的树干！

思考这个故事蕴含的哲理，自拟标题，写一篇 800 字左右的议论文。

江苏省营职以下军队转业干部考前模拟卷(卷八)

命题:张棣博士(150 分钟 100 分)

一、论述题(10 分)

调控是促进房地产市场平稳健康发展的重要手段,而合理自住需求则是市场健康发展的动力和基础。请论述如何采取有效措施,满足合理自住需求。

二、综合分析题(20 分)

【资料 1】

从 2003 年开始,"电荒"一直是 Z 省经济发展的"附骨之刺"。当时 Z 省成为全国拉闸限电范围最大、缺电最严重的省份,企业发展遭受严重损失。到 2006 年,"电荒"终于开始缓解。但此时中央又出台严格措施,要求节能降耗,定下的目标是到"十一五"末节能降耗达到 20%,这比 Z 省自己规划的 15%的目标高出了 5 个百分点。为进一步控制温室气体排放,国家 2020 年碳排放新目标的确定,将使 Z 省的减排形势更为严峻。

Z 省是一个资源匮乏的省份,人均资源占有量远低于全国人均水平,能源资源供应外向依存度逐年扩大,环境容量几乎饱和。从近期看,Z 省能源产出不可能有改观,但能源消费增长的势头却十分强劲。根据 Z 省"十一五"规划纲要,以 9%至 11%的经济增长速度计算,按照目前的能耗水平,到 2010 年 Z 省能源需求将达到 1.85 亿吨至 2 亿吨标准煤。

据测算,如果我国服务业占 GDP 比重提高 1%,工业比重下降 1%,单位 GDP 能耗可相应降低约 1%;如果工业中的高技术产业比重提高 1%,而高耗能行业比重相应下降 1%,单位 GDP 能耗可相应降低 1.3%。2008 年,Z 省第一产业万元增加值能耗 0.35 吨标准煤;第二产业万元增加值能耗 1.09 吨标准煤;工业万元增加值能耗 1.18 吨标准煤;第三产业万元增加值能耗 0.27 吨标准煤。在 Z 省全社会能源消费总量中,第二产业高居 75%,能耗较低的第三产业和高技术产业比重还不够大。2008 年,全省第三产业比重为 41%,同比仅提高 0.3 个百分点,距"十一五"规划确定的 45%的目标还有很大差距。

在 12 月初结束的中央经济工作会议上,"调结构"成为会议的一个重要基调。浙商研究会执行会长对 Z 省企业表示出担忧,Z 省主要以中小企业为主,且相当部分集中在劳动密集型、物质资源消耗型产业,结构调整对中小企业意味着更大的压力。"今天的主题就是'保',先让你活下来再说,但明年的要求变了,结构调整就意味着优胜劣汰,意味着会死掉一批企业。"在节能减排中,由于受金融危机的严重影响,中小民营企业效益回落将带来工作动力和资金的不足。

低碳经济已被抬上了桌面，节能减排已经不是体现一个企业素质的行为，而将变成企业生存的必要条件。浙商研究会执行会长说："市场不可能被摁下暂停键等着你调整，2010 年企业将真正进入弯道，速度会降低，但一切为下一条直道加速而准备。经过 2009 年一年的发展，相信政府在政策上也会更加稳定，只追求速度的机会时代已经过去。"

为积极应对国际金融危机，从 2008 年下半年开始，中央和 Z 省各级政府都出台了扩大投资的政策措施，将直接拉动钢铁、建材等高耗能产业的增长。同时，随着 Z 省工业化进程加快，工业新增用能也呈现出较快增长势头。2009 年以来，Z 省一批临港石化、钢铁、造纸等高耗能项目陆续建成投产。今后三年，全省还将有冶金、化工、建材三大行业 19 个项目投产，预计将新增用能 720 万吨标准煤。

从国际经验来看，在快速工业化阶段，重化工业会出现快速增长的势头，经济重型化程度加强。早在金融危机之前，Z 省部分地方就出现以轻工业向重化工业转型的愿望和趋势。

Z 省社科院专家指出，从先行工业化国家的发展历程来看，经济增长（人均国内生产总值）与能源消费（人均能源消费）之间存在着明显的正相关关系。在工业化加速发展时期，能源消费快速增长，污染物的排放量大。2008 年 Z 省人均 GDP 超过了 6 000 美元，Z 省开始步入工业化后期或工业化发达阶段。最近几年来，人均能源消费年增长率均在 10%左右，人均能源消费水平已远高于全国平均水平。过去 30 多年我们取得了极大的发展，可我们消耗了多大的代价才换来这些发展！当前，我们已实实在在地遭遇着一个两难境地。

【资料 2】

《2008 年 Z 省能源与利用状况》白皮书显示，2008 年全省万元 GDP 能耗 0.78 吨标准煤，比上年下降 5.5%，能耗水平连续两年位居全国三甲。全省一次能源消费结构中，煤炭占能源消费总量的 62%，比上年下降 2.1 个百分点，水电、核电、风电占 8.1%，比上年上升 0.1 个百分点。全省终端能源利用效率为 55.6%，比上年提升 1.5 个百分点，全省圆满完成水泥工业结构调整，成为全国率先全部淘汰立窑水泥的省份；吨钢综合能耗水平已位居全国第一，炼油、火电、合成氨等 12 种高耗产品的单位能耗继续保持国内同行领先水平。

一项"绿色"技术——纯低温余热发电，正在加速改变 Z 省水泥业"高能耗、高污染、低效益"的旧形象。2009 年 7 月底，Z 省建德三狮水泥有限公司的纯低温余热发电项目正式并网发电。公司总经理陈华说："我们一下从吃电老虎变成产电大户。"目前集团内部近一半的子公司共上马了 18 条纯低温余热发电系统。如果全部建成，整个集团一年可发电 3.5 亿千瓦时，增加利润 2 亿元，减少 18 万吨煤燃烧发电所排放的二氧化碳。董事长姚季鑫说："煤电成本要占水泥生产总成本的约 70%。2009 年 Z 省水泥全行业亏损的情况下，纯低温余热发电项目便成了新的利润增长点。"

统计公报上显示，2009 年来全省第三产业得到了较快发展，前三季度服务业拉动 GDP 增长 5.2 个百分点，对经济增长贡献达到 67.6%。从用电情况看，1～9 月份，全省第二产业占全社会用电比重下降了 1.54 个百分点，而第三产业占全社会用电比重则提高了 0.82 个百分点，由此实现结构节能约 235 万吨标煤。

到 2008 年年底，Z 省已建成投产风力发电总装机容量 14.8 万千瓦，比上年增长

212%，风力发电量12 768万千瓦时，增长162%。全省累计推广太阳能热水器830万平方米，比上年增长112%。太阳能热水器产值80亿元，产量700万平方米，约占全国产量的25%。太阳能光热利用从民用向工业等领域拓展，光伏产业初步形成从工业硅生产到系统开发完整的产业链。目前国内装机规模最大的屋顶光伏发电项目在杭州临平节能环保产业园并网发电。

在H市举行的太阳能光伏产业中小企业论坛上，来自省内外的几十家企业代表纷纷表示看好光伏产业等新能源的前景。业界认为，我国目前的太阳能光伏产业主要市场在国外，经历国际金融风暴的洗礼，如何开拓国内市场、加快应用，是推动产业发展的现实途径。

备战新能源元年，Z省企业纷纷抛出大手笔。目前从整车到零部件，再到电池技术，都有众多Z省厂商在研发和投入。2009年7月，Z省卖出了第一辆电动汽车。电动汽车的特点就是二氧化碳减排效果大，以每年行驶3万公里计算，电动汽车将比汽油车减少2.8吨二氧化碳排放量。"电池技术是新能源汽车发展的关键瓶颈，同时充电站等社会服务的完善也显得非常重要。"亚太电动车协会执行委员周鹤良说，"现阶段光靠市场不会为新能源汽车争取到更多空间，政府一定要出台政策来提高整车厂的产量。"

资料1中画线句子提到"遭遇着一个两难境地"，根据资料1、2，对此进行分析。(20分)

要求：(1) 指出其中矛盾并做简要分析。(10分)

(2) 提出化解的思路。(10分)

(3) 分析透彻、层次清晰、标书简洁。总字数不超过400字。

三、实务操作题(20分)

《文物保护法》规定，文物保护单位的保护范围内不得进行其他建设工程或者爆破、钻探、挖掘等作业。但是，因特殊情况需要在文物保护单位的保护范围内进行其他建设工程或者爆破、钻探、挖掘等作业的，必须保证文物保护单位的安全，并经核定公布该文物保护单位的人民政府批准，在批准前应当征得上一级人民政府文物行政部门同意；在全国重点文物保护单位的保护范围内进行其他建设工程或者爆破、钻探、挖掘等作业的，必须经省、自治区、直辖市人民政府批准，在批准前应当征得国务院文物行政部门同意。

近日，省文物局接到市文物局报告：群众举报该市重点文物保护单位未经批准进行其他建筑物施工，但文物本体未遭破坏。市文物局已协调当地政府，责令其停工。省文物局主要领导批示业务处室要高度重视，妥善处理。

你作为承办处室的工作人员，处长要求你提出妥善处理此事的初步设想，你有何打算？(不超过300字)

四、材料处理题(20 分)

(1)(解放日报网)城管队的大门,曾是无证摆摊者最不敢来的地方。昨晚 8 点左右,20 多名无证摆摊者被邀请到了虹口区城管队的会议室。参加会议的还有工商、药监、公安、环保、市容等相关职能部门的负责人。

“今天这个会,大家都把想法拿出来交流一下,一来是宣传政策,二来也想听听你们的心声。”夜排档整治机动队队长王文达的开场白简单明了。才到上海三个星期的曹磊马上站起来说:“我家的几亩田都被淹了,我上有两位老人,下有两个孩子,一无技术二无文凭,就是做点小生意,搞不懂为什么要被你们抓来抓去的。”40 多岁的林小风也站起来说:“我们从事的是饮食行业,民以食为天,有需求就有市场。我们知道摆排档会影响市容,但是污染和噪音也不是很大啊。”

“说是便民排档,满足群众需要,你们考虑过卫生保证吗?在座的谁有健康合格证?”听罢摊贩诉苦,工商执法队队长李建纲忍不住开口,“你们说的概括起来就是合情合理,但不要忘记更要合法。谋生之道不能与城市发展格格不入。”虹口公安分局提篮桥派出所副所长史徐民针对无证摊贩阻碍执法,雇“线人”通风报信,甚至殴打城管队员的行为展开法制教育。

城管队大队长陈乐喜的发言则掏了心窝子:“看到你们东躲西藏,我心里不是滋味。上海是个法制城市,近年来排档越来越少,你们相不相信有一天会全部消失?”他把目光转向曹磊:“小伙子我劝你,装潢、厨师、洗碗工,干什么不好?无证摆摊这一行长不了。”也许没想到陈大队长会将“矛头”指向自己,曹磊露出了羞涩的笑容。

小摊主张大卫告诉记者,一开始城管队请他上门“做客”,还有点不敢去,这会不会是“请君入瓮”?城管队员找他谈了多次,考虑了近一周,他才约好同乡一起来。“我今天觉得挺感动的,从来没有这样和领导坐在一起交流,给我们说话的机会。做排档生意只能是过渡的,今后打算另谋出路。”张大卫说,今天各部门介绍的外来劳动力市场用工信息让他收获不小,对违法设摊给上海这样的国际大都市带来的不良影响也有了新的认识。

(2)(解放日报)8 个小摊贩,投票选出小组长,有人监督卫生,有人维护秩序,分工有序,秩序井然,“大盖帽”顿时闲了下来。镇江市中山桥西北侧的义士路上,马路摊点的“民主自治”试点进行得有声有色。

试点一个月,效果竟然出奇的好。小贩自治组组长黄××说,作为小组长,她的主要任务是内部协调,上传下达。现在大家规规矩矩,既用不着起大早赶过来抢位子,也不会跟城管队员发生摩擦。上家泼了脏水扔了垃圾,下家就会提醒清扫,下家有了生意忙不过来,上家就在旁边搭把手。

镇江城管行政执法支队副支队长华炯把“民主自治”的好处归纳为“一箭三雕”:秩序规范了,市容整洁了,关系和谐了。“最主要的一点,城管队员的工作模式和内涵发生了变化——实行自治之后,城管队员的功能从原来的执法为主转变为现在的协调为主,有什么问题,聚在一起开个会,提个醒就行了。现在城管队员在与不在,现场的秩序、卫生都差不多!”华炯说,城管队员行政执法,如同行走在风口浪尖。不管理是失职,管了吧,和摊主的矛盾就会很尖锐。现在矛盾解决了,大盖帽也可以“隐身”了。市城管局有关负责人表示,“民主自治”这一做法将在该市 800 多户占道经营者中逐步推开。

社会学者周大卫认为,当尊重民生成为政府和民间的共识时,全国各地曾经固守已见的城市管理者们会慢慢变得宽容，他们试图以更理性务实的方式去创造城市的和谐，转“堵”为“疏”、“有限开禁”肯定会有越来越多的仿效者。但是他同时指出，开禁并不意味着放任自流，只有对马路摊点进行有序管理，他们在方便老百姓日常生活的同时，才不至于扰乱老百姓的生活。

(3)(东北新闻网)2008 年 3 月 19 日上午，广西壮族自治区南宁市政府举行了“城管工作进万家”暨“城市管理公众参与日”启动仪式。这标志着城管工作“进社区、进企业、进商户、进工地、进校园、进乡镇”的活动在南宁全面展开。同时，3 月 19 日被确定为南宁市“城市管理公众参与日”，这在全国尚属首例。

假定给定材料是某市城管局编发的一份简报中的三则简讯，请为此撰写一则能体现编者意图的 250 字左右的“编者按”。要求：针对性强，思路清晰，语言简洁顺畅，书写工整。

五、写作题(30 分)

以军营中那段难忘的火热生活中的一件事为题材，以“给××的一封信”为题目，写一封信。收信人是自己的父母、妻儿或兄弟姐妹。

要求：1. 注意书信的格式；2. 感情要真挚，切忌虚构故事；3. 记写的内容和部队社会有关，要有一定的意义；4. 中心明确、重点突出，尽量在构思上多下工夫，切忌面面俱到、泛泛而谈，也不要平铺直叙如记流水账；5. 卷面上不得透露或暗示姓名、单位等违规信息；6. 字数在 800～1 000 字。

江苏省营职以下军队转业干部考前模拟卷(卷九)

命题:张棣博士(150 分钟　100 分)

一、论述题(10 分)

早在 20 世纪 80 年代中期,为了纠正中小学教育片面追求升学率的倾向,促进学生全面发展,我国就提出了素质教育的要求。30 年过去了,总体来看,素质教育仍未真正破题。请论述素质教育为何落实难?

二、综合分析题(20 分)

2009 年 10 月,荷兰内阁批准一项"退耕还海"方案,位于荷兰南部西斯海尔德水道两岸的部分堤坝被推倒,一片围海造田得来的 3 平方公里"开拓地"将再次被海水淹没,恢复为可供鸟类栖息的湿地。这项"退耕还海"计划是对西斯海尔德水道疏浚工程的"补偿",西斯海尔德水道位于荷兰南部,是比利时重要港口安特卫普港的出海通道,由于湾长水浅,进出安特卫普港的大型油轮只能在海水涨潮时通过西斯海尔德水道。据称,因此每年给安特卫普港造成损失 7 000 万欧元。疏浚西斯海尔德水道对于荷兰、比利时两国无疑都具有重要的经济意义。但是,要疏浚水道,必然拓宽水岸,岸边的湿地面积就会受到侵占。在环保组织看来,西斯海尔德水道两岸的湿地,首先是候鸟们在北非与西伯利亚之间迁徙的落脚点、中转站,其次才是可供人类以用的水道。为了人类的利益侵占候鸟栖息的湿地,实属不义之举。环保组织锲而不舍的抗争,促使荷兰政府作出决定,让几十户农民迁出 100 多年前围海造田得来的家园,以供候鸟们栖息,以此换取环保组织对水道疏浚工程的支持。

经过 700 多年的与海奋斗,荷兰人不仅用堤坝为自己营造出一个安全的家园,围海造田的面积更是占到荷兰国土面积的五分之一。这样一个在与环境不懈战斗中立足的国家,如今却要为候鸟让出部分家园,应当说,这样的抉择是值得称赞的。其实,类似围海造田这样的词汇,中国人并不陌生。自上世纪 50 年代以来,在"向湖泊要良田"的思想指导下,经过几十年的围湖造田运动,我国鄱阳湖和洞庭湖两大淡水湖面积均大幅缩小。到上世纪末,两湖面积比上世纪 40 年代末分别减少了 1 400 平方公里和 1 700 平方公里,减少比例分别为 26%和 40%。1998 年肆虐整个长江流域的洪水,以一种惩罚性的方式,向围湖造田发出了最后的控诉。按照国家部署,1999 年,有关省市开始实行大规模的"退耕还湖",至 2001 年,"退耕还湖"已使昔日中国第一大淡水湖鄱阳湖水面面积增加了 1 000 多平方公里,大大提高了蓄水抗洪能力。据称,鄱阳湖水面面积因此大致恢复到了 1949 年的水平。荷兰的"围海造田"与我国的"围湖造田"有着相似的初衷,而"退耕还海"

与“退耕还湖”都反映了人类可贵的自省。还应注意到，荷兰人的“退耕还海”虽然只涉及3平方公里的海域，但留给人们的思考却是很宝贵的。

结合资料分析以下语句：荷兰的“围海造田”与我国的“围湖造田”有着相似的初衷，而“退耕还海”与“退耕还湖”都反映了人类可贵的自省；还应该注意到，荷兰人的“退耕还海”虽然只涉及3平方公里的海域，但留给人们的思考却是很宝贵的。

要求：分析全面，条理清晰，不超过300字。

三、实务操作题（20分）

【背景资料】

为认真贯彻省委省政府关于人才工作的决策，深入调查全省人才工作的实际状况，以改革创新精神推动“十二五”人才规划落到实处，省人才工作领导小组研究决定，近期组织力量开展人才工作专题调研。

此次调研的范围为省直有关单位、各市级部分工业企业、高等院校和科研机构，主要了解“十二五”人才规划落实情况，各类人才队伍建设，人才工作服务经济社会发展大局等方面的主要做法、基本经验、工作典型和存在的突出问题，以及加快人才强省建设的思路和意见建议。调研共分五个工作组，分别由省人才工作领导小组成员带队，每个小组有两名成员，成员从各相关处室抽调。调研活动于11月底结束。各级新闻媒体将全力配合此项工作，及时宣传人才工作典型事例。

某同志起草的调研通知中缺少调研方式和调研具体要求等内容。请你根据背景资料，草拟调研通知需要补充的两个方面的内容要点。（不超过300字）

四、材料处理题（20分）

1.《光明日报》报道，目前我国的老龄人口已达1.6亿，并且以每年800万的速度递增。某研究员撰文说：我国人口老龄化问题越来越成为各界人士关注的一个热点，引发了有关退休年龄、养老保障以及人口政策等一系列相关问题的争论。他认为，老龄人口增多是正常现象，不必惊恐。我国60岁以上的老龄人口占总人口的比重，比我国历史上任何一个时期都大幅度提高了。现在60岁的老年人口，其生命体征、健康指标、体能发育，明显强于几十年前的同龄人口，仍然可以从事相当程度的脑力劳动和一定程度的体力劳动。至于日常生活自理，更是不成问题。从这个角度看，我国进入老龄化社会，实属波澜不惊。该研究员还说，面对老龄化社会，引起人们忧虑的一个主要理由是数量众多的老龄人口抚养问题，特别是“421”结构的家庭如何赡养老人的问题。但这里有个认识上的误区，没有抓住问题的关键。

据某报报道，沿海某市一对退休老夫妻告诉记者说，“儿女住得都不远，也不知道他们整天忙些什么，一年都不回家几次。这个说忙着开会，那个说正在外地出差，总之是为了生活在奔波。无奈之下,想出了怪招:既然他们怕回家耽误挣钱,那么干脆我们就给他们开工资,'有偿回家'。一个月支付1 000元,'工作'就是每周回家陪我们吃顿饭,如果能经常带孩子回来,月底还有'奖金'。"

两天后该报又报道,该市某派出所民警接到了在内地某市打工的张某的电话,说连续一个星期往父母家打电话均没有人接。由于其父母均有重病,不知出了何事,他请求民警到父母家中看看。民警立即驱车前往张某父母家中,发现其父母均已去世多日。

该报记者还获悉,市老年志愿者协会下设的法律援助中心每天都接待一些前来咨询法律问题的老年人,内容多为消费投诉、家庭纠纷、财产公证、再婚、立遗嘱等生活中的法律问题,经过调解,大部分老人的问题都会得到比较圆满的解决。

2. 某报2010年9月的两则报道

80后小夫妻的窘境。今年30岁的C女士没有料到,在她眼里"正当年"的父母这么早就遇到养老难题。8年前,从老家的一所大学毕业后,C女士来到天津,英语专业的求学背景让她很快就在一家外企找到了自己的位置。两年后,她与同为异乡人的L走进了婚姻的殿堂。2007年,两人通过贷款,购买了一处80平米的公寓。不久又升级做了父母,构建了一个全新的家庭结构,即4个老人+夫妻2人+1个孩子。像很多"421"结构的平凡家庭一样,他们忙碌而幸福着。但今年年初,C女士60岁的父亲突患脑出血,瘫痪在床。她的父母都是退休工人,每月两千多的医药费,实在承受不起,更令她心疼的是,妈妈的身体也渐渐吃不消了。父母在哪里养老的问题越来越困扰着她。她和丈夫商量,想把父母接来天津,送到小区附近的养老院,但小两口每月的工资收入8 000元,在同龄人中虽不算低,但除去房子月供后只剩4 000元,再刨除各种必须支出,几乎是个"月光族",哪还有钱支付养老院的费用。

令人尊敬的好护工。Z女士原来是某社区的清洁工,后来社区成立了福利中心,她便做了特殊护理工。去年她参加了市里首批养老护理员职业资格培训,拿到了国家职业资格证书,成了技术娴熟的专业护工。记者领略了她熟练的职业技能,令记者没有想到的是,一个简单的为老人"翻身",竟然也有技巧在里面。Z女士说,过去只知两臂用力,铆足劲头把老人翻个身。培训后才知道,如果先把老人一条腿交叉在另一条腿前,然后再翻身,不仅省力,而且老人也不感到辛苦。不久前,社区里一位老人囫囵吞下了三颗提子,噎在喉咙里憋紫了脸,正在家属手足无措之时,Z女士赶到了,她马上用专业手法为老人拍背、清喉,救了老人一命。

3. 某电视台2010年9月16日的访谈节目摘录

主持人:大家好,本月10号,中国社科院发布的调查显示,到2030年,中国将成为世界上人口老龄化程度最高的国家,这使得养老问题再次成为人们热议的话题。

嘉宾S:人口的老龄化是社会进步和发展的一个必然趋势。从医学统计来说,人在60岁以后步入老龄,得病率、慢性疾病发生率占60%到70%。人一生中所需要的医疗费用可能在60岁以后,占到一生中的60%到70%。老龄社会的到来,对我们这个国家来说可以叫未富先老。怎么让老年人老有所养、老有所医,可能是很严峻的问题。养老不光是期望寿命提高,还应期望健康寿命的提高。

嘉宾S:老年,应该说是每个人都要前进的那个方向,老年并不遥远,它是中年人的明天,青年人的后天。每个年轻人都应想到,我的明天和后天是什么样子。健康是一种储蓄，如果你能够身心健康着，到老年的时候，咱们“年龄的红利”就会拿到的时间更长些，生命的宽度和生命的长度成正比，这一点我们每一个人都应该想到。我们中国是“百善孝为先”的国家，但对父母的孝顺，不应仅体现在金钱方面，扶养老人的理念，要从对物质需求的满足进而关注精神的追求。其实老人不是说你给他点钱、送点肉就行了，还需要心理抚慰。比如帮妈妈刷刷筷子洗洗碗什么的。我们常说追求生活质量要转换成追求生命质量，生命质量不是单指吃得饱，穿得暖，住得好，还指提高人生价值。老得有所为、有所学、有所乐，这些做儿女的应该想到。

嘉宾Z：现在有所谓“四老”的说法。一要有老伴，因为家庭是社会的细胞，也是一个人身心健康的重要载体、重要场所，所以第一要有老伴。第二要有老友，因为从医学来说，一个人有四个以上的知心朋友，寿命能够延长，健康指数能够提高。第三得有老窝，总得有一个自己的居室，自己的房间。第四就是老底，我认为这个老底不是单纯金钱的储蓄，包括什么呢？包括你的身体、你的心理准备，这个心理准备就是要有一些兴趣爱好。有位名人这样说过：人的一生中应该有一些兴趣爱好，这样才能体现生命的价值，如果没有兴趣爱好，就如同生活在荒漠中一样，感觉单调无聊。为什么有的人退休后，恨不得自己快些变老？因为过去的门庭若市，一夜间变成门庭冷落，这种角色转换不适应。如果年轻时有兴趣爱好来充实生活的每一天，当角色发生变化的时候，你会仍然感觉到生命的活力，生活的充实。

主持人：刚才谈的涉及居家养老模式，这是非常值得研究的话题，您如何看待？

嘉宾Z：这是现实的选择。特别对于中国来讲，我们人口基数大，老龄人口绝对数比较大。这种情况下，我们依然用传统的居家养老，靠一家一户解决养老问题一定是不现实的。但是由于我们养老院很少，养老机构比例非常低，所以需要社会方方面面加大投入来建立。但即使建立起来了，谁去？其实你可以做调查，有多少老人愿意自觉去养老机构？有很多儿女是心里想但不敢说出口把父母送养老院。

主持人：至少不是主动选择的，一般都是被动的迫不得已才去。

嘉宾Z：这个观念转变是养老模式转变的最大障碍。如果未来一代的中国人在把老人送养老院还是放在家里头的问题上，能够视同跟孝无关，而是哪个更合理、更务实的时候，我想我们养老理念的进步就上了一个很大台阶。现在有些社区有老年饭桌，老人可以不必自己做饭，也有助于降低空巢老人独居的风险。有时候，老人有了问题拿呼叫器都来不及，如果靠社区力量进行有效的统一管理，跟一家一户请一个保姆效果不一样，成本也不一样。

嘉宾S：欧洲的发达国家是率先进入老龄化社会的。瑞典是四个人中有一个老年人。像德国、加拿大等很多国家，是集个人、家庭、社区、社会的合力，来为老年人提供一些场所。比如跟附近大学联合，建老年大学，在这里边老年朋友可以学唱歌、学画画、学弹琴。另外，养老院除了有医护人员、有营养师外，还有志愿者。有些国家的年轻人，从中学到大学，一年有一个月到两个月去做志愿者服务，这是国外。国内，上海是率先进入老龄化社会的地区。在“十一五”期间，他们做了件事情，叫“9073工程”。90%的老年朋友是居家养老，但是由社区来为他们提供服务，比如社区医生、护士巡诊，社区服务人员给生活不方便的老年人提供蔬菜，一周去一到两次打扫卫生，为有些行动不便的老人提供轮椅等，这是90%居家养老；7%是靠一些社区的托老所，日间照顾；3%靠社会的养老院。

假定你是某街道办事处的一名工作人员，请根据给定资料，拟写一份《某街道办事处关于改进老年人服务工作的指导意见》。

要求：文字简明，分条撰写，有指导性与可行性；不超过400字。

五、写作题（30分）

假定你所在单位近期将召开会议，传达学习省委、省政府关于开展党的群众路线教育实践活动的大会精神，部署贯彻落实工作，请你为领导起草一篇动员讲话稿。

要求：1. 中心明确、重点突出、内容全面；2. 思路清晰，结构完整，语言简练顺畅；3. 字数在1 000字左右。

江苏省营职以下军队转业干部考前模拟卷(卷十)

命题:张棣博士(150 分钟 100 分)

一、简答题(10 分)

1. 李学勇同志在江苏省第十二届人民代表大会第一次会议上所作的工作报告多次提到江苏省要推进"两个率先"、实施"八项工程",请回答其具体内容是什么。

2. 十八大根据我国经济社会发展实际,要在全面建设小康社会目标的基础上努力实现的新要求是什么?

二、案例分析题(20 分)

王海、马强、高小兵、邓华是某科室的四位年轻公务员。王海最近痴迷于股市运作,常常在上班期间炒股。马强觉得不妥,多次规劝王海,但是王海往往置之一笑,不予理睬。某日,科长在科室会议上严肃批评了王海上班时间炒股的行为。王海非常恼怒,他认为一定是马强打的小报告,于是,联合高小兵、邓华孤立马强。

请从职业道德修养角度评析这一案例。字数控制在 300 字以内。

三、实务操作题(20 分)

A 市启动城市公交线路整体优化工作,决定取消某社区门口的站点,该社区居民对此很有意见。2013 年 7 月 5 日,该社区派出 10 名群众代表到市公交公司讨说法。公司李副经理要求相关部门将 10 位群众安排在会议室,召开了一次座谈会。

座谈会由李副经理主持。他做了主要发言,并听取了群众代表的意见。他还代表公司做了相关表态。

座谈会取得了较好的效果。

如果你是会议现场的记录人员，请以会议记录的形式写出李副经理在现场的讲话。

要求：1. 只记录李副经理的发言；2. 中间若涉及群众代表发言，请用“代表：……”的形式代过，无需写出具体内容；3. 字数控制在400字以内。

四、材料处理题(20分)

广西桂林市市长李志刚——为了更多人满意

他心系国防、心系部队、心系军转干部；他要求军转安置工作做到“三早”，开好“三会”，突出“三点”，实现“三满意”。他就是广西桂林市市长李志刚——一位优秀的军转安置工作者。

桂林市驻军单位多，驻军人数与城市居民比居全国前列。2001年以来，桂林市共接收安置军转干部2 556名，占同期广西接收军转干部总数的1/4。

面对繁重的军转安置任务，李志刚坚持“三早”。每年初，他都亲自带领组织、人事、军转部门负责人到驻地部队调查摸底，做到早谋划，早计划，早安置。李志刚坚持开好“三会”：军转安置工作小组会、全市军转安置工作大会和军转培训动员会，使军转安置质量年年提升。李志刚突出“三点”：突出师、团职军转干部和功臣模范安置重点；制定优惠政策，他对军转干部要求进党政机关安置这个热点进行疏导；妥善解决随调家属安置这个难点，他要求与军转干部同时下达指令性计划，同时安排和报到。李志刚强调军转安置要实现“三满意”。在他的力推下，桂林市计划分配的军转干部有85%安置到党政机关和参照公务员管理的事业单位；副团职以上的军转干部报到率达100%，营职以下和专业技术军转干部报到率也达到99.5%以上，基本做到了部队、接收单位和军转干部“三满意”。

江苏南通市军转办原主任杨毅——用生命践行承诺

接收安置军转干部数量大、可供安置的空间小、渠道窄……多年来，江苏南通市遇到的一道道军转安置难题，给原市军转办主任杨毅提供了一个摸爬滚打、经受考验的大平台。杨毅，用生命践行了一名军转安置工作者的庄严承诺。

从2001年从事军转安置工作起，直到2009年因病逝世，杨毅经历了军队裁减员额20万、编制体制调整改革的特殊时期，他始终以满腔热情和高度政治责任感做好军转安置工作。“困难再大，也要想方设法克服；任务再重，也要不折不扣地完成。”杨毅说。

杨毅先后提出将团职干部和女干部计划单列，对正团职干部采取“公开职位、量化积分、自主选岗、组织决定”，副团职以下干部“积分选岗、双向选择、择优推荐、保底安置”，探索营以下干部“考试考核和双向选择”相结合的建议方案，并逐步付诸实施，从而将南通市军转安置逐步推向准市场化运作模式。为帮助军转干部提高“双选率”，减少盲目性，在杨毅和他同事的努力下，原来不被看好的公安、乡镇等岗位也成了“热门”。

“公生明，廉则威”。作为全市军转安置工作的“一线指挥员”，杨毅深知廉洁自律的重要性。“有事在办公室谈”，是杨毅待人接物的一贯原则。在他的影响下，市军转办一班人风正气清，连续10多年被评为先进处室。

辽宁省公安厅——提供发展大舞台

目前，辽宁省公安厅接收的军转干部中已有12名走上厅级领导岗位，31人走上处级领导岗位。事实上，这也正是辽宁省公安厅党委多年来以高度的政治责任感和求真务实的作风，切实做好军队干部转业接收安置工作的生动例证。

厅党委清醒地认识到，"国无军不安，军不稳则弱"，只有把军转安置工作做好了，才能保证军队干部的新老交替，不断优化军队干部队伍结构，凝聚军心、稳定军队，增强军队的生机和活力，确保人民军队更好地履行捍卫国家主权、保卫和平的神圣使命。

厅党委严格执行政策规定，确保指令性安置计划全面落实。在贯彻执行中央和省军转办确定的安置政策上，厅党委始终不折不扣地完成指令性分配接收计划，始终做到接收安置过程中不摆困难、多想办法。在每年军转安置工作开始前，厅党委都在机关中最大限度地拿出适合安置军转干部的空缺岗位优先安排。2001年以来，厅机关共接收安置军转干部75名。

仅接收还不够，厅党委还注重加大干部培养，为转业干部提供良好的发展舞台。基于此，厅党委在军转干部岗位安排上十分慎重，认真研究每名转业干部的自身特点，全面分析其工作优势，结合厅机关各岗位实际，妥善安置，力争使每名转业干部到岗后"迅速进入角色，全面发挥作用"。

武汉——探索安置新路径

2001年以来，湖北武汉市接收安置计划分配军转干部及随调家属5 400多人，安置率达100%，接收自主择业军转干部1 075人，形成了市、区、街道管理服务体系，探索出一条军转安置新路径。

武汉是湖北省军转安置大市，历年接收数量约占全省的40%。近年来，市委、市政府以强烈的政治责任感，坚持把军转安置工作作为一项重大的政治任务，抓紧抓实。

创新观念，突破"难点"。在军转干部编制问题这一"难点"上，市委、市政府要求各接收单位必须无条件按计划接收军转干部，编制部门先登记，财政部门兑现工资津贴，确保军转干部安置的质量。创新思路，突出"重点"。师团职军转干部是安置重点。武汉市明确规定，增编优先用于师团职军转干部；及时增加非领导职数；正团职军转干部带编带职数分配。创新措施，解决"热点"。针对进公务员队伍这一"热点"，武汉市将安置计划向公务员特别是政法队伍倾斜，通过考试考核选拔，体现公正公平。如今，武汉已将军转干部作为人才资源合理配置，使其人尽其才，各得其所。创新制度，强化"亮点"。武汉市坚持"大军转"工作机制，市委6名常委任安置工作小组组长和副组长；纪委、组织、人事、军转等部门联署办公、联合发力。

摘自《 人民日报 》(2009年05月29日02版)

1. 仔细阅读材料，归纳出各地军转安置的典型做法。要求：条理清晰，语言简练。(不超过200字)

2. 谈谈材料中的典型事例对相关单位进一步做好军转安置工作的启示。(不超过150字)

五、写作题(30分)

列宁说:"忘记历史就意味着背叛。"恩格斯却说:"不要被死人抓住了活人。"结合对这两句话的思考,写一篇800字左右的议论文。要求:观点明确、论证充分。避免写成对策性文章。

附 录 一

❖ 必备政策理论

一、关于“四个全面”

(一)“四个全面”战略布局的提出历程和时代背景

(1) 提出历程

“四个全面”战略布局的提出和形成经历了一个过程，这个过程体现了我们党在治国理政中对战略目标、战略重点和战略举措认识的不断深化。

2002 年召开的党的十六大第一次提出“全面建设惠及十几亿人口的更高水平的小康社会”，即“一个全面”。

2007 年召开的党的十七大重申了“一个全面”战略目标，“进一步提出实现全面建设小康社会目标的新要求”。

2012 年召开的党的十八大提出了全面建成小康社会和全面深化改革开放的目标，2013 年召开的党的十八届三中全会提出“全面深化改革”，至此“一个全面”发展成了“两个全面”。

2014 年召开的党的十八届四中全会提出了“全面推进依法治国”，这样，“两个全面”扩展为“三个全面”。

2014 年 11 月，习近平到福建考察调研时提出了“协调推进全面建成小康社会、全面深化改革、全面推进依法治国进程”的“三个全面”。

2014 年 12 月在江苏调研时则将“三个全面”上升到了“四个全面”，要“协调推进全面建成小康社会、全面深化改革、全面推进依法治国、全面从严治党，推动改革开放和社会主义现代化建设迈上新台阶”，新增了“全面从严治党”。

2015 年 2 月 2 日，习近平总书记在省部级主要领导干部学习贯彻十八届四中全会精神全面推进依法治国专题研讨班开班式上明确指出：“党的十八大以来，党中央从坚持和发展中国特色社会主义全局出发，提出并形成了全面建成小康社会、全面深化改革、全面依法治国、全面从严治党的战略布局。这个战略布局，既有战略目标，也有战略举措，每一个‘全面’都具有重大战略意义。”

从时间轴来看，“四个全面”是在不同高层会议场合逐步提出的。

2012 年 11 月十八大提出全面建成小康社会；

2013 年 11 月十八届三中全会提出全面深化改革；

2014 年 10 月十八届四中全会提出全面推进依法治国；

2014 年 10 月 8 日党的群众路线教育实践活动总结大会上提出全面推进从严治党。

(2) 时代背景

“四个全面”战略布局，适应了时代发展和当今中国社会进步的内在需要，体现了加快发展中国特色社会主义的新要求。正像习近平总书记所指出的那样：“四个全面”的战略布局是从我国发展现实需要中得出来的，是从人民群众的热切期待中得出来的，也是为推动解决我们面临的突出矛盾和问题提出来的。

从国际背景来看，当今世界正在发生深刻而复杂的变化，和平与发展仍然是时代主题。求和平、谋发展、促合作已经成为不可阻挡的时代潮流。当今世界发生的广泛而深刻的变化，对当代中国的发展既提供了难得的机遇，同时也提出了严峻的挑战。

从国内情况看，经过新中国成立以来60多年尤其是改革开放30多年的快速发展，我国生产力水平和综合国力显著提高，人民生活水平和社会保障水平显著提高，国际地位和国际影响力显著提高。但是，我国仍处于并将长期处于社会主义初级阶段这个基本国情并没有变，人民日益增长的物质文化需要同落后的社会生产之间的矛盾这一社会主要矛盾没有变，我国是世界最大发展中国家的国际地位没有变。

从党内情况来看，我们党是一个经历了90多年奋斗历程、拥有8 600多万党员、在一个13亿多人口的大国长期执政的党。在新的历史条件下，党面临着复杂而严峻的执政考验、改革开放考验、市场经济考验和外部环境考验，精神懈怠、能力不足、脱离群众、消极腐败“四大危险”更加尖锐地摆在全党面前。

正是在这样的时代背景和社会发展要求下，习近平总书记紧密结合时代特征和我国基本国情，适应广大人民群众的新期盼，站在发展中国特色社会主义和实现中华民族伟大复兴的中国梦的高度，提出了“四个全面”重大战略布局，规划了党中央在新的历史条件下治国理政新的战略目标、战略重点和战略举措。

（二）“四个全面”战略布局基本内容

全面建成小康社会、全面深化改革、全面依法治国、全面从严治党是一个有机联系的整体，每一个“全面”都有其特定的科学内涵和重大战略意义。

全面建成小康社会

“全面建成小康社会”是党中央提出的我国“三步走”发展战略的重要步骤。党的十八大适应国内外形势的新变化，在十六大、十七大确立的全面建设小康社会目标的基础上提出了新要求，强调要“确保到2020年实现全面建成小康社会宏伟目标”，即经济持续健康发展，人民民主不断扩大，文化软实力显著增强，人民生活水平全面提高，资源节约型、环境友好型社会建设取得重大进展，同时强调要确保全面建成的小康社会，是发展改革成果真正惠及十几亿人口的小康社会，是经济、政治、文化、社会、生态文明全面发展的小康社会，是为实现社会主义现代化建设宏伟目标和中华民族伟大复兴奠定坚实基础的小康社会。

全面深化改革

“全面深化改革”是党的十八届三中全会作出的重要部署。2013年11月召开的党的十八届三中全会审议通过了《中共中央关于全面深化改革若干重大问题的决定》，提出“全面深化改革的总目标是完善和发展中国特色社会主义制度，推进国家治理体系和治理能力现代化”，并对经济体制改革、政治体制改革、文化体制改革、社会体制改革、生态文明体制改革和党的建设制度改革进行了全面部署。十八届三中全会强调指出，改革开放是决定当代中国命运的关键抉择，是党和人民事业大踏步赶上时代的重要法宝。全面深化改革的总目标是完善和发展中国特色社会主义制度，推进国家治理体系和治理能力现代化。

全面推进依法治国

“全面依法治国”是党的十八届四中全会作出的重要部署。2014年10月召开的党的十八届四中全会审议通过了《中共中央关于全面推进依法治国若干重大问题的决定》，对全面推进依法治国、建设社会主义法治国家作出了整体规划和全面部署。十八届四中全会强调指出，依法治国是坚持和发展中国特色社会主义的本质要求和重要保障，是实现国家治理体系和治理能力现代化的必然要求。

全面从严治党

“全面从严治党”是习近平总书记在党的群众路线教育实践活动总结大会上的讲话中提出的战略部署，习近平总书记在讲话的开篇就明确提出了“全面推进从严治党”的重大命题。结合党的建设的实际，习近平总书记还提出了“新形势下坚持从严治党”八个方面的任务要求，即落实从严治党责任、坚持思想建党和制度治党紧密结合、严肃党内政治生活、坚持从严管理干部、持续深入改进作风、严明党的纪律、发挥人民监督作用、深入把握从严治党规律。

(三)“四个全面”战略布局的内在逻辑关系

“四个全面”战略布局是一个具有内在逻辑联系的整体。在这个整体中，全面建成小康社会是战略目标，全面深化改革、全面依法治国、全面从严治党是战略举措。“四个全面”统一于中国特色社会主义现代化建设全过程，统一于实现中华民族伟大复兴的中国梦的全过程。

首先，全面建成小康社会是战略目标。无论是全面深化改革、全面依法治国，还是全面从严治党，都要有一个统一的奋斗目标来统领，这个奋斗目标就是全面建成小康社会，并在此基础上继续建设富强民主文明和谐的社会主义现代化国家，实现中华民族伟大复兴的中国梦。全面深化改革、全面依法治国、全面从严治党，其目的都是为了全面建成小康社会，继而实现中华民族伟大复兴的中国梦。

其次，全面深化改革和全面依法治国是并驾齐驱的“鸟之两翼”。习近平总书记指出：“我们要让全面深化改革、全面推进依法治国如鸟之两翼、车之双轮，推动全面建成小康社会的目标如期实现。”这个形象的比喻清楚地说明了全面深化改革和全面依法治国在“四个全面”战略布局中的重要地位和作用。改革开放是决定当代中国命运的关键抉择，也是推进全面建成小康社会、全面依法治国和全面从严治党的强大动力；全面依法治国作为党中央治国理政的基本方略，是解决党和国家事业发展面临的一系列重大问题，确保全面深化改革和全面从严治党顺利进行，确保党和国家长治久安的根本要求。

最后，全面从严治党是重要保障。中国共产党是中国特色社会主义事业的领导核心，没有党的坚强领导就根本不可能实现全面建成小康社会目标；只有加强党的领导、全面从严治党，才能确保改革开放事业的正确方向；全面推进依法治国同样需要全面推进从严治党，因为“党的领导和社会主义法治是一致的，社会主义法治必须坚持党的领导，党的领导必须依靠社会主义法治”。

(四)“四个全面”战略布局的本质意义

(1) 本质

就是“战略布局”。这个战略布局，蕴含了深刻的战略思想。将全面建成小康社会定位为“实现中华民族伟大复兴中国梦的关键一步”；将全面深化改革的总目标确定为“完善和发展中国特色社会主义制度、推进国家治理体系和治理能力现代化”；将全面依法治国论述为全面深化改革的抓手、定海神针和助推器；第一次为全面从严治党标定路径，要求“增强从严治党的系统性、预见性、创造性、实效性”。

每一个“全面”，都是一整套结合实际、继往开来、勇于创新、独具特色的系统思想。四个“全面”加起来，相辅相成、相得益彰，是我们党治国理政方略与时俱进的新创造、马克思主义与中国实践相结合的新飞跃。

(2) 意义

四个全面是从我国发展现实需要中得出来的，是从人民群众的热切期待中得出来的，是为推动解决我们面临的突出矛盾和问题提出来的。从这个角度理解，四个全面，抓住改革发展稳定关键，统领中国发展总纲，确立了新形势下党和国家各项工作的战略方向、重点领域、主攻目标，是坚持和发展中国特色社会主义道路、理论、制度的战略抓手。

“四个全面”的提出，使当前和今后一个时期，党和国家各项工作关键环节、重点领域、主攻方向更加清晰，内在逻辑更加严密。深化改革、依法治国、从严治党相互作用、螺旋递进，将贯穿中国实现小康社会的全过程。

(五) 习近平关于“四个全面”的重要论述

习近平《关于〈中共中央关于全面推进依法治国若干重大问题的决定〉的说明》(2014年10月28日)

党的十八届三中全会后，中央即着手研究和考虑党的十八届四中全会的议题。党的十八大提出了全面建成小康社会的奋斗目标，党的十八届三中全会对全面深化改革作出了顶层设计，实现这个奋斗目标，落实这个顶层设计，需要从法治上提供可靠保障。

全会决定起草突出了5个方面的考虑。一是贯彻党的十八大和十八届三中全会精神，贯彻党的十八大以来党中央工作部署，体现全面建成小康社会、全面深化改革、全面推进依法治国这“三个全面”的逻辑联系。

习近平《在福建调研时的讲话》(2014年11月1日—2日)

要全面贯彻党的十八大和十八届三中、四中全会精神，协调推进全面建成小康社会、全面深化改革、全面推进依法治国进程，培育发展动力，激发社会活力，凝聚社会合力，把优势和潜力充分发挥出来，保持经济社会发展良好势头，不断取得新成效、实现新突破。

习近平《在江苏调研时的讲话》(2014年12月13日—14日)

要全面贯彻党的十八大和十八届三中、四中全会精神，落实中央经济工作会议精神，主动把握和积极适应经济发展新常态，协调推进全面建成小康社会、全面深化改革、全面推进依法治国、全面从严治党，推动改革开放和社会主义现代化建设迈上新台阶。

习近平总书记近日在江苏调研时强调(2014年12月16日)

协调推进全面建成小康社会、全面深化改革、全面推进依法治国、全面从严治党，推动改革开放和社会主义现代化建设迈上新台阶。

习近平《二〇一五年新年贺词》(2014 年 12 月 31 日)

新年的钟声即将敲响。我们要继续努力,把人民的期待变成我们的行动,把人民的希望变成生活的现实。我们要继续全面深化改革,开弓没有回头箭,改革关头勇者胜。我们要全面推进依法治国,用法治保障人民权益、维护社会公平正义、促进国家发展。我们要让全面深化改革、全面推进依法治国如鸟之两翼、车之双轮,推动全面建成小康社会的目标如期实现。

习近平《在全国政协举行新年茶话会上的讲话》(2014 年 12 月 31 日)

我们要全面贯彻落实中共十八大和十八届三中、四中全会精神,以邓小平理论、“三个代表”重要思想、科学发展观为指导,继续推进全面建成小康社会、全面深化改革、全面依法治国、全面从严治党,突出创新驱动,强化风险防控,加强民生保障,如期完成“十二五”规划确定的各项目标任务。

习近平《同中央党校县委书记研修班学员座谈时的讲话》(2015 年 1 月 12 日)

县级政权所承担的责任越来越大,尤其是在全面建成小康社会、全面深化改革、全面依法治国、全面从严治党进程中起着重要作用。

习近平《在十八届中央纪委五次全会上的讲话》(2015 年 1 月 13 日)

要按照全面建成小康社会、全面深化改革、全面依法治国、全面从严治党的要求,坚持思想建党和制度治党,严明政治纪律和政治规矩、加强纪律建设,深化纪律检查体制改革、完善党风廉政建设法规制度,落实“两个责任”、强化监督执纪问责,持之以恒落实中央八项规定精神,坚决遏制腐败现象蔓延势头,坚守阵地、巩固成果、深化拓展,坚定不移推进党风廉政建设和反腐败斗争。

实现“两个一百年”奋斗目标、实现中华民族伟大复兴的中国梦,统筹全面建成小康社会、全面深化改革、全面依法治国、全面从严治党,是前无古人的伟大事业,是艰巨繁重的系统工程,必须加强党中央的集中统一领导,以保证正确方向、形成强大合力。

习近平《在听取全国人大常委会、国务院、全国政协、最高人民法院、最高人民检察院党组工作汇报时的讲话》(2015 年 1 月 16 日)

要全面贯彻党的十八大和十八届三中、四中全会精神,用全面建成小康社会、全面深化改革、全面依法治国、全面从严治党引领各项工作,加快贫困地区、民族地区经济社会发展,为到 2020 年如期实现全面建成小康社会奋斗目标加紧奋斗。

习近平在十八届中央政治局第二十次集体学习时的讲话(2015 年 1 月 23 日)

辩证唯物主义是中国共产党人的世界观和方法论,我们党要团结带领人民协调推进全面建成小康社会、全面深化改革、全面依法治国、全面从严治党,实现“两个一百年”奋斗目标、实现中华民族伟大复兴的中国梦,必须不断接受马克思主义哲学智慧的滋养,更加自觉地坚持和运用辩证唯物主义世界观和方法论,增强辩证思维、战略思维能力,努力提高解决我国改革发展基本问题的本领。

习近平在十八届中央政治局第二十次集体学习时的讲话(2015 年 1 月 23 日)

我们提出要协调推进全面建成小康社会、全面深化改革、全面依法治国、全面从严治党,是当前党和国家事业发展中必须解决好的主要矛盾。我们既要注重总体谋划,又要注重牵住"牛鼻子"。在任何工作中,我们既要讲两点论,又要讲重点论,没有主次,不加区别,眉毛胡子一把抓,是做不好工作的。

习近平在省部级主要领导干部学习贯彻十八届四中全会精神全面推进依法治国专题研讨班开班式上发表的重要讲话(2015 年 2 月 2 日)

党的十八大以来,党中央从坚持和发展中国特色社会主义全局出发,提出并形成了全面建成小康社会、全面深化改革、全面依法治国、全面从严治党的战略布局。这个战略布局,既有战略目标,也有战略举措,每一个"全面"都具有重大战略意义。全面建成小康社会是我们的战略目标,全面深化改革、全面依法治国、全面从严治党是三大战略举措。

习近平在同党外人士共迎新春时的讲话(2015 年 2 月 11 日)

要着力服务全面建成小康社会、全面深化改革、全面依法治国、全面从严治党的战略布局。"四个全面"的战略布局是从我国发展现实需要中得出来的,从人民群众的热切期待中得出来的,也是为推动解决我们面临的突出矛盾和问题提出来的。统一战线有自己的优势,应该也完全能够为落实"四个全面"的战略布局作出贡献。睿智之言、务实之策根植于人民。希望同志们深入开展专题调研,提出更多建设性、可操作的意见和建议。

习近平在羊年春节前夕赴陕西看望慰问广大干部群众时的讲话(2015 年 2 月 13 日—16 日)

党的七大制定了正确的纲领和策略,集中概括了党在长期奋斗中形成的优良作风,确立了毛泽东思想在全党的指导地位。落实好全面建成小康社会、全面深化改革、全面依法治国、全面从严治党的战略布局,要求全党同志以与时俱进、奋发有为的精神状态,不断推进实践创新和理论创新,继续书写马克思主义中国化、时代化新篇章。

习近平在春节团拜会上的讲话(2015 年 2 月 17 日)

过年也是谋划新年的时刻。今年,我们面临的形势依然严峻复杂,承担的任务更加繁重艰巨。我们要紧紧依靠人民,从人民中吸取智慧,从人民中凝聚力量,按照全面建成小康社会、全面深化改革、全面依法治国、全面从严治党的战略布局,更加扎实地推进经济发展,更加坚定地推进改革开放,更加充分地激发创造活力,更加有效地维护公平正义,更加有力地保障和改善民生,更加深入地改进党风政风,为国家增创更多财富,为人民增加更多福祉,为民族增添更多荣耀。

我们正在进行的中国特色社会主义事业,是前无古人的开创性事业,前进道路不可能一帆风顺,我们必须准备进行具有许多新的历史特点的伟大斗争。我们要永远保持清醒头脑,继续发扬筚路蓝缕、以启山林那么一种精神,继续保持空谈误国、实干兴邦那么一种警醒,敢于战胜前进道路上的一切困难和挑战,使中国特色社会主义道路始终成为中华民族创造辉煌的必由之路,始终成为中华民族实现伟大复兴的必由之路,始终成为中华民族为人类作出新的更大贡献的必由之路。

习近平在参加十二届全国人大三次会议上海代表团审议时的讲话(2015 年 3 月 5 日)

上海要按照全面建成小康社会、全面深化改革、全面依法治国、全面从严治党的战略布局,凝心聚力,奋发有为,继续当好全国改革开放排头兵、创新发展先行者,为全国改革发展稳定大局作出更大贡献。

(六) 习近平关于"全面建设小康社会"的重要论述

《习近平:紧紧围绕坚持和发展中国特色社会主义 学习宣传贯彻党的十八大精神》(2012 年 11 月 17 日)

党的十八大报告勾画了在新的历史条件下全面建成小康社会、加快推进社会主义现代化、夺取中国特色社会主义新胜利的宏伟蓝图,是我们党团结带领全国各族人民沿着中国特色社会主义道路继续前进、为全面建成小康社会而奋斗的政治宣言和行动纲领,为我们这一届中央领导集体的工作指明了方向。中央已经发出关于认真学习宣传贯彻党的十八大精神的通知,各级党委要按照通知要求,把学习宣传贯彻党的十八大精神引向深入。

《习近平:承前启后继往开来 朝着中华民族伟大复兴目标奋勇前进》(2012 年 11 月 29 日)

我坚信,到中国共产党成立 100 年时全面建成小康社会的目标一定能实现,到新中国成立 100 年时建成富强民主文明和谐的社会主义现代化国家的目标一定能实现,中华民族伟大复兴的梦想一定能实现。

《习近平到河北阜平看望慰问困难群众讲话》(2012 年 12 月 29 日)

全面建成小康社会,最艰巨最繁重的任务在农村、特别是在贫困地区。没有农村的小康,特别是没有贫困地区的小康,就没有全面建成小康社会。中央对扶贫开发工作高度重视。各级党委和政府要增强做好扶贫开发工作的责任感和使命感,做到有计划、有资金、有目标、有措施、有检查,大家一起来努力,让乡亲们都能快点脱贫致富奔小康。

《习近平在全国政协新年茶话会上的讲话》(2013 年 1 月 1 日)

中国特色社会主义事业是造福人民的美好事业,也是需要我们为之付出智慧和力量的艰辛事业。现在,全面建成小康社会的号角已经吹响,关键是要树立起攻坚克难的坚定信心,凝聚起推进事业的强大力量,紧紧依靠全国各族人民,推动党和国家事业不断从胜利走向新的胜利。

《习近平在第十二届全国人民代表大会第一次会议上的讲话》(2013 年 3 月 17 日)

实现全面建成小康社会、建成富强民主文明和谐的社会主义现代化国家的奋斗目标,实现中华民族伟大复兴的中国梦,就是要实现国家富强、民族振兴、人民幸福,既深深体现了今天中国人的理想，也深深反映了我们先人们不懈追求进步的光荣传统。

《习近平在莫斯科国际关系学院的演讲》(2013 年 3 月 23 日)

去年 11 月，中国共产党召开了第十八次全国代表大会，明确了今后一个时期中国的发展蓝图，提出到 2020 年国内生产总值和城乡居民人均收入将在 2010 年的基础上翻一番，在中国共产党建党 100 年时全面建成小康社会，在新中国成立 100 年时建成富强民主文明和谐的社会主义现代化国家。同时，我们也清醒地认识到，作为拥有 13 亿多人口的发展中大国，中国在发展道路上面临的风险和挑战依然会很大、很严峻，要实现已确定的奋斗目标必须付出持续的艰辛努力。

《习近平在金砖国家领导人第五次会晤时的主旨讲话》(2013 年 3 月 27 日)

面向未来，中国将相继朝着两个宏伟目标前进：一是到 2020 年国内生产总值和城乡居民人均收入比 2010 年翻一番，全面建成惠及十几亿人口的小康社会。二是到 2049 年新中国成立 100 年时建成富强民主文明和谐的社会主义现代化国家。为了实现这两大目标，我们将继续把发展作为第一要务，把经济建设作为中心任务，继续推动国家经济社会发展。我们将坚持以人为本，全面推进经济建设、政治建设、文化建设、社会建设、生态文明建设，促进现代化建设各个方面、各个环节相协调，建设美丽中国。

《习近平主席在博鳌亚洲论坛 2013 年年会上的主旨演讲》(2013 年 4 月 7 日)

去年 11 月，中国共产党召开了第十八次全国代表大会，明确了中国今后一个时期的发展蓝图。我们的奋斗目标是，到 2020 年国内生产总值和城乡居民人均收入在 2010 年的基础上翻一番，全面建成小康社会；到本世纪中叶建成富强民主文明和谐的社会主义现代化国家，实现中华民族伟大复兴的中国梦。展望未来，我们充满信心。我们也认识到，中国依然是世界上最大的发展中国家，中国发展仍面临着不少困难和挑战，要使全体中国人民都过上美好生活，还需要付出长期不懈的努力。我们将坚持改革开放不动摇，牢牢把握转变经济发展方式这条主线，集中精力把自己的事情办好，不断推进社会主义现代化建设。

《习近平在同全国劳动模范代表座谈时的讲话》(2013 年 4 月 28 日)

工人阶级是我国的领导阶级，是我国先进生产力和生产关系的代表，是我们党最坚实最可靠的阶级基础，是全面建成小康社会、坚持和发展中国特色社会主义的主力军。

《习近平在墨西哥参议院的演讲：促进共同发展 共创美好未来》(2013 年 6 月 5 日)

中国制定了未来发展目标，这就是到 2020 年全面建成小康社会，到本世纪中叶建成富强民主文明和谐的社会主义现代化国家。在漫长的历史进程中，中国人民依靠自己的勤劳、勇敢、智慧，开创了各民族和睦共处的美好家园，培育了历久弥新的优秀文化。

《习近平主持中共中央政治局第七次集体学习的讲话》(2013 年 6 月 25 日)

要把党要管党、从严治党落到实处，坚持以改革创新精神推进党的建设，使我们党更好担负起团结带领全国各族人民全面建成小康社会、实现中华民族伟大复兴的重任。

《习近平:进一步关心海洋认识海洋经略海洋 推动海洋强国建设不断取得新成就》(2013 年 7 月 30 日)

建设海洋强国是中国特色社会主义事业的重要组成部分。党的十八大作出了建设海洋强国的重大部署。实施这一重大部署,对推动经济持续健康发展,对维护国家主权、安全、发展利益,对实现全面建成小康社会目标、进而实现中华民族伟大复兴都具有重大而深远的意义。要进一步关心海洋、认识海洋、经略海洋,推动我国海洋强国建设不断取得新成就。

《习近平会见参加全国群众体育先进单位和先进个人表彰会、全国体育系统先进集体和先进工作者表彰会的代表并发表重要讲话》(2013 年 8 月 31 日)

全民健身是全体人民增强体魄、健康生活的基础和保障,人民身体健康是全面建成小康社会的重要内涵,是每一个人成长和实现幸福生活的重要基础。我们要广泛开展全民健身运动,促进群众体育和竞技体育全面发展。各级党委和政府要高度重视体育工作,把体育工作放在重要位置,切实抓紧抓好。

《习近平致第十二届世界华商大会的贺信》(2013 年 9 月 25 日)

全面建成小康社会,实现中华民族伟大复兴,为广大华商施展抱负提供了广阔舞台。我们将进一步深化改革、完善政策、强化服务,依法保护华商投资兴业权益,鼓励和支持广大华商为中国发展献智出力。

《习近平在欧美同学会成立 100 周年庆祝大会上的讲话》(2013 年 10 月 21 日)

"致天下之治者在人才。"人才是衡量一个国家综合国力的重要指标。没有一支宏大的高素质人才队伍,全面建成小康社会的奋斗目标和中华民族伟大复兴的中国梦就难以顺利实现。

《习近平:建设社会主义文化强国 着力提高国家文化软实力》(2013 年 12 月 30 日)

中国梦的宣传和阐释,要与当代中国价值观念紧密结合起来。中国梦意味着中国人民和中华民族的价值体认和价值追求,意味着全面建成小康社会、实现中华民族伟大复兴,意味着每一个人都能在为中国梦的奋斗中实现自己的梦想,意味着中华民族团结奋斗的最大公约数,意味着中华民族为人类和平与发展作出更大贡献的真诚意愿。

《习近平:切实把思想统一到党的十八届三中全会精神上来》(2014 年 1 月 1 日)

全面建成小康社会,实现社会主义现代化,实现中华民族伟大复兴,最根本最紧迫的任务还是进一步解放和发展社会生产力。解放思想,解放和增强社会活力,是为了更好解放和发展社会生产力。邓小平同志说:革命是解放生产力,改革也是解放生产力,"社会主义基本制度确立以后,还要从根本上改变束缚生产力发展的经济体制,建立起充满生机和活力的社会主义经济体制,促进生产力的发展"。我们要通过深化改革,让一切劳动、知识、技术、管理、资本等要素的活力竞相迸发，让一切创造社会财富的源泉充分涌流。同时，要处理好活力和有序的关系，社会发展需要充满活力，但这种活力又必须是有序活动的。死水一潭不行，暗流汹涌也不行。

《在中法建交五十周年纪念大会上的讲话》(2014 年 3 月 27 日)

为了实现中国梦，我们确立了“两个一百年”奋斗目标，就是到 2020 年实现国内生产总值和城乡居民人均收入比 2010 年翻一番，全面建成小康社会；到本世纪中叶建成富强民主文明和谐的社会主义现代化国家，实现中华民族伟大复兴。我们认识到，为了实现中国梦，必须全面深化改革，进一步解放思想、解放和发展社会生产力、解放和增强社会活力。

《习近平在布鲁日欧洲学院的演讲》(2014 年 4 月 1 日)

改革开放以后，在邓小平先生领导下，我们从中国国情和时代要求出发，探索和开拓国家发展道路，形成了中国特色社会主义，提出要建设社会主义市场经济、民主政治、先进文化、和谐社会、生态文明，维护社会公平正义，促进人的全面发展，坚持和平发展，全面建成小康社会，进而实现现代化，逐步实现全体人民共同富裕。独特的文化传统，独特的历史命运，独特的国情，注定了中国必然走适合自己特点的发展道路。我们走出了这样一条道路，并且取得了成功。

《习近平在中国国际友好大会暨中国人民对外友好协会成立 60 周年纪念活动上的讲话》(2014 年 5 月 15 日)

当今时代，中国正在发展，中国正在改革，中国正在前进。我们确定了“两个一百年”奋斗目标，就是到 2020 年实现国内生产总值和城乡居民人均收入比 2010 年翻一番，全面建成小康社会；到本世纪中叶建成富强民主文明和谐的社会主义现代化国家，实现中华民族伟大复兴的中国梦。中国梦既是中国人民追求幸福的梦，也同世界人民的梦想息息相通。中国将在实现中国梦的过程中，同世界各国一道，推动各国人民更好实现自己的梦想。

《习近平：让工程科技造福人类、创造未来》(2014 年 6 月 3 日)

现在，各国都在深入思考今后的发展前景。中国已经明确了今后一个时期的发展蓝图，我们的奋斗目标是，到 2020 年国内生产总值和城乡居民人均收入比 2010 年翻一番，全面建成小康社会；到本世纪中叶，建成富强民主文明和谐的社会主义现代化国家。中国正在全面深化改革，统筹推进经济、政治、文化、社会、生态文明等领域改革，努力破解发展难题，消除影响经济社会发展的体制机制障碍，不断为发展增添新动力。

《习近平：弘扬丝路精神 深化中阿合作》(2014 年 6 月 5 日)

中国已经进入全面建成小康社会的决定性阶段。实现这个目标是实现中华民族伟大复兴中国梦的关键一步。我们为此作出全面深化改革的总体部署，着力点之一就是以更完善、更具活力的开放型经济体系，全方位、多层次发展国际合作，扩大同各国各地区的利益汇合、互利共赢。

《习近平在中国科学院第十七次院士大会、中国工程院第十二次院士大会上的讲话》(2014 年 6 月 9 日)

当前,全党全国各族人民正在为全面建成小康社会、实现中华民族伟大复兴的中国梦而团结奋斗。我们比以往任何时候都更加需要强大的科技创新力量。党的十八大作出了实施创新驱动发展战略的重大部署,强调科技创新是提高社会生产力和综合国力的战略支撑,必须摆在国家发展全局的核心位置。这是党中央综合分析国内外大势、立足我国发展全局作出的重大战略抉择。

《习近平在和平共处五项原则发表 60 周年纪念大会上的讲话》(2014 年 6 月 28 日)

当前,中国人民正在为全面建成小康社会、实现中华民族伟大复兴的中国梦而奋斗。中国梦同世界各国人民的美好梦想息息相通,中国人民愿意同各国人民在实现各自梦想的过程中相互支持、相互帮助,中国愿意同各国尤其是周边邻国共同发展、共同繁荣。

《习近平在巴西国会的演讲:弘扬传统友好 共谱合作新篇》(2014 年 7 月 16 日)

当前,中国人民正在为实现中华民族伟大复兴的中国梦而奋斗。中国是世界上最大的发展中国家,发展是解决中国所有问题的关键。中国已经明确了今后一个时期的发展目标,即到 2020 年实现国内生产总值和城乡居民人均收入比 2010 年翻一番,全面建成惠及十几亿人口的小康社会;到本世纪中叶建成富强民主文明和谐的社会主义现代化国家。

《中共中央召开党外人士座谈会 习近平主持并发表重要讲话》(2014 年 7 月 29 日)

一是把思想和行动统一到中共中央决策部署上来,正确认识我国经济发展的阶段性特征,进一步增强信心,适应新常态,共同推动经济持续健康发展。二是紧紧围绕全面深化改革和下半年经济社会运行中的重大问题,深入调查研究,讲真话、献良策、出实招。三是开展富有成效的教育引导工作,把理解改革、投身改革、支持改革、参与改革的人搞得多多的,为深化改革凝聚广泛共识、汇聚强大力量。四是把一切可以团结的力量广泛团结起来,把一切可以调动的积极因素充分调动起来,为全面深化改革、全面建成小康社会、实现中华民族伟大复兴中国梦贡献更大力量。

《习近平在蒙古国媒体发表署名文章:策马奔向中蒙关系更好的明天》(2014 年 8 月 21 日)

当今世界正在发生深刻复杂的变化,和平、发展、合作、共赢的时代潮流更加强劲。中国已经确立了未来发展目标,就是到 2020 年全面建成小康社会,到本世纪中叶建成富强民主文明和谐的社会主义现代化国家。我们形象地把这个目标概括为实现中华民族伟大复兴的中国梦。蒙古国人民也正在改革发展的道路上奋力前行,国家发展呈现出欣欣向荣的景象。

《习近平:关于〈中共中央关于全面推进依法治国若干重大问题的决定〉的说明》(2014 年 10 月 28 日)

现在,全面建成小康社会进入决定性阶段,改革进入攻坚期和深水区。我们党面对的改革发展稳定任务之重前所未有、矛盾风险挑战之多前所未有,依法治国在党和国家工作全局中的地位更加突出、作用更加重大。全面推进依法治国是关系我们党执政兴国、关系人民幸福安康、关系党和国家长治久安的重大战略问题,是完善和发展中国特色社会主义制度、推进国家治理体系和治理能力现代化的重要方面。我们要实现党的十八大和十八届三中全会作出的一系列战略部署,全面建成小康社会、实现中华民族伟大复兴的中国梦,全面深化改革、完善和发展中国特色社会主义制度,就必须在全面推进依法治国上作出总体部署、采取切实措施、迈出坚实步伐。

《习近平在福建调研讲话》(2014 年 11 月 1 日至 2 日)

全面建成小康社会,不能丢了农村这一头。福建农业多样性资源丰富,多样性农业特点突出,要围绕建设特色现代农业,努力在提高粮食生产能力上挖掘新潜力,在优化农业结构上开辟新途径,在转变农业发展方式上寻求新突破,在促进农民增收上获得新成效,在建设新农村上迈出新步伐。

《习近平在澳大利亚联邦议会的演讲》(2014 年 11 月 17 日)

当前,中国人民正在为实现中华民族伟大复兴的中国梦而不懈奋斗。中国梦就是要实现国家富强、民族振兴、人民幸福。我们的发展目标是,到 2020 年国内生产总值和城乡居民人均收入比 2010 年翻一番、全面建成小康社会,到本世纪中叶建成富强民主文明和谐的社会主义现代化国家。为了实现中国梦,我们将全面深化改革开放、全面推进依法治国,不断推进现代化建设,不断提高人民生活水平。

《习近平在江苏调研讲话》(2014 年 12 月 13 日)

没有全民健康,就没有全面小康。医疗卫生服务直接关系人民身体健康。要推动医疗卫生工作重心下移、医疗卫生资源下沉,推动城乡基本公共服务均等化,为群众提供安全有效方便价廉的公共卫生和基本医疗服务,真正解决好基层群众看病难、看病贵问题。

《把革命老区发展时刻放在心上——习近平总书记主持召开陕甘宁革命老区脱贫致富座谈会侧记》

我们实现第一个百年奋斗目标、全面建成小康社会,没有老区的全面小康,特别是没有老区贫困人口脱贫致富,那是不完整的。这就是我常说的小康不小康、关键看老乡的涵义。

《习近平在 2015 年春节团拜会上的讲话》(2015 年 2 月 17 日)

我们要紧紧依靠人民,从人民中吸取智慧,从人民中凝聚力量,全面贯彻落实党的十八大和十八届三中、四中全会精神,以邓小平理论、“三个代表”重要思想、科学发展观为指导,按照全面建成小康社会、全面深化改革、全面依法治国、全面从严治党的战略布局,更加扎实地推进经济发展,更加坚定地推进改革开放,更加充分地激发创造活力,更加有效地维护公平正义,更加有力地保障和改善民生,更加深入地改进党风政风,为国家增创更多财富,为人民增加更多福祉,为民族增添更多荣耀。

(七)习近平关于“全面深化改革”的重要论述

改革开放是决定当代中国命运的关键一招,也是决定实现“两个一百年”奋斗目标、实现中华民族伟大复兴的关键一招。二〇一三年十一月,党的十八届三中全会对全面深化改革进行总体部署。

(1)改革开放只有进行时没有完成时

改革开放是我们党的历史上一次伟大觉醒,孕育了新时期从理论到实践的伟大创造。二十世纪七十年代末,我们党在对“文化大革命”进行深刻反思、对中国发展落后进行深刻反思、对国际形势进行深刻反思的基础上,作出实行改革开放的历史性决策。回顾改革开放以来的历程,每一次重大改革都给党和国家发展注入新的活力、给事业前进增添强大动力,党和人民的事业就是在不断深化改革中向前推进的。

三十多年来,中国人民的面貌、社会主义中国的面貌、中国共产党的面貌能发生如此深刻的变化,我国能在国际社会赢得举足轻重的地位,靠的就是坚持不懈推进改革开放。实践充分证明,改革开放是党和人民事业大踏步赶上时代的重要法宝,是党和国家保持生机活力的关键,是当代中国最鲜明的特色,也是当代中国共产党人最鲜明的品格。没有改革开放,我们就不可能有今天这样的大好局面。

改革开放只有进行时没有完成时。习近平总书记强调,“在整个社会主义现代化进程中,我们都要高举改革开放的旗帜,决不能有丝毫动摇”,“全党要坚定改革信心,以更大的政治勇气和智慧、更有力的措施和办法推进改革”。

这是顺应当今世界发展大势的必然选择。纵观世界,变革是大势所趋、人心所向,是浩浩荡荡的历史潮流。现在世界各国都在加快推进变革,特别是新一轮科技革命和产业变革正在孕育兴起。在这样的形势下,要全面建成小康社会、实现中华民族伟大复兴的中国梦,必须认清形势、居安思危、奋起直追。停顿和倒退没有出路,思想僵化、故步自封,必将被时代所淘汰。

这是适应我国发展新要求和人民新期待的必然选择。我国发展面临一系列突出矛盾和挑战,前进道路上还有不少困难和问题。比如:发展中不平衡、不协调、不可持续问题依然突出,科技创新能力不强,产业结构不合理,发展方式依然粗放,城乡区域发展差距和居民收入分配差距依然较大,社会矛盾明显增多,教育、就业、社会保障、医疗、住房、生态环境、食品药品安全、安全生产、社会治安、执法司法等关系群众切身利益的问题较多,部分群众生活困难,形式主义、官僚主义、享乐主义和奢靡之风问题突出,一些领域消极腐败现象易发多发,反腐败斗争形势依然严峻,等等。要破解发展中面临的难题、化解来自各方面的风险挑战,推动经济社会持续健康发展,除了深化改革,别无他途。

这是抓住机遇、抢占未来发展制高点的必然选择。抓住和用好机遇,对党和国家发展具有决定性意义。现在,我国国际环境总体稳定,国际地位和国际影响力大幅提高,塑造国际关系和国际秩序能力大幅提高;我们在改革开放中积累了丰富实践经验和理论成果,对中国特色社会主义规律的认识不断深化;全党全国各族人民在实现中华民族伟大复兴的中国梦上精气神高涨。总起来看,主客观条件都对我们全面深化改革有利。这个历史性机遇千载难逢,抓住就能赢得战略主动,否则就有可能陷于被动。必须增强机遇意识,通过全面深化改革,充分发挥我们的独特优势,激发党和国家生机活力。

当前,我们的改革到了一个新的历史关头。习近平总书记指出:“中国改革经过三十多年,已进入深水区,可以说,容易的、皆大欢喜的改革已经完成了,好吃的肉都吃掉了,剩下的都是难啃的硬骨头。”这其中,有的牵涉复杂的部门利益,有的在思想认识上难以统一,有的要触动一些人的“奶酪”,有的需要多方面配合、多措施并举。矛盾越大,问题越多,越要攻坚克难、勇往直前。必须一鼓作气、坚定不移,必须坚定信心、增强勇气,敢于啃硬骨头,敢于涉险滩,敢于向积存多年的顽瘴痼疾开刀,坚决打好全面深化改革这场攻坚战。

要勇于冲破思想观念的障碍,勇于突破利益固化的藩篱。破除妨碍改革发展的那些思维定势,顺应潮流、与时俱进,做好承受改革压力和改革代价的思想准备,对党和人民事业有利的,对最广大人民有利的,对实现党和国家兴旺发达、长治久安有利的,该改的就要坚定不移改。改革必然触及利益,碰到各种复杂关系的羁绊,要有勇气、有胆识、有担当,敢于出招、敢于得罪人、敢于突破既得利益,真正让改革落地。

(2) 把握全面深化改革总要求

党的十八届三中全会对全面深化改革作出总部署、总动员,勾画了到二〇二〇年全面深化改革的时间表、路线图。必须准确把握中央精神,统一思想、统一意志,形成推进改革的强大合力。习近平总书记在党的十八届三中全会第二次全体会议上,就全面深化改革的指导思想、总体思路、目标任务进行了深刻阐述。

坚持把完善和发展中国特色社会主义制度、推进国家治理体系和治理能力现代化作为全面深化改革的总目标。这个总目标回答了推进各领域改革最终是为了什么、要取得什么样的整体效果这个问题。国家治理体系和治理能力是一个国家制度和制度执行能力的集中体现。国家治理体系是在党领导下管理国家的制度体系,是一整套紧密相连、相互协调的国家制度;国家治理能力则是运用国家制度管理社会各方面事务的能力。推进国家治理体系和治理能力现代化,就是要使各方面制度更加科学、更加完善,实现党、国家、社会各项事务治理制度化、规范化、程序化,善于运用制度和法律治理国家,提高党科学执政、民主执政、依法执政水平。

坚持进一步解放思想、进一步解放和发展社会生产力、进一步解放和增强社会活力。这“三个进一步解放”既是改革的目的,又是改革的条件。解放思想是前提,是解放和发展社会生产力、解放和增强社会活力的总开关;解放和发展社会生产力、解放和增强社会活力,是解放思想的必然结果,也是解放思想的重要基础;解放和发展社会生产力是最根本最紧迫的任务,解放思想、解放和增强社会活力,是为了更好解放和发展社会生产力。要通过不断改革创新,使中国特色社会主义在解放和发展社会生产力、解放和增强社会活力、促进人的全面发展上比资本主义制度更有效率,更能激发全体人民的积极性、主动性、创造性,更能为社会发展提供有利条件,更能在竞争中赢得比较优势,把中国特色社会主义制度的优越性充分体现出来。

坚持以经济体制改革为重点,发挥经济体制改革牵引作用。经济建设仍然是全党的中心工作,坚持以经济建设为中心不动摇,就必须坚持以经济体制改革为重点不动摇。

经济体制改革对其他方面改革具有重要影响和传导作用，重大经济体制改革的进度决定着其他方面很多体制改革的进度，具有牵一发而动全身的作用。在全面深化改革中，要坚持以经济体制改革为主轴，努力在重要领域和关键环节改革上取得新突破，以此牵引和带动其他领域改革，使各方面改革协同推进、形成合力，而不是各自为政、分散用力。

坚持社会主义市场经济改革方向。提出建立社会主义市场经济体制的改革目标，是我们党在建设中国特色社会主义进程中的一个重大理论和实践创新，解决了世界上其他社会主义国家长期没有解决的一个重大问题。虽然我国社会主义市场经济体制已经初步建立，但市场体系还不健全，市场发育还不充分，特别是政府和市场关系还没有理顺，市场在资源配置中的作用有效发挥受到诸多制约，必须继续朝着加快完善社会主义市场经济体制的目标努力。坚持社会主义市场经济改革方向，不仅是经济体制改革的基本遵循，也是全面深化改革的重要依托。要使各方面体制改革朝着这一方向协同推进，同时也使各方面自身相关环节更好适应社会主义市场经济发展提出的新要求。

坚持以促进社会公平正义、增进人民福祉为出发点和落脚点。改革开放以来，我国经济社会发展取得巨大成就，为促进社会公平正义提供了坚实物质基础和有利条件。同时，在我国现有发展水平上，社会上还存在大量有违公平正义的现象。特别是随着我国经济社会发展水平和人民生活水平不断提高，人民群众的公平意识、民主意识、权利意识不断增强，对社会不公问题反映越来越强烈。这个问题不抓紧解决，不仅会影响人民群众对改革开放的信心，而且会影响社会和谐稳定。把促进社会公平正义、增进人民福祉作为全面深化改革的出发点和落脚点，是坚持我们党全心全意为人民服务根本宗旨的必然要求。要通过创新制度安排，创造更加公平正义的社会环境，不断克服各种有违公平正义的现象，保证人民平等参与、平等发展权利，使改革发展成果更多更公平惠及全体人民。

坚持紧紧依靠人民推动改革。改革开放是亿万人民自己的事业。改革开放之所以得到广大人民群众衷心拥护和积极参与，最根本的原因在于我们一开始就使改革开放事业深深扎根于人民群众之中。我们推进任何一项重大改革，都要站在人民立场上把握和处理好涉及改革的重大问题，都要从人民利益出发谋划改革思路、制定改革举措。要广泛听取群众意见和建议，及时总结群众创造的新鲜经验，充分调动群众推进改革的积极性、主动性、创造性，把最广大人民智慧和力量凝聚到改革上来，同人民一道把改革推向前进。

明确了全面深化改革的总目标、目的和条件，明确了全面深化改革的重点、出发点和落脚点，明确了全面深化改革的力量源泉，就有了前进方向和基本遵循。要以此统一全党全国各族人民的思想和意志，汇聚起全面深化改革的强大正能量。

(3) 推进国家治理体系和治理能力现代化

党的十八届三中全会把完善和发展中国特色社会主义制度、推进国家治理体系和治理能力现代化作为全面深化改革的总目标。这是坚持和发展中国特色社会主义的必然要求，也是实现社会主义现代化的应有之义。全会在这个总目标统领下，提出各个领域改革的目标和举措，体现了我们党对改革认识的深化和系统化。二〇一四年二月，习近平总书记在省部级主要领导干部学习贯彻十八届三中全会精神全面深化改革专题研讨班上对总目标问题进行了深刻阐述。

纵观社会主义从诞生到现在的历史过程，怎样治理社会主义社会这样的全新社会，在以往的世界社会主义实践中没有解决得很好。辛亥革命后，中国人就一直在寻找适合我国国情的国家治理体系，社会各种力量进行着激烈斗争。在领导中国革命的进程中，我们党就不断思考未来建立什么样的国家治理体系的问题。在全国执政后，我们党继续探索这个问题，取得了重要成果。改革开放以来，我们党开始以全新的角度思考国家治理体系问题，强调领导制度、组织制度问题更带有根本性、全局性、稳定性和长期性。今天，摆在我们面前的一项重大历史任务，就是推动中国特色社会主义制度更加成熟更加定型，为党和国家事业发展、为人民幸福安康、为社会和谐稳定、为国家长治久安提供一整套更完备、更稳定、更管用的制度体系。这项工程极为宏大，零敲碎打调整不行，碎片化修补也不行，必须是全面的系统的改革和改进，是各领域改革和改进的联动和集成，在国家治理体系和治理能力现代化上形成总体效应、取得总体效果。

国家治理体系和治理能力是一个有机整体，相辅相成。有了好的国家治理体系才能提高治理能力，提高国家治理能力才能充分发挥国家治理体系的效能。三十多年来，从推动经济社会发展到应对突如其来的自然灾害和各式各样的国际经济金融危机、政治风波，我们不仅都挺过来了，而且每场风雨过后都发展得更好，同世界上一些国家不断出现乱局形成了鲜明对照。这说明，我们的国家治理体系和治理能力总体上是好的，是有独特优势的，是适应我国国情和发展要求的。国际上也有越来越多的人开始肯定我们的国家治理体系和治理能力。同时，我们在国家治理体系和治理能力方面还有许多亟待改进的地方。我们的制度还没有达到更加成熟更加定型的要求，在提高国家治理能力上需要下更大气力。

推进国家治理体系和治理能力现代化，必须解决好制度模式选择问题。治理体系和治理能力现代化要往什么方向走？这是一个带有根本性的问题。一个国家选择什么样的治理体系，是由这个国家的历史传承、文化传统、经济社会发展水平决定的，是由这个国家的人民决定的。我们的方向就是中国特色社会主义道路。我们提出的全面深化改革的总目标，是两句话组成的一个整体，“完善和发展中国特色社会主义制度”，这是前一句，规定了根本方向；“推进国家治理体系和治理能力现代化”，这是后一句，规定了所走路径。我国今天的国家治理体系，是在我国历史传承、文化传统、经济社会发展的基础上长期发展、渐进改进、内生性演化的结果。正因为没有拄着别人的拐棍，坚持独立自主选择自己的道路，我们才能始终站稳脚跟，走出了一条不同于西方国家的成功发展道路，形成了一套不同于西方国家的成功制度体系。

我国国家治理体系怎么改、怎么完善，我们要有主张、有定力。习近平总书记指出，“我们要借鉴人类政治文明的有益成果，但绝不照搬西方政治制度模式，绝不会接受任何外国颐指气使的说教”。在人权、选举制度、法治等重大问题上，必须理直气壮，不能以西方政治制度模式为标准。没有坚定的制度自信就不可能有全面深化改革的勇气，同样，离开不断改革，制度自信也不可能彻底、不可能久远。我们全面深化改革，是要使中国特色社会主义制度更好；我们说坚定制度自信，不是要故步自封，而是要不断革除体制机制弊端，让我们的制度成熟而持久。

推进国家治理体系和治理能力现代化，必须解决好价值体系问题。培育和弘扬核心价值体系和核心价值观，有效整合社会意识，是社会系统得以正常运转、社会秩序得以有效维护的重要途径，是国家治理体系和治理能力的重要方面。能否构建具有强大感召力的核心价值观，关系社会和谐稳定，关系国家长治久安。世界各国都十分重视培育和弘扬核心价值观，西方国家把他们那套价值观念推崇为“普世价值”，不仅在国内不遗余力对民众进行灌输，还在世界范围进行推销。我们要大力培育和弘扬社会主义核心价值体系和核心价值观，加快构建充分反映中国特色、民族特性、时代特征的价值体系，努力抢占价值体系的制高点。

（4）处理好全面深化改革的重大关系

现在推进改革的复杂程度、敏感程度、艰巨程度，一点都不亚于三十多年前。要坚持正确的思想方法，坚持辩证法，从纷繁复杂的事物表象中把准改革脉搏，不断探索和把握全面深化改革的内在规律。习近平总书记在湖北考察改革发展工作时和在党的十八届三中全会第二次全体会议上等讲话中，提出要把握和处理好全面深化改革的一些重大关系。

一是处理好解放思想和实事求是的关系。改革开放的过程，就是思想解放的过程。经历了三十多年波澜壮阔的变革，在新的时代实践中，同样需要新的思想引领，仍然需要以解放思想为先导。不进行思想的大解放，就不会有改革的大突破。解放思想不是脱离国情的异想天开，也不是闭门造车的主观想象，更不是毫无章法的莽撞蛮干。解放思想的目的在于更好地实事求是。必须坚持解放思想和实事求是的有机统一，一切从基本国情出发，从实际出发，从人民群众的利益出发，既大胆探索又脚踏实地。这样才能保证我们遵循事物发展的内在规律，保持历史前进的正确方向。

二是处理好整体推进和重点突破的关系。全面深化改革不是某个领域某个方面的单项改革，而是关系党和国家事业发展全局的重大战略部署，是一个涉及经济社会发展各领域的复杂系统工程。要坚持整体推进，统筹谋划深化改革各个方面、各个层次、各个要素，注重推动各项改革相互促进、良性互动、协同配合，注重改革措施整体效果，防止畸重畸轻、单兵突进、顾此失彼。但整体推进又不是平均用力、齐头并进，而是要注重抓主要矛盾和矛盾的主要方面，注重抓重要领域和关键环节。重要领域“牵一发而动全身”，关系到改革大局，是改革的重中之重；关键环节“一子落而满盘活”，关系到改革成效，是改革的有力支点。以这些重要领域和关键环节为突破口，可以对全面改革起到牵引和推动作用。

三是处理好全局和局部的关系。局部与全局相互依存，没有局部就无所谓全局，没有全局局部也不可能存在，既不能以局部代替全局，也不能以全局代替局部。在全面深化改革过程中，每一项改革既要考虑局部的具体情况，更要从大局出发，从全局上来统筹谋划。要避免“只见树木，不见森林”，防止局部和眼前合理却不利于全局和长远的情况发生。

四是处理好顶层设计和摸着石头过河的关系。回顾我国改革开放的历程，摸着石头过河是富有中国特色、符合中国国情的改革方法，也是符合马克思主义认识论和实践论的方法。同时，随着改革不断推进，必须加强顶层设计和总体规划，提高改革决策的科学性、增强改革措施的协调性。摸着石头过河和加强顶层设计是辩证统一的，推进局部的阶段性改革开放要在加强顶层设计的前提下进行，加强顶层设计要在推进局部的阶段性改革开放的基础上来谋划。要加强宏观思考和顶层设计，更加注重改革的系统性、整体性、协同性，同时也要继续鼓励大胆试验、大胆突破，不断把改革引向深入。

五是处理好胆子要大和步子要稳的关系。习近平总书记强调："我们一定要坚持胆子要大、步子要稳，战略上要勇于进取，战术上则要稳扎稳打。"面对新形势新任务，一定要拿出全面深化改革的勇气，大胆探索，勇于开拓，这是第一位的。同时也要看到，全面深化改革涉及面广，必须稳妥审慎，三思而后行。对一些重大改革，不可能毕其功于一役，可以提出总体思路和方案，但推行起来还是要稳扎稳打，积小胜为大胜。对改革进程中已经出现和可能出现的问题，困难要一个一个克服，问题要一个一个解决，既敢于出招又善于应招，做到"蹄疾而步稳"。

六是处理好改革发展稳定的关系。改革发展稳定是我国社会主义现代化建设的三个重要支点。改革是经济社会发展的强大动力，发展是解决一切经济社会问题的关键，稳定是改革发展的前提。三十多年来，我国社会发生的变革前所未有，同时又保持了安定团结。这充分证明，只有社会稳定，改革发展才能不断推进；只有改革发展不断推进，社会稳定才能具有坚实基础。要坚持把改革的力度、发展的速度和社会可承受的程度统一起来，在保持社会稳定中推进改革发展，通过改革发展促进社会稳定。

这六个方面的重大关系，深刻揭示了改革的内在规律，体现了巨大的政治智慧，是总结我国三十多年改革开放实践得出的重要结论。处理好这些重要关系，就能把握推进改革的科学思想方法和工作方法，积极稳妥、扎实有效地把全面深化改革推向前进。

(5) 切实把改革举措落到实处

以党的十八届三中全会召开为标志，我国改革开放进入新阶段。军令状已经下达，集结号已经吹响。完成全会确定的改革任务，任务艰巨，时间紧迫。要牢固树立进取意识、机遇意识、责任意识，把握大局、审时度势、统筹兼顾、科学实施，坚定不移朝着全面深化改革目标迈进。

要广泛凝聚改革共识。人心齐泰山移，凝聚共识很重要。现在，社会结构深刻变动，利益格局深刻调整，思想观念深刻变化，凝聚改革共识难度加大，统筹兼顾各方面利益任务艰巨。这就更需要做好统一思想、凝聚共识的工作。要加强学习，吃透党的十八届三中全会精神，做到全面领会、全面把握，防止一知半解、断章取义、生搬硬套。特别要弄清楚整体政策安排与某一具体政策的关系、系统政策链条与某一政策环节的关系、政策顶层设计与政策分层对接的关系、政策统一性与政策差异性的关系、长期性政策与阶段性政策的关系。要在学习宣传党的十八届三中全会精神上下细功夫、苦功夫、深功夫，加强对改革的正面宣传和舆论引导，及时回答干部群众关心的重大思想认识问题，为顺利推进改革营造良好社会环境，引导全党全社会都理解改革、支持改革、参与改革、推进改革。

要扎实推进各项改革。全面深化改革，是时代赋予我们的光荣任务，必须以时不我待的紧迫意识和夙夜在公的责任意识，按照改革的路线图和时间表扎实开展工作，防止徒陈空文、等待观望、急功近利。要正确推进改革，坚持改革是社会主义制度自我完善和发展。要准确推进改革，认真执行中央要求，不要事情还没弄明白就盲目推进。要有序推进改革，该中央统一部署的不要抢跑，该尽早推进的不要拖宕，该试点的不要仓促推开，该深入研究后再推进的不要急于求成，该得到法律授权的不要超前推进。要协调推进改革，注重改革的关联性和耦合性，把握全局，力争最大综合效益。要坚持先易后难，从最紧迫的事项改起，从老百姓最期盼的领域改起，从制约经济社会发展最突出的问题改起，从社会各界能够达成共识的环节改起，让老百姓得到实实在在的好处，让全社会感受到市场环境、创业条件、干部作风在一天天好转。

要统筹协调利益关系。全面深化改革触及深层次的社会关系和利益调整，十分复杂。协调不顺、处理不好，改革就难以顺利推进，难以取得成功。要把握和处理好当前利益和长远利益、局部利益和全局利益、个人利益和集体利益的关系，站在国家整体利益、根本利益、长远利益的立场上思考问题、推进工作，决不能局限于某个地方、某个部门的局部利益，决不能拘泥于眼前的得失。要积极回应群众关切，着力解决关系群众切身利益的问题，同时又引导群众着眼大局、着眼长远，理性合理表达利益诉求，营造安定团结的社会氛围。

要把握改革正确方向。我们的改革是有方向、有立场、有原则的，是在中国特色社会主义道路上不断前进的改革，而不是对社会主义制度改弦易张。在这个问题上头脑必须十分清醒。当前，社会上关于改革的议论很多，"药方"也很多。很多意见和建议值得深入思考，但也有些意见和建议偏于极端，一些敌对势力和别有用心的人也在那里摇旗呐喊、制造舆论、混淆视听。对此，习近平总书记强调，"问题的实质是改什么、不改什么，有些不能改的，再过多长时间也是不改"。要增强政治定力，坚守政治原则和底线，决不能在根本性问题上出现颠覆性错误。

（八）习近平关于"全面依法治国"的重要论述

习近平《紧紧围绕坚持和发展中国特色社会主义学习宣传贯彻党的十八大精神》(2012年11月17日)

中国特色社会主义制度，坚持把根本政治制度、基本政治制度同基本经济制度以及各方面体制机制等具体制度有机结合起来，坚持把国家层面民主制度同基层民主制度有机结合起来，坚持把党的领导、人民当家做主、依法治国有机结合起来，符合我国国情，集中体现了中国特色社会主义的特点和优势，是中国发展进步的根本制度保障。

习近平在首都各界纪念现行宪法公布实施30周年大会上的讲话(2012年12月4日)

1982年12月4日，五届全国人大五次会议通过了《中华人民共和国宪法》。我国现行宪法公布施行至今已经30年了。今天，我们在这里隆重集会，纪念这一具有重大历史意义和现实意义的事件，就是要保证宪法全面有效实施、推动全面贯彻党的十八大精神。

历史总能给人以深刻启示。回顾我国宪法制度发展历程，我们愈加感到，我国宪法同党和人民进行的艰苦奋斗和创造的辉煌成就紧密相连，同党和人民开辟的前进道路和积累的宝贵经验紧密相连。

我国现行宪法可以追溯到1949年具有临时宪法作用的《中国人民政治协商会议共同纲领》和1954年一届全国人大一次会议通过的《中华人民共和国宪法》。这些文献都以国家根本法的形式，确认了近代100多年来中国人民为反对内外敌人、争取民族独立和人民自由幸福进行的英勇斗争，确认了中国共产党领导中国人民夺取新民主主义革命胜利、中国人民掌握国家权力的历史变革。

1978年，我们党召开具有重大历史意义的十一届三中全会，开启了改革开放历史新时期，发展社会主义民主、健全社会主义法制成为党和国家坚定不移的基本方针。就是在这次会议上，邓小平同志深刻指出："为了保障人民民主，必须加强法制。必须使民主制度化、法律化，使这种制度和法律不因领导人的改变而改变，不因领导人的看法和注意力的改变而改变。"根据党的十一届三中全会确立的路线方针政策，总结我国社会主义建设正反两方面经验，深刻吸取十年"文化大革命"的沉痛教训，借鉴世界社会主义成败得失，适应我国改革开放和社会主义现代化建设、加强社会主义民主法制建设的新要求，我们制定了我国现行宪法。同时，宪法只有不断适应新形势、吸纳新经验、确认新成果，才能具有持久生命力。1988 年、1993 年、1999 年、2004 年，全国人大分别对我国宪法个别条款和部分内容作出必要的、也是十分重要的修正，使我国宪法在保持稳定性和权威性的基础上紧跟时代前进步伐，不断与时俱进。

我国宪法以国家根本法的形式，确立了中国特色社会主义道路、中国特色社会主义理论体系、中国特色社会主义制度的发展成果，反映了我国各族人民的共同意志和根本利益，成为历史新时期党和国家的中心工作、基本原则、重大方针、重要政策在国家法制上的最高体现。

30 年来，我国宪法以其至上的法制地位和强大的法制力量，有力保障了人民当家做主，有力促进了改革开放和社会主义现代化建设，有力推动了社会主义法治国家进程，有力促进了人权事业发展，有力维护了国家统一、民族团结、社会稳定，对我国政治、经济、文化、社会生活产生了极为深刻的影响。

30 年来的发展历程充分证明，我国宪法是符合国情、符合实际、符合时代发展要求的好宪法，是充分体现人民共同意志、充分保障人民民主权利、充分维护人民根本利益的好宪法，是推动国家发展进步、保证人民创造幸福生活、保障中华民族实现伟大复兴的好宪法，是我们国家和人民经受住各种困难和风险考验、始终沿着中国特色社会主义道路前进的根本法制保证。

再往前追溯至新中国成立以来 60 多年我国宪法制度的发展历程，我们可以清楚地看到，宪法与国家前途、人民命运息息相关。维护宪法权威，就是维护党和人民共同意志的权威。捍卫宪法尊严，就是捍卫党和人民共同意志的尊严。保证宪法实施，就是保证人民根本利益的实现。只要我们切实尊重和有效实施宪法，人民当家做主就有保证，党和国家事业就能顺利发展。反之，如果宪法受到漠视、削弱甚至破坏，人民权利和自由就无法保证，党和国家事业就会遭受挫折。这些从长期实践中得出的宝贵启示，必须倍加珍惜。我们要更加自觉地恪守宪法原则、弘扬宪法精神、履行宪法使命。

在充分肯定成绩的同时，我们也要看到存在的不足，主要表现在：保证宪法实施的监督机制和具体制度还不健全，有法不依、执法不严、违法不究现象在一些地方和部门依然存在；关系人民群众切身利益的执法司法问题还比较突出；一些公职人员滥用职权、失职渎职、执法犯法甚至徇私枉法严重损害国家法制权威；公民包括一些领导干部的宪法意识还有待进一步提高。对这些问题，我们必须高度重视，切实加以解决。

同志们、朋友们！

党的十八大强调，依法治国是党领导人民治理国家的基本方略，法治是治国理政的基本方式，要更加注重发挥法治在国家治理和社会管理中的重要作用，全面推进依法治国，加快建设社会主义法治国家。实现这个目标要求，必须全面贯彻实施宪法。

全面贯彻实施宪法，是建设社会主义法治国家的首要任务和基础性工作。宪法是国家的根本法，是治国安邦的总章程，具有最高的法律地位、法律权威、法律效力，具有根本性、全局性、稳定性、长期性。全国各族人民、一切国家机关和武装力量、各政党和各社会团体、各企业事业组织，都必须以宪法为根本的活动准则，并且负有维护宪法尊严、保证宪法实施的职责。任何组织或者个人，都不得有超越宪法和法律的特权。一切违反宪法和法律的行为，都必须予以追究。

宪法的生命在于实施，宪法的权威也在于实施。我们要坚持不懈抓好宪法实施工作，把全面贯彻实施宪法提高到一个新水平。

第一，坚持正确政治方向，坚定不移走中国特色社会主义政治发展道路。改革开放以来，我们党团结带领人民在发展社会主义民主政治方面取得了重大进展，成功开辟和坚持了中国特色社会主义政治发展道路，为实现最广泛的人民民主确立了正确方向。这一政治发展道路的核心思想、主体内容、基本要求，都在宪法中得到了确认和体现，其精神实质是紧密联系、相互贯通、相互促进的。国家的根本制度和根本任务，国家的领导核心和指导思想，工人阶级领导的、以工农联盟为基础的人民民主专政的国体，人民代表大会制度的政体，中国共产党领导的多党合作和政治协商制度、民族区域自治制度以及基层群众自治制度，爱国统一战线，社会主义法制原则，民主集中制原则，尊重和保障人权原则，等等，这些宪法确立的制度和原则，我们必须长期坚持、全面贯彻、不断发展。

坚持中国特色社会主义政治发展道路，关键是要坚持党的领导、人民当家做主、依法治国有机统一，以保证人民当家做主为根本，以增强党和国家活力、调动人民积极性为目标，扩大社会主义民主，发展社会主义政治文明。我们要坚持国家一切权力属于人民的宪法理念，最广泛地动员和组织人民依照宪法和法律规定，通过各级人民代表大会行使国家权力，通过各种途径和形式管理国家和社会事务、管理经济和文化事业，共同建设，共同享有，共同发展，成为国家、社会和自己命运的主人。我们要按照宪法确立的民主集中制原则、国家政权体制和活动准则，实行人民代表大会统一行使国家权力，实行决策权、执行权、监督权既有合理分工又有相互协调，保证国家机关依照法定权限和程序行使职权、履行职责，保证国家机关统一有效组织各项事业。我们要根据宪法确立的体制和原则，正确处理中央和地方关系，正确处理民族关系，正确处理各方面利益关系，调动一切积极因素，巩固和发展民主团结、生动活泼、安定和谐的政治局面。我们要适应扩大人民民主、促进经济社会发展的新要求，积极稳妥推进政治体制改革，发展更加广泛、更加充分、更加健全的人民民主，充分发挥我国社会主义政治制度优越性，不断推进社会主义政治制度自我完善和发展。

第二，落实依法治国基本方略，加快建设社会主义法治国家。宪法确立了社会主义法制的基本原则，明确规定中华人民共和国实行依法治国，建设社会主义法治国家，国家维护社会主义法制的统一和尊严。落实依法治国基本方略，加快建设社会主义法治国家，必须全面推进科学立法、严格执法、公正司法、全民守法进程。

我们要以宪法为最高法律规范，继续完善以宪法为统帅的中国特色社会主义法律体系，把国家各项事业和各项工作纳入法制轨道，实行有法可依、有法必依、执法必严、违法必究，维护社会公平正义，实现国家和社会生活制度化、法制化。全国人大及其常委会要加强重点领域立法，拓展人民有序参与立法途径，通过完备的法律推动宪法实施，保证宪法确立的制度和原则得到落实。国务院和有立法权的地方人大及其常委会要抓紧制定和修改与法律相配套的行政法规和地方性法规,保证宪法和法律得到有效实施。各级国家行政机关、审判机关、检察机关要坚持依法行政、公正司法,加快推进法治政府建设,不断提高司法公信力。国务院和地方各级人民政府作为国家权力机关的执行机关,作为国家行政机关,负有严格贯彻实施宪法和法律的重要职责,要规范政府行为,切实做到严格规范公正文明执法。我们要深化司法体制改革,保证依法独立公正行使审判权、检察权。全国人大及其常委会和国家有关监督机关要担负起宪法和法律监督职责,加强对宪法和法律实施情况的监督检查,健全监督机制和程序,坚决纠正违宪违法行为。地方各级人大及其常委会要依法行使职权,保证宪法和法律在本行政区域内得到遵守和执行。

第三,坚持人民主体地位,切实保障公民享有权利和履行义务。公民的基本权利和义务是宪法的核心内容,宪法是每个公民享有权利、履行义务的根本保证。宪法的根基在于人民发自内心的拥护,宪法的伟力在于人民出自真诚的信仰。只有保证公民在法律面前一律平等,尊重和保障人权,保证人民依法享有广泛的权利和自由,宪法才能深入人心,走入人民群众,宪法实施才能真正成为全体人民的自觉行动。

我们要依法保障全体公民享有广泛的权利,保障公民的人身权、财产权、基本政治权利等各项权利不受侵犯,保证公民的经济、文化、社会等各方面权利得到落实,努力维护最广大人民根本利益,保障人民群众对美好生活的向往和追求。我们要依法公正对待人民群众的诉求,努力让人民群众在每一个司法案件中都能感受到公平正义,决不能让不公正的审判伤害人民群众感情、损害人民群众权益。我们要在全社会加强宪法宣传教育,提高全体人民特别是各级领导干部和国家机关工作人员的宪法意识和法制观念,弘扬社会主义法治精神,努力培育社会主义法治文化,让宪法家喻户晓,在全社会形成学法遵法守法用法的良好氛围。我们要通过不懈努力,在全社会牢固树立宪法和法律的权威,让广大人民群众充分相信法律、自觉运用法律,使广大人民群众认识到宪法不仅是全体公民必须遵循的行为规范,而且是保障公民权利的法律武器。我们要把宪法教育作为党员干部教育的重要内容,使各级领导干部和国家机关工作人员掌握宪法的基本知识,树立忠于宪法、遵守宪法、维护宪法的自觉意识。法律是成文的道德,道德是内心的法律。我们要坚持把依法治国和以德治国结合起来,高度重视道德对公民行为的规范作用,引导公民既依法维护合法权益,又自觉履行法定义务,做到享有权利和履行义务相一致。

第四,坚持党的领导,更加注重改进党的领导方式和执政方式。依法治国,首先是依宪治国;依法执政,关键是依宪执政。新形势下,我们党要履行好执政兴国的重大职责,必须依据党章从严治党、依据宪法治国理政。党领导人民制定宪法和法律,党领导人民执行宪法和法律,党自身必须在宪法和法律范围内活动,真正做到党领导立法、保证执法、带头守法。

我们要坚持党总揽全局、协调各方的领导核心作用,坚持依法治国基本方略和依法执政基本方式,善于使党的主张通过法定程序成为国家意志,善于使党组织推荐的人选成为国家政权机关的领导人员,善于通过国家政权机关实施党对国家和社会的领导,支持国家权力机关、行政机关、审判机关、检察机关依照宪法和法律独立负责、协调一致地开展工作。各级党组织和党员领导干部要带头厉行法治,不断提高依法执政能力和水平,不断推进各项治国理政活动的制度化、法律化。各级领导干部要提高运用法治思维和法治方式深化改革、推动发展、化解矛盾、维护稳定能力,努力推动形成办事依法、遇事找法、解决问题用法、化解矛盾靠法的良好法治环境，在法治轨道上推动各项工作。我们要健全权力运行制约和监督体系，有权必有责，用权受监督，失职要问责，违法要追究，保证人民赋予的权力始终用来为人民谋利益。

同志们、朋友们！

全党全国各族人民要紧密团结在党中央周围，高举中国特色社会主义伟大旗帜，坚持以邓小平理论、“三个代表”重要思想、科学发展观为指导，坚持依法治国、依法执政、依法行政共同推进，坚持法治国家、法治政府、法治社会一体建设，扎扎实实把党的十八大精神落实到各项工作中去，为全面建成小康社会、开创中国特色社会主义事业新局面而努力奋斗！

习近平在十八届中央纪委二次全会上的重要讲话(2013 年 1 月 22 日)

各级领导干部都要牢记，任何人都没有法律之外的绝对权力，任何人行使权力都必须为人民服务、对人民负责并自觉接受人民监督。要加强对一把手的监督，认真执行民主集中制，健全施政行为公开制度，保证领导干部做到位高不擅权、权重不谋私。

习近平在中共中央政治局第四次集体学习时的讲话(2013 年 2 月 23 日)

我们要全面贯彻落实党的十八大精神，以邓小平理论、“三个代表”重要思想、科学发展观为指导，全面推进科学立法、严格执法、公正司法、全民守法，坚持依法治国、依法执政、依法行政共同推进，坚持法治国家、法治政府、法治社会一体建设，不断开创依法治国新局面。

习近平在中共中央政治局第四次集体学习时的讲话(2013 年 2 月 23 日)

我们提出要努力让人民群众在每一个司法案件中都感受到公平正义，所有司法机关都要紧紧围绕这个目标来改进工作，重点解决影响司法公正和制约司法能力的深层次问题。要坚持司法为民，改进司法工作作风，通过热情服务，切实解决好老百姓打官司难问题，特别是要加大对困难群众维护合法权益的法律援助。司法工作者要密切联系群众，规范司法行为，加大司法公开力度，回应人民群众对司法公正公开的关注和期待。要确保审判机关、检察机关依法独立公正行使审判权、检察权。

习近平在十二届全国人大一次会议闭幕会上发表重要讲话(2013 年 3 月 17 日)

我们要坚持党的领导、人民当家做主、依法治国有机统一，坚持人民主体地位，扩大人民民主，推进依法治国，坚持和完善人民代表大会制度的根本政治制度，中国共产党领导的多党合作和政治协商制度、民族区域自治制度以及基层群众自治制度等基本政治制度，建设服务政府、责任政府、法治政府、廉洁政府，充分调动人民积极性。

关于《中共中央关于全面深化改革若干重大问题的决定》的说明(2013 年 11 月 16 日)

发展社会主义市场经济，既要发挥市场作用，也要发挥政府作用，但市场作用和政府作用的职能是不同的。全会决定对更好发挥政府作用提出了明确要求，强调科学的宏观调控，有效的政府治理，是发挥社会主义市场经济体制优势的内在要求。

习近平在在全国政协新年茶话会上的讲话(2013 年 12 月 31 日)

人民政协要充分发挥作为协商民主重要渠道作用,围绕经济社会发展重大问题和涉及群众切身利益的实际问题广泛协商,为实现"两个一百年"奋斗目标作出新的更大的贡献。

习近平在中央政法工作会议上的讲话(2014 年 1 月 7 日)

促进社会公平正义是政法工作的核心价值追求。从一定意义上说,公平正义是政法工作的生命线,司法机关是维护社会公平正义的最后一道防线。政法战线要肩扛公正天平、手持正义之剑,以实际行动维护社会公平正义,让人民群众切实感受到公平正义就在身边。

习近平在十八届中央纪委三次全会上发表重要讲话(2014 年 1 月 14 日)

要以深化改革推进党风廉政建设和反腐败斗争,改革党的纪律检查体制,完善反腐败体制机制,增强权力制约和监督效果,保证各级纪委监督权的相对独立性和权威性。要强化制约,科学配置权力,形成科学的权力结构和运行机制。

习近平在中央政法工作会议上的讲话(2014 年 1 月 7 日)

各级党组织和领导干部要支持政法系统各单位依照宪法法律独立负责、协调一致开展工作。党委政法委要明确职能定位,善于运用法治思维和法治方式领导政法工作,在推进国家治理体系和治理能力现代化中发挥重要作用。

习近平在中央全面深化改革领导小组第二次会议上的重要讲话(2014 年 2 月 28 日)

凡属重大改革都要于法有据。在整个改革过程中,都要高度重视运用法治思维和法治方式,发挥法治的引领和推动作用,加强对相关立法工作的协调,确保在法治轨道上推进改革。

习近平在中央全面深化改革领导小组第三次会议上的重要讲话(2014 年 6 月 6 日)

完善司法人员分类管理、完善司法责任制、健全司法人员职业保障、推动省以下地方法院检察院人财物统一管理、设立知识产权法院,都是司法体制改革的基础性、制度性措施。试点工作要在中央层面顶层设计和政策指导下进行,改革具体步骤和工作措施,鼓励试点地方积极探索、总结经验。

习近平在庆祝全国人民代表大会成立 60 周年大会上的讲话(2014 年 9 月 5 日)

要体现改革精神和法治思维,把中央要求、群众期盼、实际需要、新鲜经验结合起来,努力形成系统完备的制度体系,以刚性的制度规定和严格的制度执行,确保改进作风规范化、常态化、长效化,切实防止"四风"问题反弹。

"国无常强,无常弱。奉法者强则国强,奉法者弱则国弱。"经过长期努力,中国特色社会主义法律体系已经形成,我们国家和社会生活各方面总体上实现了有法可依,这是我们取得的重大成就,也是我们继续前进的新起点。形势在发展,时代在前进,法律体系必须随着时代和实践发展而不断发展。

习近平在庆祝全国人民代表大会成立60周年大会上的讲话(2014年9月5日)中指出

我们坚持依法治国、依法执政、依法行政共同推进,坚持法治国家、法治政府、法治社会一体建设,全社会法治水平不断提高。我们建立健全多层次监督体系,完善各类公开办事制度,保证党和国家领导机关和人员按照法定权限和程序行使权力。

习近平关于《中共中央关于全面推进依法治国若干重大问题的决定》的说明(2014年10月29日)

法律是治国之重器,法治是国家治理体系和治理能力的重要依托。全面推进依法治国,是解决党和国家事业发展面临的一系列重大问题,解放和增强社会活力、促进社会公平正义、维护社会和谐稳定、确保党和国家长治久安的根本要求。

我国宪法以根本法的形式反映了党带领人民进行革命、建设、改革取得的成果,确立了在历史和人民选择中形成的中国共产党的领导地位。对这一点,要理直气壮讲、大张旗鼓讲。要向干部群众讲清楚我国社会主义法治的本质特征,做到正本清源、以正视听。

在我们国家,法律是对全体公民的要求,党内法规制度是对全体党员的要求,而且很多地方比法律的要求更严格。我们党是先锋队,对党员的要求应该更严。全面推进依法治国,必须努力形成国家法律法规和党内法规制度相辅相成、相互促进、相互保障的格局。

习近平在中央全面深化改革领导小组第六次会议(2014年10月27日)上指出

要实现立法和改革决策相衔接,做到重大改革于法有据、立法主动适应改革发展需要。在研究改革方案和改革措施时,要同步考虑改革涉及的立法问题,及时提出立法需求和立法建议。实践证明行之有效的,要及时上升为法律。实践条件还不成熟、需要先行先试的,要按照法定程序作出授权。对不适应改革要求的法律法规,要及时修改和废止。

习近平在会见全国公安机关爱民模范集体代表和爱民模范时强调(2014年10月28日)

希望全国公安机关和广大公安民警以爱民模范为榜样,认真学习贯彻党的十八届四中全会精神,坚定理想信念,忠诚党的事业,一心服务群众,扎实做好各项工作,为维护社会大局稳定、促进社会公平正义、保障人民安居乐业,为全面推进依法治国、建设社会主义法治国家,不断作出新的更大的贡献。

习近平就深入推进平安中国建设作出重要指示强调(2014年11月)

法治是平安建设的重要保障。政法综治战线要认真学习贯彻党的十八届四中全会精神,把政法综治工作放在全面推进依法治国大局中来谋划,深入推进平安中国建设,发挥法治的引领和保障作用,坚持运用法治思维和法治方式解决矛盾和问题,加强基础建设,加快创新立体化社会治安防控体系,提高平安建设现代化水平,努力为建设中国特色社会主义法治体系、社会主义法治国家作出更大贡献。

习近平在省部级主要领导干部学习贯彻十八届四中全会精神全面推进依法治国专题研讨班开班式上强调(2015 年 2 月 2 日)

领导干部要牢记法律红线不可逾越、法律底线不可触碰,带头遵守法律、执行法律,带头营造办事依法、遇事找法、解决问题用法、化解矛盾靠法的法治环境。谋划工作要运用法治思维,处理问题要运用法治方式,说话做事要先考虑一下是不是合法。

每个党政组织、每个领导干部必须服从和遵守宪法法律,不能把党的领导作为个人以言代法、以权压法、徇私枉法的挡箭牌。权力是一把双刃剑,在法治轨道上行使可以造福人民,在法律之外行使则必然祸害国家和人民。把权力关进制度的笼子里,就是要依法设定权力、规范权力、制约权力、监督权力。

习近平在中央全面深化改革领导小组第十次会议上指出(2015 年 2 月 27 日)

各级领导干部在推进依法治国方面肩负着重要责任,要牢固树立法律红线不能触碰、法律底线不能逾越的观念,不能违法干预司法活动、插手具体案件处理,不能对司法机关工作进行不当干预。

(九) 习近平关于"全面从严治党"的重要论述

习近平在十八届中央政治局常委与中外记者见面时(2012 年 11 月 15 日)强调

新形势下,我们党面临着许多严峻挑战,党内存在着许多亟待解决的问题。尤其是一些党员干部中发生的贪污腐败、脱离群众、形式主义、官僚主义等问题,必须下大气力解决。全党必须警醒起来。打铁还需自身硬。我们的责任,就是同全党同志一道,坚持党要管党、从严治党,切实解决自身存在的突出问题,切实改进工作作风,密切联系群众,使我们党始终成为中国特色社会主义事业的坚强领导核心。

习近平在中共中央政治局第一次集体学习时指出(2012 年 11 月 17 日)

党坚强有力,党同人民保持血肉联系,国家就繁荣稳定,人民就幸福安康。形势的发展、事业的开拓、人民的期待,都要求我们以改革创新精神全面推进党的建设新的伟大工程,全面提高党的建设科学化水平。治国必先治党,治党务必从严。

坚定理想信念,坚守共产党人精神追求,始终是共产党人安身立命的根本。对马克思主义的信仰,对社会主义和共产主义的信念,是共产党人的政治灵魂,是共产党人经受住任何考验的精神支柱。形象地说,理想信念就是共产党人精神上的"钙",没有理想信念,理想信念不坚定,精神上就会"缺钙",就会得"软骨病"。现实生活中,一些党员、干部出这样那样的问题,说到底是信仰迷茫、精神迷失。全党要按照党的十八大部署,深入学习实践中国特色社会主义理论体系特别是科学发展观,讲党性、重品行、作表率,矢志不渝为实现中国特色社会主义共同理想而奋斗。

习近平在十八届中央纪委二次全会上发表重要讲话时强调(2013 年 1 月 22 日)

为政清廉才能取信于民,秉公用权才能赢得人心。反腐倡廉必须常抓不懈,拒腐防变必须警钟长鸣，关键就在“常”、“长”二字，一个是要经常抓，一个是要长期抓。我们要坚定决心，有腐必反、有贪必肃，不断铲除腐败现象滋生蔓延的土壤，以实际成效取信于民。

要防止和克服地方和部门保护主义、本位主义，决不允许“上有政策、下有对策”，决不允许有令不行、有禁不止，决不允许在贯彻执行中央决策部署上打折扣、做选择、搞变通。“善禁者，先禁其身而后人。”各级领导干部要以身作则、率先垂范，说到的就要做到，承诺的就要兑现。

要以踏石留印、抓铁有痕的劲头抓下去，善始善终、善做善成，防止虎头蛇尾，让全党全体人民来监督，让人民群众不断看到实实在在的成效和变化。

从严治党，惩治这一手决不能放松。要坚持“老虎”、“苍蝇”一起打，既坚决查处领导干部违纪违法案件，又切实解决发生在群众身边的不正之风和腐败问题。要坚持党纪国法面前没有例外，不管涉及到谁，都要一查到底，决不姑息。

要加强对权力运行的制约和监督，把权力关进制度的笼子里，形成不敢腐的惩戒机制、不能腐的防范机制、不易腐的保障机制。各级领导干部都要牢记，任何人都没有法律之外的绝对权力，任何人行使权力都必须为人民服务、对人民负责并自觉接受人民监督。要加强对一把手的监督，认真执行民主集中制，健全施政行为公开制度，保证领导干部做到位高不擅权、权重不谋私。

习近平在第十二届全国人民代表大会第一次会议(2013年3月17日)上强调

中国共产党是领导和团结全国各族人民建设中国特色社会主义伟大事业的核心力量，肩负着历史重任，经受着时代考验，必须坚持立党为公、执政为民，坚持党要管党、从严治党，全面加强党的建设，不断提高党的领导水平和执政水平、提高拒腐防变和抵御风险能力。

全体共产党员特别是党的领导干部，要坚定理想信念，始终把人民放在心中最高的位置，弘扬党的光荣传统和优良作风，坚决反对形式主义、官僚主义，坚决反对享乐主义、奢靡之风，坚决同一切消极腐败现象作斗争，永葆共产党人政治本色，矢志不移为党和人民事业而奋斗。

习近平在中共中央政治局第五次集体学习时指出(2013年4月19日)

我们党把党风廉政建设和反腐败斗争提到关系党和国家生死存亡的高度来认识，是深刻总结了古今中外的历史教训的。核心的问题是党要始终紧紧依靠人民，始终保持同人民群众的血肉联系，一刻也不脱离群众。要做到这一点，就必须下最大气力解决好消极腐败问题，确保党始终同人民心连心、同呼吸、共命运。

中央提出抓作风建设，反对形式主义、官僚主义、享乐主义，反对奢靡之风，就是提出了一个抓反腐倡廉建设的着力点，提出了一个夯实党执政的群众基础的切入点。全党同志一定要从这样的政治高度来认识这个问题，从思想上警醒起来，牢记“两个务必”，坚定不移转变作风，坚定不移反对腐败，切实做到踏石留印、抓铁有痕，不断以反腐倡廉的新进展新成效取信于民。

制度问题更带有根本性、全局性、稳定性、长期性。关键是要健全权力运行制约和监督体系，让人民监督权力，让权力在阳光下运行，把权力关进制度的笼子里。要更加科学有效地防治腐败，全面推进惩治和预防腐败体系建设，提高反腐败法律制度执行力，让法律制度刚性运行。要加强对典型案例的剖析，深化腐败问题多发领域和环节的改革，最大限度减少体制缺陷和制度漏洞，通过深化改革不断铲除腐败现象滋生蔓延的土壤。

反腐倡廉必须常抓不懈，拒腐防变必须警钟长鸣。要牢记"蠹众而木折，隙大而墙坏"的道理，保持惩治腐败的高压态势，做到有案必查、有腐必惩，坚持"老虎"、"苍蝇"一起打，切实维护人民合法权益，努力做到干部清正、政府清廉、政治清明。

习近平在同全国劳动模范代表座谈时强调(2013 年 4 月 28 日)

真抓才能攻坚克难，实干才能梦想成真。我们要在全社会大力弘扬真抓实干、埋头苦干的良好风尚。各级领导干部要带头发扬劳模精神，出实策、鼓实劲、办实事，不图虚名，不务虚功，坚决反对干部群众反映强烈的形式主义、官僚主义、享乐主义和奢靡之风"四风"，以身作则带领群众把各项工作落到实处。

习近平在党的群众路线教育实践活动工作会议上强调(2013 年 6 月 18 日)

教育实践活动要着眼于自我净化、自我完善、自我革新、自我提高，以"照镜子、正衣冠、洗洗澡、治治病"为总要求。照镜子，主要是以党章为镜，对照党的纪律、群众期盼、先进典型，对照改进作风要求，在宗旨意识、工作作风、廉洁自律上摆问题、找差距、明方向。正衣冠，主要是按照为民务实清廉的要求，勇于正视缺点和不足，严明党的纪律特别是政治纪律，敢于触及思想、正视矛盾和问题，从自己做起，从现在改起，端正行为，自觉把党性修养正一正、把党员义务理一理、把党纪国法紧一紧，保持共产党人良好形象。洗洗澡，主要是以整风的精神开展批评和自我批评，深入分析发生问题的原因，清洗思想和行为上的灰尘，保持共产党人政治本色。治治病，主要是坚持惩前毖后、治病救人方针，区别情况、对症下药，对作风方面存在问题的党员、干部进行教育提醒，对问题严重的进行查处，对不正之风和突出问题进行专项治理。

习近平在全国组织工作会议上指出(2013 年 6 月 28 日)

我们党历来高度重视选贤任能，始终把选人用人作为关系党和人民事业的关键性、根本性问题来抓。好干部要做到信念坚定、为民服务、勤政务实、敢于担当、清正廉洁。党的干部必须坚定共产主义远大理想、真诚信仰马克思主义、矢志不渝为中国特色社会主义而奋斗，全心全意为人民服务，求真务实、真抓实干，坚持原则、认真负责，敬畏权力、慎用权力，保持拒腐蚀、永不沾的政治本色，创造出经得起实践、人民、历史检验的实绩。

党要管党，才能管好党；从严治党，才能治好党。对我们这样一个拥有 8 500 多万党员、在一个 13 亿人口大国长期执政的党，管党治党一刻不能松懈。组织工作必须认真贯彻党要管党、从严治党方针。党要管党，首先是管好干部；从严治党，关键是从严治吏。要把从严管理干部贯彻落实到干部队伍建设全过程，坚持从严教育、从严管理、从严监督，让每一个干部都深刻懂得，当干部就必须付出更多辛劳、接受更严格的约束。各级领导机关和领导干部，尤其是中央机关和中央国家机关、高级领导干部要强化带头意识，时时处处严要求、作表率。

党员是党的肌体的细胞。党的先进性和纯洁性要靠千千万万党员的先进性和纯洁性来体现,党的执政使命要靠千千万万党员卓有成效的工作来完成,党要管党、从严治党必须落实到党员队伍的管理中去。党组织要严格把关,把政治标准放在首位,确保政治合格。要重视从青年工人、农民、知识分子中发展党员。要严格党员日常教育和管理,使广大党员平常时候看得出来、关键时刻站得出来、危急关头豁得出来,充分发挥先锋模范作用。

习近平在指导河北省委常委班子专题民主生活会时强调(2013 年 9 月 23 日至 25 日)

要坚定理想信念,切实解决好世界观、人生观、价值观这个“总开关”问题;要树立正确政绩观,切实抓好打基础利长远的工作;要发扬钉钉子的精神,切实把工作落到实处;要坚持正确用人导向,切实引导广大干部真抓实干。

“四风”问题与世界观、人生观、价值观有密切联系。在作风问题上,起决定作用的是党性。作为党的干部,必须永不动摇信仰,做到坦荡做人、谨慎用权,光明正大、堂堂正正。越是发展中面临的矛盾比较突出,越是要时刻牢记目标,踏石留印、抓铁有痕,过了一山再登一峰,跨过一沟再越一壑,决战决胜打好调整经济结构、化解产能过剩这场攻坚战。

批评和自我批评是一剂良药,是对同志、对自己的真正爱护。开展批评和自我批评需要勇气和党性,不能把我们防身治病的武器给丢掉了。忠言逆耳,良药苦口。作为共产党人,有话要放到桌面上来讲。批评要出以公心、态度诚恳、讲究方法,要实事求是、分清是非、辨别真假,切忌从个人恩怨、得失、利害、亲疏出发看事待人。

党性是党员干部立身、立业、立言、立德的基石,必须在严格的党内生活锻炼中不断增强。要增强党内生活的政治性、原则性、战斗性,使各种方式的党内生活都有实质性内容,都能有针对性地解决问题,坚决反对党内生活中的自由主义、好人主义。党内生活要交心,党内同志要做诤友、挚友。领导干部在一个班子共事,要心往一处想、劲往一处使,大事讲原则、小事讲风格,勤沟通、多补台,一把尺子待人、一个标准行事,在党性原则基础上,不断增强能够掏心见胆、并肩奋斗的真正的团结。

习近平在中南海听取河北省委党的群众路线教育实践活动总体情况汇报时强调(2013 年 12 月 9 日)

解决形式主义、官僚主义、享乐主义和奢靡之风问题,做到为民务实清廉,既要立足当前又要着眼长远,既要着力治标又要注重治本。对提出的目标,都要分清轻重缓急,从实际出发进行细化和量化,然后按计划、有步骤、分阶段加以实施,使措施和目标配套,把目标要求落到实处。长效机制一定要起作用,思想不能疲、劲头不能松、措施不能软。

《人民日报》刊登习近平题为《关于〈中共中央关于全面深化改革若干重大问题的决定〉的说明》的文章(2013 年 11 月 16 日)

反腐败问题一直是党内外议论较多的问题。目前的问题主要是,反腐败机构职能分散、形不成合力,有些案件难以坚决查办,腐败案件频发却责任追究不够。

习近平在中央政法工作会议上发表重要讲话时强调(2014年1月7日)

“公生明,廉生威。”要坚守职业良知、执法为民,教育引导广大干警自觉用职业道德约束自己,做到对群众深恶痛绝的事零容忍、对群众急需急盼的事零懈怠,树立惩恶扬善、执法如山的浩然正气。要信仰法治、坚守法治,做知法、懂法、守法、护法的执法者,站稳脚跟,挺直脊梁,只服从事实,只服从法律,铁面无私,秉公执法。要靠制度来保障,在执法办案各个环节都设置隔离墙、通上高压线,谁违反制度就要给予最严厉的处罚,构成犯罪的要依法追究刑事责任。要坚持以公开促公正、以透明保廉洁,增强主动公开、主动接受监督的意识,让暗箱操作没有空间,让司法腐败无法藏身。

各级领导干部要带头依法办事,带头遵守法律,牢固确立法律红线不能触碰、法律底线不能逾越的观念,不要去行使依法不该由自己行使的权力,更不能以言代法、以权压法、徇私枉法。要建立健全违反法定程序干预司法的登记备案通报制度和责任追究制度。

习近平在中国共产党第十八届中央纪律检查委员会第三次全体会议上发表重要讲话时指出(2014年1月14日)

我们坚持从中央政治局做起,以上带下,发挥了表率作用;坚持以解决突出问题为切入口,扶正祛邪,取得明显进展;坚决查处腐败案件,坚持“老虎”、“苍蝇”一起打,形成了对腐败分子的高压态势;坚持促进权力规范运行,强化监督,加强和改进巡视工作,畅通人民群众举报和监督渠道,得到了广大干部群众积极评价。

在肯定成绩的同时,我们也要看到,滋生腐败的土壤依然存在,反腐败形势依然严峻复杂,一些不正之风和腐败问题影响恶劣、亟待解决。全党同志要深刻认识反腐败斗争的长期性、复杂性、艰巨性,以猛药去疴、重典治乱的决心,以刮骨疗毒、壮士断腕的勇气,坚决把党风廉政建设和反腐败斗争进行到底。

解决好保持党同人民群众的血肉联系问题,不可能一劳永逸,不可能一蹴而就,要常抓不懈。我们开了个好头,要一步一步深化下去。抓作风建设,首先要坚定理想信念,牢记党的性质和宗旨,牢记党对干部的要求。作为党的干部,就是要讲大公无私、公私分明、先公后私、公而忘私,只有一心为公、事事出于公心,才能坦荡做人、谨慎用权,才能光明正大、堂堂正正。作风问题都与公私问题有联系,都与公款、公权有关系。公款姓公,一分一厘都不能乱花;公权为民,一丝一毫都不能私用。领导干部必须时刻清楚这一点,做到公私分明、克己奉公、严格自律。

坚决反对腐败,防止党在长期执政条件下腐化变质,是我们必须抓好的重大政治任务。反腐败高压态势必须继续保持,坚持以零容忍态度惩治腐败。对腐败分子,发现一个就要坚决查处一个。要抓早抓小,有病就马上治,发现问题就及时处理,不能养痈遗患。要让每一个干部牢记“手莫伸,伸手必被捉”的道理。“见善如不及,见不善如探汤。”领导干部要心存敬畏,不要心存侥幸。

我们共产党人特别是领导干部都应该心胸开阔、志存高远,始终心系党、心系人民、心系国家,自觉坚持党性原则。全党同志要强化党的意识,牢记自己的第一身份是共产党员,第一职责是为党工作,做到忠诚于组织,任何时候都与党同心同德。

要落实党委的主体责任和纪委的监督责任,强化责任追究,不能让制度成为纸老虎、稻草人。党委、纪委或其他相关职能部门都要对承担的党风廉政建设责任做到守土有责。各项改革举措要体现惩治和预防腐败要求，同防范腐败同步考虑、同步部署、同步实施，堵塞一切可能出现的腐败漏洞，保障改革健康顺利推进。

习近平在党的群众路线教育实践活动第一批总结暨第二批部署会议上发表重要讲话时表示(2014 年 1 月 20 日)

坚持党要管党、从严治党，永葆党的先进性和纯洁性，不断增强党的创造力、凝聚力、战斗力，是摆在我们面前的重大课题。

理想信念是共产党人的精神之“钙”，必须加强思想政治建设，解决好世界观、人生观、价值观这个“总开关”问题。加强和改进作风建设是保持党同人民群众血肉联系的有效途径，必须聚焦解决群众反映强烈的突出问题，以作风建设新成效汇聚起推动改革发展的正能量。

批评和自我批评是清除党内政治灰尘和政治微生物的有力武器，必须以整风精神严格党内生活，着力提高领导班子发现和解决自身问题的能力。讲认真是我们党的根本工作态度，必须做到无私无畏、敢于担当，把认真精神体现到党内生活和干事创业方方面面。

作风问题具有顽固性和反复性，形成优良作风不可能一劳永逸，克服不良作风也不可能一蹴而就。以往的经验告诉我们，纠风之难，难在防止反弹。“由俭入奢易，由奢入俭难。”教育实践活动有期限，但贯彻群众路线没有休止符，作风建设永远在路上。

习近平参加全国人大会议一些代表团审议时表示(2014 年 3 月 9 日)各级领导干部都要树立和发扬好的作风，既严以修身、严以用权、严以律己，又谋事要实、创业要实、做人要实。

习近平在河南省兰考县调研指导党的群众路线教育实践活动时强调(2014 年 3 月 18 日)

作风问题本质上是党性问题。抓作风建设，就要返璞归真、固本培元，重点突出坚定理想信念、践行根本宗旨、加强道德修养。一是正确认识和处理人际关系，做到既有人情味又按原则办，特别是当个人感情同党性原则、私人关系同人民利益相抵触时，必须毫不犹豫站稳党性立场，坚定不移维护人民利益。二是下决心减少应酬，保持健康的工作方式和生活方式，多学习充电、消化政策，多下基层调查研究、掌握第一手情况，多系统思考和解决存在的突出问题，自觉远离那些庸俗的东西。三是实实在在做人做事，做到严以修身、严以用权、严以律己，谋事要实、创业要实、做人要实，堂堂正正、光明磊落，敢于担当责任，勇于直面矛盾，善于解决问题，不搞“假大空”。四是对一切腐蚀诱惑保持高度警惕，慎独慎初慎微，做到防微杜渐。

习近平在主持中共中央政治局就加强改进作风制度建设进行第十六次集体学习时指出(2014 年 6 月 30 日)

抓作风是推进党的建设新的伟大工程的重要切入点和着力点，必须坚持从严治党，落实管党治党责任，把作风建设要求融入党的思想建设、组织建设、反腐倡廉建设、制度建设之中，全面提高党的建设工作水平。抓作风既要着力解决当前突出问题，又要注重建立长效机制,下工夫、用狠劲,持续努力、久久为功。

作风问题抓和不抓大不一样,小抓大抓也大不一样,只有动真格打硬仗,才能扫除顽瘴痼疾,取得人民满意的实效。

我们共产党人的忧患意识,就是忧党、忧国、忧民意识,这是一种责任,更是一种担当。要深刻认识党面临的执政考验、改革开放考验、市场经济考验、外部环境考验的长期性和复杂性,深刻认识党面临的精神懈怠危险、能力不足危险、脱离群众危险、消极腐败危险的尖锐性和严峻性,深刻认识增强自我净化、自我完善、自我革新、自我提高能力的重要性和紧迫性,坚持底线思维,做到居安思危。要教育引导全党同志特别是各级领导干部坚持“两个务必”,自觉为党和人民不懈奋斗,不能安于现状、盲目乐观,不能囿于眼前、轻视长远,不能掩盖矛盾、回避问题,不能贪图享受、攀比阔气。

加强党的建设,必须营造一个良好从政环境,也就是要有一个好的政治生态。营造良好从政环境,要从各级领导干部首先是高级干部做起。领导干部要坚守正道、弘扬正气,坚持以信念、人格、实干立身;要襟怀坦白、光明磊落,对上对下讲真话、实话;要坚持原则、恪守规矩,严格按党纪国法办事;要严肃纲纪、疾恶如仇,对一切不正之风敢于亮剑;要艰苦奋斗、清正廉洁,正确行使权力,在各种诱惑面前经得起考验。

贯彻执行党的群众路线是一项长期任务,解决作风问题是一项经常性工作,必须在抓常、抓细、抓长上下工夫。要体现改革精神和法治思维,把中央要求、群众期盼、实际需要、新鲜经验结合起来,努力形成系统完备的制度体系,以刚性的制度规定和严格的制度执行,确保改进作风规范化、常态化、长效化,切实防止“四风”问题反弹。

二、关于中国梦

（一）习近平在参观《复兴之路》展览时的讲话（2012 年 11 月 29 日）

刚才我们参观了复兴之路展览，这个展览回顾了中华民族的昨天，展示了中华民族的今天，也宣示了中华民族的明天。观后感触良多，给人以深刻的教育和启示。中华民族的昨天，正可谓，“雄关漫道真如铁”，我们这个民族，近代以来，遭受苦难之深重，付出牺牲之巨大，这在世界历史上都是罕见的，但是中国人民从不屈服，不断地奋起抗争，我们也终于掌握了自己的命运。我们开始安排自己国家的建设的伟大进程。这充分展示了以爱国主义为核心的伟大的民族。中华民族的今天正可谓，“人间正道是沧桑”，改革开放以来，总结历史经验，不断地艰辛探索，终于找到了一条实现中华民族伟大复兴的正确道路，这条道路就是中国特色社会主义，中华民族的明天可谓是“长风破浪会有时”。

自 1840 年以来，我们是持续奋斗，在中国大地上展现出了中华民族伟大复兴的光明前景，我们大家都能感到，我们现在比历史的任何时期，都更加接近中华民族伟大复兴这个目标。我们现在比历史上任何时期更有信心，更有能力实现这个目标。回首过去，我们全党的同志要牢记，落后就会挨打，发展才能自强。我们审视现代，全党同志都要牢记，道路决定命运，找到一条正确的道路是多么的不容易，我们必须坚定不移地走下去。

我们展望未来，全党的同志也必须牢记，把蓝图变成现实，我们还将走很长的路，我们必须为之付出长期、艰苦的努力。每个人，都有理想和追求，我们说的每个人都有梦想。现在大家在讨论中国梦。何为中国梦？我以为，实现中华民族的伟大复兴，就是中华民族近代最伟大的中国梦。因为这个梦想凝聚和寄托了几代人的夙愿，体现了中国人民的整体利益，是每一个中华儿女的共同期盼。历史告诉我们，我们每个人的前途命运都和国家和民族的前途命运密切关联。国家好，民族好，大家才会好。我们为实现中华民族伟大复兴去奋斗的这个历史任务光荣而艰巨，需要一代又一代中国人不懈为之共同努力。

所以说，空谈误国，实干兴邦。我们这一代的共产党员就是要继往开来，承前启后，建设好我们的党，团结全国各族人民，我们要把国家建设好，要把民族发展好，要继续坚定不移地朝着中华民族伟大复兴的历史目标奋勇前进。

我坚信，中国共产党成立 100 周年时，全面建成小康社会的目标一定能够实现。我坚信，中华人民共和国成立 100 周年时，把我国建成富强、民主、文明、和谐的社会主义现代化国家的目标一定会实现。我更坚信，中华民族伟大复兴的梦想一定会实现！

（二）习近平在第十二届全国人民代表大会第一次会议上的讲话（2013 年 3 月 17 日）

各位代表：

这次大会选举我担任中华人民共和国主席，我对各位代表和全国各族人民的信任，表示衷心的感谢！

我深知，担任国家主席这一崇高职务，使命光荣，责任重大。我将忠实履行宪法赋予的职责，忠于祖国，忠于人民，恪尽职守，夙夜在公，为民服务，为国尽力，自觉接受人民监督，决不辜负各位代表和全国各族人民的信任和重托。

各位代表！中华人民共和国走过了光辉的历程。在以毛泽东同志为核心的党的第一代中央领导集体、以邓小平同志为核心的党的第二代中央领导集体、以江泽民同志为核心的党的第三代中央领导集体、以胡锦涛同志为总书记的党中央领导下，全国各族人民戮力同心、接力奋斗，战胜前进道路上的各种艰难险阻，取得了举世瞩目的辉煌成就。

今天，我们的人民共和国正以昂扬的姿态屹立在世界东方。

胡锦涛同志担任国家主席10年间，以丰富的政治智慧、高超的领导才能、勤勉的工作精神，为坚持和发展中国特色社会主义建立了卓越的功勋，赢得了全国各族人民衷心爱戴和国际社会普遍赞誉。我们向胡锦涛同志，表示衷心的感谢和崇高的敬意！

各位代表！中华民族具有5 000多年连绵不断的文明历史，创造了博大精深的中华文化，为人类文明进步作出了不可磨灭的贡献。经过几千年的沧桑岁月，把我国56个民族、13亿多人紧紧凝聚在一起的，是我们共同经历的非凡奋斗，是我们共同创造的美好家园，是我们共同培育的民族精神，而贯穿其中的、更重要的是我们共同坚守的理想信念。

实现全面建成小康社会、建成富强民主文明和谐的社会主义现代化国家的奋斗目标，实现中华民族伟大复兴的中国梦，就是要实现国家富强、民族振兴、人民幸福，既深深体现了今天中国人的理想，也深深反映了我们先人们不懈追求进步的光荣传统。

面对浩浩荡荡的时代潮流，面对人民群众过上更好生活的殷切期待，我们不能有丝毫自满，不能有丝毫懈怠，必须再接再厉、一往无前，继续把中国特色社会主义事业推向前进，继续为实现中华民族伟大复兴的中国梦而努力奋斗。

——实现中国梦必须走中国道路。这就是中国特色社会主义道路。这条道路来之不易，它是在改革开放30多年的伟大实践中走出来的，是在中华人民共和国成立60多年的持续探索中走出来的，是在对近代以来170多年中华民族发展历程的深刻总结中走出来的，是在对中华民族5 000多年悠久文明的传承中走出来的，具有深厚的历史渊源和广泛的现实基础。中华民族是具有非凡创造力的民族，我们创造了伟大的中华文明，我们也能够继续拓展和走好适合中国国情的发展道路。全国各族人民一定要增强对中国特色社会主义的理论自信、道路自信、制度自信，坚定不移沿着正确的中国道路奋勇前进。

——实现中国梦必须弘扬中国精神。这就是以爱国主义为核心的民族精神，以改革创新为核心的时代精神。这种精神是凝心聚力的兴国之魂、强国之魂。爱国主义始终是把中华民族坚强团结在一起的精神力量，改革创新始终是鞭策我们在改革开放中与时俱进的精神力量。全国各族人民一定要弘扬伟大的民族精神和时代精神，不断增强团结一心的精神纽带、自强不息的精神动力，永远朝气蓬勃迈向未来。

——实现中国梦必须凝聚中国力量。这就是中国各族人民大团结的力量。中国梦是民族的梦，也是每个中国人的梦。只要我们紧密团结，万众一心，为实现共同梦想而奋斗，实现梦想的力量就无比强大，我们每个人为实现自己梦想的努力就拥有广阔的空间。

生活在我们伟大祖国和伟大时代的中国人民，共同享有人生出彩的机会，共同享有梦想成真的机会，共同享有同祖国和时代一起成长与进步的机会。有梦想，有机会，有奋斗，一切美好的东西都能够创造出来。全国各族人民一定要牢记使命，心往一处想，劲往一处使，用 13 亿人的智慧和力量汇集起不可战胜的磅礴力量。

中国梦归根到底是人民的梦，必须紧紧依靠人民来实现，必须不断为人民造福。

我们要坚持党的领导、人民当家做主、依法治国有机统一，坚持人民主体地位，扩大人民民主，推进依法治国，坚持和完善人民代表大会制度的根本政治制度，中国共产党领导的多党合作和政治协商制度、民族区域自治制度以及基层群众自治制度等基本政治制度，建设服务政府、责任政府、法治政府、廉洁政府，充分调动人民积极性。

我们要坚持发展是硬道理的战略思想，坚持以经济建设为中心，全面推进社会主义经济建设、政治建设、文化建设、社会建设、生态文明建设，深化改革开放，推动科学发展，不断夯实实现中国梦的物质文化基础。

我们要随时随刻倾听人民呼声，回应人民期待，保证人民平等参与、平等发展权利，维护社会公平正义，在学有所教、劳有所得、病有所医、老有所养、住有所居上持续取得新进展，不断实现好、维护好、发展好最广大人民根本利益，使发展成果更多更公平惠及全体人民，在经济社会不断发展的基础上，朝着共同富裕方向稳步前进。

我们要巩固和发展最广泛的爱国统一战线，加强中国共产党同民主党派和无党派人士团结合作，巩固和发展平等团结互助和谐的社会主义民族关系，发挥宗教界人士和信教群众在促进经济社会发展中的积极作用，最大限度团结一切可以团结的力量。

各位代表！“功崇惟志，业广惟勤。”我国仍处于并将长期处于社会主义初级阶段，实现中国梦，创造全体人民更加美好的生活，任重而道远，需要我们每一个人继续付出辛勤劳动和艰苦努力。

全国广大工人、农民、知识分子，要发挥聪明才智，勤奋工作，积极在经济社会发展中发挥主力军和生力军作用。一切国家机关工作人员，要克己奉公，廉政勤政，关心人民疾苦，为人民办实事。中国人民解放军全体指战员、中国人民武装警察部队全体官兵，要按照听党指挥、能打胜仗、作风优良的强军目标，提高履行使命能力，坚决捍卫国家主权、安全、发展利益，坚决保卫人民生命财产安全。一切非公有制经济人士和其他新的社会阶层人士，要发扬劳动创造精神和创业精神，回馈社会，造福人民，做合格的中国特色社会主义事业的建设者。全国广大青少年，要志存高远，增长知识，锤炼意志，让青春在时代进步中焕发出绚丽的光彩。

香港特别行政区同胞、澳门特别行政区同胞，要以国家和香港、澳门整体利益为重，共同维护和促进香港、澳门长期繁荣稳定。广大台湾同胞和大陆同胞要携起手来，支持、维护、推动两岸关系和平发展，增进两岸同胞福祉，共同开创中华民族新的前程。广大海外侨胞，要弘扬中华民族勤劳善良的优良传统，努力为促进祖国发展、促进中国人民同当地人民的友谊作出贡献。

中国人民爱好和平。我们将高举和平、发展、合作、共赢的旗帜，始终不渝走和平发展道路，始终不渝奉行互利共赢的开放战略，致力于同世界各国发展友好合作，履行应尽的国际责任和义务，继续同各国人民一道推进人类和平与发展的崇高事业。

（三）习近平在莫斯科国际关系学院的讲演（节录）（2013年3月23日）

老师们、同学们！

去年11月，中国共产党召开了第十八次全国代表大会，明确了今后一个时期中国的发展蓝图，提出到2020年国内生产总值和城乡居民人均收入将在2010年的基础上翻一番，在中国共产党建党100年时全面建成小康社会，在新中国成立100年时建成富强民主文明和谐的社会主义现代化国家。同时，我们也清醒地认识到，作为拥有13亿多人口的发展中大国，中国在发展道路上面临的风险和挑战依然会很大、很严峻，要实现已确定的奋斗目标必须付出持续的艰辛努力。

实现中华民族伟大复兴，是近代以来中国人民最伟大的梦想，我们称之为"中国梦"，基本内涵是实现国家富强、民族振兴、人民幸福。中华民族历来爱好和平。近代以来，中国人民蒙受了外国侵略和内部战乱的百年苦难，深知和平的宝贵，最需要在和平环境中进行国家建设，以不断改善人民生活。中国将坚定不移走和平发展道路，致力于促进开放的发展、合作的发展、共赢的发展，同时呼吁各国共同走和平发展道路。中国始终奉行防御性的国防政策，不搞军备竞赛，不对任何国家构成军事威胁。中国发展壮大，带给世界的是更多机遇而不是什么威胁。我们要实现的中国梦，不仅造福中国人民，而且造福各国人民。

我们高兴地看到，中俄两国互为最大邻国，在国家发展蓝图上有很多契合之处。俄罗斯提出到2020年人均国内生产总值将达到或接近发达国家水平的目标，现在正在强国富民的道路上加快前进。我们衷心祝愿俄罗斯早日实现自己的奋斗目标。一个繁荣强大的俄罗斯，符合中国利益，也有利于亚太与世界和平稳定。

中俄关系是世界上最重要的一组双边关系，更是最好的一组大国关系。一个高水平、强有力的中俄关系，不仅符合中俄双方利益，也是维护国际战略平衡和世界和平稳定的重要保障。经过双方20多年不懈努力，中俄建立起全面战略协作伙伴关系，这种关系充分照顾对方利益和关切，给两国人民带来了实实在在的好处。我们两国彻底解决了历史遗留的边界问题，签署了《中俄睦邻友好合作条约》，为中俄关系长远发展奠定了坚实基础。

（四）习近平在同全国劳动模范代表座谈时的讲话（节录）（2013年4月28日）

我们已经确定了今后的奋斗目标，这就是到中国共产党成立100年时全面建成小康社会，到新中国成立100年时建成富强民主文明和谐的社会主义现代化国家，努力实现中华民族伟大复兴的中国梦。

尽管前进道路并不平坦，改革发展稳定任务仍很艰巨而繁重，但面对未来，我们充满必胜信心。我国工人阶级一定要在坚持中国道路、弘扬中国精神、凝聚中国力量上发挥模范带头作用，万众一心、众志成城，为实现中华民族伟大复兴的中国梦而不懈奋斗。

人民创造历史，劳动开创未来。劳动是推动人类社会进步的根本力量。幸福不会从天而降，梦想不会自动成真。实现我们的奋斗目标，开创我们的美好未来，必须紧紧依靠人民、始终为了人民，必须依靠辛勤劳动、诚实劳动、创造性劳动。我们说"空谈误国，实干兴邦"，实干首先就要脚踏实地劳动。

在迈向未来的征程上，我们必须充分发挥我国工人阶级的重要作用，焕发他们的历史主动精神,调动劳动和创造的积极性。

第一,必须充分发挥工人阶级的主力军作用。工人阶级是我国的领导阶级,是我国先进生产力和生产关系的代表,是我们党最坚实最可靠的阶级基础,是全面建成小康社会、坚持和发展中国特色社会主义的主力军。

改革开放以来,我国工人阶级队伍不断壮大,素质全面提高,结构更加优化,面貌焕然一新,先进性不断增强。展望未来,坚持和发展中国特色社会主义,必须全心全意依靠工人阶级、巩固工人阶级的领导阶级地位,充分发挥工人阶级的主力军作用。全心全意依靠工人阶级不能只当口号喊、标签贴,而要贯彻到党和国家政策制定、工作推进全过程,落实到企业生产经营各方面。

第二,必须紧紧依靠工人阶级发展中国特色社会主义。中国特色社会主义是当代中国发展进步的根本方向,是实现中国梦的必由之路,也是引领我国工人阶级走向更加光明未来的必由之路。我国工人阶级要增强历史使命感和责任感,立足本职、胸怀全局,自觉把人生理想、家庭幸福融入国家富强、民族复兴的伟业之中,把个人梦与中国梦紧密联系在一起,始终以国家主人翁姿态为坚持和发展中国特色社会主义作出贡献。

我国工人阶级要牢固树立中国特色社会主义理想信念,坚定永远跟党走的信念,坚决拥护社会主义制度,坚决拥护改革开放,始终做坚持中国道路的柱石;要自觉践行社会主义核心价值观,发扬我国工人阶级的伟大品格,用先进思想、模范行动影响和带动全社会,不断为中国精神注入新能量,始终做弘扬中国精神的楷模;要坚持以振兴中华为己任,充分发挥伟大创造力量,发扬工人阶级识大体、顾大局的光荣传统,自觉维护安定团结的政治局面,始终做凝聚中国力量的中坚。

第三,必须坚持崇尚劳动、造福劳动者。劳动是财富的源泉,也是幸福的源泉。人世间的美好梦想,只有通过诚实劳动才能实现;发展中的各种难题,只有通过诚实劳动才能破解;生命里的一切辉煌,只有通过诚实劳动才能铸就。劳动创造了中华民族,造就了中华民族的辉煌历史,也必将创造出中华民族的光明未来。"一勤天下无难事。"必须牢固树立劳动最光荣、劳动最崇高、劳动最伟大、劳动最美丽的观念,让全体人民进一步焕发劳动热情、释放创造潜能,通过劳动创造更加美好的生活。

全社会都要贯彻尊重劳动、尊重知识、尊重人才、尊重创造的重大方针,维护和发展劳动者的利益,保障劳动者的权利。要坚持社会公平正义,排除阻碍劳动者参与发展、分享发展成果的障碍,努力让劳动者实现体面劳动、全面发展。全社会都要热爱劳动,以辛勤劳动为荣,以好逸恶劳为耻。

第四,必须大力弘扬劳模精神、发挥劳模作用。榜样的力量是无穷的。劳动模范是民族的精英、人民的楷模。长期以来,广大劳模以平凡的劳动创造了不平凡的业绩,铸就了"爱岗敬业、争创一流,艰苦奋斗、勇于创新,淡泊名利、甘于奉献"的劳模精神,丰富了民族精神和时代精神的内涵,是我们极为宝贵的精神财富。

实现我们的发展目标,不仅要在物质上强大起来,而且要在精神上强大起来。全国各族人民都要向劳模学习,以劳模为榜样,发挥只争朝夕的奋斗精神,共同投身实现中华民族伟大复兴的宏伟事业。广大劳动模范和先进人物要珍惜荣誉、再接再厉,爱岗敬业、无私奉献,做坚定理想信念的模范、勤奋劳动的模范、增进团结的模范。当代工人不仅要有力量,还要有智慧、有技术,能发明、会创新,以实际行动奏响时代主旋律。各级党委、政府和工会组织要高度重视劳模、关心爱护劳模，支持劳模发挥骨干带头作用，帮助劳模解决生产生活中的问题，广泛宣传劳模先进事迹，使劳模精神不断发扬光大。

党对工会寄予厚望，职工群众对工会充满期待。中国工会是中国共产党领导的工人阶级群众组织，是党联系职工群众的桥梁和纽带，是社会主义国家政权的重要社会支柱。中国特色社会主义工会发展道路是中国特色社会主义道路的重要组成部分，深刻反映了中国工会的性质和特点，是工会组织和工会工作始终沿着正确方向前进的重要保证。要始终坚持这条道路，不断拓展这条道路，努力使这条道路越走越宽广。

时代在发展，事业在创新，工会工作也要发展，也要创新。要顺应时代要求，适应社会变化，善于创造科学有效的工作方法，让职工群众真正感受到工会是"职工之家"，工会干部是最可信赖的"娘家人"。要把竭诚为职工群众服务作为工会一切工作的出发点和落脚点，全心全意为广大职工群众服务，认真倾听职工群众呼声，维护好广大职工群众包括农民工合法权益，扎扎实实为职工群众做好事、办实事、解难事，不断促进社会主义和谐劳动关系。要高度重视广大职工的多样化需求，不断拓展职工成长成才空间，着力培养造就一大批知识型、技术型、创新型的高素质职工。各级党委和政府要加强和改善对工会的领导，支持工会开展工作，为工会工作提供更多资源和手段，为工会履职创造更好条件。

同志们，千里之行，始于足下。我们国家的发展前景十分光明，但道路不可能一帆风顺，蓝图不可能一蹴而就，梦想不可能一夜成真。人间万事出艰辛。越是美好的未来，越需要我们付出艰辛努力。

真抓才能攻坚克难，实干才能梦想成真。我们要在全社会大力弘扬真抓实干、埋头苦干的良好风尚。各级领导干部要带头发扬劳模精神，出实策、鼓实劲、办实事，不图虚名，不务虚功，坚决反对干部群众反映强烈的形式主义、官僚主义、享乐主义和奢靡之风，以身作则带领群众把各项工作落到实处。

我深信，有党中央的坚强领导，有我国工人阶级和全体劳动群众的团结奋进，有全国各族人民的共同奋斗，我们一定能开创更加美好的未来，中华民族伟大复兴的中国梦一定能够实现！

（五）习近平在同各界优秀青年代表座谈时的讲话（节录）（2013 年 5 月 4 日）

青年最富有朝气、最富有梦想。近代以来，我国青年不懈追求的美好梦想，始终与振兴中华的历史进程紧密相连。在革命战争年代，广大青年满怀革命理想，为争取民族独立、人民解放冲锋陷阵、抛洒热血。在社会主义革命和建设时期，广大青年响应党的号召，向困难进军，向荒原进军，保卫祖国，建设祖国，在新中国的广阔天地忘我劳动、艰苦创业。在改革开放历史新时期，广大青年发出团结起来、振兴中华的时代强音，为祖国繁荣富强开拓奋进、锐意创新。在最近的芦山抗震救灾中，大批青年临危不惧、顽强拼搏，广大青年心系灾区、无私奉献，为抗震救灾作出了重要贡献。

历史和现实都告诉我们，青年一代有理想、有担当，国家就有前途，民族就有希望，实现我们的发展目标就有源源不断的强大力量。

党的十八大描绘了全面建成小康社会、加快推进社会主义现代化的宏伟蓝图，发出了向实现"两个一百年"奋斗目标进军的时代号召。根据党的十八大精神，我们明确提出要实现中华民族伟大复兴的中国梦。现在,大家都在谈论中国梦,都在思考中国梦与自己的关系、自己为实现中国梦应尽的责任。

——中国梦是历史的、现实的,也是未来的。中国梦凝结着无数仁人志士的不懈努力,承载着全体中华儿女的共同向往,昭示着国家富强、民族振兴、人民幸福的美好前景。

——中国梦是国家的、民族的,也是每一个中国人的。国家好、民族好,大家才会好。只有每个人都为美好梦想而奋斗,才能汇聚起实现中国梦的磅礴力量。

——中国梦是我们的,更是你们青年一代的。中华民族伟大复兴终将在广大青年的接力奋斗中变为现实。

在革命、建设、改革各个历史时期,中国共产党始终高度重视青年、关怀青年、信任青年,对青年一代寄予殷切期望。中国共产党从来都把青年看做是祖国的未来、民族的希望,从来都把青年作为党和人民事业发展的生力军,从来都支持青年在人民的伟大奋斗中实现自己的人生理想。

现在,我们比历史上任何时期都更接近实现中华民族伟大复兴的目标,比历史上任何时期都更有信心、更有能力实现这个目标。行百里者半九十。距离实现中华民族伟大复兴的目标越近,我们越不能懈怠,越要加倍努力,越要动员广大青年为之奋斗。

展望未来,我国青年一代必将大有可为,也必将大有作为。这是"长江后浪推前浪"的历史规律,也是"一代更比一代强"的青春责任。广大青年要勇敢肩负起时代赋予的重任,志存高远,脚踏实地,努力在实现中华民族伟大复兴的中国梦的生动实践中放飞青春梦想。

第一,广大青年一定要坚定理想信念。"功崇惟志,业广惟勤。"理想指引人生方向,信念决定事业成败。没有理想信念,就会导致精神上"缺钙"。中国梦是全国各族人民的共同理想,也是青年一代应该牢固树立的远大理想。中国特色社会主义是我们党带领人民历经千辛万苦找到的实现中国梦的正确道路,也是广大青年应该牢固确立的人生信念。

广大青年要坚持用邓小平理论、"三个代表"重要思想、科学发展观武装头脑,把理想信念建立在对科学理论的理性认同上,建立在对历史规律的正确认识上,建立在对基本国情的准确把握上,不断增强道路自信、理论自信、制度自信,增强对坚持党的领导的信念,永远紧跟党高高举起中国特色社会主义伟大旗帜。

第二,广大青年一定要练就过硬本领。学习是成长进步的阶梯,实践是提高本领的途径。青年的素质和本领直接影响着实现中国梦的进程。古人说:"学如弓弩,才如箭镞。"说的是学问的根基好比弓弩,才能好比箭头,只要依靠厚实的见识来引导,就可以让才能很好发挥作用。青年人正处于学习的黄金时期,应该把学习作为首要任务,作为一种责任、一种精神追求、一种生活方式,树立梦想从学习开始、事业靠本领成就的观念,让勤奋学习成为青春远航的动力,让增长本领成为青春搏击的能量。

广大青年要坚持面向现代化、面向世界、面向未来,增强知识更新的紧迫感,如饥似渴学习,既扎实打牢基础知识又及时更新知识,既刻苦钻研理论又积极掌握技能,不断提高与时代发展和事业要求相适应的素质和能力。要坚持学以致用,深入基层、深入群众,在改革开放和社会主义现代化建设的大熔炉中,在社会的大学校里,掌握真才实学,增益其所不能,努力成为可堪大用、能担重任的栋梁之材。

第三,广大青年一定要勇于创新创造。创新是民族进步的灵魂,是一个国家兴旺发达的不竭源泉,也是中华民族最深沉的民族禀赋,正所谓"苟日新,日日新,又日新"。生活从不眷顾因循守旧、满足现状者,从不等待不思进取、坐享其成者,而是将更多机遇留给善于和勇于创新的人们。青年是社会上最富活力、最具创造性的群体,理应走在创新创造前列。

广大青年要有敢为人先的锐气,勇于解放思想、与时俱进,敢于上下求索、开拓进取,树立在继承前人的基础上超越前人的雄心壮志,"以青春之我……,创建青春之国家,青春之民族"。要有逢山开路、遇河架桥的意志,为了创新创造而百折不挠、勇往直前。要有探索真知、求真务实的态度,在立足本职的创新创造中不断积累经验、取得成果。

第四,广大青年一定要矢志艰苦奋斗。"宝剑锋从磨砺出,梅花香自苦寒来。"人类的美好理想,都不可能唾手可得,都离不开筚路蓝缕、手胼足胝的艰苦奋斗。我们的国家,我们的民族,从积贫积弱一步一步走到今天的发展繁荣,靠的就是一代又一代人的顽强拼搏,靠的就是中华民族自强不息的奋斗精神。当前,我们既面临着重要发展机遇,也面临着前所未有的困难和挑战。梦在前方,路在脚下。自胜者强,自强者胜。实现我们的发展目标,需要广大青年锲而不舍、驰而不息地奋斗。

广大青年要牢记"空谈误国、实干兴邦",立足本职、埋头苦干,从自身做起,从点滴做起,用勤劳的双手、一流的业绩成就属于自己的人生精彩。要不怕困难、攻坚克难,勇于到条件艰苦的基层、国家建设的一线、项目攻关的前沿,经受锻炼,增长才干。要勇于创业、敢闯敢干,努力在改革开放中闯新路、创新业,不断开辟事业发展新天地。

第五,广大青年一定要锤炼高尚品格。中国特色社会主义是物质文明和精神文明全面发展的社会主义。一个没有精神力量的民族难以自立自强,一项没有文化支撑的事业难以持续长久。青年是引风气之先的社会力量。一个民族的文明素养很大程度上体现在青年一代的道德水准和精神风貌上。

广大青年要把正确的道德认知、自觉的道德养成、积极的道德实践紧密结合起来,自觉树立和践行社会主义核心价值观,带头倡导良好社会风气。要加强思想道德修养,自觉弘扬爱国主义、集体主义、社会主义思想,积极倡导社会公德、职业道德、家庭美德。要牢记"从善如登,从恶如崩"的道理,始终保持积极的人生态度、良好的道德品质、健康的生活情趣。要倡导社会文明新风,带头学雷锋,积极参加志愿服务,主动承担社会责任,热诚关爱他人,多做扶贫济困、扶弱助残的实事好事,以实际行动促进社会进步。

为实现中华民族伟大复兴的中国梦而奋斗,是中国青年运动的时代主题。共青团要在广大青少年中深入开展"我的中国梦"主题教育实践活动,为每个青少年播种梦想、点燃梦想,让更多青少年敢于有梦、勇于追梦、勤于圆梦,让每个青少年都为实现中国梦增添强大青春能量。要用中国梦打牢广大青少年的共同思想基础,教育和帮助青少年树立正确的世界观、人生观、价值观,永远热爱我们伟大的祖国,永远热爱我们伟大的人民,永远热爱我们伟大的中华民族,坚定跟着党走中国道路。要用中国梦激发广大青少年的历史责任感,发扬"党有号召、团有行动"的光荣传统,在党和国家工作大局中找准自身工作的切入点和结合点,组织动员广大青少年支持改革、促进发展、维护稳定。要积极为广大青少年实现梦想提供服务,切实改进作风,深入基层、走进青年,想青年之所想,急青年之所急,代表和维护青少年普遍性利益诉求,努力为广大青少年成长成才创造良好环境。

青年模范人物是广大青少年学习的榜样，肩负着更多社会责任和公众期望，在青少年中乃至全社会都有着很强的示范带动作用。希望青年模范们再接再厉、严于律己、锐意进取，用自身的成长历程、精神追求、模范行动为广大青少年做好表率。

(六) 习近平给北京大学学生的回信(节录)(2013 年 5 月 5 日)

北京大学考古文博学院 2009 级本科团支部全体同学：

来信收悉。得知你们近一年来不仅校园学习取得新的进步，而且在野外考古实习中很有收获，甚为欣慰。从字里行间，我感受到了你们立志为实现中华民族伟大复兴的中国梦而奋斗的决心和信心。

你们在信中写到，中国梦让你们感受到了一份同心奋进的深沉力量，让你们更加懂得了当代青年所肩负的历史责任。说得很好。中国梦是国家的梦、民族的梦，也是包括广大青年在内的每个中国人的梦。“得其大者可以兼其小。”只有把人生理想融入国家和民族的事业中，才能最终成就一番事业。希望你们珍惜韶华、奋发有为，勇做走在时代前面的奋进者、开拓者、奉献者，努力使自己成为祖国建设的有用之才、栋梁之材，为实现中国梦奉献智慧和力量。

五四青年节即将来临，我向你们致以节日的问候。

(七) 习近平接受拉美三国媒体联合书面采访(节录)(2013 年 5 月 31 日)

问：中国如何实现中国梦？

答：中华民族历经磨难，自强不息，从未放弃对美好梦想的向往和追求。实现中华民族伟大复兴的中国梦是近代以来中华民族的夙愿。

在新的历史时期，中国梦的本质是国家富强、民族振兴、人民幸福。我们的奋斗目标是，到 2020 年国内生产总值和城乡居民人均收入在 2010 年基础上翻一番，全面建成小康社会。到本世纪中叶，建成富强民主文明和谐的社会主义现代化国家，实现中华民族伟大复兴的中国梦。

实现中国梦，必须坚持中国特色社会主义道路。我们已经在这条道路上走了 30 多年，历史证明，这是一条符合中国国情、富民强国的正确道路，我们将坚定不移地沿着这条道路走下去。

实现中国梦，必须弘扬中国精神。用以爱国主义为核心的民族精神和以改革创新为核心的时代精神振奋起全民族的“精气神”。

实现中国梦，必须凝聚中国力量。空谈误国，实干兴邦。我们要用 13 亿中国人的智慧和力量，经一代又一代中国人不懈努力，把我们的国家建设好，把我们的民族发展好。

实现中国梦，必须坚持和平发展。我们将始终不渝走和平发展道路，始终不渝奉行互利共赢的开放战略，不仅致力于中国自身发展，也强调对世界的责任和贡献；不仅造福中国人民，而且造福世界人民。实现中国梦给世界带来的是和平，不是动荡；是机遇，不是威胁。

中国和拉美虽然远隔重洋，但我们的心是相通的。联结我们的不仅是深厚传统友谊、密切利益纽带，还有我们对美好梦想的共同追求。

近年来，拉美和加勒比国家联合自强不断迈出新步伐。拉美和加勒比国家共同体的成立，充分表明拉美正在积极推进拉美独立运动先驱们倡导的团结协作、共同发展的梦想。

中国愿同拉美和加勒比各国紧密团结、相互支持、真诚合作，在通往发展繁荣的美好梦想的道路上携手共进。

三、关于科学发展观

（一）党的十七大报告中关于“科学发展观”的表述

在新的发展阶段继续全面建设小康社会、发展中国特色社会主义，必须坚持以邓小平理论和“三个代表”重要思想为指导，深入贯彻落实科学发展观。

科学发展观，是对党的三代中央领导集体关于发展的重要思想的继承和发展，是马克思主义关于发展的世界观和方法论的集中体现，是同马克思列宁主义、毛泽东思想、邓小平理论和“三个代表”重要思想既一脉相承又与时俱进的科学理论，是我国经济社会发展的重要指导方针，是发展中国特色社会主义必须坚持和贯彻的重大战略思想。

科学发展观，是立足社会主义初级阶段基本国情，总结我国发展实践，借鉴国外发展经验，适应新的发展要求提出来的。进入新世纪新阶段，我国发展呈现一系列新的阶段性特征，主要是：经济实力显著增强，同时生产力水平总体上还不高，自主创新能力还不强，长期形成的结构性矛盾和粗放型增长方式尚未根本改变；社会主义市场经济体制初步建立，同时影响发展的体制机制障碍依然存在，改革攻坚面临深层次矛盾和问题；人民生活总体上达到小康水平，同时收入分配差距拉大趋势还未根本扭转，城乡贫困人口和低收入人口还有相当数量，统筹兼顾各方面利益难度加大；协调发展取得显著成绩，同时农业基础薄弱、农村发展滞后的局面尚未改变，缩小城乡、区域发展差距和促进经济社会协调发展任务艰巨；社会主义民主政治不断发展、依法治国基本方略扎实贯彻，同时民主法制建设与扩大人民民主和经济社会发展的要求还不完全适应，政治体制改革需要继续深化；社会主义文化更加繁荣，同时人民精神文化需求日趋旺盛，人们思想活动的独立性、选择性、多变性、差异性明显增强，对发展社会主义先进文化提出了更高要求；社会活力显著增强，同时社会结构、社会组织形式、社会利益格局发生深刻变化，社会建设和管理面临诸多新课题；对外开放日益扩大，同时面临的国际竞争日趋激烈，发达国家在经济科技上占优势的压力长期存在，可以预见和难以预见的风险增多，统筹国内发展和对外开放要求更高。

这些情况表明，经过新中国成立以来特别是改革开放以来的不懈努力，我国取得了举世瞩目的发展成就，从生产力到生产关系、从经济基础到上层建筑都发生了意义深远的重大变化，但我国仍处于并将长期处于社会主义初级阶段的基本国情没有变，人民日益增长的物质文化需要同落后的社会生产之间的矛盾这一社会主要矛盾没有变。当前我国发展的阶段性特征，是社会主义初级阶段基本国情在新世纪新阶段的具体表现。强调认清社会主义初级阶段基本国情，不是要妄自菲薄、自甘落后，也不是要脱离实际、急于求成，而是要坚持把它作为推进改革、谋划发展的根本依据。我们必须始终保持清醒头脑，立足社会主义初级阶段这个最大的实际，科学分析我国全面参与经济全球化的新机遇新挑战，全面认识工业化、信息化、城镇化、市场化、国际化深入发展的新形势新任务，深刻把握我国发展面临的新课题新矛盾，更加自觉地走科学发展道路，奋力开拓中国特色社会主义更为广阔的发展前景。

科学发展观，第一要义是发展，核心是以人为本，基本要求是全面协调可持续，根本方法是统筹兼顾。

——必须坚持把发展作为党执政兴国的第一要务。发展，对于全面建设小康社会、加快推进社会主义现代化，具有决定性意义。要牢牢扭住经济建设这个中心，坚持聚精会神搞建设、一心一意谋发展，不断解放和发展社会生产力。更好实施科教兴国战略、人才强国战略、可持续发展战略，着力把握发展规律、创新发展理念、转变发展方式、破解发展难题，提高发展质量和效益，实现又好又快发展，为发展中国特色社会主义打下坚实基础。努力实现以人为本、全面协调可持续的科学发展，实现各方面事业有机统一、社会成员团结和睦的和谐发展，实现既通过维护世界和平发展自己、又通过自身发展维护世界和平的和平发展。

——必须坚持以人为本。全心全意为人民服务是党的根本宗旨，党的一切奋斗和工作都是为了造福人民。要始终把实现好、维护好、发展好最广大人民的根本利益作为党和国家一切工作的出发点和落脚点，尊重人民主体地位，发挥人民首创精神，保障人民各项权益，走共同富裕道路，促进人的全面发展，做到发展为了人民、发展依靠人民、发展成果由人民共享。

——必须坚持全面协调可持续发展。要按照中国特色社会主义事业总体布局，全面推进经济建设、政治建设、文化建设、社会建设，促进现代化建设各个环节、各个方面相协调，促进生产关系与生产力、上层建筑与经济基础相协调。坚持生产发展、生活富裕、生态良好的文明发展道路，建设资源节约型、环境友好型社会，实现速度和结构质量效益相统一、经济发展与人口资源环境相协调，使人民在良好生态环境中生产生活，实现经济社会永续发展。

——必须坚持统筹兼顾。要正确认识和妥善处理中国特色社会主义事业中的重大关系，统筹城乡发展、区域发展、经济社会发展、人与自然和谐发展、国内发展和对外开放，统筹中央和地方关系，统筹个人利益和集体利益、局部利益和整体利益、当前利益和长远利益，充分调动各方面积极性。统筹国内国际两个大局，树立世界眼光，加强战略思维，善于从国际形势发展变化中把握发展机遇、应对风险挑战，营造良好国际环境。既要总揽全局、统筹规划，又要抓住牵动全局的主要工作、事关群众利益的突出问题，着力推进、重点突破。

深入贯彻落实科学发展观，要求我们始终坚持"一个中心、两个基本点"的基本路线。党的基本路线是党和国家的生命线，是实现科学发展的政治保证。以经济建设为中心是兴国之要，是我们党、我们国家兴旺发达和长治久安的根本要求；四项基本原则是立国之本，是我们党、我们国家生存发展的政治基石；改革开放是强国之路，是我们党、我们国家发展进步的活力源泉。要坚持把以经济建设为中心同四项基本原则、改革开放这两个基本点统一于发展中国特色社会主义的伟大实践，任何时候都决不能动摇。

深入贯彻落实科学发展观，要求我们积极构建社会主义和谐社会。社会和谐是中国特色社会主义的本质属性。科学发展和社会和谐是内在统一的。没有科学发展就没有社会和谐，没有社会和谐也难以实现科学发展。构建社会主义和谐社会是贯穿中国特色社会主义事业全过程的长期历史任务，是在发展的基础上正确处理各种社会矛盾的历史过程和社会结果。要通过发展增加社会物质财富、不断改善人民生活，又要通过发展保障社会公平正义、不断促进社会和谐。实现社会公平正义是中国共产党人的一贯主张，是发展中国特色社会主义的重大任务。要按照民主法治、公平正义、诚信友爱、充满活力、安定有序、人与自然和谐相处的总要求和共同建设、共同享有的原则，着力解决人民最关心、最直接、最现实的利益问题，努力形成全体人民各尽其能、各得其所而又和谐相处的局面，为发展提供良好社会环境。

深入贯彻落实科学发展观，要求我们继续深化改革开放。要把改革创新精神贯彻到治国理政各个环节，毫不动摇地坚持改革方向，提高改革决策的科学性，增强改革措施的协调性。要完善社会主义市场经济体制，推进各方面体制改革创新，加快重要领域和关键环节改革步伐，全面提高开放水平，着力构建充满活力、富有效率、更加开放、有利于科学发展的体制机制，为发展中国特色社会主义提供强大动力和体制保障。要坚持把改善人民生活作为正确处理改革发展稳定关系的结合点，使改革始终得到人民拥护和支持。

深入贯彻落实科学发展观，要求我们切实加强和改进党的建设。要站在完成党执政兴国使命的高度，把提高党的执政能力、保持和发展党的先进性，体现到领导科学发展、促进社会和谐上来，落实到引领中国发展进步、更好代表和实现最广大人民的根本利益上来，使党的工作和党的建设更加符合科学发展观的要求，为科学发展提供可靠的政治和组织保障。

全党同志要全面把握科学发展观的科学内涵和精神实质，增强贯彻落实科学发展观的自觉性和坚定性，着力转变不适应不符合科学发展观的思想观念，着力解决影响和制约科学发展的突出问题，把全社会的发展积极性引导到科学发展上来，把科学发展观贯彻落实到经济社会发展各个方面。

（二）中共中央关于在全党开展深入学习实践科学发展观活动的意见

根据党的十七大部署，中央决定，从2008年9月开始，用一年半左右时间，在全党分批开展深入学习实践科学发展观活动（以下简称“学习实践活动”）。

1. 开展学习实践活动的重大现实意义和紧迫性

党的十六大以来，以胡锦涛同志为总书记的党中央立足社会主义初级阶段基本国情，总结我国发展实践，借鉴国外发展经验，适应新的发展要求，提出了科学发展观。科学发展观，是对党的三代中央领导集体关于发展的重要思想的继承和发展，是马克思主义关于发展的世界观和方法论的集中体现，是同马克思列宁主义、毛泽东思想、邓小平理论和“三个代表”重要思想既一脉相承又与时俱进的科学理论，是我国经济社会发展的重要指导方针，是发展中国特色社会主义必须坚持和贯彻的重大战略思想。

当前世界正在发生广泛而深刻的变化，当代中国正在发生广泛而深刻的变革。我国既处在一个重要的发展时期，又处在国际政治经济环境变化较大、面临困难和挑战较多的时期。我国发展呈现出一系列新的阶段性特征。党的自身建设面临着许多新课题新考验。面对我国全面参与经济全球化的新机遇新挑战，面对日益增大的资源环境压力，面对城乡、区域、经济社会发展的不平衡，面对一些对方不时出现的不稳定因素，我们必须更加自觉地增强忧患意识和责任意识，更加自觉地深入贯彻落实科学发展观，转变发展方式，调整经济结构，推进改革创新，重视节能环保，努力关注民生，坚持不懈地走科学发展道路，奋力开拓中国特色社会主义更为广阔的发展前景。

实践证明，科学发展观对于我国经济社会和各项事业的发展起到了巨大的推动作用，越来越显示出强大的真理力量，越来越得到全党全国各族人民的衷心拥护。但也要清醒地看到，一些党员干部贯彻落实科学发展观的自觉性还不高，对科学发展观理解还不深；一些领导干部的思想、作风和能力素质与科学发展观要求还不适应；一些影响和制约科学发展的问题还比较突出，保障科学发展的体制机制还不够健全。这些问题如不及时解决，我们就会丧失难得的发展机遇，就无法应对新形势下党所面对的新挑战，就难以肩负起继续全面建设小康社会、加快推进社会主义现代化的崇高使命。党的十七大决定在全党开展深入学习实践科学发展观活动，这是用中国特色社会主义理论体系武装全党的重大举措，是深入推进改革开放、推动经济社会又好又快发展、促进社会和谐稳定的迫切需要，是提高党的执政能力、保持和发展党的先进性的必然要求。各级党组织和广大党员、干部一定要深刻认识开展学习实践活动的重大现实意义和紧迫性，把开展学习实践活动作为我们党应对挑战、解决矛盾、统一思想的重大契机，积极投入到学习实践活动中来。通过开展学习实践活动，进一步增强党的先进性，提高党的执政能力，把党的政治优势和组织优势转化成为推动经济社会又好又快发展的强大力量，为实现2020年全面建设小康社会的奋斗目标进一步奠定重要的思想基础、政治基础和组织基础。

2. 开展学习实践活动的指导思想和目标要求

开展学习实践活动，要全面贯彻党的十七大精神，高举中国特色社会主义伟大旗帜，以邓小平理论和“三个代表”重要思想为指导，组织广大党员特别是各级领导班子和党员领导干部深入学习实践科学发展观，紧紧围绕党员干部受教育、科学发展上水平、人民群众得实惠，进一步解放思想、实事求是、改革创新，切实增强贯彻落实科学发展观的自觉性和坚定性，着力转变不适应、不符合科学发展观要求的思想观念，着力解决影响和制约科学发展的突出问题以及党员干部党性党风党纪方面群众反映强烈的突出问题，着力构建有利于科学发展的体制机制，提高领导科学发展、促进社会和谐的能力，使党的工作和党的建设更加符合科学发展观的要求，把全社会的发展积极性进一步引导到科学发展上来，把科学发展观贯彻落实到经济社会发展各个方面。

学习实践活动以县级以上领导班子和党员领导干部为重点，全体党员参加。具体达到以下目标要求：

(1) 提高思想认识。进一步加深广大党员、干部特别是领导干部对科学发展观的理解，增强贯彻落实科学发展观的自觉性和坚定性；进一步按科学发展观要求解放思想，转变不适应、不符合科学发展要求的思想观念，使各级领导班子和领导干部在本地区本部门本单位要不要科学发展、能不能科学发展、怎么样科学发展等重大问题上达成共识，把思想认识统一到科学发展观的要求上来。

(2) 解决突出问题。努力解决影响和制约科学发展的突出问题，解决党员干部党性党风党纪方面群众反映强烈的突出问题；进一步明确本地区本部门本单位促进科学发展的工作思路，完善科学发展规划；进一步加强各级领导班子思想政治建设，推动广大党员特别是党员领导干部讲党性、重品行、作表率。

(3) 创新体制机制。领导机关着重建立健全推动科学发展的各项政策规定和体制机制，切实转变职能；基层单位着重建立健全体现科学发展要求的规章制度，努力为科学发展观的贯彻落实营造良好的政策制度环境。

（4）促进科学发展。坚持把务求实效作为开展学习实践活动的出发点和落脚点，通过学习实践活动，把科学发展观的要求转化为推进科学发展的坚强意志、谋划科学发展的正确思路、领导科学发展的实际能力、促进科学发展的政策措施、增强党性修养提高思想觉悟的自觉行动，努力促进经济社会又好又快发展。

3. 开展学习实践活动要把握的主要原则

为确保学习实践活动健康开展，根据试点工作中积累的经验，在活动中要着重把握以下主要原则：

（1）坚持解放思想。以解放思想为先导，以改革创新为动力，进一步提高认识，进一步更新发展观念、转变发展思路、破解发展难题、完善体制机制，使思想和行动更加符合实事求是的思想路线，更加符合经济社会发展规律、符合自然规律、符合党的执政规律，使党的工作和党的建设更加符合科学发展观的要求。

（2）突出实践特色。紧紧围绕科学发展主题，紧密结合本地区本部门本单位实际，确定活动的实践载体。把开展学习实践活动与贯彻落实党的十七大的一系列重大部署结合起来，与总结本地区本部门本单位科学发展的典型经验结合起来，与促进改革发展稳定结合起来，与推动社会主义经济建设、政治建设、文化建设、社会建设的各项工作结合起来。通过学习推动实践，在推进实践中深化学习。

（3）贯彻群众路线。充分发扬民主，吸收群众全程参与，认真听取群众意见建议，虚心向群众学习，真诚接受群众监督，努力解决影响和制约科学发展的突出问题以及党员干部党性党风党纪方面群众反映强烈的突出问题，把群众满意作为评价活动成效的重要依据。

（4）正面教育为主。坚持高标准、严要求，组织广大党员、干部深入学习实践科学发展观，实事求是查找存在的问题，深刻分析产生问题的原因，全面总结经验教训，认真开展批评和自我批评，进一步明确努力方向。查找和剖析问题既要严格要求，又不搞人人过关，注意保护党员、干部的发展积极性。

4. 开展学习实践活动要解决的重点问题

开展学习实践活动，关键在于取得实效。要全面把握科学发展观的科学内涵、精神实质和根本要求，紧密联系本地区本部门本单位实际，坚持边学边改，着力找准并解决影响和制约科学发展的突出问题以及党员干部党性党风党纪方面群众反映强烈的突出问题。

按照第一要义是发展的要求，着力解决发展思路不清、发展信心不足、发展方式落后、发展质量不高、发展后劲不足等问题。

按照核心是以人为本的要求，着力解决执政为民意识淡薄，不能深入了解群众愿望、顺应群众要求，对民生问题特别是困难群众的疾苦关注不够，对群众合法权益维护不够，对社会和谐稳定重视不够等问题。

按照全面协调可持续的基本要求，着力解决片面发展、盲目发展、只顾眼前发展等问题，尤其要解决单纯追求速度，不重视调整经济结构，不重视质量和效益，不重视节能减排，甚至以牺牲环境、破坏资源为代价换取一时经济增长，不重视经济、政治、文化、社会的协调发展等问题。

按照根本方法是统筹兼顾的要求，着力解决全局意识不强，缺乏战略思维，不能妥善处理中央和地方、局部利益和整体利益、个人利益和集体利益、当前利益和长远利益的关系，有令不行、有禁不止、政令不畅通问题，尤其要解决不能正确认识和妥善处理城乡发展、区域发展、经济社会发展、人与自然和谐发展的关系，不能正确统筹国内国际两个大局等问题。

按照贯彻落实科学发展观必须加强和改善党的建设的要求，着力解决党性不强、党风不正、执行党纪不严的问题，在世界观、人生观、价值观、权力观、地位观、利益观方面存在的问题，尤其是党员意识不强，理想信念动摇，宗旨意识淡薄，党员领导干部政绩观不正确、作风漂浮以及形式主义、官僚主义严重等问题。

查找和解决突出问题，要坚持从实际出发，明确哪些问题已具备条件，在学习实践活动期间可以解决；哪些问题难度较大，需要较长时间才能解决。解决问题要突出重点，坚持什么问题突出就着力解决什么问题，多为人民群众办看得见、摸得着、促进科学发展的实事。

5. 开展学习实践活动的批次安排和步骤

学习实践活动自上而下分三批展开，每批时间半年左右。

第一批：2008 年 9 月开始，2009 年 2 月基本完成。包括：中央和国家机关、省（自治区、直辖市）党政机关；全国、省（自治区、直辖市）人大、政协机关，人民法院、人民检察院和人民团体机关；新疆生产建设兵团机关；中管金融机构及其分支机构；党中央、国务院直属事业单位，中央直属机关、中央国家机关各部门管理的事业单位，省（自治区、直辖市）直属事业单位。

第二批：2009 年 3 月开始，2009 年 8 月基本完成。包括：市（地、州、盟）、县（市、区、旗）党政机关；市（地、州、盟）、县（市、区、旗）人大、政协机关，人民法院、人民检察院和人民团体机关；新疆生产建设兵团师、团机关；中央企业；省（自治区、直辖市）直属企业，市（地、州、盟）直属企业事业单位；高等学校、中等专业学校。

第三批：2009 年 9 月开始，2010 年 2 月基本完成。包括：乡（镇）、街道；村、社区；新疆生产建设兵团基层单位；中小学校；未参加第二批活动的企业、社会团体、社会中介组织等。

第一批学习实践活动开展时，各省（自治区、直辖市）要选择几个市、县、国有企业、高等学校进行试点。第二批学习实践活动开展时，各市、县要选择几个乡（镇）、街道和村、社区进行试点。

开展学习实践活动，首先要做好充分的准备工作。要认真学习贯彻中央有关精神，进行广泛的宣传和思想发动，提高广大党员干部参加学习实践活动的积极性、主动性；要深入调查研究，听取意见建议，结合本地区本部门本单位实际，明确活动的实践载体，制定切实可行的实施方案。

学习实践活动分三个阶段进行：

第一阶段：学习调研。中央举办省部级主要领导干部深入学习实践科学发展观专题研讨班。各地区各部门各单位对各级党员领导干部进行集中学习培训并组织全体党员参加学习。认真学习党的十七大报告，认真学习《毛泽东邓小平江泽民论科学发展》和

《科学发展观重要论述摘编》，县处级以上党员领导干部还要认真学习《深入学习实践科学发展观活动领导干部学习文件选编》。党员主要领导干部要带头作学习报告。各级领导班子和党员领导干部要深入基层和群众进行调查研究，开展实际案例分析；组织全体党员围绕科学发展进行解放思想讨论，着力转变观念、提高认识，对事关本地区本部门本单位科学发展全局的重大问题达成共识。这一阶段重点要抓住学习培训、深入调研、围绕科学发展进行解放思想讨论三个环节。

第二阶段：分析检查。各级领导班子要广泛征求各方面意见，找准影响和制约本地区本部门本单位科学发展的突出问题，影响社会和谐稳定的突出问题，党性党风党纪方面群众反映强烈的突出问题；深入分析形成问题的主客观原因，特别是主观原因，理清科学发展思路，形成领导班子贯彻落实科学发展观情况分析检查报告，并在一定范围内公布，组织党员、群众进行评议。领导班子要召开检查科学发展观贯彻落实情况的专题民主生活会，领导班子成员要按照科学发展观要求对照检查自身存在的不足，撰写参加专题民主生活会的发言材料。所有党员都要参加以学习实践科学发展观为主题的组织生活会。这一阶段要抓住召开领导班子专题民主生活会、形成领导班子分析检查报告、组织群众评议三个环节。

第三阶段：整改落实。各地区各部门各单位领导班子要制定整改落实方案。整改落实方案要明确责任，明确措施，明确时限。要切实解决查找出来的、通过努力能够解决的突出问题。领导机关从活动一开始就要注意做好创新体制机制的工作，在统一认识、深入调研、分析检查的基础上，及时制定和完善促进科学发展的政策，把建立健全保护和促进科学发展的体制机制作为整改落实的一个重要内容。广大党员要积极建言献策，提出合理化建议。这一阶段要抓住制定整改落实方案、集中解决突出问题、完善体制机制三个环节。

学习实践活动基本结束时，要做好活动的总结工作，并采取适当方式向党员、群众通报。对学习实践活动进行满意度测评，测评结果在一定范围内公布。要把贯彻中央部署要求、解决突出问题、群众是否满意作为评价学习实践活动成效的重要内容。根据测评情况，进一步完善整改措施，确保在学习实践活动中尚未解决的突出问题继续得到有效解决。

6. 学习实践活动的领导和指导

开展学习实践活动，是全党政治生活中的一件大事。各级党组织要把学习实践活动摆上重要议事日程，高度重视，精心组织，把深入学习、提高认识贯穿始终，把解放思想、改革创新贯穿始终，把解决问题、完善体制机制贯穿始终，把依靠群众、发扬民主贯穿始终，坚持进度服从质量，确保活动取得实效。

(1) 落实领导责任。学习实践活动的领导关系，原则上按照党组织的隶属关系确定。国有企业和高等学校等单位学习实践活动的领导关系，按照干部管理权限确定，党的关系在地方的由地方党委协助。党委(党组)要全面负责本地区本部门本单位的学习实践活动，主要负责同志要认真履行第一责任人的职责。党员领导干部要充分发挥带头作用，结合各自分工建立联系点。中央成立深入学习实践科学发展观活动领导小组，在党中央领导下开展工作。领导小组下设办公室。各地区各部门各单位也要成立相应的领导机构和工作机构，落实领导和指导责任。中央及各级学习实践活动领导小组分别派出若干指导检查组,负责指导和督促检查相关单位的学习实践活动,防止活动走过场、出偏差。

(2) 加强分类指导。在坚持学习实践活动总体要求的同时,针对东中西部等不同地区,机关、学校、企事业单位、农村、街道社区等不同行业,党员领导干部、普通党员等不同层面,分别提出学习实践活动的具体要求,分层分类进行指导,增强活动的针对性和实效性。要从实际出发,组织好离退休干部(职工)中的党员参加学习实践活动。对新的经济和社会组织中的党员、流动党员等,可在坚持基本要求的前提下,采取灵活多样的方式组织开展活动。流动党员的学习实践活动由流入地党组织负责,流出地党组织协助。

(3) 鼓励探索创新。在坚持学习实践活动基本要求的前提下,尊重基层首创精神,鼓励地方、部门和基层单位根据各自实际情况、因地制宜探索创新。要讲成本、重实效,防止文山会海,杜绝形式主义。

(4) 搞好舆论引导。大力宣传科学发展观的科学内涵、精神实质和根本要求,宣传开展学习实践活动的重大意义,宣传学习实践科学发展观的先进典型,宣传学习实践活动的部署、要求、做法、经验和成效,努力营造开展学习实践活动的良好氛围。

(5) 坚持统筹兼顾。统筹安排学习实践活动各个批次、各个阶段和各个环节的工作,做到有机衔接、前后呼应。统筹协调各个相关地方、行业、部门、企业、单位的活动安排,加强上下互动、左右联动,促进影响和制约科学发展的突出问题的解决。要增强保持经济社会又好又快发展的责任感,把开展学习实践活动同做好各方面工作结合起来,做到两手抓、两不误、两促进。

开展学习实践活动,要充分发挥党支部的作用,积极探索有效形式和载体,确保广大党员全员全程参加。

学习实践活动结束后,各省(自治区、直辖市)党委,中央和国家机关各部门党委(党组),中管金融机构党委,中央管理主要负责人的国有重点骨干企业党委(党组)、高等学校党委要向中央报送总结报告。

各地区各部门各单位党委(党组)要根据本意见制定具体实施方案。人民解放军和武警部队的学习实践活动,由解放军总政治部作出部署。

(三) 胡锦涛在全党深入学习实践科学发展观活动总结大会上的讲话

同志们:

今天,我们召开大会,对在全党开展的深入学习实践科学发展观活动进行总结,对巩固和扩大学习实践活动成果作出部署,进一步推动学习实践科学发展观向深度和广度发展。

这次学习实践活动,是在新中国成立 60 年特别是改革开放 30 年来我国取得举世瞩目伟大成就、正在新的历史起点上向前迈进的背景下开展的,是在世情、国情、党情发生深刻变化,我国正处在改革发展关键阶段、我们面临的机遇和挑战都前所未有的背景下开展的,特别是在全党全国积极应对国际金融危机冲击、加快经济发展方式转变、保持经济平稳较快发展的背景下开展的,取得了丰硕的认识成果、实践成果、制度成果。认真总结这次学习实践活动的成果和经验,对深入贯彻落实科学发展观,以改革创新精神加强和改进新形势下党的建设,不断夺取全面建设小康社会新胜利、开创中国特色社会主义事业新局面，具有十分重要的意义。

下面，我讲三个问题。

1. 学习实践活动扎实有效，取得丰硕成果

党的十七大强调，科学发展观是对党的三代中央领导集体关于发展的重要思想的继承和发展，是我国经济社会发展的重要指导方针，是发展中国特色社会主义必须坚持和贯彻的重大战略思想。党的十七大深刻阐述了科学发展观的科学内涵、精神实质、根本要求，作出了在全党开展深入学习实践科学发展观活动的战略决策。

党的十七大之后，党中央对开展学习实践活动高度重视。中央政治局、中央政治局常委会多次对学习实践活动进行研究部署，强调在全党开展深入学习实践科学发展观活动是用中国特色社会主义理论体系武装全党的重大举措，是深入推进改革开放、推动经济社会又好又快发展、促进社会和谐稳定的迫切需要，是提高党的执政能力、保持和发展党的先进性的必然要求，是更好实现党的十七大提出的宏伟蓝图和行动纲领的现实需要。中央要求全党把深入学习实践科学发展观摆在突出位置，真正把科学发展观体现到各级党组织和广大党员、干部的行动中去，把党的政治优势和组织优势转化为推动经济社会又好又快发展的强大力量，为实现全面建设小康社会的宏伟目标进一步奠定思想基础、政治基础、组织基础。

为开展好学习实践活动，中央举行专门研讨科学发展问题的中央政治局集体学习，举办全党深入学习实践科学发展观活动动员大会暨省部级主要领导干部专题研讨班，举办省部级主要领导干部深入贯彻落实科学发展观加快经济发展方式转变专题研讨班。中央政治局常委同志带头参加学习实践活动，认真参加专题民主生活会，深入联系点调研指导。中央党的建设工作领导小组多次听取学习实践活动情况汇报，进行专题研究，提出指导意见。中央学习实践活动领导小组认真贯彻中央精神，切实履行职责，加强对学习实践活动的统筹谋划和组织指导。各级党组织认真落实中央决策部署，结合实际精心组织实施，把学习实践活动扎实向前推进。广大党员、干部把参加学习实践活动作为增强党性修养、提高综合素质的难得机遇，积极投身学习实践活动，扎实开展各项工作，认真完成各项任务，向党和人民交出了一份合格答卷。

学习实践活动从 2008 年 3 月开始试点，同年 9 月正式启动，自上而下分三批进行，到今年 2 月底基本结束，共有 370 多万个党组织、7 500 多万名党员参加。这次学习实践活动，紧紧围绕党员干部受教育、科学发展上水平、人民群众得实惠的总要求，牢牢把握坚持解放思想、突出实践特色、贯彻群众路线、正面教育为主的原则，主题鲜明，领导有力，组织严密，措施得当。并且有 3 个鲜明特点。一是从各批次、各领域和各类党员群体实际出发，统筹协调，分类指导，突出重点，批次衔接，组织广大党员、干部深化理论学习，努力为促进科学发展打牢思想基础；以学习实践活动为契机，大力加强基层组织建设，努力为促进科学发展夯实组织基础；依靠群众、发扬民主，广泛吸收群众参与，努力为促进科学发展巩固群众基础。二是紧密联系各项工作实际，开展丰富多彩的主题实践活动，凝聚科学发展力量；紧贴群众愿望和期待，着力为群众办实事、做好事、解难事，努力使学习实践活动成为群众满意工程。三是坚持边学边改、边查边改、集中整改，着力转变不适应不符合科学发展观的思想观念，着力解决影响和制约科学发展的突出问题以及党员、干部党性党风党纪方面群众反映强烈的突出问题；抓住重点领域和关键环节，加大体制机

制创新力度,努力构建有利于科学发展的体制机制。

经过全党共同努力,学习实践活动基本实现了提高思想认识、解决突出问题、创新体制机制、促进科学发展、加强基层组织的目标,取得明显成效。一是广大党员、干部受到深刻的马克思主义教育,贯彻落实科学发展观的自觉性和坚定性明显增强,加强党性修养和作风建设的自觉性明显提高,对事关本地区本部门本单位科学发展重大问题的认识进一步深化,领导和推动科学发展能力进一步提高。二是科学发展水平得到有效提升,进一步理清了本地区本部门本单位科学发展思路,制定了一批推动科学发展的政策措施,解决了一批影响和制约科学发展的突出问题,建立健全了一批保障和促进科学发展的体制机制。三是人民群众得到更多实惠,有力推动了中央惠民利民政策的落实,解决了大量涉及群众切身利益的实际问题,密切了党群关系、干群关系,促进了社会和谐稳定。四是党的基层组织建设得到明显加强,扩大了党的组织和党的工作覆盖面,丰富了党组织和党员发挥作用的有效途径和方法,改进了基层党的建设领导体制和工作机制。

按照中央的部署和要求,人民解放军和武警部队紧密结合当前形势和部队实际,围绕党员干部受教育、科学发展上水平、履行使命见成效的总要求,组织党员认真学习科学发展观,着力查找解决影响和制约军队建设和军事斗争准备科学发展的突出问题,把全力维护改革发展稳定大局、有效履行军队使命作为学习实践活动最大的实践和最重要的实际,取得了明显成效,进一步打牢了全军官兵高举旗帜、听党指挥、履行使命的思想政治基础,更加牢固地确立了科学发展观在国防和军队建设中的重要指导方针地位,全面加强了部队各级党组织建设,提高了部队以打赢信息化条件下局部战争能力为核心的完成多样化军事任务的能力,有力促进了军队建设又好又快发展。

在开展学习实践活动期间,我国成功举办北京奥运会、残奥会,隆重庆祝新中国成立60周年和党的十一届三中全会召开30周年,全力抗击四川汶川特大地震灾害和全面开展灾后恢复重建,有力应对国际金融危机冲击、保持经济平稳较快发展,积极筹办上海世博会,依法坚决平息和妥善处理拉萨“3·14”事件和乌鲁木齐“7·5”事件,可以说大事多、喜事多、难事多。这次学习实践活动,把服务党和国家中心工作、推动完成重大任务、促进解决突出问题作为最重要的实际、最大的实践、最需要取得的实效,为党和国家办成大事、办好喜事、办妥难事提供了强大动力和重要保证。

总起来说,这次学习实践活动,是深入贯彻落实党的十七大精神、坚持用中国特色社会主义理论体系武装全党、推进马克思主义中国化时代化大众化的一次富有成效的实践,是深入贯彻落实科学发展观、积极应对国际金融危机冲击、推动经济社会又好又快发展的一次富有成效的实践,也是加强和改进新形势下党的建设、提高党的执政能力、保持和发展党的先进性的一次富有成效的实践,对推进党的建设新的伟大工程和中国特色社会主义伟大事业具有重大现实意义和深远历史意义。实践证明,党的十七大作出在全党开展深入学习实践科学发展观活动的战略决策是完全正确的,广大党员、干部和人民群众对学习实践活动是衷心拥护的,社会各界对学习实践活动的成效是充分认可的。

在充分肯定成绩的同时,我们也要清醒地看到,这次学习实践活动还存在一些值得注意的问题,比如,学习实践活动在地区、部门、单位之间开展得不够平衡,一些党员、干部对科学发展观的理解和把握不够深刻,一些党员领导干部领导和推动科学发展的能力素质有待进一步提高,一些影响和制约科学发展的深层次问题有待解决,促进科学发展的体制机制需要进一步健全完善。进一步解决好这些问题,把学习实践活动成果运用于经常性工作,还有大量工作要做。这次学习实践活动为深入贯彻落实科学发展观打下了坚实基础,同时国际国内形势新变化和中国特色社会主义事业新发展对贯彻落实科学发展观提出了更高要求。全党同志要充分认识贯彻落实科学发展观的重要性和紧迫性,继续把学习实践科学发展观引向深入,切实把科学发展观贯彻落实到经济社会发展各个方面。

2. 学习实践活动积累了丰富经验,为深入贯彻落实科学发展观提供了重要启示

这次学习实践活动,充分运用党的建设基本经验特别是党内开展集中教育活动的成功做法,在探索新形势下用马克思主义中国化最新成果武装头脑、指导实践、推动工作方面积累了宝贵经验,为深入贯彻落实科学发展观提供了重要启示。

第一,深入贯彻落实科学发展观,基础在于用马克思主义中国化最新成果武装广大党员、干部头脑。这次学习实践活动,坚持把加强理论学习、转变思想观念作为首要任务,组织引导广大党员、干部在深化理论学习中提高思想认识,在提高思想认识中推动工作,在推动工作实践中提高能力本领。实践证明,思想理论建设是党的根本建设,坚持用实践基础上的理论创新成果武装全党,形成全党团结一心、共同奋斗的思想基础,是我们党加强自身建设、推动事业发展的重要保证。深入贯彻落实科学发展观,必须打牢推动科学发展的思想基础,坚持理论联系实际,实现学习和实践有机统一,使党的理论创新成果转化为推动科学发展的思想力量、政策措施、实际能力、自觉行动。

第二,深入贯彻落实科学发展观,目的在于推动经济社会又好又快发展。这次学习实践活动,坚持围绕中心、服务大局,组织引导广大党员、干部着力查找和解决影响制约科学发展的突出问题。特别是在应对国际金融危机冲击的过程中,全党同志积极落实中央保增长、保民生、保稳定的决策部署,努力化危为机、危中求进,有力促进了我国经济率先回升向好。实践证明,发展是解决中国一切问题的关键,发展应该是以人为本、全面协调可持续地科学发展。深入贯彻落实科学发展观,必须始终抓住发展这个党执政兴国的第一要务,把科学发展新要求和当前发展阶段新特征结合起来,加快经济发展方式转变,着力提高经济发展质量和效益,牢牢把握发展主动权。

第三,深入贯彻落实科学发展观,关键在于提高各级领导班子和领导干部领导科学发展能力。这次学习实践活动,坚持以县级以上领导班子、党员领导干部、基层单位党员负责人为重点,认真解决领导班子和领导干部思想、能力、作风等方面存在的突出问题,特别是在推动各级领导班子和领导干部提高应对国际国内重大考验、领导和推动科学发展能力上下工夫、见成效。实践证明,各级领导班子和领导干部谋划科学发展的意识、推动科学发展的能力在很大程度上决定着贯彻落实科学发展观的成效。深入贯彻落实科学发展观,必须紧紧抓住领导班子和领导干部这个关键,帮助他们不断增强领导和推动科学发展本领,更好发挥组织领导和示范带动作用。

第四,深入贯彻落实科学发展观,根本在于发挥人民主体作用。这次学习实践活动,坚持问政于民、问需于民、问计于民,广泛吸收群众参与,虚心听取群众意见,主动接受群众评判,凝聚民心,集中民智,形成了推动科学发展的强大合力。实践证明,推动科学发展,一定要尊重人民主体地位,紧紧依靠人民群众,切实体现人民意愿,把全社会的发展积极性引导到推动科学发展上来。深入贯彻落实科学发展观,必须把实现好、维护好、发

展好最广大人民根本利益作为一切工作的出发点和落脚点，使贯彻落实科学发展观的过程成为不断为民造福的过程，最大限度地把人民群众的智慧和力量凝聚到推动科学发展上来。

第五，深入贯彻落实科学发展观，动力在于创新体制机制。这次学习实践活动，立足于解决制约科学发展的突出矛盾和问题，着眼于建立健全保障和促进科学发展的体制机制、推动科学发展的政策法规、体现科学发展要求的规章制度，在解决问题与创新体制机制的结合上进行了积极探索。实践证明，创新体制机制是实现科学发展的必然要求。深入贯彻落实科学发展观，必须坚持求真务实、改革创新，加快构建充满活力、富有效率、更加开放、有利于科学发展的体制机制，为推动科学发展提供有力制度保障和持久推动力量。

这些重要启示，来源于党员群众实践，集中了全党全社会智慧，对推动学习研究和贯彻落实科学发展观向深度和广度发展具有重要作用，我们要倍加珍惜并切实运用于今后实践。

我们党在领导革命、建设、改革的实践中，历来坚持根据形势和任务的新变化、时代发展对党的建设的新要求，在全党开展马克思主义集中教育活动，以更好促进党和人民事业发展。尽管不同时期开展的集中教育活动背景、任务、内容、做法有所不同，但每一次都紧紧围绕党的中心任务来谋划、来推进、来检验，把集中教育活动作为解放思想、统一认识、振奋精神、凝聚力量、攻坚克难、推进工作的总动员，使全党创造活力和奋进动力得到广泛激发；每一次都突出理论武装的重要作用，做到党的理论创新每前进一步、理论武装就跟进一步，教育引导广大党员、干部感情上真诚认同、政治上坚定信仰、行动上自觉运用马克思主义中国化最新成果，使党的创新理论得到广泛普及；每一次都从人民群众最关注最盼望的问题抓起，立说立行，边整边改，以实际行动取信于民，保持党同人民群众的血肉联系，使党群关系、干群关系得到广泛改善；每一次都运用批评和自我批评的武器，着力解决党员、干部党性党风党纪方面群众反映强烈的突出问题，动员群众广泛参与，认真清扫政治灰尘，保持党的肌体健康，使广大党员、干部的党性修养和作风养成得到广泛提高。实践证明，适时在全党开展集中教育活动是运用马克思主义建党学说加强党的建设的重大举措，是保持和发展党的先进性的伟大创举。我们要根据实践的新发展，紧密联系党的建设新实际，坚持和运用好这一成功做法。

3. 以改革创新精神加强党的建设，为深入贯彻落实科学发展观提供坚强保证

当今世界正处在大发展大变革大调整时期，当代中国正在新的历史起点上向前迈进。全面建成惠及十几亿人口的更高水平的小康社会、进而基本实现现代化、实现全体人民共同富裕，需要我们付出艰巨努力。我们党正处在新的历史方位，面临的执政考验、改革开放考验、市场经济考验、外部环境考验是长期的、复杂的、严峻的，党的领导水平和执政水平、党的建设状况、党员队伍素质同党肩负的历史使命还存在不少不相适应的地方。在这样的国内外条件下，我们党要团结带领全国各族人民继续抓住和用好我国发展的重要战略机遇期，战胜在政治、经济、文化、社会领域和自然界出现的困难和风险，全面做好改革发展稳定各项工作，关键在于加强和改善党的领导，全面推进党的建设新的伟大工程。我们要全面贯彻党的十七大和十七届四中全会精神，以邓小平理论和“三个代表”重要思想为指导，深入贯彻落实科学发展观，坚持把党的执政能力建设和先进性建设

作为主线，以改革创新为动力，以解决影响和制约科学发展的突出问题为重点，把开展学习实践科学发展观活动的成功经验和有效做法运用到经常性工作中去，努力在以科学理论指导党的建设、以科学制度保障党的建设、以科学方法推进党的建设上取得新的成效，不断提高党的建设科学化水平，为推动科学发展提供坚强保证。

第一，进一步加强思想理论建设，不断提高全党学习和运用科学发展观水平。推动理论学习，提高全党理论素养，是一项紧迫的政治任务。要坚持把党的思想理论建设放在首位，继续认真学习马克思列宁主义、毛泽东思想、邓小平理论、"三个代表"重要思想以及科学发展观，在实践中不断丰富和发展中国特色社会主义理论体系，努力开拓马克思主义新境界，切实提高全党运用科学理论改造主观世界和客观世界的能力。要坚持按照建设马克思主义学习型政党的要求，完善学习制度，丰富学习内容，创新学习方法，努力把各级党组织建设成为学习型党组织、把各级领导班子建设成为学习型领导班子。要坚持教育引导广大党员、干部牢固树立重视学习、善于学习、终身学习的观念，自觉学习社会主义核心价值体系，自觉学习党的路线方针政策和国家法律法规，自觉学习现代化建设所需要的各方面知识，不断提高理论素养和知识素养。各级领导干部要带头学习，先学一步、多学一点、学深一些，做真学真懂真信真用科学发展观的模范。要坚持学以致用、学用相长，引导广大党员、干部向书本学习、向实践学习、向群众学习，把学习科学发展观同解决人民最关心最直接最现实的利益问题、本地区本部门本单位改革发展稳定的重大问题、党的建设突出问题结合起来，把学习成果转化为推动科学发展的实际能力。

第二，进一步加强领导班子和干部队伍建设，不断提高各级领导班子和领导干部推动科学发展、促进社会和谐能力。各级领导班子和干部队伍是贯彻落实科学发展观的关键。要坚持按照科学发展观要求选干部、配班子、建队伍、聚人才，努力把各级领导班子建设成为贯彻落实科学发展观的坚强领导集体，把广大干部培养成为贯彻落实科学发展观的重要骨干，不断提高科学决策、民主决策、依法决策水平，增强推动科学发展、促进社会和谐的整体能力。要坚持德才兼备、以德为先用人标准，形成充满活力的选人用人机制，完善促进科学发展的考核评价机制，把贯彻落实科学发展观的自觉性和坚定性作为考察干部德的重要内容，把领导和推动科学发展能力作为考察干部才的重要标准，把科学发展的实际成效作为考察干部实绩的重要依据，形成有利于科学发展的用人导向。要坚持民主、公开、竞争、择优，深化干部人事制度改革，广开举贤荐能之路，使各方面优秀人才脱颖而出，并在推动科学发展、促进社会和谐的事业中建功立业。要坚持加强教育培训、强化实践锻炼，重点提高领导干部谋划发展、统筹发展、优化发展、推动发展的本领和群众工作、公共服务、社会管理、维护稳定的本领。要坚持把加快经济发展方式转变作为深入贯彻落实科学发展观的重要目标和战略举措，认真总结和运用我国应对国际金融危机冲击的成功经验，促进领导干部开阔眼界、开阔思路、开阔胸襟，增强做好加快经济发展方式转变各项工作的意识和能力。要坚持提高选人用人公信度，匡正选人用人风气，使选拔出来的干部组织放心、群众满意。

第三，进一步加强党的基层组织建设，努力把基层党组织建设成为贯彻落实科学发展观的坚强战斗堡垒。党的基层组织是党全部工作和战斗力的基础，承担着把科学发展观贯彻落实到基层的重要责任。要始终把抓基层打基础摆在更加突出的位置，大力推进基层组织工作创新，统筹抓好各领域各行业基层党组织建设，广泛开展创建先进基层党组织、争做优秀共产党员的创先争优活动，充分发挥基层党组织推动发展、服务群众、凝聚人心、促进和谐的作用。要坚持完善基层党组织设置形式，形成分布广泛、完善严密、坚强有力的基层党组织网络体系，不断扩大党的组织和党的工作覆盖面。要坚持强化基层党组织功能，找准基层党建工作与中心任务的结合点，从实际出发落实好中央方针政策和工作部署，体现好人民群众关切和期待，提高基层党组织工作水平。要坚持加强基层党组织书记队伍建设，按照守信念、讲奉献、有本领、重品行的要求，形成一支能够团结带领广大党员、群众推动科学发展和共同致富的高素质基层党组织带头人队伍。要坚持加强党员队伍建设，建立健全教育、管理、服务党员长效机制，充分发挥党员在党内生活中的主体作用，增强党员队伍生机活力，激发广大党员坚定信念、牢记宗旨、爱岗敬业、勇于进取的自觉性。要加强对老党员、生活困难党员的关怀帮助，真正重视、真情关心、真心爱护基层党员干部，让他们切实感受到党的温暖，增强荣誉感、归宿感、责任感。

第四，进一步加强党的作风建设，努力营造深入贯彻落实科学发展观的风清气正环境。推动科学发展必须有良好作风作保证。各级党组织要按照党的十七届四中全会提出的要求，大兴密切联系群众之风、求真务实之风、艰苦奋斗之风、批评和自我批评之风，以优良的党风促政风带民风，形成凝聚党心民心的强大力量。实现最广大人民根本利益是贯彻落实科学发展观的根本目的。要坚持全心全意为人民服务的根本宗旨，坚持以人为本，贯彻党的群众路线，深入了解民情，充分反映民意，广泛集中民智，切实珍惜民力，着力解决好人民最关心最直接最现实的利益问题，把群众满意不满意作为衡量各项工作的根本标准，引导广大党员、干部特别是领导干部始终与人民群众同甘共苦、为人民利益不懈奋斗。要坚持引导广大党员、干部特别是领导干部自觉学习党章、遵守党章、贯彻党章、维护党章，自觉加强党性修养，增强党的意识、宗旨意识、执政意识、大局意识和责任意识，切实做到为党分忧、为国尽责、为民奉献。要坚持解放思想、求真务实，牢固树立正确政绩观，既勇于开拓创新，又坚持埋头苦干，真正把功夫下在察实情、出实招、办实事上，努力创造经得起实践、人民、历史检验的实绩。要坚持发挥先进典型的示范带动作用，组织广大党员、干部学习先进典型，讲党性、重品行、作表率，争做群众贴心人、群众信得过的好干部。各级领导干部要始终保持高尚的精神追求和道德情操，坚持严于律己、清正廉洁，老老实实做人、干干净净做事，时刻警惕权力、金钱、美色的诱惑，坚决同一切腐败行为作斗争，用实际行动推进反腐倡廉建设，真正做到为民、务实、清廉。

加强和改进新形势下党的建设是全党的重大政治责任。各级党委要坚持党要管党、从严治党，在全党特别是党的各级领导干部中形成党组织抓好党建是本职、不抓党建是失职、抓不好党建是不称职的思想共识和舆论导向。要全面落实党建工作责任制，健全党委统一领导、部门齐抓共管、一级抓一级、层层抓落实的党建工作格局，确保党的建设各项任务落到基层、落到实处。要把巩固和扩大学习实践活动成果、扎实做好整改落实后续工作、切实健全长效机制作为各级党委贯彻落实党建工作责任制的重要内容，推动学习实践活动有效做法制度化、管用经验长效化，让学习实践活动成果在经常性工作中充分发挥作用。

同志们，实践永无止境，党的理论创新也永无止境。全党同志要紧密团结在党中央周围，高举中国特色社会主义伟大旗帜，开拓创新、团结前进，为夺取全面建设小康社会新胜利、开创中国特色社会主义事业新局面而不懈奋斗！

四、社会主义和谐社会

（一）《中共中央关于构建社会主义和谐社会若干重大问题的决定》（2006年10月11日十六届六中全会通过）

一、构建社会主义和谐社会的重要性和紧迫性

社会和谐是中国特色社会主义的本质属性，是国家富强、民族振兴、人民幸福的重要保证。构建社会主义和谐社会，是我们党以马克思列宁主义、毛泽东思想、邓小平理论和"三个代表"重要思想为指导，全面贯彻落实科学发展观，从中国特色社会主义事业总体布局和全面建设小康社会全局出发提出的重大战略任务，反映了建设富强民主文明和谐的社会主义现代化国家的内在要求，体现了全党全国各族人民的共同愿望。

社会和谐是我们党不懈奋斗的目标。新中国成立后，我们党为促进社会和谐进行了艰辛探索，积累了正反两方面经验，取得了重要进展。党的十一届三中全会以后，我们党坚定不移地推进改革开放和现代化建设，积极推动经济发展和社会全面进步，为促进社会和谐进行了不懈努力。党的十六大以来，我们党对社会和谐的认识不断深化，明确了构建社会主义和谐社会在中国特色社会主义事业总体布局中的地位，作出一系列决策部署，推动和谐社会建设取得新的成效。经过长期努力，我们拥有了构建社会主义和谐社会的各种有利条件。

新世纪新阶段，我们面临的发展机遇前所未有，面对的挑战也前所未有。和平、发展、合作成为时代潮流，世界多极化和经济全球化的趋势深入发展，科技进步日新月异。同时，国际环境复杂多变，综合国力竞争日趋激烈，影响和平与发展的不稳定不确定因素增多，我们仍将长期面对发达国家在经济科技等方面占优势的压力。我国社会主义市场经济体制日趋完善，社会主义物质文明、政治文明、精神文明建设和党的建设不断加强，综合国力大幅度提高，人民生活显著改善，社会政治长期保持稳定。同时，我国正处于并将长期处于社会主义初级阶段，人民日益增长的物质文化需要同落后的社会生产之间的矛盾仍然是我国社会的主要矛盾，统筹兼顾各方面利益任务艰巨而繁重。特别要看到，我国已进入改革发展的关键时期，经济体制深刻变革，社会结构深刻变动，利益格局深刻调整，思想观念深刻变化。这种空前的社会变革，给我国发展进步带来巨大活力，也必然带来这样那样的矛盾和问题。我们党要带领人民抓住机遇、应对挑战，把中国特色社会主义伟大事业推向前进，必须坚持以经济建设为中心，把构建社会主义和谐社会摆在更加突出的地位。

目前，我国社会总体上是和谐的。但是，也存在不少影响社会和谐的矛盾和问题，主要是：城乡、区域、经济社会发展很不平衡，人口资源环境压力加大；就业、社会保障、收入分配、教育、医疗、住房、安全生产、社会治安等方面关系群众切身利益的问题比较突出；体制机制尚不完善，民主法制还不健全；一些社会成员诚信缺失、道德失范，一些领导干

部的素质、能力和作风与新形势新任务的要求还不适应；一些领域的腐败现象仍然比较严重；敌对势力的渗透破坏活动危及国家安全和社会稳定。

任何社会都不可能没有矛盾，人类社会总是在矛盾运动中发展进步的。构建社会主义和谐社会是一个不断化解社会矛盾的持续过程。我们要始终保持清醒头脑，居安思危，深刻认识我国发展的阶段性特征，科学分析影响社会和谐的矛盾和问题及其产生的原因，更加积极主动地正视矛盾、化解矛盾，最大限度地增加和谐因素，最大限度地减少不和谐因素，不断促进社会和谐。全党同志要坚持解放思想、实事求是、与时俱进，一切从实际出发，自觉按规律办事，立足当前、着眼长远，量力而行、尽力而为，有重点分步骤地持续推进，切实把构建社会主义和谐社会作为贯穿中国特色社会主义事业全过程的长期历史任务和全面建设小康社会的重大现实课题抓紧抓好。

二、构建社会主义和谐社会的指导思想、目标任务和原则

我们要构建的社会主义和谐社会，是在中国特色社会主义道路上，中国共产党领导全体人民共同建设、共同享有的和谐社会。必须坚持以马克思列宁主义、毛泽东思想、邓小平理论和“三个代表”重要思想为指导，坚持党的基本路线、基本纲领、基本经验，坚持以科学发展观统领经济社会发展全局，按照民主法治、公平正义、诚信友爱、充满活力、安定有序、人与自然和谐相处的总要求，以解决人民群众最关心、最直接、最现实的利益问题为重点，着力发展社会事业、促进社会公平正义、建设和谐文化、完善社会管理、增强社会创造活力，走共同富裕道路，推动社会建设与经济建设、政治建设、文化建设协调发展。

到二〇二〇年，构建社会主义和谐社会的目标和主要任务是：社会主义民主法制更加完善，依法治国基本方略得到全面落实，人民的权益得到切实尊重和保障；城乡、区域发展差距扩大的趋势逐步扭转，合理有序的收入分配格局基本形成，家庭财产普遍增加，人民过上更加富足的生活；社会就业比较充分，覆盖城乡居民的社会保障体系基本建立；基本公共服务体系更加完备，政府管理和服务水平有较大提高；全民族的思想道德素质、科学文化素质和健康素质明显提高，良好道德风尚、和谐人际关系进一步形成；全社会创造活力显著增强，创新型国家基本建成；社会管理体系更加完善，社会秩序良好；资源利用效率显著提高，生态环境明显好转；实现全面建设惠及十几亿人口的更高水平的小康社会的目标，努力形成全体人民各尽其能、各得其所而又和谐相处的局面。

构建社会主义和谐社会，要遵循以下原则。

——必须坚持以人为本。始终把最广大人民的根本利益作为党和国家一切工作的出发点和落脚点，实现好、维护好、发展好最广大人民的根本利益，不断满足人民日益增长的物质文化需要，做到发展为了人民、发展依靠人民、发展成果由人民共享，促进人的全面发展。

——必须坚持科学发展。切实抓好发展这个党执政兴国的第一要务，统筹城乡发展，统筹区域发展，统筹经济社会发展，统筹人与自然和谐发展，统筹国内发展和对外开放，转变增长方式，提高发展质量，推进节约发展、清洁发展、安全发展，实现经济社会全面协调可持续发展。

——必须坚持改革开放。坚持社会主义市场经济的改革方向，适应社会发展要求，推进经济体制、政治体制、文化体制、社会体制改革和创新，进一步扩大对外开放，提高改革决策的科学性、改革措施的协调性，建立健全充满活力、富有效率、更加开放的体制机制。

——必须坚持民主法治。加强社会主义民主政治建设，发展社会主义民主，实施依法治国基本方略，建设社会主义法治国家，树立社会主义法治理念，增强全社会法律意识，推进国家经济、政治、文化、社会生活法制化、规范化，逐步形成社会公平保障体系，促进社会公平正义。

——必须坚持正确处理改革发展稳定的关系。把改革的力度、发展的速度和社会可承受的程度统一起来，维护社会安定团结，以改革促进和谐、以发展巩固和谐、以稳定保障和谐，确保人民安居乐业、社会安定有序、国家长治久安。

——必须坚持在党的领导下全社会共同建设。坚持科学执政、民主执政、依法执政，发挥党的领导核心作用，维护人民群众的主体地位，团结一切可以团结的力量，调动一切积极因素，形成促进和谐人人有责、和谐社会人人共享的生动局面。

三、坚持协调发展，加强社会事业建设

社会要和谐，首先要发展。社会和谐在很大程度上取决于社会生产力的发展水平，取决于发展的协调性。必须坚持用发展的办法解决前进中的问题，大力发展社会生产力，不断为社会和谐创造雄厚的物质基础。同时，更加注重解决发展不平衡问题，更加注重发展社会事业，推动经济社会协调发展。

（一）扎实推进社会主义新农村建设，促进城乡协调发展。贯彻工业反哺农业、城市支持农村和多予少取放活的方针，加快建立有利于改变城乡二元结构的体制机制，推进农村综合改革，促进农业不断增效、农村加快发展、农民持续增收。坚持农村基本经营制度，保障农民土地承包经营的各项权利，发展农民专业合作组织，增强农村集体经济组织服务功能。强化支农惠农政策，增加国家对农业和农村投入，完善农村金融服务体系。加快农业科技进步，推进现代农业建设，发展农业产业化经营，提高农业综合生产能力。调整优化农村经济结构，积极稳妥地推进城镇化，发展壮大县域经济。加大扶贫力度，完善扶贫机制，加快改善贫困农民生产生活条件。各级政府要把基础设施建设和社会事业发展的重点转向农村，国家财政新增教育、卫生、文化等事业经费和固定资产投资增量主要用于农村，逐步加大政府土地出让金用于农村的比重。实行最严格的耕地保护制度，从严控制征地规模，加快征地制度改革，提高补偿标准，探索确保农民现实利益和长期稳定收益的有效办法，解决好被征地农民的就业和社会保障。加强对农民的宣传教育，加快培养新型农民，充分发挥广大农民在新农村建设中的主体作用。

（二）落实区域发展总体战略，促进区域协调发展。继续推进西部大开发，振兴东北地区等老工业基地，促进中部地区崛起，鼓励东部地区率先发展，形成分工合理、特色明显、优势互补的区域产业结构，推动各地区共同发展。加大对欠发达地区和困难地区的扶持。中央财政转移支付资金重点用于中西部地区，尽快使中西部地区基础设施和教育、卫生、文化等公共服务设施得到改善，逐步缩小地区间基本公共服务差距。加大对革命老区、民族地区、边疆地区、贫困地区以及粮食主产区、矿产资源开发地区、生态保护任务较重地区的转移支付，加大对人口较少民族的支持。支持经济发达地区加快产业结构优化升级和产业转移，扶持中西部地区优势产业项目，加快这些地区的资源优势向经济优势转变。鼓励东部地区带动和帮助中西部地区发展，扩大发达地区对欠发达地区和民族地区的对口援助，形成以政府为主导、市场为纽带、企业为主体、项目为载体的互惠互利机制。继续发挥经济特区、上海浦东新区作用，推进天津滨海新区等条件较好地区开发开放。建立健全资源开发有偿使用制度和补偿机制，对资源衰退和枯竭的困难地区经济转型实行扶持措施。

（三）实施积极的就业政策，发展和谐劳动关系。把扩大就业作为经济社会发展和调整经济结构的重要目标，实现经济发展和扩大就业良性互动。大力发展劳动密集型产业、服务业、非公有制经济、中小企业，多渠道、多方式增加就业岗位。实行促进就业的财税金融政策，积极支持自主创业、自谋职业。健全面向全体劳动者的职业技能培训制度，加强创业培训和再就业培训。深化户籍、劳动就业等制度改革，逐步形成城乡统一的人才市场和劳动力市场，完善人员流动政策，规范发展就业服务机构。强化政府促进就业职能，统筹做好城镇新增劳动力就业、农村富余劳动力转移就业、下岗失业人员再就业工作，加强大学毕业生、退役军人就业指导和服务。扩大再就业政策扶持范围，健全再就业援助制度，着力帮助零就业家庭和就业困难人员就业。完善劳动关系协调机制，全面实行劳动合同制度和集体协商制度，确保工资按时足额发放。严格执行国家劳动标准，加强劳动保护，健全劳动保障监察体制和劳动争议调处仲裁机制，维护劳动者特别是农民工合法权益。

（四）坚持教育优先发展，促进教育公平。全面贯彻党的教育方针，大力实施科教兴国战略和人才强国战略，全面实施素质教育，深化教育改革，提高教育质量，建设现代国民教育体系和终身教育体系，保障人民享有接受良好教育的机会。坚持公共教育资源向农村、中西部地区、贫困地区、边疆地区、民族地区倾斜，逐步缩小城乡、区域教育发展差距，推动公共教育协调发展。明确各级政府提供教育公共服务的职责，保证财政性教育经费增长幅度明显高于财政经常性收入增长幅度，逐步使财政性教育经费占国内生产总值的比例达到4%。普及和巩固九年义务教育，落实农村义务教育经费保障机制，在农村并逐步在城市免除义务教育学杂费，全面落实对家庭经济困难学生免费提供课本和补助寄宿生生活费政策，保障农民工子女接受义务教育。加快发展城乡职业教育和培训网络，努力使劳动者人人有知识、个个有技能。保持高等院校招生合理增长，注重增强学生的实践能力、创造能力和就业能力、创业能力。完善高等教育和高中阶段国家奖学金、助学金制度，落实国家助学贷款政策，鼓励社会捐资助学。规范学校收费项目和标准，坚决制止教育乱收费。切实减轻中小学生课业负担。提高师资特别是农村师资水平。改进学校思想政治工作和管理工作，提高师生思想道德素质。引导民办教育健康发展。积极发展继续教育，努力建设学习型社会。

（五）加强医疗卫生服务，提高人民健康水平。坚持公共医疗卫生的公益性质，深化医疗卫生体制改革，强化政府责任，严格监督管理，建设覆盖城乡居民的基本卫生保健制度，为群众提供安全、有效、方便、价廉的公共卫生和基本医疗服务。加强公共卫生体系建设，开展爱国卫生运动，发展妇幼卫生事业，加强医学研究，提高重大疾病预防控制能力和医疗救治能力。健全医疗卫生服务体系，重点加强农村三级卫生服务网络和以社区卫生服务为基础的新型城市卫生服务体系建设，落实经费保障措施。实施区域卫生发展规划，整合城乡医疗卫生资源，建立城乡医院对口支援、大医院和社区卫生机构双向转诊、高中级卫生技术人员定期到基层服务制度，加强农村医疗卫生人才培养。推进医疗机构属地化和全行业管理，理顺医药卫生行政管理体制，推行政事分开、管办分开、医药分开、营利性与非营利性分开。强化公立医院公共服务职能，加强医德医风建设，规范收支管理，纠正片面创收倾向。建立国家基本药物制度，整顿药品生产和流通秩序，保证群众基本用药。加强食品、药品、餐饮卫生监管，保障人民群众健康安全。严格医疗机构、技术准入和人员执业资格审核，引导社会资金依法创办医疗卫生机构，支持有资质人员依法开业，方便群众就医。大力扶持中医药和民族医药发展。

（六）加快发展文化事业和文化产业，满足人民群众文化需求。坚持把社会效益放在首位，坚持把发展公益性文化事业作为保障人民文化权益的主要途径，推动文化事业和文化产业共同发展。推进文化体制改革，形成富有活力的文化管理体制和文化产品生产经营机制。加强公益性文化设施建设，鼓励社会力量捐助和兴办公益性文化事业，加快建立覆盖全社会的公共文化服务体系。优先安排关系群众切身利益的文化建设项目，突出抓好广播电视村村通工程、社区和乡镇综合文化站（室）工程、全国文化信息资源共享工程。完善文化产业政策，培育国有和国有控股骨干文化企业，鼓励非公有资本依法进入文化产业，以重大文化产业项目带动发展，推动集约化经营，提供价格合理、形式多样的文化产品和服务，增强文化产品国际竞争力。加强文化遗产保护。加强城乡社区体育设施建设，广泛开展全民健身活动，提高竞技体育水平。

（七）加强环境治理保护，促进人与自然相和谐。以解决危害群众健康和影响可持续发展的环境问题为重点，加快建设资源节约型、环境友好型社会。优化产业结构，发展循环经济，推广清洁生产，节约能源资源，依法淘汰落后工艺技术和生产能力，从源头上控制环境污染。实施重大生态建设和环境整治工程，有效遏制生态环境恶化趋势。统筹城乡环境建设，加强城市环境综合治理，改善农村生活环境和村容村貌。加快环境科技创新，加强污染专项整治，强化污染物排放总量控制，重点搞好水、大气、土壤等污染防治。完善有利于环境保护的产业政策、财税政策、价格政策，建立生态环境评价体系和补偿机制，强化企业和全社会节约资源、保护环境的责任。完善环境保护法律法规和管理体系，严格环境执法，加强环境监测，定期公布环境状况信息，严肃处罚违法行为。稳定人口低生育水平，有效治理出生人口性别比升高等问题，提高出生人口素质。

四、加强制度建设，保障社会公平正义

社会公平正义是社会和谐的基本条件，制度是社会公平正义的根本保证。必须加紧建设对保障社会公平正义具有重大作用的制度，保障人民在政治、经济、文化、社会等方面的权利和利益，引导公民依法行使权利、履行义务。

（一）完善民主权利保障制度，巩固人民当家做主的政治地位。坚持党的领导、人民当家做主和依法治国的有机统一，依法实行民主选举、民主决策、民主管理、民主监督，积极稳妥地推进政治体制改革，健全民主制度，丰富民主形式，实现社会主义民主政治制度化、规范化、程序化，保障人民享有广泛的民主权利。坚持和完善人民代表大会制度、中国共产党领导的多党合作和政治协商制度、民族区域自治制度，从各个层次扩大公民有序的政治参与，保障人民依法管理国家事务、管理经济和文化事业、管理社会事务。推进决策科学化、民主化，深化政务公开，依法保障公民的知情权、参与权、表达权、监督权。扩大基层民主，完善厂务公开、村务公开等办事公开制度，完善基层民主管理制度，发挥社会自治功能，保证人民依法直接行使民主权利。

（二）完善法律制度，夯实社会和谐的法治基础。维护社会主义法制的统一和尊严，树立社会主义法制权威。坚持公民在法律面前一律平等，尊重和保障人权，依法保证公民权利和自由。坚持科学立法、民主立法，完善发展民主政治、保障公民权利、推进社会事业、健全社会保障、规范社会组织、加强社会管理等方面的法律法规。加快建设法治政府，全面推进依法行政，严格按照法定权限和程序行使权力、履行职责，健全行政执法责任追究制度，完善行政复议、行政赔偿制度。加强对权力运行的制约和监督，加强对行政机关、司法机关的监督。拓展和规范法律服务，加强和改进法律援助工作。深入开展法制宣传教育，形成全体公民自觉学法守法用法的氛围。

（三）完善司法体制机制，加强社会和谐的司法保障。坚持司法为民、公正司法，推进司法体制和工作机制改革，建设公正、高效、权威的社会主义司法制度，发挥司法维护公平正义的职能作用。完善诉讼、检察监督、刑罚执行、教育矫治、司法鉴定、刑事赔偿、司法考试等制度。加强司法民主建设，健全公开审判、人民陪审员、人民监督员等制度，发挥律师、公证、和解、调解、仲裁的积极作用。加强司法救助，对贫困群众减免诉讼费。健全巡回审判，扩大简易程序适用范围，落实当事人权利义务告知制度，方便群众诉讼。规范诉讼、律师、仲裁收费。加强人权司法保护，严格依照法定原则和程序进行诉讼活动。完善执行工作机制，加强和改进执行工作。维护司法廉洁，严肃追究徇私枉法、失职渎职等行为的法律责任。

（四）完善公共财政制度，逐步实现基本公共服务均等化。健全公共财政体制，调整财政收支结构，把更多财政资金投向公共服务领域，加大财政在教育、卫生、文化、就业再就业服务、社会保障、生态环境、公共基础设施、社会治安等方面的投入。进一步明确中央和地方的事权，健全财力与事权相匹配的财税体制。完善中央和地方共享税分成办法，加大财政转移支付力度，促进转移支付规范化、法制化。保障各级政权建设需要。完善财政奖励补助政策和省以下财政管理体制，着力解决县乡财政困难，增强基层政府提供公共服务能力。逐步增加国家财政投资规模，不断增强公共产品和公共服务供给能力。

（五）完善收入分配制度，规范收入分配秩序。坚持按劳分配为主体、多种分配方式并存的分配制度，加强收入分配宏观调节，在经济发展的基础上，更加注重社会公平，着力提高低收入者收入水平，逐步扩大中等收入者比重，有效调节过高收入，坚决取缔非法收入，促进共同富裕。通过扩大就业、建立农民增收减负长效机制、健全最低工资制度、完善工资正常增长机制、逐步提高社会保障标准等举措，提高低收入者收入水平。完善劳动、资本、技术、管理等生产要素按贡献参与分配制度。健全国家统一的职务与级别相结合的公务员工资制度，规范地区津贴补贴标准，完善艰苦边远地区津贴制度。加快事业单位改革，实行符合事业单位特点的收入分配制度。加强企业工资分配调控和指导，发挥工资指导线、劳动力市场价位、行业人工成本信息对工资水平的引导作用。规范国有企业经营管理者收入，确定管理者与职工收入合理比例。加快垄断行业改革，调整国家和企业分配关系，完善并严格实行工资总额控制制度。建立健全国有资本经营预算制度，保障所有者权益。实行综合与分类相结合的个人所得税制度，加强征管和调节。

（六）完善社会保障制度，保障群众基本生活。适应人口老龄化、城镇化、就业方式多样化，逐步建立社会保险、社会救助、社会福利、慈善事业相衔接的覆盖城乡居民的社会保障体系。多渠道筹集社会保障基金，加强基金监管，保证社会保险基金保值增值。完善企业职工基本养老保险制度，强化保险基金统筹部分征缴，逐步做实个人账户，积极推进省级统筹，条件具备时实行基本养老金基础部分全国统筹。加快机关事业单位养老保险制度改革。逐步建立农村最低生活保障制度,有条件的地方探索建立多种形式的农村养老保险制度。完善城镇职工基本医疗保险,建立以大病统筹为主的城镇居民医疗保险,发展社会医疗救助。加快推进新型农村合作医疗。推进失业、工伤、生育保险制度建设。加快建立适应农民工特点的社会保障制度。加强对困难群众的救助,完善城市低保、农村五保供养、特困户救助、灾民救助、城市生活无着的流浪乞讨人员救助等制度。完善优抚安置政策。发展以扶老、助残、救孤、济困为重点的社会福利。发扬人道主义精神,发展残疾人事业,保障残疾人合法权益。发展老龄事业,开展多种形式的老龄服务。发展慈善事业,完善社会捐赠免税减税政策,增强全社会慈善意识。发挥商业保险在健全社会保障体系中的重要作用。拓宽资金筹集渠道,加快廉租住房建设,规范和加强经济适用房建设,逐步解决城镇低收入家庭住房困难。

五、建设和谐文化,巩固社会和谐的思想道德基础

建设和谐文化,是构建社会主义和谐社会的重要任务。社会主义核心价值体系是建设和谐文化的根本。必须坚持马克思主义在意识形态领域的指导地位,牢牢把握社会主义先进文化的前进方向,弘扬民族优秀文化传统,借鉴人类有益文明成果,倡导和谐理念,培育和谐精神,进一步形成全社会共同的理想信念和道德规范,打牢全党全国各族人民团结奋斗的思想道德基础。

(一) 建设社会主义核心价值体系,形成全民族奋发向上的精神力量和团结和睦的精神纽带。马克思主义指导思想,中国特色社会主义共同理想,以爱国主义为核心的民族精神和以改革创新为核心的时代精神,社会主义荣辱观,构成社会主义核心价值体系的基本内容。坚持把社会主义核心价值体系融入国民教育和精神文明建设全过程、贯穿现代化建设各方面。坚持用马克思主义中国化的最新成果武装全党、教育人民,用民族精神和时代精神凝聚力量、激发活力,倡导爱国主义、集体主义、社会主义思想,加强理想信念教育,加强国情和形势政策教育,不断增强对中国共产党领导、社会主义制度、改革开放事业、全面建设小康社会目标的信念和信心。加强马克思主义理论研究和建设,增强党的思想理论工作的创造力、说服力、感召力。坚持以社会主义核心价值体系引领社会思潮,尊重差异,包容多样,最大限度地形成社会思想共识。

(二) 树立社会主义荣辱观,培育文明道德风尚。坚持依法治国与以德治国相结合,树立以"八荣八耻"为主要内容的社会主义荣辱观,倡导爱国、敬业、诚信、友善等道德规范,开展社会公德、职业道德、家庭美德教育,加强青少年思想道德建设,在全社会形成知荣辱、讲正气、促和谐的风尚,形成男女平等、尊老爱幼、扶贫济困、礼让宽容的人际关系。普及科学知识,弘扬科学精神,养成健康文明的生活方式。发扬艰苦奋斗精神,提倡勤俭节约,反对拜金主义、享乐主义、极端个人主义。弘扬我国传统文化中有利于社会和谐的内容,形成符合传统美德和时代精神的道德规范和行为规范。加强政务诚信、商务诚信、社会诚信建设,增强全社会诚实守信意识。

(三) 坚持正确导向,营造积极健康的思想舆论氛围。正确的思想舆论导向是促进社会和谐的重要因素。新闻出版、广播影视、文学艺术、社会科学,要坚持正确导向,唱响主旋律,为改革发展稳定营造良好思想舆论氛围。新闻媒体要增强社会责任感,宣传党的主张,弘扬社会正气,通达社情民意,引导社会热点,疏导公众情绪,搞好舆论监督。健全突发事件新闻报道机制,及时发布准确信息。加强对互联网等的应用和管理,理顺管理

体制，倡导文明办网、文明上网，使各类新兴媒体成为促进社会和谐的重要阵地。哲学社会科学要坚持以马克思主义为指导，以重大现实问题研究为主攻方向，发挥认识世界、传承文明、创新理论、咨政育人、服务社会的作用。文学艺术要弘扬真善美，创作生产更多陶冶情操、愉悦身心的优秀作品，丰富群众文化生活。坚持不懈地开展“扫黄打非”。

（四）广泛开展和谐创建活动，形成人人促进和谐的局面。着眼于增强公民、企业、各种组织的社会责任，把和谐社区、和谐家庭等和谐创建活动同群众性精神文明创建活动结合起来，突出思想教育内涵，广泛吸引群众参与，推动形成我为人人、人人为我的社会氛围。以相互关爱、服务社会为主题，深入开展城乡社会志愿服务活动，建立与政府服务、市场服务相衔接的社会志愿服务体系。注重促进人的心理和谐，加强人文关怀和心理疏导，引导人们正确对待自己、他人和社会，正确对待困难、挫折和荣誉。加强心理健康教育和保健，健全心理咨询网络，塑造自尊自信、理性平和、积极向上的社会心态。

六、完善社会管理，保持社会安定有序

加强社会管理，维护社会稳定，是构建社会主义和谐社会的必然要求。必须创新社会管理体制，整合社会管理资源，提高社会管理水平，健全党委领导、政府负责、社会协同、公众参与的社会管理格局，在服务中实施管理，在管理中体现服务。

（一）建设服务型政府，强化社会管理和公共服务职能。为人民服务是各级政府的神圣职责和全体公务员的基本准则。按照转变职能、权责一致、强化服务、改进管理、提高效能的要求，深化行政管理体制改革，优化机构设置，更加注重履行社会管理和公共服务职能。以发展社会事业和解决民生问题为重点，优化公共资源配置，注重向农村、基层、欠发达地区倾斜，逐步形成惠及全民的基本公共服务体系。创新公共服务体制，改进公共服务方式，加强公共设施建设。深化行政审批制度改革，进一步减少和规范行政审批事项，简化办事程序，创新管理制度，为群众和基层提供方便快捷优质服务。推行政务公开，加快电子政务建设，推进公共服务信息化，及时发布公共信息，为群众生活和参与经济社会活动创造便利条件。完善公共服务政策体系，提高公共服务质量，增强政府公信力。推进政事分开，支持社会组织参与社会管理和公共服务。加强市场监管，整顿和规范市场经济秩序。

（二）推进社区建设，完善基层服务和管理网络。全面开展城市社区建设，积极推进农村社区建设，健全新型社区管理和服务体制，把社区建设成为管理有序、服务完善、文明祥和的社会生活共同体。完善居（村）民自治，支持居（村）民委员会协助政府做好公共服务和社会管理工作，发挥驻区单位、社区民间组织、物业管理机构、专业合作经济组织在社区建设中的积极作用，实现政府行政管理和社区自我管理有效衔接、政府依法行政和居民依法自治良性互动。加强流动人口服务和管理，促进流动人口同当地居民和睦相处。完善社区公共服务，开展社区群众性自助和互助服务，发展社区服务业。

（三）健全社会组织，增强服务社会功能。坚持培育发展和管理监督并重，完善培育扶持和依法管理社会组织的政策，发挥各类社会组织提供服务、反映诉求、规范行为的作用。发展和规范律师、公证、会计、资产评估等机构，鼓励社会力量在教育、科技、文化、卫生、体育、社会福利等领域兴办民办非企业单位。发挥行业协会、学会、商会等社会团体的社会功能，为经济社会发展服务。发展和规范各类基金会，促进公益事业发展。引导各类社会组织加强自身建设，提高自律性和诚信度。

（四）统筹协调各方面利益关系，妥善处理社会矛盾。适应我国社会结构和利益格局的发展变化，形成科学有效的利益协调机制、诉求表达机制、矛盾调处机制、权益保障机制。坚持把改善人民生活作为正确处理改革发展稳定关系的结合点，正确把握最广大人民的根本利益、现阶段群众的共同利益和不同群体的特殊利益的关系，统筹兼顾各方面群众的关切。拓宽社情民意表达渠道，推行领导干部接待群众制度，完善党政领导干部和党代表、人大代表、政协委员联系群众制度，健全信访工作责任制，建立全国信访信息系统，搭建多种形式的沟通平台，把群众利益诉求纳入制度化、规范化、法制化的轨道。健全社会舆情汇集和分析机制，完善矛盾纠纷排查调处工作制度，建立党和政府主导的维护群众权益机制，实现人民调解、行政调解、司法调解有机结合，更多采用调解方法，综合运用法律、政策、经济、行政等手段和教育、协商、疏导等办法，把矛盾化解在基层、解决在萌芽状态。着力解决土地征收征用、城市建设拆迁、环境保护、企业重组改制和破产、涉法涉诉中群众反映强烈的问题，坚决纠正损害群众利益的行为。坚持依法办事、按政策办事，发挥思想政治工作优势，积极预防和妥善处置人民内部矛盾引发的群体性事件，维护群众利益和社会稳定。

（五）完善应急管理体制机制，有效应对各种风险。建立健全分类管理、分级负责、条块结合、属地为主的应急管理体制，形成统一指挥、反应灵敏、协调有序、运转高效的应急管理机制，有效应对自然灾害、事故灾难、公共卫生事件、社会安全事件，提高危机管理和抗风险能力。按照预防与应急并重、常态与非常态结合的原则，建立统一高效的应急信息平台，建设精干实用的专业应急救援队伍，健全应急预案体系，完善应急管理法律法规，加强应急管理宣传教育，提高公众参与和自救能力，实现社会预警、社会动员、快速反应、应急处置的整体联动。坚持安全第一、预防为主、综合治理，完善安全生产体制机制、法律法规和政策措施，加大投入，落实责任，严格管理，强化监督，坚决遏制重特大安全事故。

（六）加强社会治安综合治理，增强人民群众安全感。坚持打防结合、预防为主、专群结合、依靠群众的方针，完善社会治安防控体系，广泛开展平安创建活动，把社会治安综合治理措施落实到基层，确保社会治安大局稳定。依法严厉打击严重刑事犯罪活动，着力整治突出治安问题和治安混乱地区，扫除黄赌毒等社会丑恶现象，坚决遏制刑事犯罪高发势头。实施宽严相济的刑事司法政策，改革未成年人司法制度，积极推行社区矫正。加强对流浪儿童、服刑人员子女的关心教育，强化吸毒人员感化和管理，改进刑释解教人员帮教安置工作。完善政法保障机制，加强公安派出所、司法所、人民法庭等基层基础建设，改革和加强社区警务工作，打造服务群众、维护稳定的第一线平台。坚持执法为民，加强政法队伍建设，确保政法队伍严格、公正、文明执法，始终忠于党、忠于祖国、忠于人民、忠于法律。

（七）加强国家安全工作和国防建设，保障国家稳定安全。增强国家安全意识，完善国家安全战略，健全科学、协调、高效的工作机制，有效应对各种传统安全威胁和非传统安全威胁，严厉打击境内外敌对势力的渗透、颠覆、破坏活动，确保国家政治安全、经济安全、文化安全、信息安全。坚持党对军队的绝对领导，坚持国防建设与经济建设协调发展，全面推进军队革命化、现代化、正规化建设，推进中国特色军事变革，坚持积极防御的战略方针，抓紧做好军事斗争准备，提高应对危机、维护和平，遏制战争、打赢战争的能力，努力为党巩固执政地位提供重要力量保证，为维护国家发展的重要战略机遇期提供坚强安全保障，为维护国家利益提供有力战略支撑，为维护世界和平与促进共同发展发挥重要作用，坚定不移地捍卫国家安全统一和领土完整。加强武装警察部队全面建设。增强国防意识，完善国防动员体制机制，深入开展双拥共建工作，巩固军政军民团结。

七、激发社会活力，增进社会团结和睦

社会主义和谐社会既是充满活力的社会，也是团结和睦的社会。必须最大限度地激发社会活力，促进政党关系、民族关系、宗教关系、阶层关系、海内外同胞关系的和谐，巩固全国各族人民的大团结，巩固海内外中华儿女的大团结。

（一）增强全社会创造活力，形成万众一心共创伟业的生动局面。贯彻尊重劳动、尊重知识、尊重人才、尊重创造的方针，发挥人民群众的首创精神，使全社会创造能量充分释放、创新成果不断涌现、创业活动蓬勃开展。坚持人民群众是历史创造者的观点，党和政府的重大决策和工作部署都要从人民群众的创造性实践中汲取智慧、经受检验，都要依靠人民群众付诸实践、取得实效。坚持发挥生产力作为最活跃最革命因素的决定性作用，坚定不移地通过深化改革破除各种障碍，完善公平竞争机制，健全现代产权制度，不断解放和发展生产力。坚持把创新精神贯穿到治国理政的各个环节，使一切有利于社会进步的创造才能得到发挥，保护创新热情，鼓励创新实践，完善创新机制，宽容创新挫折，增强自主创新能力，建设创新型国家。弘扬自力更生、顽强拼搏、团结协作精神，倡导自主创业、艰苦创业、和谐创业，营造鼓励人们干事业、支持人们干成事业的社会环境，共同致力于建设中国特色社会主义伟大事业。

（二）巩固和壮大最广泛的爱国统一战线，充分调动各方面积极性。高举爱国主义和社会主义伟大旗帜，发挥统一战线在促进社会和谐中的独特优势，支持人民政协围绕团结和民主两大主题履行政治协商、民主监督、参政议政的职能，发挥协调关系、汇集力量、建言献策、服务大局的作用，加强各党派、各团体、各民族、各阶层、各界人士的团结和谐。贯彻长期共存、互相监督、肝胆相照、荣辱与共的方针，加强同民主党派和无党派人士合作共事，不断发展我国社会主义多党合作事业。坚持全心全意依靠工人阶级的方针，发挥包括知识分子在内的工人阶级、广大农民推动经济社会发展根本力量的作用，鼓励和支持包括新的社会阶层在内的全体社会主义事业的建设者为经济社会发展贡献力量。认真贯彻落实党的民族政策，牢牢把握各民族共同团结奋斗、共同繁荣发展的主题，广泛开展民族团结进步活动，巩固和发展平等、团结、互助、和谐的社会主义民族关系，使各族人民和睦相处、和衷共济、和谐发展。全面贯彻党的宗教信仰自由政策，依法管理宗教事务，坚持独立自主自办的原则，积极引导宗教与社会主义社会相适应，加强信教群众同不信教群众、信仰不同宗教群众的团结，发挥宗教在促进社会和谐方面的积极作用。

（三）加强海内外中华儿女的团结，为实现中华民族的伟大复兴而奋斗。坚持“一国两制”、“港人治港”、“澳人治澳”、高度自治的方针，严格按照特别行政区基本法办事，在爱国爱港、爱国爱澳旗帜下，团结港澳各界人士，维护香港、澳门长期繁荣稳定。贯彻“和平统一、一国两制”的基本方针和现阶段发展两岸关系、推进祖国和平统一进程的八项主张，坚持一个中国原则决不动摇、争取和平统一的努力决不放弃、贯彻寄希望于台湾人民的方针决不改变、反对“台独”分裂活动决不妥协。围绕两岸关系和平发展的主题，加强两岸人员往来和经济文化交流合作，支持海峡西岸和其他台商投资相对集中地区的经济发展，推进两岸直接“三通”，尽最大努力为两岸同胞谋和平、谋发展、谋福祉，使两岸同胞感情更融洽、合作更深化，共同维护台海和平稳定，推进祖国统一大业。全面贯彻党的侨务政策，做好海外侨胞和归侨侨眷工作，凝聚侨心、汇集侨智、发挥侨力。

（四）坚持走和平发展道路，营造良好外部环境。高举和平、发展、合作的旗帜，坚持独立自主的和平外交政策，坚定不移地走和平发展道路，实施互利共赢的开放战略，维护国家主权、安全、发展利益，积极争取和平稳定的国际环境、睦邻友好的周边环境、平等互利的合作环境、互信协作的安全环境、客观友善的舆论环境。坚持对外开放的基本国策，提高对外开放水平，积极发展对外经济技术合作，大力开展对外文化交流，更好地利用国际国内两个市场、两种资源，注重加强互利合作、实现共同发展。按照和平共处五项原则和其他公认的国际关系准则同世界各国发展友好关系，推动建设持久和平、共同繁荣的和谐世界。

八、加强党对构建社会主义和谐社会的领导

构建社会主义和谐社会，关键在党。必须充分发挥党的领导核心作用，坚持立党为公、执政为民，以党的执政能力建设和先进性建设推动社会主义和谐社会建设，为构建社会主义和谐社会提供坚强有力的政治保证。

（一）提高各级领导班子和领导干部领导社会主义和谐社会建设的本领。各级党委要把和谐社会建设放在全局工作的突出位置，把握方向，制定政策，整合力量，营造环境，切实担负起领导责任。坚持和完善民主集中制，扩大党内民主，推进党务公开，严格党内生活，严肃党的纪律，增进党的团结统一，以党内和谐促进社会和谐。建立科学高效的领导机制和工作机制，明确工作分工，搞好协调指导，增强政治敏锐性，加强对社会建设重大问题的调查研究，提高政策措施的针对性和有效性，解决好本地区本部门影响社会和谐的突出矛盾和问题。坚持正确的用人导向，选好配强领导班子，注重培养选拔熟悉社会建设和管理的优秀干部。深化干部人事制度改革，认真实施体现科学发展观要求的综合考核评价办法，把领导社会建设的绩效列为考核内容，增强领导班子和领导干部统筹经济社会发展的能力。大兴求真务实之风，激励干部真抓实干，加强检查监督工作，确保中央的方针政策和工作部署落到实处。加强社会建设理论和社会政策的学习研究和教育培训，不断提高各级领导班子和领导干部管理社会事务、协调利益关系、开展群众工作、激发社会创造活力、处理人民内部矛盾、维护社会稳定的本领。加强和改进党对工会、共青团、妇联等人民团体的领导，支持他们发挥联系群众、服务群众、教育群众、维护群众合法权益的作用。

（二）加强基层基础工作。构建社会主义和谐社会，重心在基层。巩固和发展保持共产党员先进性教育活动的成果，围绕建设社会主义新农村加强农村基层党组织建设，做好企业、城市社区、机关和学校、科研院所、文化团体等事业单位党建工作，推进新经济组织、新社会组织党建工作，扩大党的工作覆盖面，发挥基层党组织凝聚人心、推动发展、促进和谐的作用。健全让党员经常受教育、永葆先进性的长效机制，建立城乡一体的党员动态管理机制，动员和组织广大党员做促进社会和谐的表率。牢固树立群众观点，一切相信群众，一切依靠群众，认真研究和把握新形势下党的群众工作的特点和规律，千方百计把群众工作做深做细做实，始终保持党同人民群众的血肉联系。以增强社会服务功能和提高社会管理、依法办事能力为重点，大力加强基层政权建设。加大对城乡基层组织阵地建设的投入。紧紧依靠广大基层干部做好基层基础工作，加强基层干部队伍建设，制定和落实定期轮训、考评激励、待遇保障等制度措施。严格要求、真心爱护基层干部，积极帮助他们解决工作生活中的困难。做好关心照顾老劳模、老党员和帮扶困难党员工作。完善公务员录用制度，注意从基层选拔优秀干部充实各级党政机关，鼓励年轻干部和大学生到基层建功立业。

（三）建设宏大的社会工作人才队伍。造就一支结构合理、素质优良的社会工作人才队伍，是构建社会主义和谐社会的迫切需要。建立健全以培养、评价、使用、激励为主要内容的政策措施和制度保障，确定职业规范和从业标准，加强专业培训，提高社会工作人员职业素质和专业水平。制定人才培养规划，加快高等院校社会工作人才培养体系建设，抓紧培养大批社会工作急需的各类专门人才。充实公共服务和社会管理部门，配备社会工作专门人员，完善社会工作岗位设置，通过多种渠道吸纳社会工作人才，提高专业化社会服务水平。

（四）深入开展党风廉政建设和反腐败斗争。党风正则干群和，干群和则社会稳。反腐倡廉是加强党的执政能力建设和先进性建设的重大任务，也是维护社会公平正义和促进社会和谐的紧迫任务。坚持党要管党、从严治党，贯彻标本兼治、综合治理、惩防并举、注重预防的反腐倡廉战略方针，推进教育、制度、监督并重的惩治和预防腐败体系建设。以思想道德教育为基础，加强党章和法纪学习教育，加强党员干部党性锻炼和思想道德修养，教育党员领导干部做道德表率，推进廉政文化建设，筑牢拒腐防变的思想道德防线。以正确行使权力为重点，用改革的办法推进反腐倡廉制度建设，拓展从源头上防治腐败的工作领域，形成群众支持和参与反腐倡廉的有效机制，健全防范腐败的体制机制。以保证廉洁从政为目标，加强对领导机关和领导干部的监督，把党内监督与各方面监督结合起来，形成监督合力，提高监督实效。严格要求领导干部廉洁自律、率先垂范，自觉做到为民、务实、清廉。加大查办案件工作力度，严厉惩治腐败。坚持纠建并举、综合治理，切实纠正损害群众利益的不正之风。认真执行党风廉政建设责任制，巩固和发展全党动手抓党风廉政建设的局面，以优良的党风促政风带民风，营造和谐的党群干群关系。

和谐凝聚力量，和谐成就伟业。构建社会主义和谐社会是建设中国特色社会主义的重大战略任务，是对我们党执政能力的重大考验。全党同志要紧密团结在以胡锦涛同志为总书记的党中央周围，带领全国各族人民万众一心、锐意进取，为把我国建设成为富强民主文明和谐的社会主义现代化国家而奋斗！

（二）党的十八大报告中关于“在改善民生和创新管理中加强社会建设”的表述

加强社会建设，是社会和谐稳定的重要保证。必须从维护最广大人民根本利益的高度，加快健全基本公共服务体系，加强和创新社会管理，推动社会主义和谐社会建设。

加强社会建设，必须以保障和改善民生为重点。提高人民物质文化生活水平，是改革开放和社会主义现代化建设的根本目的。要多谋民生之利，多解民生之忧，解决好人民最关心最直接最现实的利益问题，在学有所教、劳有所得、病有所医、老有所养、住有所居上持续取得新进展，努力让人民过上更好生活。

加强社会建设，必须加快推进社会体制改革。要围绕构建中国特色社会主义社会管理体系，加快形成党委领导、政府负责、社会协同、公众参与、法治保障的社会管理体制，加快形成政府主导、覆盖城乡、可持续的基本公共服务体系,加快形成政社分开、权责明确、依法自治的现代社会组织体制,加快形成源头治理、动态管理、应急处置相结合的社会管理机制。

(一)努力办好人民满意的教育。教育是民族振兴和社会进步的基石。要坚持教育优先发展,全面贯彻党的教育方针,坚持教育为社会主义现代化建设服务、为人民服务,把立德树人作为教育的根本任务,培养德智体美全面发展的社会主义建设者和接班人。全面实施素质教育,深化教育领域综合改革,着力提高教育质量,培养学生社会责任感、创新精神、实践能力。办好学前教育,均衡发展九年义务教育,基本普及高中阶段教育,加快发展现代职业教育,推动高等教育内涵式发展,积极发展继续教育,完善终身教育体系,建设学习型社会。大力促进教育公平,合理配置教育资源,重点向农村、边远、贫困、民族地区倾斜,支持特殊教育,提高家庭经济困难学生资助水平,积极推动农民工子女平等接受教育,让每个孩子都能成为有用之才。鼓励引导社会力量兴办教育。加强教师队伍建设,提高师德水平和业务能力,增强教师教书育人的荣誉感和责任感。

(二)推动实现更高质量的就业。就业是民生之本。要贯彻劳动者自主就业、市场调节就业、政府促进就业和鼓励创业的方针,实施就业优先战略和更加积极的就业政策。引导劳动者转变就业观念,鼓励多渠道多形式就业,促进创业带动就业,做好以高校毕业生为重点的青年就业工作和农村转移劳动力、城镇困难人员、退役军人就业工作。加强职业技能培训,提升劳动者就业创业能力,增强就业稳定性。健全人力资源市场,完善就业服务体系,增强失业保险对促进就业的作用。健全劳动标准体系和劳动关系协调机制,加强劳动保障监察和争议调解仲裁,构建和谐劳动关系。

(三)千方百计增加居民收入。实现发展成果由人民共享,必须深化收入分配制度改革,努力实现居民收入增长和经济发展同步、劳动报酬增长和劳动生产率提高同步,提高居民收入在国民收入分配中的比重,提高劳动报酬在初次分配中的比重。初次分配和再分配都要兼顾效率和公平,再分配更加注重公平。完善劳动、资本、技术、管理等要素按贡献参与分配的初次分配机制,加快健全以税收、社会保障、转移支付为主要手段的再分配调节机制。深化企业和机关事业单位工资制度改革,推行企业工资集体协商制度,保护劳动所得。多渠道增加居民财产性收入。规范收入分配秩序,保护合法收入,增加低收入者收入,调节过高收入,取缔非法收入。

(四)统筹推进城乡社会保障体系建设。社会保障是保障人民生活、调节社会分配的一项基本制度。要坚持全覆盖、保基本、多层次、可持续方针,以增强公平性、适应流动性、保证可持续性为重点,全面建成覆盖城乡居民的社会保障体系。改革和完善企业和机关事业单位社会保险制度,整合城乡居民基本养老保险和基本医疗保险制度,逐步做实养老保险个人账户,实现基础养老金全国统筹,建立兼顾各类人员的社会保障待遇确定机制和正常调整机制。扩大社会保障基金筹资渠道,建立社会保险基金投资运营制度,确保基金安全和保值增值。完善社会救助体系,健全社会福利制度,支持发展慈善事业,做好优抚安置工作。建立市场配置和政府保障相结合的住房制度,加强保障性住房建设和管理,满足困难家庭基本需求。坚持男女平等基本国策,保障妇女儿童合法权益。积极应对人口老龄化,大力发展老龄服务事业和产业。健全残疾人社会保障和服务体系,切实保障残疾人权益。健全社会保障经办管理体制,建立更加便民快捷的服务体系。

（五）提高人民健康水平。健康是促进人的全面发展的必然要求。要坚持为人民健康服务的方向，坚持预防为主、以农村为重点、中西医并重，按照保基本、强基层、建机制要求，重点推进医疗保障、医疗服务、公共卫生、药品供应、监管体制综合改革，完善国民健康政策，为群众提供安全有效方便价廉的公共卫生和基本医疗服务。健全全民医保体系，建立重特大疾病保障和救助机制，完善突发公共卫生事件应急和重大疾病防控机制。巩固基本药物制度。健全农村三级医疗卫生服务网络和城市社区卫生服务体系，深化公立医院改革，鼓励社会办医。扶持中医药和民族医药事业发展。提高医疗卫生队伍服务能力，加强医德医风建设。改革和完善食品药品安全监管体制机制。开展爱国卫生运动，促进人民身心健康。坚持计划生育的基本国策，提高出生人口素质，逐步完善政策，促进人口长期均衡发展。

（六）加强和创新社会管理。提高社会管理科学化水平，必须加强社会管理法律、体制机制、能力、人才队伍和信息化建设。改进政府提供公共服务方式，加强基层社会管理和服务体系建设，增强城乡社区服务功能，强化企事业单位、人民团体在社会管理和服务中的职责，引导社会组织健康有序发展，充分发挥群众参与社会管理的基础作用。完善和创新流动人口和特殊人群管理服务。正确处理人民内部矛盾，建立健全党和政府主导的维护群众权益机制，完善信访制度，完善人民调解、行政调解、司法调解联动的工作体系，畅通和规范群众诉求表达、利益协调、权益保障渠道。建立健全重大决策社会稳定风险评估机制。强化公共安全体系和企业安全生产基础建设，遏制重特大安全事故。加强和改进党对政法工作的领导，加强政法队伍建设，切实肩负起中国特色社会主义事业建设者、捍卫者的职责使命。深化平安建设，完善立体化社会治安防控体系，强化司法基本保障，依法防范和惩治违法犯罪活动，保障人民生命财产安全。完善国家安全战略和工作机制，高度警惕和坚决防范敌对势力的分裂、渗透、颠覆活动，确保国家安全。

全党全国人民行动起来，就一定能开创社会和谐人人有责、和谐社会人人共享的生动局面。

（三）2010年政府工作报告关于促进社会和谐进步的论述（2010年3月5日）

着力保障和改善民生，促进社会和谐进步

改善民生是经济发展的根本目的。只有着力保障和改善民生，经济发展才有持久的动力，社会进步才有牢固的基础，国家才能长治久安。

千方百计扩大就业。这是保障和改善民生的头等大事。今年就业形势依然严峻，工作上不能有丝毫松懈。要继续实施积极的就业政策。中央财政拟投入433亿元用于促进就业。重点做好高校毕业生、农民工、就业困难人员就业和退伍转业军人就业安置工作。2009年到期的“五缓四减三补贴”就业扶持政策延长一年。加强政策支持和就业指导，鼓励高校毕业生到城乡基层、中西部地区和中小企业就业；拓宽就业、择业、创业渠道，鼓励自主创业、自谋职业等多种形式的灵活就业，以创业带动就业。建立健全公共投资带动就业的机制。继续加强职业技能培训，重点提高农民工和城乡新增劳动力的就业能力。完善就业服务体系，健全劳动力输出输入地区协调协作机制，引导劳动力特别是农民工有序流动。加快建立统一规范的人力资源市场。维护劳动者合法权益，构建和谐的劳动关系。我们要通过持之以恒的努力，创造更多的就业机会，让广大劳动者各尽所

能、各得其所。

加快完善覆盖城乡居民的社会保障体系。扎实推进新型农村社会养老保险试点，试点范围扩大到23%的县。加快解决未参保集体企业退休人员基本养老保障等遗留问题。将全国130万“老工伤”人员全部纳入工伤保险范围。积极推进农民工参加社会保险。加强城乡低保工作，逐步提高保障水平，切实做到动态管理、应保尽保。加强残疾人社会保障和服务体系建设，进一步落实好扶残助残的各项政策，为他们平等参与社会生活创造更好的环境。企业退休人员基本养老金今年再提高10%。各级政府要进一步增加社会保障投入，中央财政拟安排3 185亿元。要多渠道增加全国社会保障基金，加强监管，实现保值增值。鼓励和支持慈善事业发展。我们要加快构建更加完善的社会保障安全网，使人民生活有基本保障、无后顾之忧。

改革收入分配制度。合理的收入分配制度是社会公平正义的重要体现。我们不仅要通过发展经济，把社会财富这个“蛋糕”做大，也要通过合理的收入分配制度，把“蛋糕”分好。要坚持和完善按劳分配为主体、多种分配方式并存的分配制度，兼顾效率与公平，走共同富裕的道路。一要抓紧制定调整国民收入分配格局的政策措施，逐步提高居民收入在国民收入分配中的比重，提高劳动报酬在初次分配中的比重。加大财政、税收在收入初次分配和再分配中的调节作用。创造条件让更多群众拥有财产性收入。二要深化垄断行业收入分配制度改革。完善对垄断行业工资总额和工资水平的双重调控政策。严格规范国有企业、金融机构经营管理人员特别是高管的收入，完善监管办法。三要进一步规范收入分配秩序。保护合法收入，调节过高收入，取缔非法收入，逐步形成公开透明、公正合理的收入分配秩序，坚决扭转收入差距扩大的趋势。

促进房地产市场平稳健康发展。要坚决遏制部分城市房价过快上涨势头，满足人民群众的基本住房需求。一是继续大规模实施保障性安居工程。中央财政拟安排保障性住房专项补助资金632亿元，比上年增加81亿元。建设保障性住房300万套，各类棚户区改造住房280万套。扩大农村危房改造试点范围。各级政府要切实负起责任，严格执行年度建设计划，确保土地、资金和优惠政策落实到位。二是继续支持居民自住性住房消费。增加中低价位、中小套型普通商品房用地供应，加快普通商品房项目审批和建设进度。规范发展二手房市场，倡导住房租赁消费。盘活住房租赁市场。三是抑制投机性购房。加大差别化信贷、税收政策执行力度。完善商品房预售制度。四是大力整顿和规范房地产市场秩序。完善土地收入管理使用办法，抑制土地价格过快上涨。加大对圈地不建、捂盘惜售、哄抬房价等违法违规行为的查处力度。

加快推进医药卫生事业改革发展。积极稳妥推进医药卫生体制改革，全面落实五项重点工作。继续扩大基本医疗保障覆盖面。今年要把城镇居民基本医保和新农合的财政补助标准提高到120元，比上年增长50%，并适当提高个人缴费标准。开展农村儿童白血病、先天性心脏病医疗保障试点，尽力为这些不幸的儿童和家庭提供更多帮助。在60%政府举办的基层医疗卫生机构实施基本药物制度，其他医疗机构也要优先选用基本药物。推进基本药物集中采购和统一配送。基本完成城乡基层医疗卫生机构建设规划，大规模开展适宜人才培养和培训。进一步完善支持村卫生室建设和乡村医生发展的政策措施。完善基层医疗卫生机构补偿机制，落实岗位绩效工资。开展社区首诊试点，推动形成基层医疗卫生机构和医院功能区分合理、协作配合、互相转诊的服务体系。切实加强甲型 H1N1 流感等重大传染病防控和慢性病、职业病、地方病防治，提高突发公共卫生事件应急处置能力。开展公立医院改革试点，坚持基本医疗的公益性方向，创新体制机制，充分调动医务人员积极性，提高服务质量，控制医疗费用，改善医患关系。大力支持社会资本兴办医疗卫生机构，在服务准入、医保定点等方面一视同仁。扶持和促进中医药、民族医药事业发展。医药卫生事业改革发展关系人民身体健康和家庭幸福，我们要克服一切困难，把这个世界性难题解决好。

做好人口和计划生育工作。继续稳定低生育水平。做好流动人口计划生育服务工作。落实好农村妇女妇科疾病定期检查和住院分娩补助政策。加强出生缺陷干预，开展免费孕前优生健康检查试点，做好孕产妇和婴幼儿保健工作。继续实施农村部分计划生育家庭奖励扶助制度和西部地区少生快富工程。切实保护好妇女和未成年人权益。加强应对人口老龄化战略研究，加快建立健全养老社会服务体系，让老年人安享晚年生活。

（四）胡锦涛在省部级主要领导干部提高构建社会主义和谐社会能力专题研讨班上的讲话(2005 年 2 月 19 日)汇编

胡锦涛指出，实现社会和谐，建设美好社会，始终是人类孜孜以求的一个社会理想，也是包括中国共产党在内的马克思主义政党不懈追求的一个社会理想。根据马克思主义基本原理和我国社会主义建设的实践经验，根据新世纪新阶段我国经济社会发展的新要求和我国社会出现的新趋势新特点，我们所要建设的社会主义和谐社会，应该是民主法治、公平正义、诚信友爱、充满活力、安定有序、人与自然和谐相处的社会。民主法治，就是社会主义民主得到充分发扬，依法治国基本方略得到切实落实，各方面积极因素得到广泛调动；公平正义，就是社会各方面的利益关系得到妥善协调，人民内部矛盾和其他社会矛盾得到正确处理，社会公平和正义得到切实维护和实现；诚信友爱，就是全社会互帮互助、诚实守信，全体人民平等友爱、融洽相处；充满活力，就是能够使一切有利于社会进步的创造愿望得到尊重，创造活动得到支持，创造才能得到发挥，创造成果得到肯定；安定有序，就是社会组织机制健全，社会管理完善，社会秩序良好，人民群众安居乐业，社会保持安定团结；人与自然和谐相处，就是生产发展，生活富裕，生态良好。这些基本特征是相互联系、相互作用的，需要在全面建设小康社会的进程中全面把握和体现。

胡锦涛强调，构建社会主义和谐社会，同建设社会主义物质文明、政治文明、精神文明是有机统一的。要通过发展社会主义社会的生产力来不断增强和谐社会建设的物质基础，通过发展社会主义民主政治来不断加强和谐社会建设的政治保障，通过发展社会主义先进文化来不断巩固和谐社会建设的精神支撑，同时又通过和谐社会建设来为社会主义物质文明、政治文明、精神文明建设创造有利的社会条件。

胡锦涛指出，构建社会主义和谐社会，必须坚持以邓小平理论和“三个代表”重要思想为指导，坚持社会主义的基本制度，坚持走中国特色社会主义道路；必须树立和落实科学发展观，坚持以经济建设为中心，坚持“五个统筹”，促进社会主义物质文明、政治文明、精神文明建设与和谐社会建设全面发展；必须坚持以人为本，始终把最广大人民的根本利益作为党和国家工作的根本出发点和落脚点，在经济发展的基础上不断满足人民群众日益增长的物质文化需要，促进人的全面发展；必须尊重人民群众的创造精神，通过深化改革、创新体制，调动一切积极因素，激发全社会的创造活力；必须注重社会公平，正确反映和兼顾不同方面群众的利益，正确处理人民内部矛盾和其他社会矛盾，妥善协调各方面的利益关系；必须正确处理改革发展稳定的关系，坚持把改革的力度、发展的速度和社会可以承受的程度统一起来，使改革发展稳定相互协调、相互促进，确保人民群众安居乐业，确保社会政治稳定和国家长治久安。为了促进社会主义和谐社会建设，要切实保持经济持续快速协调健康发展、发展社会主义民主、落实依法治国的基本方略、加强思想道德建设、维护和实现社会公平和正义、增强全社会的创造活力、加强社会建设和管理、处理好新形势下的人民内部矛盾、加强生态环境建设和治理工作、做好保持社会稳定的工作。

胡锦涛强调，各级党委和政府要加强和改善对构建社会主义和谐社会各项工作的领导，把构建社会主义和谐社会摆在全局工作的重要位置，建立有效的领导机制和工作机制，认真研究解决重大问题和突出问题，不断认识和把握新形势下和谐社会建设的特点和规律。

五、关于社会主义市场经济

（一）党的十八大报告中关于加快完善社会主义市场经济体制和加快转变经济发展方式的论述

以经济建设为中心是兴国之要，发展仍是解决我国所有问题的关键。只有推动经济持续健康发展，才能筑牢国家繁荣富强、人民幸福安康、社会和谐稳定的物质基础。必须坚持发展是硬道理的战略思想，决不能有丝毫动摇。

在当代中国，坚持发展是硬道理的本质要求就是坚持科学发展。以科学发展为主题，以加快转变经济发展方式为主线，是关系我国发展全局的战略抉择。要适应国内外经济形势新变化，加快形成新的经济发展方式，把推动发展的立足点转到提高质量和效益上来，着力激发各类市场主体发展新活力，着力增强创新驱动发展新动力，着力构建现代产业发展新体系，着力培育开放型经济发展新优势，使经济发展更多依靠内需特别是消费需求拉动，更多依靠现代服务业和战略性新兴产业带动，更多依靠科技进步、劳动者素质提高、管理创新驱动，更多依靠节约资源和循环经济推动，更多依靠城乡区域发展协调互动，不断增强长期发展后劲。

坚持走中国特色新型工业化、信息化、城镇化、农业现代化道路，推动信息化和工业化深度融合、工业化和城镇化良性互动、城镇化和农业现代化相互协调，促进工业化、信息化、城镇化、农业现代化同步发展。

1. 全面深化经济体制改革。深化改革是加快转变经济发展方式的关键。经济体制改革的核心问题是处理好政府和市场的关系，必须更加尊重市场规律，更好发挥政府作用。要毫不动摇巩固和发展公有制经济，推行公有制多种实现形式，推动国有资本更多投向关系国家安全和国民经济命脉的重要行业和关键领域，不断增强国有经济活力、控制力、影响力。毫不动摇鼓励、支持、引导非公有制经济发展，保证各种所有制经济依法平等使用生产要素、公平参与市场竞争、同等受到法律保护。健全现代市场体系，加强宏观调控目标和政策手段机制化建设。加快改革财税体制，健全中央和地方财力与事权相匹配的体制，完善促进基本公共服务均等化和主体功能区建设的公共财政体系，构建地方税体系，形成有利于结构优化、社会公平的税收制度。建立公共资源出让收益合理共享机制。深化金融体制改革，健全促进宏观经济稳定、支持实体经济发展的现代金融体系，发展多层次资本市场，稳步推进利率和汇率市场化改革，逐步实现人民币资本项目可兑换。加快发展民营金融机构。完善金融监管，推进金融创新，维护金融稳定。

2. 实施创新驱动发展战略。科技创新是提高社会生产力和综合国力的战略支撑，必须摆在国家发展全局的核心位置。要坚持走中国特色自主创新道路，以全球视野谋划和推动创新，提高原始创新、集成创新和引进消化吸收再创新能力，更加注重协同创新。深化科技体制改革，推动科技和经济紧密结合，加快建设国家创新体系，着力构建以企业为主体、市场为导向、产学研相结合的技术创新体系。完善知识创新体系，强化基础研究、前沿技术研究、社会公益技术研究，提高科学研究水平和成果转化能力，抢占科技发展战略制高点。实施国家科技重大专项，突破重大技术瓶颈。加快新技术新产品新工艺研发应用，加强技术集成和商业模式创新。完善科技创新评价标准、激励机制、转化机制。实施知识产权战略，加强知识产权保护。促进创新资源高效配置和综合集成，把全社会智慧和力量凝聚到创新发展上来。

3. 推进经济结构战略性调整。这是加快转变经济发展方式的主攻方向。必须以改善需求结构、优化产业结构、促进区域协调发展、推进城镇化为重点，着力解决制约经济持续健康发展的重大结构性问题。要牢牢把握扩大内需这一战略基点，加快建立扩大消费需求长效机制，释放居民消费潜力，保持投资合理增长，扩大国内市场规模。牢牢把握发展实体经济这一坚实基础，实行更加有利于实体经济发展的政策措施，强化需求导向，推动战略性新兴产业、先进制造业健康发展，加快传统产业转型升级，推动服务业特别是现代服务业发展壮大，合理布局建设基础设施和基础产业。建设下一代信息基础设施，发展现代信息技术产业体系，健全信息安全保障体系，推进信息网络技术广泛运用。提高大中型企业核心竞争力，支持小微企业特别是科技型小微企业发展。继续实施区域发展总体战略，充分发挥各地区比较优势，优先推进西部大开发，全面振兴东北地区等老工业基地，大力促进中西部地区崛起，积极支持东部地区率先发展。采取对口支援等多种形式，加大对革命老区、民族地区、边疆地区、贫困地区扶持力度。科学规划城市群规模和布局，增强中小城市和小城镇产业发展、公共服务、吸纳就业、人口聚集功能。加快改革户籍制度，有序推进农业转移人口市民化，努力实现城镇基本公共服务常住人口全覆盖。

4. 推动城乡发展一体化。解决好农业农村农民问题是全党工作重中之重，城乡发展一体化是解决“三农”问题的根本途径。要加大统筹城乡发展力度，增强农村发展活力，逐步缩小城乡差距，促进城乡共同繁荣。坚持工业反哺农业、城市支持农村和多予少取放活方针，加大强农惠农富农政策力度，让广大农民平等参与现代化进程、共同分享现代化成果。加快发展现代农业，增强农业综合生产能力，确保国家粮食安全和重要农产品有效供给。坚持把国家基础设施建设和社会事业发展重点放在农村，深入推进新农村建设和扶贫开发，全面改善农村生产生活条件。着力促进农民增收，保持农民收入持续较快增长。坚持和完善农村基本经营制度，依法维护农民土地承包经营权、宅基地使用权、集体收益分配权，壮大集体经济实力，发展多种形式规模经营，构建集约化、专业化、组织化、社会化相结合的新型农业经营体系。改革征地制度，提高农民在土地增值收益中的分配比例。加快完善城乡发展一体化体制机制，着力在城乡规划、基础设施、公共服务等方面推进一体化，促进城乡要素平等交换和公共资源均衡配置，形成以工促农、以城带乡、工农互惠、城乡一体的新型工农、城乡关系。

5. 全面提高开放型经济水平。适应经济全球化新形势，必须实行更加积极主动的开放战略，完善互利共赢、多元平衡、安全高效的开放型经济体系。要加快转变对外经济发展方式，推动开放朝着优化结构、拓展深度、提高效益方向转变。创新开放模式，促进沿海内陆沿边开放优势互补，形成引领国际经济合作和竞争的开放区域，培育带动区域发展的开放高地。坚持出口和进口并重，强化贸易政策和产业政策协调，形成以技术、品牌、质量、服务为核心的出口竞争优势，促进加工贸易转型升级，发展服务贸易，推动对外贸易平衡发展。提高利用外资综合优势和总体效益，推动引资、引技、引智有机结合。加快走出去步伐，增强企业国际化经营能力，培育一批世界水平的跨国公司。统筹双边、多边、区域次区域开放合作，加快实施自由贸易区战略，推动同周边国家互联互通。提高抵御国际经济风险能力。

我们一定要坚定信心，打胜全面深化经济体制改革和加快转变经济发展方式这场硬仗，把我国经济发展活力和竞争力提高到新的水平。

（二）《中共中央关于完善社会主义市场经济体制若干问题的决定》(2003年10月14日中共十六届三中全会通过)

为贯彻落实党的十六大提出的建成完善的社会主义市场经济体制和更具活力、更加开放的经济体系的战略部署，深化经济体制改革，促进经济社会全面发展，十六届中央委员会第三次全体会议讨论了关于完善社会主义市场经济体制的若干重大问题，并作出如下决定。

一、我国经济体制改革面临的形势和任务

(1) 深化经济体制改革的重要性和紧迫性。十一届三中全会开始改革开放、十四大确定社会主义市场经济体制改革目标以及十四届三中全会作出相关决定以来，我国经济体制改革在理论和实践上取得重大进展。社会主义市场经济体制初步建立，公有制为主体、多种所有制经济共同发展的基本经济制度已经确立，全方位、宽领域、多层次的对外开放格局基本形成。改革的不断深化，极大地促进了社会生产力、综合国力和人民生活水平的提高，使我国经受住了国际经济金融动荡和国内严重自然灾害、重大疫情等严峻考验。同时也存在经济结构不合理、分配关系尚未理顺、农民收入增长缓慢、就业矛盾突出、资源环境压力加大、经济整体竞争力不强等问题，其重要原因是我国处于社会主义初级阶段，经济体制还不完善，生产力发展仍面临诸多体制性障碍。为适应经济全球化和科技进步加快的国际环境，适应全面建设小康社会的新形势，必须加快推进改革，进一步解放和发展生产力，为经济发展和社会全面进步注入强大动力。

(2) 完善社会主义市场经济体制的目标和任务。按照统筹城乡发展、统筹区域发展、统筹经济社会发展、统筹人与自然和谐发展、统筹国内发展和对外开放的要求，更大程度地发挥市场在资源配置中的基础性作用，增强企业活力和竞争力，健全国家宏观调控，完善政府社会管理和公共服务职能，为全面建设小康社会提供强有力的体制保障。主要任务是：完善公有制为主体、多种所有制经济共同发展的基本经济制度；建立有利于逐步改变城乡二元经济结构的体制；形成促进区域经济协调发展的机制；建设统一开放竞争有序的现代市场体系；完善宏观调控体系、行政管理体制和经济法律制度；健全就业、收入分配和社会保障制度；建立促进经济社会可持续发展的机制。

(3) 深化经济体制改革的指导思想和原则。以邓小平理论和“三个代表”重要思想为指导，贯彻党的基本路线、基本纲领、基本经验，全面落实十六大精神，解放思想、实事求是、与时俱进。坚持社会主义市场经济的改革方向，注重制度建设和体制创新。坚持尊重群众的首创精神，充分发挥中央和地方两个积极性。坚持正确处理改革发展稳定的关系，有重点、有步骤地推进改革。坚持统筹兼顾，协调好改革进程中的各种利益关系。坚持以人为本，树立全面、协调、可持续的发展观，促进经济社会和人的全面发展。

二、进一步巩固和发展公有制经济,鼓励、支持和引导非公有制经济发展

(4) 推行公有制的多种有效实现形式。坚持公有制的主体地位,发挥国有经济的主导作用。积极推行公有制的多种有效实现形式,加快调整国有经济布局和结构。要适应经济市场化不断发展的趋势,进一步增强公有制经济的活力,大力发展国有资本、集体资本和非公有资本等参股的混合所有制经济,实现投资主体多元化,使股份制成为公有制的主要实现形式。需要由国有资本控股的企业,应区别不同情况实行绝对控股或相对控股。完善国有资本有进有退、合理流动的机制,进一步推动国有资本更多地投向关系国家安全和国民经济命脉的重要行业和关键领域,增强国有经济的控制力。其他行业和领域的国有企业,通过资产重组和结构调整,在市场公平竞争中优胜劣汰。发展具有国际竞争力的大公司大企业集团。继续放开搞活国有中小企业。以明晰产权为重点深化集体企业改革,发展多种形式的集体经济。

(5) 大力发展和积极引导非公有制经济。个体、私营等非公有制经济是促进我国社会生产力发展的重要力量。清理和修订限制非公有制经济发展的法律法规和政策,消除体制性障碍。放宽市场准入,允许非公有资本进入法律法规未禁入的基础设施、公用事业及其他行业和领域。非公有制企业在投融资、税收、土地使用和对外贸易等方面,与其他企业享受同等待遇。支持非公有制中小企业的发展,鼓励有条件的企业做强做大。非公有制企业要依法经营,照章纳税,保障职工合法权益。改进对非公有制企业的服务和监管。

(6) 建立健全现代产权制度。产权是所有制的核心和主要内容,包括物权、债权、股权和知识产权等各类财产权。建立归属清晰、权责明确、保护严格、流转顺畅的现代产权制度,有利于维护公有财产权,巩固公有制经济的主体地位;有利于保护私有财产权,促进非公有制经济发展;有利于各类资本的流动和重组,推动混合所有制经济发展;有利于增强企业和公众创业创新的动力,形成良好的信用基础和市场秩序。这是完善基本经济制度的内在要求,是构建现代企业制度的重要基础。要依法保护各类产权,健全产权交易规则和监管制度,推动产权有序流转,保障所有市场主体的平等法律地位和发展权利。

三、完善国有资产管理体制,深化国有企业改革

(7) 建立健全国有资产管理和监督体制。坚持政府公共管理职能和国有资产出资人职能分开。国有资产管理机构对授权监管的国有资本依法履行出资人职责,维护所有者权益,维护企业作为市场主体依法享有的各项权利,督促企业实现国有资本保值增值,防止国有资产流失。建立国有资本经营预算制度和企业经营业绩考核体系。积极探索国有资产监管和经营的有效形式,完善授权经营制度。建立健全国有金融资产、非经营性资产和自然资源资产等的监管制度。

(8) 完善公司法人治理结构。按照现代企业制度要求,规范公司股东会、董事会、监事会和经营管理者的权责,完善企业领导人员的聘任制度。股东会决定董事会和监事会成员,董事会选择经营管理者,经营管理者行使用人权,并形成权力机构、决策机构、监督机构和经营管理者之间的制衡机制。企业党组织要发挥政治核心作用,并适应公司法人治理结构的要求,改进发挥作用的方式,支持股东会、董事会、监事会和经营管理者依法行使职权,参与企业重大问题的决策。要坚持党管干部原则,并同市场化选聘企业经营管理者的机制相结合。中央和地方党委要加强和改进对国有重要骨干企业领导班子的

管理。要全心全意依靠职工群众,探索现代企业制度下职工民主管理的有效途径,维护职工合法权益。继续推进企业转换经营机制,深化劳动用工、人事和收入分配制度改革,分流安置富余人员,分离企业办社会职能,创造企业改革发展的良好环境。

(9) 加快推进和完善垄断行业改革。对垄断行业要放宽市场准入,引入竞争机制。有条件的企业要积极推行投资主体多元化。继续推进和完善电信、电力、民航等行业的改革重组。加快推进铁道、邮政和城市公用事业等改革,实行政企分开、政资分开、政事分开。对自然垄断业务要进行有效监管。

四、深化农村改革,完善农村经济体制

(10) 完善农村土地制度。土地家庭承包经营是农村基本经营制度的核心,要长期稳定并不断完善以家庭承包经营为基础、统分结合的双层经营体制,依法保障农民对土地承包经营的各项权利。农户在承包期内可依法、自愿、有偿流转土地承包经营权,完善流转办法,逐步发展适度规模经营。实行最严格的耕地保护制度,保证国家粮食安全。按照保障农民权益、控制征地规模的原则,改革征地制度,完善征地程序。严格界定公益性和经营性建设用地,征地时必须符合土地利用总体规划和用途管制,及时给予农民合理补偿。

(11) 健全农业社会化服务、农产品市场和对农业的支持保护体系。农村集体经济组织要推进制度创新,增强服务功能。支持农民按照自愿、民主的原则,发展多种形式的农村专业合作组织。鼓励工商企业投资发展农产品加工和营销,积极推进农业产业化经营,形成科研、生产、加工、销售一体化的产业链。深化农业科技推广体制和供销社改革,形成社会力量广泛参与的农业社会化服务体系。完善农产品市场体系,放开粮食收购市场,把通过流通环节的间接补贴改为对农民的直接补贴,切实保护种粮农民的利益。加大国家对农业的支持保护,增加各级财政对农业和农村的投入。加强粮食综合生产能力建设。完善扶贫开发机制。国家新增教育、卫生、文化等公共事业支出主要用于农村。探索建立政策性农业保险制度。

(12) 深化农村税费改革。农村税费改革是减轻农民负担和深化农村改革的重大举措。完善农村税费改革试点的各项政策,取消农业特产税,加快推进县乡机构和农村义务教育体制等综合配套改革。在完成试点工作的基础上,逐步降低农业税率,切实减轻农民负担。

(13) 改善农村富余劳动力转移就业的环境。农村富余劳动力在城乡之间双向流动就业,是增加农民收入和推进城镇化的重要途径。建立健全农村劳动力的培训机制,推进乡镇企业改革和调整,大力发展县域经济,积极拓展农村就业空间,取消对农民进城就业的限制性规定,为农民创造更多就业机会。逐步统一城乡劳动力市场,加强引导和管理,形成城乡劳动者平等就业的制度。深化户籍制度改革,完善流动人口管理,引导农村富余劳动力平稳有序转移。加快城镇化进程,在城市有稳定职业和住所的农业人口,可按当地规定在就业地或居住地登记户籍,并依法享有当地居民应有的权利,承担应尽的义务。

五、完善市场体系,规范市场秩序

(14) 加快建设全国统一市场。强化市场的统一性,是建设现代市场体系的重要任务。大力推进市场对内对外开放,加快要素价格市场化,发展电子商务、连锁经营、物流配送等现代流通方式,促进商品和各种要素在全国范围自由流动和充分竞争。废止妨碍公平竞争、设置行政壁垒、排斥外地产品和服务的各种分割市场的规定,打破行业垄断和地区封锁。积极发展独立公正、规范运作的专业化市场中介服务机构,按市场化原则规范和发展各类行业协会、商会等自律性组织。完善行政执法、行业自律、舆论监督、群众参与相结合的市场监管体系,健全产品质量监管机制,严厉打击制假售假、商业欺诈等违法行为,维护和健全市场秩序。

(15) 大力发展资本和其他要素市场。积极推进资本市场的改革开放和稳定发展,扩大直接融资。建立多层次资本市场体系,完善资本市场结构,丰富资本市场产品。规范和发展主板市场,推进风险投资和创业板市场建设。积极拓展债券市场,完善和规范发行程序,扩大公司债券发行规模。大力发展机构投资者,拓宽合规资金入市渠道。建立统一互联的证券市场,完善交易、登记和结算体系。加快发展土地、技术、劳动力等要素市场。规范发展产权交易。积极发展财产、人身保险和再保险市场。稳步发展期货市场。

(16) 建立健全社会信用体系。形成以道德为支撑、产权为基础、法律为保障的社会信用制度,是建设现代市场体系的必要条件,也是规范市场经济秩序的治本之策。增强全社会的信用意识,政府、企事业单位和个人都要把诚实守信作为基本行为准则。按照完善法规、特许经营、商业运作、专业服务的方向,加快建设企业和个人信用服务体系。建立信用监督和失信惩戒制度。逐步开放信用服务市场。

六、继续改善宏观调控,加快转变政府职能

(17) 完善国家宏观调控体系。进一步健全国家计划和财政政策、货币政策等相互配合的宏观调控体系。国家计划明确的宏观调控目标和总体要求,是制定财政政策和货币政策的主要依据。财政政策要在促进经济增长、优化结构和调节收入方面发挥重要功能,完善财政政策的有效实施方式。货币政策要在保持币值稳定和总量平衡方面发挥重要作用,健全货币政策的传导机制。重视人口老龄化趋势等因素对社会供求的影响。完善统计体制,健全经济运行监测体系,加强各宏观经济调控部门的功能互补和信息共享,提高宏观调控水平。

(18) 转变政府经济管理职能。深化行政审批制度改革,切实把政府经济管理职能转到主要为市场主体服务和创造良好发展环境上来。加强国民经济和社会发展中长期规划的研究和制定,提出发展的重大战略、基本任务和产业政策,促进国民经济和社会全面发展,实现经济增长与人口资源环境相协调。加强对区域发展的协调和指导,积极推进西部大开发,有效发挥中部地区综合优势,支持中西部地区加快改革发展,振兴东北地区等老工业基地,鼓励东部有条件地区率先基本实现现代化。完善政府重大经济社会问题的科学化、民主化、规范化决策程序,充分利用社会智力资源和现代信息技术,增强透明度和公众参与度。

(19) 深化投资体制改革。进一步确立企业的投资主体地位,实行谁投资、谁决策、谁收益、谁承担风险。国家只审批关系经济安全、影响环境资源、涉及整体布局的重大项目和政府投资项目及限制类项目,其他项目由审批制改为备案制,由投资主体自行决策,依法办理用地、资源、环保、安全等许可手续。对必须审批的项目,要合理划分中央和地方权限,扩大大型企业集团投资决策权,完善咨询论证制度,减少环节,提高效率。健全政府投资决策和项目法人约束机制。国家主要通过规划和政策指导、信息发布以及规范市场准入，引导社会投资方向，抑制无序竞争和盲目重复建设。

七、完善财税体制，深化金融改革

(20) 分步实施税收制度改革。按照简税制、宽税基、低税率、严征管的原则，稳步推进税收改革。改革出口退税制度。统一各类企业税收制度。增值税由生产型改为消费型，将设备投资纳入增值税抵扣范围。完善消费税，适当扩大税基。改进个人所得税，实行综合和分类相结合的个人所得税制。实施城镇建设税费改革，条件具备时对不动产开征统一规范的物业税，相应取消有关收费。在统一税政前提下，赋予地方适当的税政管理权。创造条件逐步实现城乡税制统一。

(21) 推进财政管理体制改革。健全公共财政体制，明确各级政府的财政支出责任。进一步完善转移支付制度，加大对中西部地区和民族地区的财政支持。深化部门预算、国库集中收付、政府采购和收支两条线管理改革。清理和规范行政事业性收费，凡能纳入预算的都要纳入预算管理。改革预算编制制度，完善预算编制、执行的制衡机制，加强审计监督。建立预算绩效评价体系。实行全口径预算管理和对或有负债的有效监控。加强各级人民代表大会对本级政府预算的审查和监督。

(22) 深化金融企业改革。商业银行和证券公司、保险公司、信托投资公司等要成为资本充足、内控严密、运营安全、服务和效益良好的现代金融企业。选择有条件的国有商业银行实行股份制改造，加快处置不良资产，充实资本金，创造条件上市。深化政策性银行改革。完善金融资产管理公司运行机制。鼓励社会资金参与中小金融机构的重组改造。在加强监管和保持资本金充足的前提下，稳步发展各种所有制金融企业。完善农村金融服务体系，国家给予适当政策支持。通过试点取得经验，逐步把农村信用社改造成为农村社区服务的地方性金融企业。

(23) 健全金融调控机制。稳步推进利率市场化，建立健全由市场供求决定的利率形成机制，中央银行通过运用货币政策工具引导市场利率。完善人民币汇率形成机制，保持人民币汇率在合理、均衡水平上的基本稳定。在有效防范风险前提下，有选择、分步骤放宽对跨境资本交易活动的限制，逐步实现资本项目可兑换。建立和完善统一、高效、安全的支付清算系统。改进中央银行的金融调控，建立健全货币市场、资本市场、保险市场有机结合、协调发展的机制，维护金融运行和金融市场的整体稳定，防范系统性风险。

(24) 完善金融监管体制。依法维护金融市场公开、公平、有序竞争，有效防范和化解金融风险，保护存款人、投资者和被保险人的合法权益。健全金融风险监控、预警和处置机制，依法严格实行市场退出制度。强化金融监管手段，防范和打击金融犯罪。增强监管信息透明度并接受社会监督。处理好监管和支持金融创新的关系，鼓励金融企业探索金融经营的有效方式。建立健全银行、证券、保险监管机构之间以及同中央银行、财政部门的协调机制，提高金融监管水平。

八、深化涉外经济体制改革，全面提高对外开放水平

(25) 完善对外开放的制度保障。按照市场经济和世贸组织规则的要求，加快内外贸一体化进程。形成稳定、透明的涉外经济管理体制，创造公平和可预见的法制环境，确保各类企业在对外经济贸易活动中的自主权和平等地位。依法管理涉外经济活动，强化服务和监管职能，进一步提高贸易和投资的自由、便利程度。建立健全外贸运行监控体系

和国际收支预警机制，维护国家经济安全。

(26) 更好地发挥外资的作用。抓住新一轮全球生产要素优化重组和产业转移的重大机遇，扩大利用外资规模，提高利用外资水平。结合国内产业结构调整升级，更多地引进先进技术、管理经验和高素质人才，注重引进技术的消化吸收和创新提高。继续发展加工贸易，着力吸引跨国公司把更高技术水平、更大增值含量的加工制造环节和研发机构转移到我国，引导加工贸易转型升级。进一步改善投资环境，拓宽投资领域，吸引外资加快向有条件的地区和符合国家产业政策的领域扩展，力争再形成若干外资密集、内外结合、带动力强的经济增长带。

(27) 增强参与国际合作和竞争的能力。鼓励国内企业充分利用扩大开放的有利时机，增强开拓市场、技术创新和培育自主品牌的能力。提高出口商品质量、档次和附加值，扩大高新技术产品出口，发展服务贸易，全面提高出口竞争力。继续实施"走出去"战略，完善对外投资服务体系，赋予企业更大的境外经营管理自主权，健全对境外投资企业的监管机制，促进我国跨国公司的发展。积极参与和推动区域经济合作。

九、推进就业和分配体制改革，完善社会保障体系

(28) 深化劳动就业体制改革。把扩大就业放在经济社会发展更加突出的位置，实施积极的就业政策，努力改善创业和就业环境。坚持劳动者自主择业、市场调节就业和政府促进就业的方针。鼓励企业创造更多的就业岗位。改革发展和结构调整都要与扩大就业紧密结合。从扩大就业再就业的要求出发，在产业类型上，注重发展劳动密集型产业；在企业规模上，注重扶持中小企业；在经济类型上，注重发展非公有制经济；在就业方式上，注重采用灵活多样的形式。完善就业服务体系，加强职业教育和技能培训，帮助特殊困难群体就业。规范企业用工行为，保障劳动者合法权益。

(29) 推进收入分配制度改革。完善按劳分配为主体、多种分配方式并存的分配制度，坚持效率优先、兼顾公平，各种生产要素按贡献参与分配。整顿和规范分配秩序，加大收入分配调节力度，重视解决部分社会成员收入差距过分扩大问题。以共同富裕为目标，扩大中等收入者比重，提高低收入者收入水平，调节过高收入，取缔非法收入。加强对垄断行业收入分配的监管。健全个人收入监测办法，强化个人所得税征管。完善和规范国家公务员工资制度，推进事业单位分配制度改革。规范职务消费，加快福利待遇货币化。

(30) 加快建设与经济发展水平相适应的社会保障体系。完善企业职工基本养老保险制度，坚持社会统筹与个人账户相结合，逐步做实个人账户。将城镇从业人员纳入基本养老保险。建立健全省级养老保险调剂基金，在完善市级统筹基础上，逐步实行省级统筹，条件具备时实行基本养老金的基础部分全国统筹。健全失业保险制度，实现国有企业下岗职工基本生活保障向失业保险并轨。继续完善城镇职工基本医疗保险制度、医疗卫生和药品生产流通体制的同步改革，扩大基本医疗保险覆盖面，健全社会医疗救助和多层次的医疗保障体系。继续推行职工工伤和生育保险。积极探索机关和事业单位社会保障制度改革。完善城市居民最低生活保障制度，合理确定保障标准和方式。采取多种方式包括依法划转部分国有资产充实社会保障基金。强化社会保险基金征缴，扩大征缴覆盖面，规范基金监管，确保基金安全。鼓励有条件的企业建立补充保险，积极发展商业养老、医疗保险。农村养老保障以家庭为主，同社区保障、国家救济相结合。有条件

的地方探索建立农村最低生活保障制度。

十、深化科技教育文化卫生体制改革,提高国家创新能力和国民整体素质

(31) 营造实施人才强国战略的体制环境。创新人才工作机制,培养、吸引和用好各类人才。以党政人才、企业经营管理人才和专业技术人才为主体,建设规模宏大、结构合理、素质较高的人才队伍。多层次、多渠道、大规模地开展人才培训,重点培养一批高层次和高技能人才。加强西部和民族地区人才开发,建立促进优秀人才到西部、基层和艰苦地方工作的机制。尊重知识,鼓励创新,实行公平竞争,完善激励制度,形成优秀人才脱颖而出和人尽其才的良好环境。建立和完善人才市场体系,进一步促进人才流动。积极引进现代化建设急需的各类人才。

(32) 深化科技体制改革。改革科技管理体制,加快国家创新体系建设,促进全社会科技资源高效配置和综合集成,提高科技创新能力,实现科技和经济社会发展紧密结合。确立企业技术创新和科技投入的主体地位,为各类企业创新活动提供平等竞争条件。必须由国家支持的从事基础研究、战略高技术、重要公益研究领域创新活动的研究机构,要按照职责明确、评价科学、开放有序、管理规范的原则建立现代科研院所制度。面向市场的应用技术研究开发机构,要坚持向企业化转制,加快建立现代企业制度。积极推动高等教育和科技创新紧密结合。建立军民结合、寓军于民的创新机制,实现国防科技和民用科技相互促进和协调发展。建设哲学社会科学理论创新体系,促进社会科学和自然科学协调发展。

(33) 深化教育体制改革。构建现代国民教育体系和终身教育体系,建设学习型社会,全面推进素质教育,增强国民的就业能力、创新能力、创业能力,努力把人口压力转变为人力资源优势。推进教育创新,优化教育结构,改革培养模式,提高教育质量,形成同经济社会发展要求相适应的教育体制。巩固和完善以县级政府管理为主的农村义务教育管理体制。实施全员聘用和教师资格准入制度。完善和规范以政府投入为主、多渠道筹措经费的教育投入体制,形成公办学校和民办学校共同发展的格局。完善国家和社会资助家庭经济困难学生的制度。

(34) 深化文化体制改革。按照社会主义精神文明建设的特点和规律,适应社会主义市场经济发展的要求,逐步建立党委领导、政府管理、行业自律、企事业单位依法运营的文化管理体制。转变文化行政管理部门的职能,促进文化事业和文化产业协调发展。坚持把社会效益放在首位,努力实现社会效益和经济效益的统一。公益性文化事业单位要深化劳动人事、收入分配和社会保障制度改革,加大国家投入,增强活力,改善服务。经营性文化产业单位要创新体制,转换机制,面向市场,壮大实力。健全文化市场体系,建立富有活力的文化产品生产经营体制。完善文化产业政策,鼓励多渠道资金投入,促进各类文化产业共同发展,形成一批大型文化企业集团,增强文化产业的整体实力和国际竞争力。依法规范文化市场秩序。深化体育改革,构建群众体育服务体系,健全竞技体育体制,促进体育产业健康发展,增强全民体质。

(35) 深化公共卫生体制改革。强化政府公共卫生管理职能,建立与社会主义市场经济体制相适应的卫生医疗体系。加强公共卫生设施建设,充分利用、整合现有资源,建立健全疾病信息网络体系、疾病预防控制体系和医疗救治体系,提高公共卫生服务水平和突发性公共卫生事件应急能力。加快城镇医疗卫生体制改革。改善乡村卫生医疗条件,

积极建立新型农村合作医疗制度,实行对贫困农民的医疗救助。发挥中西医结合的优势。搞好环境卫生建设,树立全民卫生意识。健全卫生监管体系,保证群众的食品、药品和医疗安全。

十一、深化行政管理体制改革,完善经济法律制度

(36) 继续改革行政管理体制。加快形成行为规范、运转协调、公正透明、廉洁高效的行政管理体制。进一步调整各级政府机构设置,理顺职能分工,实现政府职责、机构和编制的法定化。完善国家公务员制度。推进依法行政,严格按照法定权限和程序行使权力、履行职责。发展电子政务,提高服务和管理水平。建立健全各种预警和应急机制,提高政府应对突发事件和风险的能力。完善安全生产监管体系。深化地方行政管理体制改革,大力精简机构和人员。继续推进事业单位改革。完善基层群众性自治组织,发挥城乡社区自我管理、自我服务的功能。

(37) 合理划分中央和地方经济社会事务的管理责权。按照中央统一领导、充分发挥地方主动性积极性的原则,明确中央和地方对经济调节、市场监管、社会管理、公共服务方面的管理责权。属于全国性和跨省(自治区、直辖市)的事务,由中央管理,以保证国家法制统一、政令统一和市场统一。属于面向本行政区域的地方性事务,由地方管理,以提高工作效率、降低管理成本、增强行政活力。属于中央和地方共同管理的事务,要区别不同情况,明确各自的管理范围,分清主次责任。根据经济社会事务管理责权的划分,逐步理顺中央和地方在财税、金融、投资和社会保障等领域的分工和职责。

(38) 全面推进经济法制建设。按照依法治国的基本方略,着眼于确立制度、规范权责、保障权益,加强经济立法。完善市场主体和中介组织法律制度,使各类市场主体真正具有完全的行为能力和责任能力。完善产权法律制度,规范和理顺产权关系,保护各类产权权益。完善市场交易法律制度,保障合同自由和交易安全,维护公平竞争。完善预算、税收、金融和投资等法律法规,规范经济调节和市场监管。完善劳动、就业和社会保障等方面的法律法规,切实保护劳动者和公民的合法权益。完善社会领域和可持续发展等方面的法律法规,促进经济发展和社会全面进步。

(39) 加强执法和监督。加强对法律法规的解释工作,加大执法力度,提高行政执法、司法审判和检察的能力和水平,确保法律法规的有效实施,维护法制的统一和尊严。按照权力与责任挂钩、权力与利益脱钩的要求,建立权责明确、行为规范、监督有效、保障有力的执法体制,防止和纠正地方保护主义和部门本位主义。改革行政执法体制,相对集中行政处罚权,推进综合执法试点。推进司法体制改革,维护司法公正。实行执法责任制和执法过错追究制,做到严格执法、公正执法、文明执法。

十二、加强和改善党的领导,为完善社会主义市场经济体制而奋斗

(40) 党的领导是顺利推进改革的根本保证。建成完善的社会主义市场经济体制,是我们党在新世纪新阶段作出的具有重大现实意义和深远历史意义的决策,是对全党新的重大考验。全党同志要充分认识肩负的历史责任,不断学习新知识、研究新情况、解决新问题,继续探索社会主义制度和市场经济有机结合的途径和方式。要自觉适应社会主义市场经济发展的新形势,改革和完善党的领导方式和执政方式,坚持谋全局、把方向、管大事,进一步提高科学判断形势的能力、驾驭市场经济的能力、应对复杂局面的能力、依法执政的能力和总揽全局的能力。要坚持党管人才原则,培养和造就大批适应现代化建

设需要的各类人才，加强各级领导班子和基层党组织建设，为改革和发展提供强有力的组织保证。要着眼于我国基本国情，坚持一切从实际出发，因地制宜，把改革的力度、发展的速度和社会可承受的程度统一起来，及时化解各种矛盾，确保社会稳定和工作有序进行。要统筹推进各项改革，努力实现宏观经济改革和微观经济改革相协调，经济领域改革和社会领域改革相协调，城市改革和农村改革相协调，经济体制改革和政治体制改革相协调。

(41) 加强和改进党风廉政建设。加强党风廉政建设、反对和防止腐败，是建立和完善社会主义市场经济体制的重要保证，必须贯穿于改革开放和现代化建设的全过程。要进一步抓好党和国家机关工作人员特别是领导干部的廉洁自律，坚决查处各种违纪违法案件，切实纠正损害群众利益的不正之风。要坚持标本兼治、综合治理，注重思想道德教育，加强廉政法制建设，完善监督制约机制，建立健全与社会主义市场经济体制相适应的教育、制度、监督并重的惩治和预防腐败体系。坚持立党为公、执政为民，务必继续保持谦虚谨慎、不骄不躁的作风，务必继续保持艰苦奋斗的作风，坚决抵制各种不良风气的侵蚀，为完善社会主义市场经济体制营造良好的社会氛围。

(42) 坚持社会主义物质文明、政治文明和精神文明协调发展。中国特色社会主义是社会主义市场经济、社会主义民主政治和社会主义先进文化协调发展的伟大事业。要积极稳妥地推进政治体制改革，扩大社会主义民主，健全社会主义法制，巩固和壮大爱国统一战线，加强思想政治工作，为发展社会主义市场经济提供强有力的政治保证。要大力加强社会主义文化建设，着力建立与社会主义市场经济相适应、与社会主义法律规范相协调、与中华民族传统美德相承接的社会主义思想道德体系，弘扬和培育民族精神，不断提高全民族的思想道德素质和科学文化素质，为改革和发展提供强大的精神动力和智力支持。

全党同志和全国各族人民，在马克思列宁主义、毛泽东思想、邓小平理论和“三个代表”重要思想指引下，全面贯彻十六大精神，紧密团结在以胡锦涛同志为总书记的党中央周围，开拓进取，扎实工作，为建成完善的社会主义市场经济体制、实现全面建设小康社会的宏伟目标而努力奋斗！

六、关于社会主义文化强国

(一)党的十八大报告中关于社会主义文化强国建设的表述

扎实推进社会主义文化强国建设

文化是民族的血脉,是人民的精神家园。全面建成小康社会,实现中华民族伟大复兴,必须推动社会主义文化大发展大繁荣,兴起社会主义文化建设新高潮,提高国家文化软实力,发挥文化引领风尚、教育人民、服务社会、推动发展的作用。

建设社会主义文化强国,必须走中国特色社会主义文化发展道路,坚持为人民服务、为社会主义服务的方向,坚持百花齐放、百家争鸣的方针,坚持贴近实际、贴近生活、贴近群众的原则,推动社会主义精神文明和物质文明全面发展,建设面向现代化、面向世界、面向未来的,民族的科学的大众的社会主义文化。

建设社会主义文化强国,关键是增强全民族文化创造活力。要深化文化体制改革,解放和发展文化生产力,发扬学术民主、艺术民主,为人民提供广阔文化舞台,让一切文化创造源泉充分涌流,开创全民族文化创造活力持续迸发、社会文化生活更加丰富多彩、人民基本文化权益得到更好保障、人民思想道德素质和科学文化素质全面提高、中华文化国际影响力不断增强的新局面。

1. 加强社会主义核心价值体系建设。社会主义核心价值体系是兴国之魂,决定着中国特色社会主义发展方向。要深入开展社会主义核心价值体系学习教育,用社会主义核心价值体系引领社会思潮、凝聚社会共识。推进马克思主义中国化时代化大众化,坚持不懈用中国特色社会主义理论体系武装全党、教育人民,深入实施马克思主义理论研究和建设工程,建设哲学社会科学创新体系,推动中国特色社会主义理论体系进教材进课堂进头脑。广泛开展理想信念教育,把广大人民团结凝聚在中国特色社会主义伟大旗帜之下。大力弘扬民族精神和时代精神,深入开展爱国主义、集体主义、社会主义教育,丰富人民精神世界,增强人民精神力量。倡导富强、民主、文明、和谐,倡导自由、平等、公正、法治,倡导爱国、敬业、诚信、友善,积极培育和践行社会主义核心价值观。牢牢掌握意识形态工作领导权和主导权,坚持正确导向,提高引导能力,壮大主流思想舆论。

2. 全面提高公民道德素质。这是社会主义道德建设的基本任务。要坚持依法治国和以德治国相结合,加强社会公德、职业道德、家庭美德、个人品德教育,弘扬中华传统美德,弘扬时代新风。推进公民道德建设工程,弘扬真善美、贬斥假恶丑,引导人们自觉履行法定义务、社会责任、家庭责任,营造劳动光荣、创造伟大的社会氛围,培育知荣辱、讲正气、作奉献、促和谐的良好风尚。深入开展道德领域突出问题专项教育和治理,加强政务诚信、商务诚信、社会诚信和司法公信建设。加强和改进思想政治工作,注重人文关怀和心理疏导,培育自尊自信、理性平和、积极向上的社会心态。深化群众性精神文明创建活动,广泛开展志愿服务,推动学雷锋活动、学习宣传道德模范常态化。

3. 丰富人民精神文化生活。让人民享有健康丰富的精神文化生活，是全面建成小康社会的重要内容。要坚持以人民为中心的创作导向，提高文化产品质量，为人民提供更好更多精神食粮。坚持面向基层、服务群众，加快推进重点文化惠民工程，加大对农村和欠发达地区文化建设的帮扶力度，继续推动公共文化服务设施向社会免费开放。建设优秀传统文化传承体系，弘扬中华优秀传统文化。推广和规范使用国家通用语言文字。繁荣发展少数民族文化事业。开展群众性文化活动，引导群众在文化建设中自我表现、自我教育、自我服务。开展全民阅读活动。加强和改进网络内容建设，唱响网上主旋律。加强网络社会管理，推进网络依法规范有序运行。开展"扫黄打非"，抵制低俗现象。普及科学知识，弘扬科学精神，提高全民科学素养。广泛开展全民健身运动，促进群众体育和竞技体育全面发展。

4. 增强文化整体实力和竞争力。文化实力和竞争力是国家富强、民族振兴的重要标志。要坚持把社会效益放在首位、社会效益和经济效益相统一，推动文化事业全面繁荣、文化产业快速发展。发展哲学社会科学、新闻出版、广播影视、文学艺术事业。加强重大公共文化工程和文化项目建设，完善公共文化服务体系，提高服务效能。促进文化和科技融合，发展新型文化业态，提高文化产业规模化、集约化、专业化水平。构建和发展现代传播体系，提高传播能力。增强国有公益性文化单位活力，完善经营性文化单位法人治理结构，繁荣文化市场。扩大文化领域对外开放，积极吸收借鉴国外优秀文化成果。营造有利于高素质文化人才大量涌现、健康成长的良好环境，造就一批名家大师和民族文化代表人物，表彰有杰出贡献的文化工作者。

我们一定要坚持社会主义先进文化前进方向，树立高度的文化自觉和文化自信，向着建设社会主义文化强国宏伟目标阔步前进。

(二)习近平谈建设社会主义文化强国

一个国家、一个民族的强盛，总是以文化兴盛为支撑的。没有文明的继承和发展，没有文化的弘扬和繁荣，就没有中国梦的实现。中华民族创造了源远流长的中华文化，也一定能够创造出中华文化新的辉煌。要坚持走中国特色社会主义文化发展道路，弘扬社会主义先进文化，推动社会主义文化大发展大繁荣，不断丰富人民精神世界，增强人民精神力量，努力建设社会主义文化强国。

1. 坚守我们的核心价值体系和核心价值观

核心价值体系和核心价值观，是决定文化性质和方向的最深层次要素，是一个国家的重要稳定器。二〇一四年五月四日，习近平总书记在同北京大学师生座谈时指出："人类社会发展的历史表明，对一个民族、一个国家来说，最持久、最深层的力量是全社会共同认可的核心价值观。核心价值观，承载着一个民族、一个国家的精神追求，体现着一个社会评判是非曲直的价值标准。"我国是一个有着十三亿多人口、五十六个民族的大国，确立反映全国各族人民共同认同的价值观"最大公约数"，使全体人民同心同德、团结奋进，关乎国家前途命运，关乎人民幸福安康。

党的十六届六中全会提出建设社会主义核心价值体系的重大战略任务，强调马克思主义指导思想、中国特色社会主义共同理想、以爱国主义为核心的民族精神和以改革创新为核心的时代精神、社会主义荣辱观构成社会主义核心价值体系的基本内容。党的十八大又提出，倡导富强、民主、文明、和谐，倡导自由、平等、公正、法治，倡导爱国、敬业、诚信、友善，积极培育和践行社会主义核心价值观。

社会主义核心价值体系和核心价值观内在一致，都体现了社会主义意识形态的本质要求，体现了社会主义制度在思想和精神层面的质的规定性，凝结着社会主义先进文化的精髓，是中国特色社会主义道路、理论体系和制度的价值表达。社会主义核心价值观在社会主义核心价值体系的基础上，更加突出核心要素、更加注重凝练表达、更加强化实践导向。它所强调的"三个倡导"二十四个字，是社会主义核心价值体系的内核，是对社会主义核心价值体系的高度凝练和集中表达。它把涉及国家、社会、公民的价值要求融为一体，既体现了社会主义本质要求，继承了中华优秀传统文化，也吸收了世界文明有益成果，体现了时代精神，回答了我们要建设什么样的国家、建设什么样的社会、培育什么样的公民的重大问题。

习近平总书记强调，要"坚守我们的价值体系，坚守我们的核心价值观"。二〇一四年二月，他在中央政治局第十三次集体学习时指出："我们要从巩固全党全国各族人民团结奋斗的共同思想基础、巩固党的执政地位的战略高度，持续加强社会主义核心价值体系建设，把培育和弘扬社会主义核心价值观作为凝魂聚气、强基固本的基础工程，作为一项根本任务，切实抓紧抓好。"要通过教育引导、舆论宣传、文化熏陶、实践养成、制度保障等，使社会主义核心价值观内化为人们的精神追求，外化为人们的自觉行动。

培育和弘扬社会主义核心价值观，教育引导是基础性工作。要在全社会深入开展理想信念教育，开展中国特色社会主义和中国梦宣传教育，积极引导各种社会思潮，坚定人们的道路自信、理论自信、制度自信，把全国各族人民紧紧团结和凝聚在中国特色社会主义旗帜下。社会主义核心价值观宣传教育要区分层次、突出重点。第一，榜样的力量是无穷的，要充分发挥广大党员、干部的带头作用，用他们的模范行为和高尚人格感召群众、带动群众。第二，要从娃娃抓起，从小抓起、从学校抓起，把社会主义核心价值观的基本内容和要求渗透到学校教育教学之中，体现在学校日常管理之中，做到进教材、进课堂、进头脑，使社会主义核心价值观的种子在少年儿童心中生根发芽、真正培育起来。广大青年要勤学、修德、明辨、笃实，身体力行社会主义核心价值观。第三，要润物细无声，发挥精神文化产品潜移默化的作用，运用各类文化形式，生动具体地表现社会主义核心价值观。

培育和弘扬社会主义核心价值观，必须使之融入社会生活，让它的影响像空气一样无所不在、无时不有。要把社会主义核心价值观与人们日常生活紧密联系起来，在落细、落小、落实上下工夫。按照社会主义核心价值观的基本要求，健全各行各业规章制度、行为准则，使社会主义核心价值观成为人们日常工作生活的基本遵循。建立和规范礼仪制度，组织开展形式多样的纪念庆典活动，传播主流价值，增强人们的认同感和归属感。把社会主义核心价值观的要求融入各种精神文明创建活动之中，利用各种时机和场合，形成有利于培育和弘扬社会主义核心价值观的生活情景和社会氛围。政策制度、法律法规、社会治理都要体现社会主义核心价值观的要求，使符合核心价值观的行为得到鼓励、违背核心价值观的行为受到制约。

培育和弘扬社会主义核心价值观，要突出道德价值的作用。国无德不兴，人无德不立。一个民族、一个人能不能把握自己，很大程度上取决于道德价值。要继承和弘扬我国人民在长期实践中培育和形成的传统美德，加强社会公德、职业道德、家庭美德、个人品德建设，激发人们形成善良的道德意愿、道德情感，培育正确的道德判断和道德责任，提高道德实践能力尤其是自觉践行能力，向往和追求讲道德、尊道德、守道德的生活。深入开展学习宣传道德模范活动，激励人们崇德向善、见贤思齐，鼓励全社会积善成德、明德惟馨，培育知荣辱、讲正气、作奉献、促和谐的良好风尚。只要中华民族一代接着一代追求美好崇高的道德境界，我们的民族就永远充满希望。

培育和弘扬社会主义核心价值观，必须立足中华优秀传统文化。牢固的核心价值观，都有其固有的根本。习近平总书记指出："中华文明绵延数千年，有其独特的价值体系。中华优秀传统文化已经成为中华民族的基因，植根在中国人内心，潜移默化影响着中国人的思想方式和行为方式。今天，我们提倡和弘扬社会主义核心价值观，必须从中汲取丰富营养，否则就不会有生命力和影响力。"要利用好中华优秀传统文化蕴含的丰富的思想道德资源，使其成为涵养社会主义核心价值观的重要源泉。

2. 弘扬主旋律，传播正能量

新闻舆论是思想文化传播的重要渠道，巩固壮大积极健康向上的主流舆论是社会主义文化建设的重要任务。要弘扬主旋律，传播正能量，激发全社会团结奋进的强大力量，为坚持和发展中国特色社会主义提供强大精神动力和舆论支持。

坚持团结稳定鼓劲、正面宣传为主的方针。展示昂扬向上的社会主流、反映光明进步的社会本质，是正面宣传的根本要义，是新闻舆论工作围绕中心、服务大局的必然要求。要坚持党管媒体原则不动摇，坚持马克思主义新闻观，牢牢把握正确导向，大力弘扬一切有利于坚定共同理想、凝聚奋进力量的思想和精神，一切有利于推动科学发展、促进社会和谐的思想和精神，一切有利于实现国家富强、增进人民幸福的思想和精神，一切有利于全面建成小康社会、实现中华民族伟大复兴中国梦的思想和精神，发挥正面宣传鼓舞人、激励人的作用。

提高正面宣传的质量和水平。要改进文风，创新方式，做好形势宣传、成就宣传、典型宣传、主题宣传，在真实可靠上动脑筋，在可亲可敬上做文章，在入脑入心上下工夫，增强吸引力感染力，让群众爱听爱看、产生共鸣。要把握好舆论引导的时、度、效，引导广大群众多看主流，不受支流支配；多看光明面，不受阴暗点影响；多看本质，不受表面现象迷惑。

坚持党性和人民性相统一。党性和人民性从来都是一致的、统一的。我们党是全心全意为人民服务的马克思主义政党，从本质上说，坚持党性就是坚持人民性，坚持人民性也就是坚持党性，因此必须把体现党的主张和反映人民心声统一起来。要旗帜鲜明坚持党性原则，坚持正确政治方向，站稳政治立场，坚定宣传党的理论和路线方针政策，坚定宣传中央重大工作部署，坚定宣传中央关于形势的重大分析判断，坚决同党中央保持高度一致，坚决维护中央权威。要坚持以民为本、以人为本，解决好"为了谁、依靠谁、我是谁"这个根本问题，树立以人民为中心的工作导向，把服务群众同教育引导群众结合起来，把满足需求同提高素养结合起来。

理直气壮唱响网上主旋律。互联网的迅猛发展，以惊人的深度和广度影响着经济社会生活，深刻改变着舆论生成方式和传播方式，改变着媒体格局和舆论生态。要把网上舆论工作作为重中之重来抓，善于运用网络传播规律，改进创新网上宣传，发展健康向上的网络文化，形成网上正面舆论强势。大力推进传统媒体和新兴媒体融合发展，增强主流媒体的传播力公信力影响力和舆论引导能力。加强网络社会管理，加强网络新技术新应用的管理，推进网络依法有序规范运行，确保互联网可管可控，使我们的网络空间清朗起来。

有理有礼有节开展舆论斗争。坚持正面宣传为主，决不意味着放弃舆论斗争。在事关大是大非和政治原则问题上，必须增强主动性、掌握主动权、打好主动仗，决不能似是而非、模棱两可，更不能沉默失语、没有声音。要敢抓敢管，敢于亮剑，着眼于团结和争取大多数，对错误思想观点进行有力批驳，针砭要害、揭露本质，帮助干部群众划清是非界限、澄清模糊认识。增强阵地意识，加强阵地管理，不给错误思想提供传播渠道。

3. 中华文化是我们民族的“根”和“魂”

二〇一三年十一月二十六日，习近平总书记来到历史文化名城山东曲阜，参观考察孔府、孔子研究院并同专家学者座谈。他强调，中华优秀传统文化是中华民族的突出优势，中华民族伟大复兴需要以中华文化发展繁荣为条件，必须大力弘扬中华优秀传统文化。

中华民族具有五千多年连绵不断的文明历史，创造了博大精深的中华文化，为人类文明进步作出了不可磨灭的贡献。中华文化积淀着中华民族最深沉的精神追求，包含着中华民族最根本的精神基因，代表着中华民族独特的精神标识，是中华民族生生不息、发展壮大的丰厚滋养。中国共产党自成立之日起，就既是中华优秀传统文化的忠实传承者和弘扬者，又是中国先进文化的积极倡导者和发展者。要用中华民族创造的一切精神财富来以文化人、以文育人，决不可抛弃中华民族的优秀文化传统。

要以科学态度对待传统文化。习近平总书记指出：“不忘本来才能开辟未来，善于继承才能更好创新。”中华传统文化是我们民族的“根”和“魂”，如果抛弃传统、丢掉根本，就等于割断了自己的精神命脉。要坚持马克思主义的方法，采取马克思主义的态度，坚持古为今用、推陈出新，有鉴别地加以对待，有扬弃地予以继承，既不能片面地讲厚古薄今，也不能片面地讲厚今薄古。

要很好地传承和弘扬传统文化。要讲清楚中华优秀传统文化的历史渊源、发展脉络、基本走向，讲清楚中华文化的独特创造、价值理念、鲜明特色，增强文化自信和价值观自信。系统梳理传统文化资源，让收藏在禁宫里的文物、陈列在广阔大地上的遗产、书写在古籍里的文字都活起来。认真汲取中华优秀传统文化的思想精华，深入挖掘和阐发其讲仁爱、重民本、守诚信、崇正义、尚和合、求大同的时代价值。大力宣传中国人民和中华民族的优秀文化和光荣历史，通过学校教育、理论研究、历史研究、影视作品、文学作品等多种方式，加强爱国主义、集体主义、社会主义教育，引导人们树立和坚持正确的历史观、民族观、国家观、文化观，增强做中国人的骨气和底气。

要对传统文化进行创造性转化、创新性发展。中华优秀传统文化与社会主义市场经济、民主政治、先进文化、社会治理等还存在需要协调适应的地方。弘扬中华优秀传统文化，要处理好继承和创造性发展的关系，重点做好创造性转化和创新性发展。创造性转化，就是要按照时代特点和要求，对那些至今仍有借鉴价值的内涵和陈旧的表现形式加以改造，赋予其新的时代内涵和现代表达形式，激活其生命力。创新性发展，就是要按照时代的新进步新进展，对中华优秀传统文化的内涵加以补充、拓展、完善，增强其影响力和感召力。

传承和弘扬中华传统文化，并不意味着故步自封，闭上眼睛不看世界。中华民族是一个兼容并蓄、海纳百川的民族，在漫长历史进程中，不断学习他人的好东西，把他人的好东西化成我们自己的东西，这才形成我们的民族特色。文明因交流而多彩，文明因互鉴而丰富，对各国人民创造的优秀文明成果，我们当然要学习借鉴，而且要认真学习借鉴，在不断汲取各种文明养分中丰富和发展中华文化。

4. 提高国家文化软实力

文化软实力集中体现了一个国家基于文化而具有的凝聚力和生命力，以及由此产生的吸引力和影响力。古往今来，任何一个大国的发展进程，既是经济总量、军事力量等硬实力提高的过程，也是价值观念、思想文化等软实力提高的进程。二〇一三年十二月，习近平总书记在中央政治局第十二次集体学习时指出，提高国家文化软实力，关系我国在世界文化格局中的定位，关系我国国际地位和国际影响力，关系“两个一百年”奋斗目标和中华民族伟大复兴中国梦的实现。

要努力夯实国家文化软实力的根基。提高国家文化软实力要“形于中”而“发于外”，切实把我们自身的文化建设搞好，朝着建设社会主义文化强国的目标不断前进。要继续深化文化体制改革，加快完善文化管理体制和文化生产经营机制，建立健全现代文化市场体系，构建现代公共文化服务体系，提高文化开放水平，形成有利于创新创造的文化发展环境。要大力繁荣发展文化事业，以基层特别是农村为重点，深入实施重点文化惠民工程，进一步提高公共文化服务能力，促进基本公共文化服务标准化、均等化。繁荣发展哲学社会科学，广泛普及科学知识，广泛开展全民健身运动。要加快发展文化产业，着眼提高质量和效益，推进结构战略性调整，优化产业布局，提高规模化、集约化、专业化水平，推动文化产业成为国民经济支柱性产业。在推进文化体制改革、繁荣发展文化事业和文化产业的过程中，要把握好意识形态属性和产业属性、社会效益和经济效益的关系，始终坚持社会主义先进文化前进方向，始终把社会效益放在首位。无论改什么、怎么改，导向不能改，阵地不能丢。

要努力传播当代中国价值观念。当代中国价值观念，就是中国特色社会主义价值观念，代表了中国先进文化的前进方向。我国成功走出了一条中国特色社会主义道路，实践证明我们的道路、理论体系、制度是成功的。要加强提炼和阐释，拓展对外传播平台和载体，把当代中国价值观念贯穿于国际交流和传播方方面面。要加强中国梦的宣传和阐释，注重从历史层面、国家层面、个人层面、全球层面等方面说清楚、讲明白，中国梦意味着中国人民和中华民族的价值体认和价值追求，意味着全面建成小康社会、实现中华民族伟大复兴，意味着每一个人都能在为中国梦的奋斗中实现自己的梦想，意味着中华民族团结奋斗的最大公约数，意味着中华民族为人类和平与发展作出更大贡献的真诚意愿。

要努力展示中华文化独特魅力。民族文化是一个民族区别于其他民族的独特标识。要使中华民族最基本的文化基因与当代文化相适应、与现代社会相协调，以人们喜闻乐见、具有广泛参与性的方式推广开来，把跨越时空、超越国度、富有永恒魅力、具有当代价值的文化精神弘扬起来，把继承传统优秀文化又弘扬时代精神、立足本国又面向世界的当代中国文化创新成果传播出去。要以理服人、以文服人、以德服人，提高对外文化交流水平,完善人文交流机制,创新人文交流方式,综合运用大众传播、群体传播、人际传播等多种方式展示中华文化魅力。要注重塑造我国的国家形象,让当代中国形象在世界上不断树立和闪亮起来。

要努力提高国际话语权。国际话语权是国家文化软实力的重要组成部分。现在国际舆论格局总体是西强我弱,我们往往有理说不出,或者说了传不开。要着力推进国际传播能力建设,创新对外宣传方式,精心构建对外话语体系,发挥好新兴媒体作用,增强对外话语的创造力、感召力、公信力,讲好中国故事,传播好中国声音,阐释好中国特色。

5. 牢牢掌握意识形态工作领导权和话语权

二〇一三年八月,习近平总书记在全国宣传思想工作会议上指出,“意识形态工作是党的一项极端重要的工作”,“能否做好意识形态工作,事关党的前途命运,事关国家长治久安,事关民族凝聚力和向心力”。历史和现实反复证明,只有物质文明建设和精神文明建设都搞好,国家物质力量和精神力量都增强,全国各族人民物质生活和精神生活都改善,中国特色社会主义事业才能顺利向前推进。在集中精力进行经济建设的同时,必须一刻也不放松和削弱意识形态工作,把意识形态工作领导权和话语权牢牢掌握在手中,不断巩固马克思主义在意识形态领域的指导地位,巩固全党全国人民团结奋斗的共同思想基础。

必须坚持全党动手。各级党委要负起政治责任和领导责任,加强对宣传思想领域重大问题的分析研判,加强对重大战略性任务的统筹指导,推动重大部署、重要任务的落实。特别是在大是大非问题、政治原则问题上,一定要有鲜明的态度、坚定的立场,领导干部要敢于站在风口浪尖上进行斗争。党委主要负责同志要带头抓意识形态工作,带头阅看本地区本部门主要媒体的内容,带头把住本地区本部门媒体的导向,带头批评错误观点和错误倾向。要树立大宣传的工作理念,动员各条战线各个部门一起来做,把宣传思想工作同各个领域的行政管理、行业管理、社会管理更加紧密地结合起来,形成强大合力。

做好意识形态工作,宣传思想部门承担着十分重要的使命,必须守土有责、守土负责、守土尽责。宣传思想部门工作要强起来,首先是领导干部要强起来,班子要强起来。要选好配强宣传思想部门领导班子,坚持政治家办报、办刊、办台、办新闻网站,确保宣传思想工作领导权牢牢掌握在忠于党和人民的人手里。各级宣传思想部门领导干部要加强学习、加强实践,真正成为在理论上、笔头上、口才上或其他专长上有“几把刷子”、让人信服的行家里手。高度重视做好知识分子工作,加强团结和引导,加强政治引领和政治吸纳,最大限度把他们凝聚在党的周围。

随着国内外形势的深刻变化和现代信息技术的迅猛发展,做好宣传思想工作比以往任何时候都更加需要创新。有些做法过去有效,现在未必有效;有些过去不合时宜,现在却势在必行;有些过去不可逾越,现在则需要突破。重点要抓好理念创新、手段创新、基层工作创新。要保持思想的敏锐性和开放度,努力以思想认识新飞跃打开工作新局面。积极探索有利于破解工作难题的新举措新办法,充分运用新技术新应用创新媒体传播方式,占领信息传播制高点。把创新的重心放在基层一线,充实队伍力量,改善工作条件,扎实做好抓基层、打基础的工作。

（三）习近平关于“建设社会主义文化强国”重要论述摘编

中国传统文化博大精深，学习和掌握其中的各种思想精华，对树立正确的世界观、人生观、价值观很有益处。古人所说的“先天下之忧而忧，后天下之乐而乐”的政治抱负，“位卑未敢忘忧国”、“苟利国家生死以，岂因祸福避趋之”的报国情怀，“富贵不能淫，贫贱不能移，威武不能屈”的浩然正气，“人生自古谁无死，留取丹心照汗青”、“鞠躬尽瘁，死而后已”的献身精神等，都体现了中华民族的优秀传统文化和民族精神，我们都应该继承和发扬。领导干部还应该了解一些文学知识，通过提高文学鉴赏能力和审美能力，陶冶情操，培养高尚的生活情趣。许多老一辈革命家都有很深厚的文学素养，在诗词歌赋方面有很高的造诣。总之，学史可以看成败、鉴得失、知兴替；学诗可以情飞扬、志高昂、人灵秀；学伦理可以知廉耻、懂荣辱、辨是非。

——2013 年 3 月 1 日，习近平在中共中央党校建校 80 周年庆祝大会暨 2013 年春季学期开学典礼上的讲话

经济建设是党的中心工作，意识形态工作是党的一项极端重要的工作。党的十一届三中全会以来，我们党始终坚持以经济建设为中心，集中精力把经济建设搞上去、把人民生活搞上去。只要国内外大势没有发生根本变化，坚持以经济建设为中心就不能也不应该改变。这是坚持党的基本路线 100 年不动摇的根本要求，也是解决当代中国一切问题的根本要求。同时，只有物质文明建设和精神文明建设都搞好，国家物质力量和精神力量都增强，全国各族人民物质生活和精神生活都改善，中国特色社会主义事业才能顺利向前推进。

坚持团结稳定鼓劲、正面宣传为主，是宣传思想工作必须遵循的重要方针。我们正在进行具有许多新的历史特点的伟大斗争，面临的挑战和困难前所未有，必须坚持巩固壮大主流思想舆论，弘扬主旋律，传播正能量，激发全社会团结奋进的强大力量。关键是要提高质量和水平，把握好时、度、效，增强吸引力和感染力，让群众爱听爱看、产生共鸣，充分发挥正面宣传鼓舞人、激励人的作用。在事关大是大非和政治原则问题上，必须增强主动性、掌握主动权、打好主动仗，帮助干部群众划清是非界限、澄清模糊认识。

——2013 年 8 月 19 日至 20 日，习近平在全国宣传思想工作会议上强调

一个国家、一个民族的强盛，总是以文化兴盛为支撑的，中华民族伟大复兴需要以中华文化发展繁荣为条件。对历史文化特别是先人传承下来的道德规范，要坚持古为今用、推陈出新，有鉴别地加以对待，有扬弃地予以继承。国无德不兴，人无德不立。必须加强全社会的思想道德建设，激发人们形成善良的道德意愿、道德情感，培育正确的道德判断和道德责任，提高道德实践能力尤其是自觉践行能力，引导人们向往和追求讲道德、尊道德、守道德的生活，形成向上的力量、向善的力量。只要中华民族一代接着一代追求美好崇高的道德境界，我们的民族就永远充满希望。

——2013 年 11 月 26 日，习近平在山东曲阜考察时的讲话

提高国家文化软实力，关系“两个一百年”奋斗目标和中华民族伟大复兴中国梦的实现。要弘扬社会主义先进文化，深化文化体制改革，推动社会主义文化大发展大繁荣，增

强全民族文化创造活力,推动文化事业全面繁荣、文化产业快速发展,不断丰富人民精神世界、增强人民精神力量,不断增强文化整体实力和竞争力,朝着建设社会主义文化强国的目标不断前进。

——2013 年 12 月 30 日,习近平在中共中央政治局第十二次集体学习时强调

核心价值观是文化软实力的灵魂、文化软实力建设的重点。这是决定文化性质和方向的最深层次要素。一个国家的文化软实力,从根本上说,取决于其核心价值观的生命力、凝聚力、感召力。培育和弘扬核心价值观,有效整合社会意识,是社会系统得以正常运转、社会秩序得以有效维护的重要途径,也是国家治理体系和治理能力的重要方面。历史和现实都表明,构建具有强大感召力的核心价值观,关系社会和谐稳定,关系国家长治久安。

培育和弘扬社会主义核心价值观必须立足中华优秀传统文化。牢固的核心价值观,都有其固有的根本。抛弃传统、丢掉根本,就等于割断了自己的精神命脉。博大精深的中华优秀传统文化是我们在世界文化激荡中站稳脚跟的根基。中华文化源远流长,积淀着中华民族最深层的精神追求,代表着中华民族独特的精神标识,为中华民族生生不息、发展壮大提供了丰厚滋养。中华传统美德是中华文化精髓,蕴含着丰富的思想道德资源。不忘本来才能开辟未来,善于继承才能更好创新。对历史文化特别是先人传承下来的价值理念和道德规范,要坚持古为今用、推陈出新,有鉴别地加以对待,有扬弃地予以继承,努力用中华民族创造的一切精神财富来以文化人、以文育人。

——2014 年 2 月 24 日,习近平在中共中央政治局第十三次集体学习时的讲话

人类社会发展的历史表明,对一个民族、一个国家来说,最持久、最深层的力量是全社会共同认可的核心价值观。核心价值观,承载着一个民族、一个国家的精神追求,体现着一个社会评判是非曲直的价值标准。

古人说:“大学之道,在明明德,在亲民,在止于至善。”核心价值观,其实就是一种德,既是个人的德,也是一种大德,就是国家的德、社会的德。国无德不兴,人无德不立。如果一个民族、一个国家没有共同的核心价值观,莫衷一是,行无依归,那这个民族、这个国家就无法前进。这样的情形,在我国历史上,在当今世界上,都屡见不鲜。

——2014 年 5 月 4 日,习近平在北京大学师生座谈会上的讲话

(四) 党的十七大报告中关于“推动社会主义文化大发展大繁荣”的表述

当今时代,文化越来越成为民族凝聚力和创造力的重要源泉、越来越成为综合国力竞争的重要因素,丰富精神文化生活越来越成为我国人民的热切愿望。要坚持社会主义先进文化前进方向,兴起社会主义文化建设新高潮,激发全民族文化创造活力,提高国家文化软实力,使人民基本文化权益得到更好保障,使社会文化生活更加丰富多彩,使人民精神风貌更加昂扬向上。

(一) 建设社会主义核心价值体系,增强社会主义意识形态的吸引力和凝聚力。社会主义核心价值体系是社会主义意识形态的本质体现。要巩固马克思主义指导地位,坚持不懈地用马克思主义中国化最新成果武装全党、教育人民,用中国特色社会主义共同理想凝聚力量,用以爱国主义为核心的民族精神和以改革创新为核心的时代精神鼓舞斗

志，用社会主义荣辱观引领风尚，巩固全党全国各族人民团结奋斗的共同思想基础。大力推进理论创新，不断赋予当代中国马克思主义鲜明的实践特色、民族特色、时代特色。开展中国特色社会主义理论体系宣传普及活动，推动当代中国马克思主义大众化。推进马克思主义理论研究和建设工程，深入回答重大理论和实际问题，培养造就一批马克思主义理论家特别是中青年理论家。切实把社会主义核心价值体系融入国民教育和精神文明建设全过程，转化为人民的自觉追求。积极探索用社会主义核心价值体系引领社会思潮的有效途径，主动做好意识形态工作，既尊重差异、包容多样，又有力抵制各种错误和腐朽思想的影响。繁荣发展哲学社会科学，推进学科体系、学术观点、科研方法创新，鼓励哲学社会科学界为党和人民事业发挥思想库作用，推动我国哲学社会科学优秀成果和优秀人才走向世界。

（二）建设和谐文化，培育文明风尚。和谐文化是全体人民团结进步的重要精神支撑。要积极发展新闻出版、广播影视、文学艺术事业，坚持正确导向，弘扬社会正气。重视城乡、区域文化协调发展，着力丰富农村、偏远地区、进城务工人员的精神文化生活。加强网络文化建设和管理，营造良好网络环境。大力弘扬爱国主义、集体主义、社会主义思想，以增强诚信意识为重点，加强社会公德、职业道德、家庭美德、个人品德建设，发挥道德模范榜样作用，引导人们自觉履行法定义务、社会责任、家庭责任。加强和改进思想政治工作，注重人文关怀和心理疏导，用正确方式处理人际关系。动员社会各方面共同做好青少年思想道德教育工作，为青少年健康成长创造良好社会环境。深入开展群众性精神文明创建活动，完善社会志愿服务体系，形成男女平等、尊老爱幼、互爱互助、见义勇为的社会风尚。弘扬科学精神，普及科学知识。广泛开展全民健身运动。办好二〇〇八年奥运会、残奥会和二〇一〇年世博会。

（三）弘扬中华文化，建设中华民族共有精神家园。中华文化是中华民族生生不息、团结奋进的不竭动力。要全面认识祖国传统文化，取其精华，去其糟粕，使之与当代社会相适应、与现代文明相协调，保持民族性，体现时代性。加强中华优秀文化传统教育，运用现代科技手段开发利用民族文化丰厚资源。加强对各民族文化的挖掘和保护，重视文物和非物质文化遗产保护，做好文化典籍整理工作。加强对外文化交流，吸收各国优秀文明成果，增强中华文化国际影响力。

（四）推进文化创新，增强文化发展活力。在时代的高起点上推动文化内容形式、体制机制、传播手段创新，解放和发展文化生产力，是繁荣文化的必由之路。要坚持为人民服务、为社会主义服务的方向和百花齐放、百家争鸣的方针，贴近实际、贴近生活、贴近群众，始终把社会效益放在首位，做到经济效益与社会效益相统一。创作更多反映人民主体地位和现实生活、群众喜闻乐见的优秀精神文化产品。深化文化体制改革，完善扶持公益性文化事业、发展文化产业、鼓励文化创新的政策，营造有利于出精品、出人才、出效益的环境。坚持把发展公益性文化事业作为保障人民基本文化权益的主要途径，加大投入力度，加强社区和乡村文化设施建设。大力发展文化产业，实施重大文化产业项目带动战略，加快文化产业基地和区域性特色文化产业群建设，培育文化产业骨干企业和战略投资者，繁荣文化市场，增强国际竞争力。运用高新技术创新文化生产方式，培育新的文化业态，加快构建传输快捷、覆盖广泛的文化传播体系。设立国家荣誉制度，表彰有杰出贡献的文化工作者。

中华民族伟大复兴必然伴随着中华文化繁荣兴盛。要充分发挥人民在文化建设中的主体作用，调动广大文化工作者的积极性，更加自觉、更加主动地推动文化大发展大繁荣，在中国特色社会主义的伟大实践中进行文化创造，让人民共享文化发展成果。

七、关于生态文明建设

（一）党的十八大报告中关于生态文明建设的表述

大力推进生态文明建设

建设生态文明，是关系人民福祉、关乎民族未来的长远大计。面对资源约束趋紧、环境污染严重、生态系统退化的严峻形势，必须树立尊重自然、顺应自然、保护自然的生态文明理念，把生态文明建设放在突出地位，融入经济建设、政治建设、文化建设、社会建设各方面和全过程，努力建设美丽中国，实现中华民族永续发展。

坚持节约资源和保护环境的基本国策，坚持节约优先、保护优先、自然恢复为主的方针，着力推进绿色发展、循环发展、低碳发展，形成节约资源和保护环境的空间格局、产业结构、生产方式、生活方式，从源头上扭转生态环境恶化趋势，为人民创造良好生产生活环境，为全球生态安全作出贡献。

（一）优化国土空间开发格局。国土是生态文明建设的空间载体，必须珍惜每一寸国土。要按照人口资源环境相均衡、经济社会生态效益相统一的原则，控制开发强度，调整空间结构，促进生产空间集约高效、生活空间宜居适度、生态空间山清水秀，给自然留下更多修复空间，给农业留下更多良田，给子孙后代留下天蓝、地绿、水净的美好家园。加快实施主体功能区战略，推动各地区严格按照主体功能定位发展，构建科学合理的城市化格局、农业发展格局、生态安全格局。提高海洋资源开发能力，发展海洋经济，保护海洋生态环境，坚决维护国家海洋权益，建设海洋强国。

（二）全面促进资源节约。节约资源是保护生态环境的根本之策。要节约集约利用资源，推动资源利用方式根本转变，加强全过程节约管理，大幅降低能源、水、土地消耗强度，提高利用效率和效益。推动能源生产和消费革命，控制能源消费总量，加强节能降耗，支持节能低碳产业和新能源、可再生能源发展，确保国家能源安全。加强水源地保护和用水总量管理，推进水循环利用，建设节水型社会。严守耕地保护红线，严格土地用途管制。加强矿产资源勘查、保护、合理开发。发展循环经济，促进生产、流通、消费过程的减量化、再利用、资源化。

（三）加大自然生态系统和环境保护力度。良好生态环境是人和社会持续发展的根本基础。要实施重大生态修复工程，增强生态产品生产能力，推进荒漠化、石漠化、水土流失综合治理，扩大森林、湖泊、湿地面积，保护生物多样性。加快水利建设，增强城乡防洪抗旱排涝能力。加强防灾减灾体系建设，提高气象、地质、地震灾害防御能力。坚持预防为主、综合治理，以解决损害群众健康突出环境问题为重点，强化水、大气、土壤等污染防治。坚持共同但有区别的责任原则、公平原则、各自能力原则，同国际社会一道积极应对全球气候变化。

（四）加强生态文明制度建设。保护生态环境必须依靠制度。要把资源消耗、环境损害、生态效益纳入经济社会发展评价体系，建立体现生态文明要求的目标体系、考核办法、奖惩机制。建立国土空间开发保护制度，完善最严格的耕地保护制度、水资源管理制度、环境保护制度。深化资源性产品价格和税费改革，建立反映市场供求和资源稀缺程度、体现生态价值和代际补偿的资源有偿使用制度和生态补偿制度。积极开展节能量、碳排放权、排污权、水权交易试点。加强环境监管，健全生态环境保护责任追究制度和环境损害赔偿制度。加强生态文明宣传教育，增强全民节约意识、环保意识、生态意识，形成合理消费的社会风尚，营造爱护生态环境的良好风气。

我们一定要更加自觉地珍爱自然，更加积极地保护生态，努力走向社会主义生态文明新时代。

(二) 习近平关于生态文明建设的重要论述

2013 年 4 月 2 日，习近平在参加首都义务植树活动时强调

全民义务植树开展 30 多年来，促进了我国森林资源恢复发展，增强了全民爱绿植绿护绿意识。同时，我们必须清醒地看到，我国总体上仍然是一个缺林少绿、生态脆弱的国家，植树造林，改善生态，任重而道远。

2013 年 4 月 2 日，习近平在参加首都义务植树活动时强调

森林是陆地生态系统的主体和重要资源，是人类生存发展的重要生态保障。不可想象，没有森林，地球和人类会是什么样子。

2013 年 4 月 8 日至 10 日，习近平在海南考察时指出

良好生态环境是最公平的公共产品，是最普惠的民生福祉。

2013 年 4 月 8 日至 10 日，习近平在海南考察时指出

希望海南处理好发展和保护的关系，着力在“增绿”、“护蓝”上下工夫，为全国生态文明建设当个表率，为子孙后代留下可持续发展的“绿色银行”。

2013 年 4 月 25 日，习近平在十八届中央政治局常委会会议上发表讲话时谈到

如果仍是粗放发展，即使实现了国内生产总值翻一番的目标，那污染又会是一种什么情况？届时资源环境恐怕完全承载不了。经济上去了，老百姓的幸福感大打折扣，甚至强烈的不满情绪上来了，那是什么形势？所以，我们不能把加强生态文明建设、加强生态环境保护、提倡绿色低碳生活方式等仅仅作为经济问题。这里面有很大的政治。

2013 年 5 月 24 日，习近平在中央政治局第六次集体学习时指出

生态环境保护是功在当代、利在千秋的事业。要清醒认识保护生态环境、治理环境污染的紧迫性和艰巨性，清醒认识加强生态文明建设的重要性和必要性，以对人民群众、对子孙后代高度负责的态度和责任，为人民创造良好生产生活环境。

2013 年 5 月 24 日，习近平在中央政治局第六次集体学习时指出

要正确处理好经济发展同生态环境保护的关系，牢固树立保护生态环境就是保护生产力、改善生态环境就是发展生产力的理念，更加自觉地推动绿色发展、循环发展、低碳发展，决不以牺牲环境为代价去换取一时的经济增长。

2013 年 5 月 24 日，习近平在中央政治局第六次集体学习时指出

国土是生态文明建设的空间载体。要按照人口资源环境相均衡、经济社会生态效益相统一的原则，整体谋划国土空间开发，科学布局生产空间、生活空间、生态空间，给自然留下更多修复空间。

2013 年 5 月 24 日，习近平在中央政治局第六次集体学习时指出

节约资源是保护生态环境的根本之策。要大力节约集约利用资源，推动资源利用方式根本转变，加强全过程节约管理，大幅降低能源、水、土地消耗强度，大力发展循环经济，促进生产、流通、消费过程的减量化、再利用、资源化。

2013 年 5 月 24 日，习近平在中央政治局第六次集体学习时指出

要实施重大生态修复工程，增强生态产品生产能力。环境保护和治理要以解决损害群众健康突出环境问题为重点，坚持预防为主、综合治理，强化水、大气、土壤等污染防治，着力推进重点流域和区域水污染防治，着力推进重点行业和重点区域大气污染治理。

2013 年 5 月 24 日，习近平在中央政治局第六次集体学习时指出

要牢固树立生态红线的观念。在生态环境保护问题上，就是要不能越雷池一步，否则就应该受到惩罚。

2013 年 5 月 24 日，习近平在中央政治局第六次集体学习时指出

要完善经济社会发展考核评价体系，把资源消耗、环境损害、生态效益等体现生态文明建设状况的指标纳入经济社会发展评价体系，使之成为推进生态文明建设的重要导向和约束。一定要彻底转变观念，再不以 GDP 增长率论英雄。如果生态环境指标很差，一个地方一个部门的表面成绩再好看也不行，不说一票否决，但这一票一定要占很大的权重。

2013 年 5 月 24 日，习近平在中央政治局第六次集体学习时指出

要建立责任追究制度，主要对领导干部的责任追究。对那些不顾生态环境盲目决策、造成严重后果的人，必须追究其责任，而且应该终身追究。真抓就要这样抓，否则就会流于形式。不能把一个地方环境搞得一塌糊涂，然后拍拍屁股走人，官还照当，不负任何责任。

2013 年 5 月 24 日，习近平在中央政治局第六次集体学习时指出

要建立健全资源生态环境管理制度，加快建立国土空间开发保护制度，强化水、大气、土壤等污染防治制度，建立反映市场供求和资源稀缺程度、体现生态价值、代际补偿

的资源有偿使用制度和生态补偿制度,健全生态环境保护责任追究制度和环境损害赔偿制度,强化制度约束作用。

2013年7月18日,习近平向生态文明贵阳国际论坛2013年年会致贺信时强调

中国将继续承担应尽的国际义务,同世界各国深入开展生态文明领域的交流合作,推动成果分享,携手共建生态良好的地球美好家园。

2013年7月30日,习近平就建设海洋强国研究主持第八次集体学习时指出

要保护海洋生态环境,着力推动海洋开发方式向循环利用型转变。要下决心采取措施,全力遏制海洋生态环境不断恶化趋势。要把海洋生态文明建设纳入海洋开发总布局之中,坚持开发和保护并重、污染防治和生态修复并举,科学合理开发利用海洋资源,维护海洋自然再生产能力。要从源头上有效控制陆源污染物入海排放,加快建立海洋生态补偿和生态损害赔偿制度,开展海洋修复工程,推进海洋自然保护区建设。

2013年9月7日,习近平在哈萨克斯坦纳扎尔巴耶夫大学回答学生问题时指出

建设生态文明是关系人民福祉、关系民族未来的大计。我们既要绿水青山,也要金山银山。宁要绿水青山,不要金山银山,而且绿水青山就是金山银山。

2013年9月23日至25日,习近平在参加河北省委常委班子专题民主生活会时上指出

高耗能、高污染、高排放问题如此严重,导致河北生态环境恶化趋势没有扭转。这些年,北京雾霾严重,可以说是"高天滚滚粉尘急",严重影响人民群众身体健康,严重影响党和政府形象。

2013年9月23日至25日,习近平在参加河北省委常委班子专题民主生活会时指出
习近平在河北省委常委班子专题民主生活会上指出

要给你们去掉紧箍咒,生产总值即便滑到第七、第八位了,但在绿色发展方面搞上去了,在治理大气污染、解决雾霾方面作出贡献了,那就可以挂红花、当英雄。反过来,如果就是简单为了生产总值,但生态环境问题越演越烈,或者说面貌依旧,即便搞上去了,那也是另一种评价了。

2013年11月15日,习近平在对《中共中央关于全面深化改革若干重大问题的决定》作说明时指出

山水林田湖是一个生命共同体,人的命脉在田,田的命脉在水,水的命脉在山,山的命脉在土,土的命脉在树。用途管制和生态修复必须遵循自然规律,由一个部门负责领土范围内所有国土空间用途管制职责,对山水林田湖进行统一保护、统一修复是十分必要的。

2013年11月15日,习近平在对《中共中央关于全面深化改革若干重大问题的决定》

作说明时指出

我国生态环境保护中存在的一些突出问题，一定程度上与体制不健全有关，原因之一是全民所有自然资源资产的所有权人不到位，所有权人权益不落实。针对这一问题，全会决定提出健全国家自然资源资产管理体制的要求。

2013年12月12日，习近平在在中央城镇化工作会议上发表讲话时谈到

城市规划建设的每个细节都要考虑对自然的影响，更不要打破自然系统。为什么这么多城市缺水？一个重要原因是水泥地太多，把能够涵养水源的林地、草地、湖泊、湿地给占用了，切断了自然的水循环，雨水来了，只能当做污水排走，地下水越抽越少。解决城市缺水问题，必须顺应自然。比如，在提升城市排水系统时要优先考虑把有限的雨水留下来，优先考虑更多利用自然力量排水，建设自然积存、自然渗透、自然净化的"海绵城市"。许多城市提出生态城市口号，但思路却是大树进城、开山造地、人造景观、填湖填海等。这不是建设生态文明，而是破坏自然生态。

2013年12月28日，习近平考察参观北京供热企业时强调

今年以来，"雾霾"两字吸引眼球，PM2.5引起热议。改革开放30多年来，我们的成绩无与伦比，但问题也高度集中。解决环境问题要迈出更大步伐，也要有耐心定力。

2014年2月25日，习近平近日在北京考察工作时强调

环境治理是一个系统工程，必须作为重大民生实事紧紧抓在手上。大气污染防治是北京发展面临的一个最突出的问题。要坚持标本兼治和专项治理并重、常态治理和应急减排协调、本地治污和区域协调相互促进，多策并举，多地联动，全社会共同行动。

2014年2月26日，习近平在北京市考察工作结束发表讲话时谈到

应对雾霾污染、改善空气质量的首要任务是控制PM2.5。虽然说按国际标准控制PM2.5对整个中国来说提得早了，超越了我们发展阶段，但要看到这个问题引起了广大干部群众高度关注，国际社会也关注，所以我们必须处置。民有所呼，我有所应！

2014年2月26日，习近平在听取京津冀协同发展专题汇报时强调

着力扩大环境容量生态空间，加强生态环境保护合作，在已经启动大气污染防治协作机制的基础上，完善防护林建设、水资源保护、水环境治理、清洁能源使用等领域合作机制。

2014年3月7日，习近平在参加贵州团审议时强调

保护生态环境就是保护生产力，绿水青山和金山银山绝不是对立的，关键在人，关键在思路。

小康全面不全面，生态环境质量是关键。要创新发展思路，发挥后发优势。因地制宜选择好发展产业，让绿水青山充分发挥经济社会效益，切实做到经济效益、社会效益、生态效益同步提升，实现百姓富、生态美有机统一。

现在一些城市空气质量不好，我们要下决心解决这个问题，让人民群众呼吸新鲜的空气。将来可以制作贵州的“空气罐头”……

2014 年 6 月 3 日，习近平在 2014 年国际工程科技大会上发表主旨演讲时强调

我们将继续实施可持续发展战略，优化国土空间开发格局，全面促进资源节约，加大自然生态系统和环境保护力度，着力解决雾霾等一系列问题，努力建设天蓝地绿水净的美丽中国。

八、关于政治体制改革

(一) 党的十八大报告中关于"坚持走中国特色社会主义政治发展道路和推进政治体制改革"的论述

人民民主是我们党始终高扬的光辉旗帜。改革开放以来,我们总结发展社会主义民主正反两方面经验,强调人民民主是社会主义的生命,坚持国家一切权力属于人民,不断推进政治体制改革,社会主义民主政治建设取得重大进展,成功开辟和坚持了中国特色社会主义政治发展道路,为实现最广泛的人民民主确立了正确方向。

政治体制改革是我国全面改革的重要组成部分。必须继续积极稳妥推进政治体制改革,发展更加广泛、更加充分、更加健全的人民民主。必须坚持党的领导、人民当家做主、依法治国有机统一,以保证人民当家做主为根本,以增强党和国家活力、调动人民积极性为目标,扩大社会主义民主,加快建设社会主义法治国家,发展社会主义政治文明。要更加注重改进党的领导方式和执政方式,保证党领导人民有效治理国家;更加注重健全民主制度、丰富民主形式,保证人民依法实行民主选举、民主决策、民主管理、民主监督;更加注重发挥法治在国家治理和社会管理中的重要作用,维护国家法制统一、尊严、权威,保证人民依法享有广泛权利和自由。要把制度建设摆在突出位置,充分发挥我国社会主义政治制度优越性,积极借鉴人类政治文明有益成果,绝不照搬西方政治制度模式。

1. 支持和保证人民通过人民代表大会行使国家权力。人民代表大会制度是保证人民当家做主的根本政治制度。要善于使党的主张通过法定程序成为国家意志,支持人大及其常委会充分发挥国家权力机关作用,依法行使立法、监督、决定、任免等职权,加强立法工作组织协调,加强对"一府两院"的监督,加强对政府全口径预算决算的审查和监督。提高基层人大代表特别是一线工人、农民、知识分子代表比例,降低党政领导干部代表比例。在人大设立代表联络机构,完善代表联系群众制度。健全国家权力机关组织制度,优化常委会、专委会组成人员知识和年龄结构,提高专职委员比例,增强依法履职能力。

2. 健全社会主义协商民主制度。社会主义协商民主是我国人民民主的重要形式。要完善协商民主制度和工作机制,推进协商民主广泛、多层、制度化发展。通过国家政权机关、政协组织、党派团体等渠道,就经济社会发展重大问题和涉及群众切身利益的实际问题广泛协商,广纳群言、广集民智,增进共识、增强合力。坚持和完善中国共产党领导的多党合作和政治协商制度,充分发挥人民政协作为协商民主重要渠道作用,围绕团结和民主两大主题,推进政治协商、民主监督、参政议政制度建设,更好协调关系、汇聚力量、建言献策、服务大局。加强同民主党派的政治协商。把政治协商纳入决策程序,坚持协商于决策之前和决策之中,增强民主协商时效性。深入进行专题协商、对口协商、界别协商、提案办理协商。积极开展基层民主协商。

3. 完善基层民主制度。在城乡社区治理、基层公共事务和公益事业中实行群众自我管理、自我服务、自我教育、自我监督，是人民依法直接行使民主权利的重要方式。要健全基层党组织领导的充满活力的基层群众自治机制，以扩大有序参与、推进信息公开、加强议事协商、强化权力监督为重点，拓宽范围和途径，丰富内容和形式，保障人民享有更多更切实的民主权利。全心全意依靠工人阶级，健全以职工代表大会为基本形式的企事业单位民主管理制度，保障职工参与管理和监督的民主权利。发挥基层各类组织协同作用，实现政府管理和基层民主有机结合。

4. 全面推进依法治国。法治是治国理政的基本方式。要推进科学立法、严格执法、公正司法、全民守法，坚持法律面前人人平等，保证有法必依、执法必严、违法必究。完善中国特色社会主义法律体系，加强重点领域立法，拓展人民有序参与立法途径。推进依法行政，做到严格规范公正文明执法。进一步深化司法体制改革，确保审判机关、检察机关依法独立公正行使审判权、检察权。深入开展法制宣传教育，弘扬社会主义法治精神，树立社会主义法治理念，增强全社会学法遵法守法用法意识。提高领导干部运用法治思维和法治方式深化改革、推动发展、化解矛盾、维护稳定能力。党领导人民制定宪法和法律，党必须在宪法和法律范围内活动。任何组织或者个人都不得有超越宪法和法律的特权，绝不允许以言代法、以权压法、徇私枉法。

5. 深化行政体制改革。行政体制改革是推动上层建筑适应经济基础的必然要求。要按照建立中国特色行政体制目标，深入推进政企分开、政资分开、政事分开、政社分开，建设职能科学、结构优化、廉洁高效、人民满意的服务型政府。深化行政审批制度改革，继续简政放权，推动政府职能向创造良好发展环境、提供优质公共服务、维护社会公平正义转变。稳步推进大部门制改革，健全部门职责体系。优化行政层级和行政区划设置，有条件的地方可探索省直接管理县(市)改革，深化乡镇行政体制改革。创新行政管理方式，提高政府公信力和执行力。严格控制机构编制，减少领导职数，降低行政成本。推进事业单位分类改革。完善体制改革协调机制，统筹规划和协调重大改革。

6. 建立健全权力运行制约和监督体系。坚持用制度管权管事管人，保障人民知情权、参与权、表达权、监督权，是权力正确运行的重要保证。要确保决策权、执行权、监督权既相互制约又相互协调，确保国家机关按照法定权限和程序行使权力。坚持科学决策、民主决策、依法决策，健全决策机制和程序，发挥思想库作用，建立决策问责和纠错制度。凡是涉及群众切身利益的决策都要充分听取群众意见，凡是损害群众利益的做法都要坚决防止和纠正。推进权力运行公开化、规范化，完善党务公开、政务公开、司法公开和各领域办事公开制度，健全质询、问责、经济责任审计、引咎辞职、罢免等制度，加强党内监督、民主监督、法律监督、舆论监督，让人民监督权力，让权力在阳光下运行。

7. 巩固和发展最广泛的爱国统一战线。统一战线是凝聚各方面力量，促进政党关系、民族关系、宗教关系、阶层关系、海内外同胞关系的和谐，夺取中国特色社会主义新胜利的重要法宝。要高举爱国主义、社会主义旗帜，巩固统一战线的思想政治基础，正确处理一致性和多样性的关系。坚持长期共存、互相监督、肝胆相照、荣辱与共的方针，加强同民主党派和无党派人士团结合作，促进思想上同心同德、目标上同心同向、行动上同心同行，加强党外代表人士队伍建设，选拔和推荐更多优秀党外人士担任各级国家机关领导职务。全面正确贯彻落实党的民族政策，坚持和完善民族区域自治制度，牢牢把握各民族共同团结奋斗、共同繁荣发展的主题，深入开展民族团结进步教育，加快民族地区发展，保障少数民族合法权益，巩固和发展平等团结互助和谐的社会主义民族关系，促进各民族和睦相处、和衷共济、和谐发展。全面贯彻党的宗教工作基本方针，发挥宗教界人士和信教群众在促进经济社会发展中的积极作用。鼓励和引导新的社会阶层人士为中国特色社会主义事业作出更大贡献。落实党的侨务政策，支持海外侨胞、归侨侨眷关心和参与祖国现代化建设与和平统一大业。

中国特色社会主义政治发展道路是团结亿万人民共同奋斗的正确道路。我们一定要坚定不移沿着这条道路前进，使我国社会主义民主政治展现出更加旺盛的生命力。

（二）李克强在第十二届全国人民代表大会第二次会议上所作的《政府工作报告》（节录）（2014年3月5日）

着力深化改革开放，激发市场活力和内生动力。在国内外环境错综复杂、宏观调控抉择两难的情况下，我们深处着力，把改革开放作为发展的根本之策，放开市场这只“看不见的手”，用好政府这只“看得见的手”，促进经济稳定增长。

我们从政府自身改起，把加快转变职能、简政放权作为本届政府开门第一件大事。国务院机构改革有序实施，分批取消和下放了416项行政审批事项，修订政府核准的投资项目目录，推动工商登记制度改革。各地积极推进政府职能转变和机构改革，大幅减少行政审批事项。扩大“营改增”试点，取消和免征行政事业性收费348项，减轻企业负担1 500多亿元。这些都为市场松了绑，为企业添了力，全国新注册企业增长27.6%，民间投资比重上升到63%。全面放开贷款利率管制，在全国进行中小企业股份转让系统试点。启动不动产统一登记。简政放权等改革，极大地激发了市场活力、发展动力和社会创造力。

我们推动开放向深度拓展。设立中国上海自由贸易试验区，探索准入前国民待遇加负面清单的管理模式。提出建设丝绸之路经济带、21世纪海上丝绸之路的构想。打造中国—东盟自贸区升级版。与瑞士、冰岛签署自由贸易协定。实施稳定外贸增长的政策，改善海关、检验检疫等监管服务。成功应对光伏“双反”等重大贸易摩擦。推动高铁、核电等技术装备走出国门，对外投资大幅增加，出境旅游近亿人次。开放的持续推进，扩大了发展的新空间。

深入推进行政体制改革。进一步简政放权，这是政府的自我革命。今年要再取消和下放行政审批事项200项以上。深化投资审批制度改革，取消或简化前置性审批，充分落实企业投资自主权，推进投资创业便利化。确需设置的行政审批事项，要建立权力清单制度，一律向社会公开。清单之外的，一律不得实施审批。全面清理非行政审批事项。基本完成省市县政府机构改革，继续推进事业单位改革。在全国实施工商登记制度改革，落实认缴登记制，由先证后照改为先照后证，由企业年检制度改为年报公示制度，让市场主体不断迸发新的活力。

加强事中事后监管。坚持放管并重，建立纵横联动协同管理机制，实现责任和权力同步下放、放活和监管同步到位。推广一站式审批、一个窗口办事，探索实施统一市场监管。加快社会信用体系建设，推进政府信息共享，推动建立自然人、法人统一代码，对违背市场竞争规则和侵害消费者权益的企业建立黑名单制度，让失信者寸步难行，让守信者一路畅通。

抓好财税体制改革这个重头戏。实施全面规范、公开透明的预算制度。着力把所有政府性收入纳入预算，实行全口径预算管理。各级政府预算和决算都要向社会公开，部门预算要逐步公开到基本支出和项目支出，所有财政拨款的“三公”经费都要公开，打造阳光财政，让群众看明白、能监督。提高一般性转移支付比例，专项转移支付项目要减少三分之一，今后还要进一步减少。推进税收制度改革，把“营改增”试点扩大到铁路运输、邮政服务、电信等行业，清费立税，推动消费税、资源税改革，做好房地产税、环境保护税立法相关工作。进一步扩展小微企业税收优惠范围，减轻企业负担。抓紧研究调整中央与地方事权和支出责任，逐步理顺中央与地方收入划分，保持现有财力格局总体稳定。建立规范的地方政府举债融资机制，把地方政府性债务纳入预算管理，推行政府综合财务报告制度，防止和化解债务风险。

深化金融体制改革。继续推进利率市场化，扩大金融机构利率自主定价权。保持人民币汇率在合理均衡水平上的基本稳定，扩大汇率双向浮动区间，推进人民币资本项目可兑换。稳步推进由民间资本发起设立中小型银行等金融机构，引导民间资本参股、投资金融机构及融资中介服务机构。建立存款保险制度，健全金融机构风险处置机制。实施政策性金融机构改革。加快发展多层次资本市场，推进股票发行注册制改革，规范发展债券市场。积极发展农业保险，探索建立巨灾保险制度。促进互联网金融健康发展，完善金融监管协调机制，密切监测跨境资本流动，守住不发生系统性和区域性金融风险的底线。让金融成为一池活水，更好地浇灌小微企业、“三农”等实体经济之树。

增强各类所有制经济活力。坚持和完善基本经济制度。优化国有经济布局和结构，加快发展混合所有制经济，建立健全现代企业制度和公司法人治理结构。完善国有资产管理体制，准确界定不同国有企业功能，推进国有资本投资运营公司试点。完善国有资本经营预算，提高中央企业国有资本收益上缴公共财政比例。制定非国有资本参与中央企业投资项目的办法，在金融、石油、电力、铁路、电信、资源开发、公用事业等领域，向非国有资本推出一批投资项目。制定非公有制企业进入特许经营领域具体办法。实施铁路投融资体制改革，在更多领域放开竞争性业务，为民间资本提供大显身手的舞台。完善产权保护制度，公有制经济财产权不可侵犯，非公有制经济财产权同样不可侵犯。

九、关于群众路线教育实践活动

(一)习近平在党的十八届二中全会第二次全体会议上的讲话(节选)(2013年2月28日)

习近平指出,实现党的十八大确定的各项目标任务,实现"两个一百年"目标,实现中华民族伟大复兴的"中国梦",必须把我们党建设好。党风廉政建设和反腐败斗争,是党的建设的重大任务。为政清廉才能取信于民,秉公用权才能赢得人心。改革开放30多年来,以邓小平同志为核心的党的第二代中央领导集体、以江泽民同志为核心的党的第三代中央领导集体、以胡锦涛同志为总书记的党中央始终把党风廉政建设和反腐败斗争作为重要任务来抓,旗帜是鲜明的,措施是有力的,成效是明显的,为保持和发展党的先进性和纯洁性发挥了重大作用,为我们党领导改革开放和社会主义现代化建设提供了有力保证。

习近平强调,我们党员干部队伍的主流始终是好的。同时,我们也要清醒地看到,当前一些领域消极腐败现象仍然易发多发,一些重大违纪违法案件影响恶劣,反腐败斗争形势依然严峻,人民群众还有许多不满意的地方。党风廉政建设和反腐败斗争是一项长期的、复杂的、艰巨的任务。反腐倡廉必须常抓不懈,拒腐防变必须警钟长鸣,关键就在"常"、"长"二字,一个是要经常抓,一个是要长期抓。我们要坚定决心,有腐必反、有贪必肃,不断铲除腐败现象滋生蔓延的土壤,以实际成效取信于民。

习近平指出,我们党是靠革命理想和铁的纪律组织起来的马克思主义政党,纪律严明是党的光荣传统和独特优势。党面临的形势越复杂、肩负的任务越艰巨,就越要加强纪律建设,越要维护党的团结统一,确保全党统一意志、统一行动、步调一致前进。严明党的纪律,首要的就是严明政治纪律。严明政治纪律就要从遵守和维护党章入手。遵守党的政治纪律,最核心的,就是坚持党的领导,坚持党的基本理论、基本路线、基本纲领、基本经验、基本要求,同党中央保持高度一致,自觉维护中央权威。在指导思想和路线方针政策以及关系全局的重大原则问题上,全党必须在思想上政治上行动上同党中央保持高度一致。各级党组织和领导干部要牢固树立大局观念和全局意识,正确处理保证中央政令畅通和立足实际创造性开展工作的关系,任何具有地方特点的工作部署都必须以贯彻中央精神为前提。要防止和克服地方和部门保护主义、本位主义,决不允许"上有政策、下有对策",决不允许有令不行、有禁不止,决不允许在贯彻执行中央决策部署上打折扣、做选择、搞变通。每一个共产党员特别是领导干部都要牢固树立党章意识,自觉用党章规范自己的一言一行,在任何情况下都要做到政治信仰不变、政治立场不移、政治方向不偏。党的各级组织要自觉担负起执行和维护政治纪律的责任,加强对党员遵守政治纪律的教育。党的各级纪律检查机关要把维护党的政治纪律放在首位,加强对政治纪律执行情况的监督检查。

习近平强调，工作作风上的问题绝对不是小事，如果不坚决纠正不良风气，任其发展下去，就会像一座无形的墙把我们党和人民群众隔开，我们党就会失去根基、失去血脉、失去力量。抓改进工作作风，各项工作都很重要，但最根本的是要坚持和发扬艰苦奋斗精神。改进工作作风的任务非常繁重，八项规定是一个切入口和动员令。八项规定既不是最高标准，更不是最终目的，只是我们改进作风的第一步，是我们作为共产党人应该做到的基本要求。“善禁者，先禁其身而后人。”各级领导干部要以身作则、率先垂范，说到的就要做到，承诺的就要兑现。要坚持勤俭办一切事业，坚决反对讲排场比阔气，坚决抵制享乐主义和奢靡之风。要大力弘扬中华民族勤俭节约的优秀传统，大力宣传节约光荣、浪费可耻的思想观念，努力使厉行节约、反对浪费在全社会蔚然成风。各地区各部门要不折不扣执行改进工作作风相关规定，把要求落实到每一项工作、每一个环节之中。作风是否确实好转，要以人民满意为标准。要广泛听取群众意见和建议，自觉接受群众评议和社会监督。群众不满意的地方就要及时整改。中央纪委、监察部和各级纪检监察机关要加大检查监督力度，执好纪、问好责、把好关。要以踏石留印、抓铁有痕的劲头抓下去，善始善终、善做善成，防止虎头蛇尾，让全党全体人民来监督，让人民群众不断看到实实在在的成效和变化。

习近平指出，坚定不移惩治腐败，是我们党有力量的表现，也是全党同志和广大群众的共同愿望。我们党严肃查处一些党员干部包括高级干部严重违纪问题的坚强决心和鲜明态度，向全党全社会表明，我们所说的不论什么人，不论其职务多高，只要触犯了党纪国法，都要受到严肃追究和严厉惩处，绝不是一句空话。从严治党，惩治这一手决不能放松。要坚持“老虎”、“苍蝇”一起打，既坚决查处领导干部违纪违法案件，又切实解决发生在群众身边的不正之风和腐败问题。要坚持党纪国法面前没有例外，不管涉及到谁，都要一查到底，决不姑息。要继续全面加强惩治和预防腐败体系建设，加强反腐倡廉教育和廉政文化建设，健全权力运行制约和监督体系，加强反腐败国家立法，加强反腐倡廉党内法规制度建设，深化腐败问题多发领域和环节的改革，确保国家机关按照法定权限和程序行使权力。要加强对权力运行的制约和监督，把权力关进制度的笼子里，形成不敢腐的惩戒机制、不能腐的防范机制、不易腐的保障机制。各级领导干部都要牢记，任何人都没有法律之外的绝对权力，任何人行使权力都必须为人民服务、对人民负责并自觉接受人民监督。要加强对一把手的监督，认真执行民主集中制，健全施政行为公开制度，保证领导干部做到位高不擅权、权重不谋私。

习近平强调，反腐倡廉建设，必须反对特权思想、特权现象。共产党员永远是劳动人民的普通一员，除了法律和政策规定范围内的个人利益和工作职权以外，所有共产党员都不得谋求任何私利和特权。这个问题不仅是党风廉政建设的重要内容，而且是涉及党和国家能不能永葆生机活力的大问题。要采取得力措施，坚决反对和克服特权思想、特权现象。

习近平强调，抓好党风廉政建设和反腐败斗争，必须全党动手。各级党委对职责范围内的党风廉政建设负有全面领导责任。要坚持和完善反腐败领导体制和工作机制，发挥好纪检、监察、司法、审计等机关和部门的职能作用，共同推进党风廉政建设和反腐败斗争。要支持纪检监察机关开展工作，关心爱护纪检监察干部。特别要注意保护那些党性强、敢于坚持原则的同志，为他们开展工作创造条件。各级纪检监察机关要加强干部队伍建设，提高履行职责能力和水平，更好发挥监督检查作用。

（二）习近平在党的群众路线教育实施活动工作会议上的讲话（2013 年 6 月 18 日）

围绕保持党的先进性和纯洁性，在全党深入开展以为民务实清廉为主要内容的党的群众路线教育实践活动，是党的十八大作出的一项重大部署。2013 年 5 月 9 日，中共中央下发了《关于在全党深入开展党的群众路线教育实践活动的意见》，明确这次活动中央政治局带头开展，从今年下半年开始自上而下分两批进行，明年 7 月基本完成。

今天会议的主要任务是对全党教育实践活动进行动员部署。下面，我讲 3 个问题。

一、充分认识开展党的群众路线教育实践活动的重大意义

群众路线是我们党的生命线和根本工作路线。开展党的群众路线教育实践活动，是我们党在新形势下坚持党要管党、从严治党的重大决策，是顺应群众期盼、加强学习型服务型创新型马克思主义执政党建设的重大部署，是推进中国特色社会主义的重大举措，对保持党的先进性和纯洁性、巩固党的执政基础和执政地位，对全面建成小康社会，具有重大而深远的意义。

第一，开展党的群众路线教育实践活动，是实现党的十八大确定的奋斗目标的必然要求。党的十八大提出，在中国共产党成立 100 年时全面建成小康社会，在新中国成立 100 年时建成富强民主文明和谐的社会主义现代化国家。党的十八大之后，党中央又提出实现中华民族伟大复兴的中国梦。实现党的十八大确定的奋斗目标和中国梦，要求全党同志必须有优良作风。

什么是优良作风？优良作风就是我们党历来坚持的理论联系实际、密切联系群众、批评和自我批评以及艰苦奋斗、求真务实等作风。在革命、建设、改革长期实践中，我们党始终要求全党同志坚持光荣传统、发扬优良作风，为党和人民事业不断从胜利走向胜利提供了重要保障。

特别是在改革开放历史新时期，我们清醒地认识到，随着改革不断深入和对外开放不断扩大，党必将面临前所未有的风险和挑战，党的作风建设始终是摆在我们面前的一项重大而紧迫的任务，抓作风建设一丝都不能放松、一刻都不能停顿。

改革开放初期，邓小平同志就强调："在目前的历史转变时期，问题堆积成山，工作百端待举，加强党的领导，端正党的作风，具有决定的意义。"以邓小平同志为核心的党的第二代中央领导集体、以江泽民同志为核心的党的第三代中央领导集体、以胡锦涛同志为总书记的党中央都高度重视作风建设，这些年来先后开展了整党、"三讲"教育、保持共产党员先进性教育、深入学习实践科学发展观活动等。我们党始终强调，执政党的党风关系党的形象，关系人心向背，关系党和国家生死存亡；加强和改进党的作风建设，核心问题是保持党同人民群众的血肉联系；马克思主义执政党的最大危险就是脱离群众。

回过头来看，党的十一届三中全会以来，由于我们党重新确立了解放思想、实事求是的思想路线，始终高度重视抓作风建设，始终高度重视保持党同人民群众的血肉联系，全党精神面貌和作风状况焕然一新，为改革开放和社会主义现代化建设顺利推进提供了重要保障。

历史和现实都告诉我们，密切联系群众，是党的性质和宗旨的体现，是中国共产党区别于其他政党的显著标志，也是党发展壮大的重要原因；能否保持党同人民群众的血肉

联系,决定着党的事业的成败。

我们党来自人民、植根人民、服务人民,党的根基在人民、血脉在人民、力量在人民。失去了人民拥护和支持,党的事业和工作就无从谈起。党要继续经受住执政考验、改革开放考验、市场经济考验、外部环境考验,就必须始终密切联系群众。在任何时候任何情况下,与人民同呼吸共命运的立场不能变,全心全意为人民服务的宗旨不能忘,群众是真正英雄的历史唯物主义观点不能丢,始终坚持立党为公、执政为民。

现在,我们要实现党的十八大确定的奋斗目标和中国梦,必须紧紧依靠人民,充分调动最广大人民的积极性、主动性、创造性。开展党的群众路线教育实践活动,就是要使全党同志牢记并恪守全心全意为人民服务的根本宗旨,以优良作风把人民紧紧凝聚在一起,为实现党的十八大确定的目标任务而努力奋斗。

第二,开展党的群众路线教育实践活动,是保持党的先进性和纯洁性、巩固党的执政基础和执政地位的必然要求。保持党的先进性和纯洁性,巩固党的执政基础和执政地位,是党的建设面临的根本问题和时代课题。

我们多次讲,党的先进性和党的执政地位都不是一劳永逸、一成不变的,过去先进不等于现在先进,现在先进不等于永远先进;过去拥有不等于现在拥有,现在拥有不等于永远拥有。这是用辩证唯物主义和历史唯物主义观察问题得出的结论。保持党的先进性和纯洁性、巩固党的执政基础和执政地位靠什么?最重要的就是靠坚持党的群众路线、密切联系群众。

得民心者得天下,失民心者失天下,人民拥护和支持是党执政的最牢固根基。人心向背关系党的生死存亡。党只有始终与人民心连心、同呼吸、共命运,始终依靠人民推动历史前进,才能做到哪怕"黑云压城城欲摧","我自岿然不动",安如泰山、坚如磐石。开展党的群众路线教育实践活动,就是要把为民务实清廉的价值追求深深植根于全党同志的思想和行动中,夯实党的执政基础,巩固党的执政地位,增强党的创造力凝聚力战斗力,使保持党的先进性和纯洁性、巩固党的执政基础和执政地位具有广泛、深厚、可靠的群众基础。

第三,开展党的群众路线教育实践活动,是解决群众反映强烈的突出问题的必然要求。总体上看,当前各级党组织和党员、干部贯彻执行党的群众路线情况是好的,党群干群关系也是好的,广大党员、干部在改革发展稳定各项工作中冲锋陷阵、忘我奉献,发挥了先锋模范作用,赢得了广大人民群众肯定和拥护。这是主流,必须充分肯定。

同时,我们必须看到,面对世情、国情、党情的深刻变化,精神懈怠危险、能力不足危险、脱离群众危险、消极腐败危险更加尖锐地摆在全党面前,党内脱离群众的现象大量存在,一些问题还相当严重,集中表现在形式主义、官僚主义、享乐主义和奢靡之风这"四风"上。

在形式主义方面,主要是知行不一、不求实效,文山会海、花拳绣腿,贪图虚名、弄虚作假。有的不认真学习党的理论和做好工作所需要的知识,学了也是为应付场面,蜻蜓点水,浅尝辄止,不求甚解,无心也无力在实践中认真运用。有的习惯于以会议落实会议、以文件落实文件,热衷于造声势、出风头,把安排领导出场讲话、组织发新闻、上电视作为头等大事,最后工作却不了了之。有的抓工作不讲实效,不下工夫解决存在的矛盾和问题,难以给领导留下印象的事不做,形不成多大影响的事不做,工作汇报或年终总结看上去不漂亮的事不做,仪式一场接着一场,总结一份接着一份,评奖一个接着一个,最后都是“客里空”。有的下基层调研走马观花,下去就是为了出镜头、露露脸,坐在车上转,隔着玻璃看,只看“门面”和“窗口”,不看“后院”和“角落”,群众说是“调查研究隔层纸,政策执行隔座山”。有的明知报上来的是假情况、假数字、假典型,也听之任之,甚至通过挖空心思造假来粉饰太平。

在官僚主义方面,主要是脱离实际、脱离群众,高高在上、漠视现实,唯我独尊、自我膨胀。有的对实际情况不了解不关注,不愿深入困难艰苦地区,不愿帮助基层和群众解决实际问题,甚至不愿同基层和普通群众打交道,怕给自己添麻烦,工作上敷衍塞责、推诿扯皮、得过且过。有的不顾地方实际和群众意愿,喜欢拍脑袋决策、拍胸脯表态,盲目铺摊子、上项目,最后拍屁股走人,留下一堆后遗症。有的对上吹吹拍拍、曲意逢迎,对下吆五喝六、横眉竖目,门难进、脸难看、事难办,甚至不给钱不办事,收了钱乱办事。有的对待上级部署囫囵吞枣、断章取义,执行上级决定照本宣科、等因奉此,或者照猫画虎、生搬硬套,以前怎么做就怎么做,别人怎么做就怎么做,完全不顾本地本部门实际情况。有的官气十足、独断专行,老子天下第一,一切都要自己说了算,拒绝批评帮助,容不下他人,听不得不同意见。

在享乐主义方面,主要是精神懈怠、不思进取,追名逐利、贪图享受,讲究排场、玩风盛行。有的意志消沉、信念动摇,奉行及时行乐的人生哲学,“今朝有酒今朝醉”,“人生得意须尽欢”。有的追求物质享受,情趣低俗,玩物丧志,沉湎花天酒地,热衷灯红酒绿,纵情声色犬马。有的拈轻怕重,安于现状,不愿吃苦出力,满足于现有学识和见解,陶醉于已经取得的成绩,不立新目标,缺乏新动力,“清茶报纸二郎腿,闲聊旁观混光阴”。

在奢靡之风方面,主要是铺张浪费、挥霍无度,大兴土木、节庆泛滥,生活奢华、骄奢淫逸,甚至以权谋私、腐化堕落。有的修建豪华气派的办公大楼,甚至占地上百亩、耗资几个亿,搞得富丽堂皇,吃喝玩乐一应俱全。有的热衷于造节办节,节庆泛滥成灾,动辄花费几百万、几千万,劳民伤财啊!有的热衷于个人享受,住房不厌其大其多,车子不厌其豪华,菜肴不厌其精美,穿戴讲究名牌,对超出规定的生活待遇安之若素,还总嫌不够。有的要求超规格接待,住高档酒店,吃山珍海味,喝美酒佳酿,觥筹交错之后还要“意思意思”。有的兜里揣着价值不菲的会员卡、消费卡,在高档会馆里乐不思蜀,在高级运动场所流连忘返,在名山秀水间朝歌夜弦,在异国风情中醉生梦死,有的甚至到境外赌博场所挥金如土啊!有的作风不检点,甚至道德败坏、生活放荡,不以为耻、反以为荣。

我讲这些情况,就是要全党都警醒起来。如果任由这些问题蔓延开来,后果不堪设想,那就有可能发生毛泽东同志所形象比喻的“霸王别姬”了。更为严重的是,我们一些同志对这些问题见怪不怪,甚至觉得理所当然,“久入鲍肆而不闻其臭”。这就更加危险了。

我们一定要牢记“奢靡之始,危亡之渐”的古训,对作风之弊、行为之垢来一次大排查、大检修、大扫除,切实解决人民群众反映强烈的突出问题。

二、准确把握党的群众路线教育实践活动的指导思想和目标要求

中央对这次教育实践活动的指导思想、目标任务、基本原则、方法步骤作出了明确规定。贯彻落实好中央要求,必须高举中国特色社会主义伟大旗帜,全面贯彻落实党的十八大精神,以马克思列宁主义、毛泽东思想、邓小平理论、“三个代表”重要思想、科学发展

观为指导，贯彻好党的十八大以来中央作出的重大工作部署和要求，紧紧围绕保持和发展党的先进性和纯洁性，以为民务实清廉为主要内容，切实加强全体党员马克思主义群众观点和党的群众路线教育，把贯彻落实中央八项规定精神作为切入点，着力解决突出问题。关键要把握好以下几方面要求。

第一，牢牢把握目标任务。历次党内集中教育活动的实践告诉我们，要使活动取得成功，确定一个合适的目标十分重要。

既然开展活动，当然要取得成效，而且成效越多越好。同时，我们也要实事求是，这次活动为时一年，具体到一个单位也就 3 个月，不能要求一下子就把党内存在的所有矛盾和问题都解决了，很多矛盾和问题仍然要靠经常性工作来解决。这里面有一个伤其十指和断其一指的关系问题。基于这个考虑，中央反复研究，决定把这次教育实践活动的主要任务聚焦到作风建设上，集中解决形式主义、官僚主义、享乐主义和奢靡之风这“四风”问题。

为什么要聚焦到“四风”上呢？因为这“四风”是违背我们党的性质和宗旨的，是当前群众深恶痛绝、反映最强烈的问题，也是损害党群干群关系的重要根源。党内存在的其他问题都与这“四风”有关，或者说是这“四风”衍生出来的。“四风”问题解决好了，党内其他一些问题解决起来也就有了更好条件。党的十八大之后，中央政治局首先抓改进工作作风，也是这个考虑。我们要通过教育实践活动，巩固和扩大前一段作风建设的成果。

解决“四风”问题，要对准焦距、找准穴位、抓住要害，不能“走神”，不能“散光”。反对形式主义，要着重解决工作不实的问题，教育引导党员、干部改进学风文风会风，改进工作作风，在大是大非面前敢于担当、敢于坚持原则，真正把心思用在干事业上，把工夫下到察实情、出实招、办实事、求实效上。反对官僚主义，要着重解决在人民群众利益上不维护、不作为的问题，教育引导党员、干部深入实际、深入基层、深入群众，坚持民主集中制，虚心向群众学习，真心对群众负责，热心为群众服务，诚心接受群众监督，坚决整治消极应付、推诿扯皮、侵害群众利益的问题。反对享乐主义，要着重克服及时行乐思想和特权现象，教育引导党员、干部牢记“两个务必”，克己奉公，勤政廉政，保持昂扬向上、奋发有为的精神状态。反对奢靡之风，要着重狠刹挥霍享乐和骄奢淫逸的不良风气，教育引导党员、干部坚守节约光荣、浪费可耻的思想观念，做到艰苦朴素、精打细算，勤俭办一切事情。解决“四风”问题，要从实际出发，抓住主要矛盾，什么问题突出就着重解决什么问题，什么问题紧迫就抓紧解决什么问题，找准靶子，有的放矢，务求实效。

第二，认真贯彻总要求。延安整风时，毛泽东同志提出要集中整治主观主义、宗派主义、党八股，并说要做对于这些东西的肃清工作和打扫工作是不容易的，要重重地给患病者一个刺激，使患者为之一惊，出一身汗，然后好好叫他们治疗。这次教育实践活动借鉴延安整风经验，明确提出“照镜子、正衣冠、洗洗澡、治治病”的总要求。这 4 句话、12 个字，概括起来就是要自我净化、自我完善、自我革新、自我提高，说起来简洁明了，但真正做到就不那么容易了。

照镜子，主要是以党章为镜，对照党的纪律、群众期盼、先进典型，对照改进作风要求，在宗旨意识、工作作风、廉洁自律上摆问题、找差距、明方向。镜子可以照自己，也可以照他人，这次主要是照自己。现实生活中，有的同志总是自我感觉良好，懒得照镜子；有的同志明知自己有问题，怕照镜子；有的同志只愿看到自己光鲜的一面，习惯于化妆后才照镜子;还有的同志喜欢拿着镜子照别人,认为自己美得不得了,人家都是丑八怪。这几种现象都不符合共产党人的修养。党员、干部要敢照镜子、勤照镜子,特别是对缺点和错误要多往深处、细处照,使之纤毫毕现,这样才能找出差距、修身正己。

正衣冠,主要是在照镜子的基础上,按照为民务实清廉的要求,勇于正视缺点和不足,严明党的纪律特别是政治纪律,敢于触及思想、正视矛盾和问题,从自己做起,从现在改起,端正行为,自觉把党性修养正一正、把党员义务理一理、把党纪国法紧一紧,保持共产党人良好形象。正衣冠往往一天一次不够,需要"吾日三省吾身"。正视和解决自身存在的问题需要勇气,但这样做最主动。"祸患常积于忽微,而智勇多困于所溺。"养成勤正衣冠的习惯,能收到防微杜渐之效,能有效避免"积羽沉舟,群轻折轴"。

洗洗澡,主要是以整风的精神开展批评和自我批评,深入分析发生问题的原因,清洗思想和行为上的灰尘,既要解决实际问题,更要解决思想问题,保持共产党人政治本色。人每天都在接触灰尘,所以要经常洗澡,打点肥皂,用丝瓜瓤搓一搓,用水冲一冲,洗干净了,就神清气爽了。同样,我们的思想和行为也会沾上灰尘,也会受到政治微生物的侵袭,因此也需要"洗澡",既去灰去泥、放松身心,又舒张毛孔、促进新陈代谢,做到干干净净做事、清清白白做人。有些人对自己思想和行为上的灰尘总想掩饰,不愿意"洗澡"。对这样的人,同志们、组织上要帮助他们"洗洗澡"。

治治病,主要是坚持惩前毖后、治病救人方针,区别情况、对症下药,对作风方面存在问题的党员、干部进行教育提醒,对问题严重的进行查处,对不正之风和突出问题进行专项治理。人的身体有了毛病,就要看医生,就要打针吃药,重了还要动手术。人的思想和作风有了毛病,也必须抓紧治。如果讳疾忌医,就可能小病拖成大病,由病在表皮发展到病入膏肓,最终无药可治,正所谓"禁微则易,救末者难"。各级党组织要采取有力措施,帮助有问题的党员、干部找准"病症",对症下药,该吃中药的吃中药,该吃西药的吃西药,或者中西医结合,该动手术的动手术,切实体现从严治党的要求。

第三,以整风精神开展批评和自我批评。批评和自我批评是我们党的优良传统,是增强党组织战斗力、维护党的团结统一的有效武器。为什么说要以整风精神来抓?因为党内脱离群众的种种问题特别是"四风"问题都是顽症,要真正解决问题,就要有抛开面子、揭短亮丑的勇气,有动真碰硬、敢于交锋的精神,有深挖根源、触动灵魂的态度。现在,批评和自我批评这个"利器"在很多地方变成了"钝器",锈迹斑斑,对问题触及不到、触及不深,就像鸡毛掸子打屁股不痛不痒,有的甚至把自我批评变成了自我表扬,相互批评变成了相互吹捧。这次教育实践活动,要在批评和自我批评上好好下一番工夫。

要开好民主生活会。各级党组织要教育党员干部坚持"团结—批评—团结"的公式,打消自我批评怕丢面子、批评上级怕穿小鞋、批评同级怕伤和气、批评下级怕丢选票等顾虑,既深刻剖析和检查自己,又开展诚恳的相互批评,触及思想和灵魂,既红红脸、出出汗,又明确整改方向。无论批评还是自我批评,都要实事求是、出于公心、与人为善,不搞"鸵鸟"政策,不马虎敷衍,不文过饰非,不发泄私愤。忠言逆耳,良药苦口。对批评意见,要本着有则改之、无则加勉的态度,决不能用"批评"抵制批评,搞无原则的纷争。

群众的眼睛是雪亮的。党员、干部身上的问题,群众看得最清楚、最有发言权。要坚持开门搞活动,一开始就扎下去听取群众意见和建议,每个环节都组织群众有序参与,让群众监督和评议,切忌"自说自话、自弹自唱",不搞闭门修炼、体内循环。

第四，坚持领导带头。经常听到这样的议论，说一些问题长期得不到解决，表现在基层，根子在上层，上面害病、下面吃药。确实，脱离群众的种种问题，主要表现在领导机关、领导干部中。这次活动要以县处级以上领导机关、领导班子、领导干部为重点。常言道，先禁己身而后人，打铁还需自身硬。中央决定中央政治局先行开展这次活动，目的就是要起示范带动作用。县处级以上各级领导机关、领导班子、领导干部一定要当好表率。

各级领导干部既是活动的组织者、推进者、监督者，更是活动的参与者，要以普通党员身份把自己摆进去，力争认识高一层、学习深一步、实践先一着、剖析解决突出问题好一筹。

自我剖析准不准、深不深、严不严，是对领导干部能不能起好示范带动作用的重要检验。无私者无畏。各级领导干部要放下架子，虚心听取下级、基层和党员、群众的意见，以树立标杆、向我看齐的态度检查自己，认真查摆个人、领导班子、本地区本部门在作风方面存在的突出问题，深刻剖析问题症结和原因，把整改的方向和具体措施明确亮出来，切忌查摆问题见事不见人、对人不对己、避重而就轻。有了这样的底气和决心，批评和自我批评就能开展起来，解决突出问题就会有好效果，一级做给一级看就能落到实处。

第五，注重建立长效机制。保持党同人民群众的血肉联系是一个永恒课题，作风问题具有反复性和顽固性，不可能一蹴而就、毕其功于一役，更不能一阵风、刮一下就停，必须经常抓、长期抓。我们既要立足当前、切实解决群众反映强烈的突出问题，又要着眼长远、建立健全促进党员、干部坚持为民务实清廉的长效机制。

经过多年探索和实践，我们在贯彻群众路线、密切联系群众方面有了比较系统的制度规定，大多行之有效、群众认可，要继续坚持。中央对这次教育实践活动有一些新的要求，各地区各部门也会创造出一些新鲜经验，要把中央要求、实际需要、新鲜经验结合起来，制定新的制度，完善已有的制度，废止不适用的制度。不管建立和完善什么制度，都要本着于法周延、于事简便的原则，注重实体性规范和保障性规范的结合和配套，确保针对性、操作性、指导性强。

制度一经形成，就要严格遵守，坚持制度面前人人平等、执行制度没有例外，坚决维护制度的严肃性和权威性，坚决纠正有令不行、有禁不止的各种行为，使制度真正成为党员、干部联系和服务群众的硬约束，使贯彻党的群众路线真正成为党员、干部的自觉行动。

三、加强对教育实践活动的领导

这次教育实践活动时间紧、任务重、要求高。各级党委要增强责任感和紧迫感，把开展好教育实践活动作为一项重大政治任务抓紧抓好抓实。

第一，明确责任职责，主要领导亲自抓。各级党委(党组)是抓好本地区本部门本单位教育实践活动的责任主体，务必高度重视、认真负责，把活动摆上重要议事日程，精心组织，加强督导，不折不扣落实中央部署和要求。中央党的群众路线教育实践活动领导小组已经成立，各级党委(党组)也要抓紧成立领导机构，尽早开展工作。党委(党组)主要领导同志要承担起第一责任人的责任，特别是要深入一线、靠前指挥，吃透政策原则，把握进度节奏，解决关键问题。相关部门要明确责任、密切配合，形成良好的组织指导格局，促使活动善始善终、取得实际成效。

第二，深入调查研究，制定切实可行的实施方案。这次教育实践活动涉及面广、政策性强。各级党委(党组)要深入基层、深入群众,广泛听取意见,查明情况,摸清底数,抓紧制定实施方案。要针对机关、企事业单位和基层的不同情况,找准各自需要解决的突出问题,提出适合各自特点的办法措施,不搞一刀切。要统筹安排每个批次、每个环节的工作重点和工作进度,使整个活动衔接紧凑、推进有序。

第三,加强具体指导,确保正确方向。这次教育实践活动是全党的活动,地区之间、领导机关和基层之间、不同类型党组织和党员之间面临的情况和需要解决的问题有所不同,必须加强分类指导和督导。分类指导要体现在方案制定上,更要体现在活动进程中,总的原则是在遵循基本方法步骤、完成规定动作的同时,鼓励探索创造、做一些自选动作,对领导机关、领导干部要标准更高一些、要求更严一些。指导力量要沉下去面对面开展工作,不能笼而统之发号施令。要把督导工作贯穿活动全过程,及时发现和解决苗头性、倾向性、潜在性问题,推动面上工作健康发展。

第四,坚持统筹兼顾,做到两手抓、两促进。教育实践活动的根本目的,是为全面贯彻落实党的十八大精神、推进经济社会发展提供保障。各地区各部门各单位要把开展活动同做好当前改革发展稳定各项工作紧密结合起来,同完成本地区本部门本单位各项任务紧密结合起来,摆布好时间和精力,使活动每个环节、每项措施都为中心工作服务,把党员、干部在活动中激发出来的工作热情和进取精神转化为做好工作的动力,用经济社会发展成效检验活动成效。

第五,加强宣传引导,营造良好舆论氛围。这次教育实践活动全党关心、社会关注、群众期盼,抓好宣传舆论工作十分重要。要积极宣传中央的决策部署、宣传活动的重大意义、宣传活动的经验成效,引导广大干部群众把思想和行动统一到中央精神上来。要创新舆论引导方式方法,正面引导网上舆论。要重视典型宣传,既宣传正面典型、发挥示范作用,又注意剖析反面典型、开展警示教育。

同志们,这次教育实践活动意义重大、任务繁重。全党同志要积极参与到活动中来,以实际行动密切党群干群关系,取得群众满意的成效,使我们党始终成为中国特色社会主义事业的坚强领导核心,更好团结带领全国各族人民为实现党的十八大确定的目标任务而努力奋斗。

(三) 在党的群众路线教育实践活动总结大会上的讲话(2014 年 10 月 8 日)

同志们:

今天这个大会,是对党的群众路线教育实践活动进行总结,对巩固和拓展教育实践活动成果、加强党的作风建设、全面推进从严治党进行部署。

在全党开展以为民务实清廉为主要内容的党的群众路线教育实践活动,是党的十八大作出的一项战略决策。党中央对开展这次活动高度重视,进行了深入调研和周密准备,决心以抓铁有痕、踏石留印的精神把活动抓好。

从 2013 年 6 月开始,活动自上而下分两批开展,目前已基本结束。各级党组织和广大党员、干部积极响应党中央号召,高度重视、踊跃参与,广大人民群众热烈响应、热情支持,整个活动进展有序、扎实深入,达到了预期目的,取得了重大成果。

一是广大党员、干部受到马克思主义群众观点的深刻教育,贯彻党的群众路线的自觉性和坚定性明显增强。通过活动,广大党员、干部精神上补了"钙",进一步认识到人民是历史的创造者，我们党来自人民、植根人民，各级干部无论职位高低都是人民公仆、必须全心全意为人民服务；进一步增进了同群众的感情、拉近了同群众的距离，增强了同群众一块过、一块苦、一块干的自觉性；进一步掌握了贯彻群众路线的工作方法，看到了在联系服务群众中的差距，增强了做好群众工作的本领。广大党员、干部表示，自己找回了群众观点，站正了群众立场，强化了宗旨意识。许多党员、干部受到猛击一掌的警醒，感到以往热衷于装门面出政绩，做一点事情不怕群众不满意、就怕上级不知道，心里"小九九"打得多，把自己看重了，把群众看轻了。广大人民群众感到领导见得勤了，办事不卡壳了，政策能落地了，能掏心窝子的党员、干部多了。

二是形式主义、官僚主义、享乐主义和奢靡之风得到有力整治，群众反映强烈的突出问题得到有效解决。在去年 6 月 18 日党的群众路线教育实践活动工作会议上，我列举了"四风"问题的种种表现。这次活动就以解决问题开局亮相、以正风肃纪先声夺人、以专项整治寻求突破，对"四风"问题进行大排查、大检修、大扫除，刹住了"四风"蔓延势头。从上到下、各个领域都压缩了会议、精简了文件，减少了评比达标、迎来送往活动，全面清理了超标超配公车、超标办公用房、多占住房，普遍压缩了"三公"经费、停建了楼堂馆所，狠刹了公款送月饼、贺卡、节礼和年货等行为，坚决整治了"会所中的歪风"、培训中心的腐败，坚决整治了"裸官"、"走读"、"吃空饷"、"收红包"及购物卡、参加天价培训、党政领导干部在企业兼职等问题，广泛查处了吃拿卡要、庸懒散拖问题，高高在上、挥霍浪费、脱离群众现象明显扭转，党风、政风和社会风气为之一新。不少党员、干部表示，反"四风"治好了自己的"亚健康"，把自己从不胜其烦的应酬中解脱出来，有更多精力考虑工作、服务群众了。一些同志表示，这次活动教育了干部，也保护和挽救了一批干部。

三是恢复和发扬了批评和自我批评优良传统，探索了新形势下严肃党内政治生活的有效途径。广大党员、干部深入查摆问题，深挖问题根源，自我剖析触及了痛处。上下级之间不顾忌身份、不隐瞒观点，提意见开诚布公。领导班子成员脱去"隐身衣"，捅破"窗户纸"，相互批评不留情面。专题民主生活会和组织生活会敢于揭短亮丑、真刀真枪、见筋见骨，点准了穴位，戳到了麻骨，开出了辣味，起到了脸红心跳、出汗排毒、治病救人、加油鼓劲的作用。广大党员、干部普遍反映，自己经历了一次严格的党内政治生活锻炼，思想受到洗礼，灵魂受到触动。不少同志说，自己的对照检查材料数易其稿，每一次修改都是一次对标、一次醒悟。许多年轻党员、干部感慨，这次真是补了课，明白了党内政治生活是什么样、该怎么过。

四是以转作风改作风为重点的制度体系更加完善，制度执行力和约束力得到增强。这次活动坚持破立并举，注重建章立制。中央相继出台党政机关厉行节约反对浪费、国内公务接待管理、公务用车改革等一系列制度。各级根据中央八项规定精神，在联系服务群众、规范权力运行等方面制定和修订了一批工作制度和管理制度，扎紧了制度笼子，强化了对不良作风的刚性约束，按规矩办事、按规矩用权意识显著增强，越界犯规行为减少。不少领导干部说，过去习以为常、司空见惯的"四风"问题不敢小视了，一人说了就算、一拍脑袋就定、一拍胸脯就办不大行得通了，什么饭都敢吃、什么人都敢交、什么事都敢做受到节制了，头脑中在这几方面的"紧箍咒"自觉勒紧了。

五是影响群众切身利益的症结难点得到突破，党的执政基础更加稳固。作风问题，核心是党和人民群众的关系问题，根本是始终保持党同人民群众的血肉联系。这次活动积极回应群众关切，着力打通联系服务群众的“最后一公里”，形成了人往基层走、钱往基层投、政策往基层倾斜的良好导向，改作风改到群众心坎上。一大批多年积累的矛盾和问题得到有效化解，一大批信访积案得到切实解决。执法监管部门和窗口服务单位门难进、脸难看、事难办等突出问题得到有效整治，随意执法、选择性执法，不给好处不办事、给了好处乱办事的现象大为减少。软弱涣散的基层党组织得到初步整顿，党员、干部服务群众的自觉性得以增强。广大党员、干部从一系列部署要求中感受到了严肃，从敢于啃硬骨头、破老大难的行动中体会到了认真，从改进作风的实际成效中看到了希望，在全党全社会弘扬了正气。

去年，在这次活动启动时，党中央向全党承诺，一定要精心组织、确保实效，做到善始善终、善作善成。在全党共同努力下，这个承诺已经兑现。

风清则气正，气正则心齐，心齐则事成。这次活动使党在群众中的威信和形象进一步树立，党心民心进一步凝聚，形成了推动改革发展的强大正能量。对此，群众充分认同，党内外积极评价。实践证明，党的十八大作出的在全党深入开展党的群众路线教育实践活动的战略决策是完全正确的，党中央关于这次活动的一系列部署是完全正确的。这次活动为我们进行具有许多新的历史特点的伟大斗争作了思想上组织上作风上的重要准备，其重大意义必将随着时间的推移不断显现出来。

同志们！

这次教育实践活动是在总结运用党内历次集中教育活动成功经验的基础上开展的。通过这次活动，我们对新形势下如何开展党内集中教育活动取得了新的认识、积累了新的经验。

——必须突出重点、聚焦问题。“伤其十指，不如断其一指。”党中央在谋划这次活动时认为，这次活动的重点是促使全党更好执行党的群众路线，而当前影响执行党的群众路线的要害是作风问题，必须突出改进作风这个主题。而作风又有很多方面，需要进一步聚焦，我们就聚焦到形式主义、官僚主义、享乐主义和奢靡之风这些群众反映强烈的突出问题上。党中央明确提出以反“四风”为突破口，以点带面，不搞面面俱到，打到了七寸。我们抓住要害、集中发力、持续用劲，对群众反映强烈的共性问题，集中开展专项整治；对出现的“四风”种种变异问题，保持高度警惕，坚持露头就打；对顶风违纪现象，严肃责任追究，加大查处力度。实践证明，有的放矢事易成，无的放矢事难成，集中教育活动要取得实效，必须找准靶子、点中穴位。

——必须领导带头、以上率下。正人必先正己，正己才能正人。中央怎么做，上层怎么做，领导干部怎么做，全党都在看。首先从中央做起，各级主要领导亲自抓、作表率，是这次活动取得成效的关键。党中央制定了一系列规范党内高层作风问题的制度，中央政治局带头围绕落实八项规定进行对照检查，开展批评和自我批评。中央政治局常委同志建立联系点并全程指导，深入联系点真诚谈心，对工作进行具体帮助。各级领导班子成员特别是主要负责同志，以向我看齐的姿态听意见、摆问题、管自身、抓督查，发挥示范作用。实践证明，各级领导干部敢于拿自己开刀，解决问题才能势如破竹，改进工作才能立竿见影。

——必须以知促行、以行促知。集中教育活动需要提高认识，更需要付诸行动，以新的思想认识推动实践，又以新的实践深化思想认识。这次活动强调把学习教育贯穿始终、把解决问题贯穿始终，做到教育和实践两手抓、两结合，边学边查边改。我们不断加强理论武装，促进思想认识提高和党性增强，为解决实际问题增添了精神动力、破除了思想障碍。我们深入进行查摆剖析和落实整改措施，为提高思想认识、增强党性提供了现实教材和真切感悟。实践证明，集中教育活动只有坚持知行合一，不断让思想自觉引导行动自觉、让行动自觉深化思想自觉，才能抓得实、做得深、走得远。

——必须严字当头、从严从实。“取法于上，仅得为中；取法于中，故为其下。”我们一开始就强调活动要高标准、严要求，全程贯彻整风精神，“照镜子、正衣冠、洗洗澡、治治病”，坚决防止搞形式、放空炮、走过场。我们坚持严的标准、采取严的举措，重要节点一环紧扣一环抓。对存在的问题明察暗访，及时查处并公开曝光违纪案件。对党员、干部特别是领导干部的对照检查提出具体标准，要求必须见人见物见思想，有深度、像自己。对专题民主生活会和组织生活会提出明确要求，防止批评和自我批评蜻蜓点水、避实就虚、避重就轻、一团和气。对整改项目，实行台账管理，完成一个销号一个。中央和地方各级督导组敢于“唱黑脸”、“当包公”，紧紧围绕关键环节、重要部位、重点工作严督实导、持续用劲。实践证明，只有严要求、动真格，真实抓、抓真实，才能真正达到预期目的。

——必须层层压紧、上下互动。集中教育活动要搞好，必须批批接续、层层压紧、环环相扣。上面的问题需要下面配合解决的就上题下答，下面的问题根子在上面的就下题上答，需要地方和地方、地方和部门、部门和部门联合会诊的就同题共答，前后照应、左右衔接，使查摆和解决问题做到纵向到底、横向到边。实践证明，只有坚持问题导向，从细处入手，向实处着力，一环紧着一环拧，一锤接着一锤敲，才能积小胜为大胜。

——必须相信群众、敞开大门。“知屋漏者在宇下，知政失者在草野。”让群众满意是我们党做好一切工作的价值取向和根本标准，群众意见是一把最好的尺子。这次活动在坚持自我教育为主的同时，注重强化外力推动，坚持真开门、开大门，让群众参与，让群众监督，诚恳请群众评判。我们加强舆论监督，注重对比宣传，既发挥先进典型示范引领作用，又发挥反面典型警示震慑作用。实践证明，集中教育活动必须打开大门、依靠群众，让群众来监督和评判，才能做到不虚不空不偏。

在充分肯定这次活动取得的成绩的同时，我们也要看到存在的问题和不足。经过这次活动，全党改进作风有了一个良好开端，但取得的成果还是初步的，基础还不稳固。作风有所好转，“四风”问题有所收敛，但树倒根存，有些是在高压态势下取得的，仅仅停留在“不敢”上，“不想”的自觉尚未完全形成。有些问题的整改还没有完全到位，一些深层次问题还没有从根本上破解，上下联动解决问题还没有真正形成合力。有的地方基层基础薄弱的情况还没有改变，联系服务群众机制不畅、能力不强，贯彻群众路线到不了末端。有的干部留恋过去那种“一张报纸一包烟，优哉游哉过一天”的日子，希望教育实践活动只是一阵风，风头过了就可以我行我素了。如此等等。

现在，广大干部群众最担心的是问题反弹、雨过地皮湿、活动一阵风，最盼望的是形成常态化、常抓不懈、保持长效。因此，我们要说，活动收尾绝不是作风建设收场，必须以锲而不舍、驰而不息的决心和毅力，把作风建设不断引向深入，把目前作风转变的好势头保持下去，使作风建设要求真正落地生根。

同志们！

我们党是一个拥有 8 600 多万党员、在一个 13 亿多人口的大国长期执政的党，党的形象和威望、党的创造力凝聚力战斗力不仅直接关系党的命运，而且直接关系国家的命运、人民的命运、民族的命运。在新的历史起点上坚持和发展中国特色社会主义，我们党面临的执政考验、改革开放考验、市场经济考验、外部环境考验是长期的、复杂的、严峻的，精神懈怠危险、能力不足危险、脱离群众危险、消极腐败危险更加尖锐地摆在全党面前。

历史使命越光荣，奋斗目标越宏伟，执政环境越复杂，我们就越要增强忧患意识，越要从严治党，做到“为之于未有，治之于未乱”，使我们党永远立于不败之地。全党同志必须在思想上真正明确，党的执政地位和领导地位并不是自然而然就能长期保持下去的，不管党、不抓党就有可能出问题甚至出大问题，结果不只是党的事业不能成功，还有亡党亡国的危险。

明白这个道理并不难，难的是把思想变成行动。我引用过邓小平同志在改革开放初期讲的一段话：“在目前的历史转变时期，问题堆积成山，工作百端待举，加强党的领导，端正党的作风，具有决定的意义。”以毛泽东、邓小平、江泽民同志为核心的党的三代中央领导集体和以胡锦涛同志为总书记的党中央都高度重视从严治党，党的十八大以来党中央在从严治党上进行了新探索。通过长期实践和探索，我们在从严治党上取得了重大成果、积累了重要经验，总体做得是好的。

同时，我们也要看到，这些年来，在一些地方和单位，“四风”问题越积越多，党内和社会上潜规则越来越盛行，政治生态和社会环境受到污染，根子就在从严治党没有做到位。有些地方和单位看起来党在管党治党，但没有管到位上，没有严到份上。这次活动之所以能取得明显成效，原因就是我们坚持言必信、行必果，认认真真管，实实在在严。这说明，只要真管真严、敢管敢严、长管长严，而不是管一阵放一阵、严一阵松一阵，就没有什么解决不了的问题，就不至于使小矛盾积重难返、小问题酿成大患。

世间事，做于细，成于严。从严是我们做好一切工作的重要保障。我们共产党人最讲认真，讲认真就是要严字当头，做事不能应付，做人不能对付，而是要把讲认真贯彻到一切工作中去，作风建设如此，党的建设如此，党和国家一切工作都如此。一切何必当真的观念，一切干一下得了的想法，一切得过且过的心态，都是对党和人民事业有大害而无一利的，都是万万要不得的！

这次教育实践活动，对我们探索新形势下从严治党的特点和规律具有十分重要的牵引作用。从严治党必须具体地而不是抽象地、认真地而不是敷衍地落实到位，这是这次活动给我们提供的最深刻的启示。全党要以此为起点，在从严治党上继续探索、不断前进。这里，我就新形势下坚持从严治党强调几点。

第一，落实从严治党责任。从严治党，必须增强管党治党意识、落实管党治党责任。历史和现实特别是这次活动都告诉我们，不明确责任，不落实责任，不追究责任，从严治党是做不到的。经过这些年努力，各级建立了党建工作责任制，党委抓、书记抓、各有关部门抓、一级抓一级、层层抓落实的党建工作格局基本形成。然而，是不是各级党委、各部门党委（党组）都做到了聚精会神抓党建？是不是各级党委书记、各部门党委（党组）书记都成为了从严治党的书记？是不是各级各部门党委（党组）成员都履行了分管领域从严治党责任？一些地方和部门还难以给出令人满意的答案。

在一些领导干部眼中，抓党建同抓发展相比要虚一些，不容易出显绩，一年开几次会布置一下就可以了，不必那么上心用劲。也有一些人认为，在发展社会主义市场经济条件下，从严治党面临两难选择：过宽没有威慑力，会导致越来越多人闯“红线”，最终法不责众；过严会束缚人手脚，影响工作活力，干不成事，甚至还会影响自己的选票。这些认识都是不对的。

各级各部门党委（党组）必须树立正确政绩观，坚持从巩固党的执政地位的大局看问题，把抓好党建作为最大的政绩。如果我们党弱了、散了、垮了，其他政绩又有什么意义呢？各级党委要把从严治党责任承担好、落实好，坚持党建工作和中心工作一起谋划、一起部署、一起考核，把每条战线、每个领域、每个环节的党建工作抓具体、抓深入，坚决防止“一手硬、一手软”。对各级各部门党组织负责人特别是党委（党组）书记的考核，首先要看抓党建的实效，考核其他党员领导干部工作也要加大这方面的权重。

第二，坚持思想建党和制度治党紧密结合。从严治党靠教育，也靠制度，二者一柔一刚，要同向发力、同时发力。现在，一个比较明显的问题就是轻视思想政治工作，以为定了制度、有了规章就万事大吉了，有的甚至已经不会或不大习惯于做认真细致的思想政治工作了，有的甚至认为组织找自己谈话是多此一举。正是这样的简单化和片面性，使一些本来可以落实的制度得不到落实、一些本来可以避免的问题不断发生。

“求木之长者，必固其根本；欲流之远者，必浚其泉源”。对党员、干部来说，思想上的滑坡是最严重的病变，“总开关”没拧紧，不能正确处理公私关系，缺乏正确的是非观、义利观、权力观、事业观，各种出轨越界、跑冒滴漏就在所难免了。思想上松一寸，行动上就会散一尺。思想认识问题一时解决了，不等于永远解决。就像房间需要经常打扫一样，思想上的灰尘也要经常打扫，镜子要经常照，衣冠要随时正，有灰尘就要洗洗澡，出毛病就要治治病。

思想教育要突出重点，加强党性和道德教育，引导党员、干部坚定理想信念，坚守共产党人精神追求。党员、干部必须认真学习马克思列宁主义、毛泽东思想特别是中国特色社会主义理论体系，自觉用贯穿其中的立场、观点、方法武装头脑、指导实践、推动工作，始终不渝为中国特色社会主义共同理想而奋斗。要加强警示教育，让广大党员、干部受警醒、明底线、知敬畏，主动在思想上划出红线、在行为上明确界限，真正敬法畏纪、遵规守矩。思想教育要结合落实制度规定来进行，抓住主要矛盾，不搞空对空。要使加强制度治党的过程成为加强思想建党的过程，也要使加强思想建党的过程成为加强制度治党的过程。

制度不在多，而在于精，在于务实管用，突出针对性和指导性。如果空洞乏力，起不到应有的作用，再多的制度也会流于形式。牛栏关猫是不行的！要搞好配套衔接，做到彼此呼应，增强整体功能。要增强制度执行力，制度执行到人到事，做到用制度管权管事管人。制定制度要广泛听取党员、干部意见，从而增加对制度的认同。要坚持制度面前人人平等、执行制度没有例外，不留“暗门”、不开“天窗”，坚决维护制度的严肃性和权威性，坚决纠正有令不行、有禁不止的行为，使制度成为硬约束而不是橡皮筋。

第三，严肃党内政治生活。党内政治生活是党组织教育管理党员和党员进行党性锻炼的主要平台，从严治党必须从党内政治生活严起。有什么样的党内政治生活，就有什么样的党员、干部作风。一个班子强不强、有没有战斗力，同有没有严肃认真的党内政治生活密切相关；一个领导干部强不强、威信高不高，也同是否经过严肃认真的党内政治生活锻炼密切相关。从严治党，最根本的就是要使全党各级组织和全体党员、干部都按照党内政治生活准则和党的各项规定办事。这些年，一些地方和部门自由主义、分散主义、好人主义、个人主义盛行，有的是搞家长制、独断专行，以至于一些人不知党内政治生活为何物，是非判断十分模糊。这个问题，通过这次活动有了一定程度的解决，要继续扩大成果，使党内政治生活在全党严肃认真开展起来。

严肃党内政治生活需要多方努力，其中至关重要的是要使全党深刻认识马克思主义政党有别于其他政党的本质特征，深刻认识严肃党内政治生活的重大作用，深刻认识党内政治生活不正常的严重后果。要坚持和发扬实事求是、理论联系实际、密切联系群众、开展批评和自我批评、坚持民主集中制等优良传统，下大气力解决好影响严肃认真开展党内政治生活的各种问题，提高党内政治生活的政治性、原则性、战斗性，使党内政治生活真正起到教育改造提高党员、干部的作用。

严肃党内政治生活贵在经常、重在认真、要在细节。党中央权威，全党都必须自觉维护，并具体体现到自己的全部工作中去，决不能表面上喊着同党中央保持一致、实际上没当回事，更不能违背中央大政方针各自为政、自行其是。党内组织和组织、组织和个人、同志和同志、集体领导和个人分工负责等重要关系都要按照民主集中制原则来设定和处理，不能缺位错位、本末倒置。党内政治生活和组织生活都要讲政治、讲原则、讲规矩，不能搞假大空，不能随意化、平淡化，更不能娱乐化、庸俗化。党内上下关系、人际关系、工作氛围都要突出团结和谐、纯洁健康、弘扬正气，不允许搞团团伙伙、帮帮派派，不允许搞利益集团、进行利益交换。

批评和自我批评是解决党内矛盾的有力武器，也是保持党的肌体健康的有力武器。“观于明镜，则瑕疵不滞于躯；听于直言，则过行不累乎身。”党内政治生活质量在相当程度上取决于这个武器用得怎么样。对批评和自我批评这个武器，我们要大胆使用、经常使用、用够用好，使之成为一种习惯、一种自觉、一种责任，使这个武器越用越灵、越用越有效果。党内要开展积极健康的思想斗争，帮助广大党员、干部分清是非、辨别真假，坚持真理、修正错误，统一意志、增进团结。严肃党内政治生活是每个党员、干部的事，大家都要增强角色意识和政治担当，在党言党、在党忧党、在党为党，把爱党、忧党、兴党、护党落实到工作生活各个环节，敢于同形形色色违反党内政治生活原则和制度的现象作斗争。

第四，坚持从严管理干部。从严治党，重在从严管理干部。正确的政治路线要靠正确的组织路线来保证。干部掌握着方方面面的权力，是党的理论和路线方针政策的具体执行者，如果干部队伍素质不高、作风不正，那党的建设是不可能搞好的。我们的党员、干部队伍庞大，管理起来难度很大，但又必须管好，管不好就会出乱子。我们国家要出问题主要出在共产党内，我们党要出问题主要出在干部身上。党培养一个干部特别是高级干部是很不容易的。这些年，一些干部包括一些相当高层次的领导干部因违犯党纪国法落马，我们很痛心。我们中央的同志说起这些事都很痛心，都有一种恨铁不成钢的感觉。

从严管理干部，总的是要坚定理想信念，加强道德养成，规范权力行使，培育优良作风，使各级干部自觉履行党章赋予的各项职责，严格按照党的原则和规矩办事。要坚持以严的标准要求干部、以严的措施管理干部、以严的纪律约束干部，使干部心有所畏、言有所戒、行有所止。一方面，要根据形势变化，完善干部管理规定，既重激励又重约束，把哪些能做、哪些不能做真正搞得清清楚楚、明明白白。另一方面，要严格执行干部管理各项规定，讲原则不讲关系，发现问题该提醒的提醒、该教育的教育、该处理的处理，让干部感到身边有一把戒尺，随时受到监督。特别是要把对一把手的监督、管理作为重中之重。对干部选拔任用要严格把关，坚决防止带病提拔。有的干部身上有那么多毛病，而且早就有群众不断反映，但那里的党委和组织部门都不知道，或者知道了也没当回事，让这些人一而再、再而三被提拔起来，岂非咄咄怪事！这里面的深刻教训，各级党委和组织部门要举一反三、深刻总结。

当前，所谓"为官不易"、"为官不为"问题引起社会关注，要深入分析，搞好正面引导，加强责任追究。党的干部都是人民公仆，自当在其位谋其政，既廉又勤，既干净又干事。如果组织上管得严一点、群众监督多一点就感到受不了，就要"为官不易"，那是境界不高、不负责任的表现。这一点，要向广大干部讲清楚。我们做人一世，为官一任，要有肝胆，要有担当精神，应该对"为官不为"感到羞耻，应该予以严肃批评。我一再强调，领导干部要严以修身、严以用权、严以律己，谋事要实、创业要实、做人要实。这些要求是共产党人最基本的政治品格和做人准则，也是党员、干部的修身之本、为政之道、成事之要。我们现在对党员、干部的要求是不是过严了？答案是否定的。很多要求早就有了，是最基本的要求。现在的主要倾向不是严了，而是失之于宽、失之于软，不存在严过头的问题。

各级干部特别是领导干部要按照"三严三实"要求，深学、细照、笃行焦裕禄精神，努力做焦裕禄式的好干部。各级党组织要旗帜鲜明肯定表彰锐意进取的干部，教育帮助"为官不为"的干部，支持和鼓励干部一心为公、兢兢业业、敢于担当。如果失职渎职给党和人民事业造成损失的，必须严肃处理。

第五，持续深入改进作风。"奢靡之始，危亡之渐。"不正之风离我们越远，群众就会离我们越近。我们党历来强调，党风问题关系党的生死存亡。古今中外，因为统治集团作风败坏导致人亡政息的例子多得很！我们一定要引为借鉴，以最严格的标准、最严厉的举措治理作风问题。不可否认的是，在发展社会主义市场经济条件下，商品交换原则必然会渗透到党内生活中来，这是不以人的意志为转移的。社会上各种各样的诱惑缠绕着党员、干部，"温水煮青蛙"现象就会产生，一些人不知不觉就被人家请君入瓮了。作风建设是攻坚战，也是持久战。这么多年，作风问题我们一直在抓，但很多问题不仅没有解决、反而愈演愈烈，一些不良作风像割韭菜一样，割了一茬长一茬。症结就在于对作风问题的顽固性和反复性估计不足，缺乏常抓的韧劲、严抓的耐心，缺乏管长远、固根本的制度。反"四风"的实践说明，抓和不抓大不一样，真抓和假抓大不一样，严抓和松抓也大不一样。

现在，改进作风到了节骨眼上，社会上有种种议论和思想情绪。很多人担心活动一结束就曲终人散，"四风"问题又"涛声依旧"了。还有一些人盼着紧绷的弦松一松，好让自己舒服舒服。一些人等着看中央还要出什么招，看左邻右舍有什么动静。对此，我们的态度是，作风建设永远在路上，永远没有休止符，必须抓常、抓细、抓长，持续努力、久久为功。逆水行舟，一篙不可放缓；滴水穿石，一滴不可弃滞。各级党委要把作风建设紧紧抓在手上，持续抓好各项整改任务的落实，绝不允许出现"烂尾"工程，决不能让"四风"问题反弹回潮。

"不矜细行，终累大德。"各级干部要从我做起、从小事做起，带头坚守正道、弘扬正气，努力营造良好从政环境。要紧紧盯住作风领域出现的新变化新问题，及时跟进相应的对策措施，做到掌握情况不迟钝、解决问题不拖延、化解矛盾不积压，谁以身试法就要坚决纠正和查处。要从解决“四风”问题延伸开去，努力改进思想作风、工作作风、领导作风、干部生活作风，努力改进学风、文风、会风，加强治本工作，使党员、干部不仅不敢沾染歪风邪气，而且不能、不想沾染歪风邪气，使党的作风全面纯洁起来。

第六，严明党的纪律。“道私者乱，道法者治。”纪律不严，从严治党就无从谈起。去年以来，各级党组织结合教育实践活动完善了纪律规定，加强了执纪问责，效果是好的。同时，从已经查处的大量顶风违纪案件中可以看出，一些党员、干部对纪律规定还置若罔闻，搞“四风”毫无顾忌，搞腐败心存侥幸。因此，在纪律上还要进一步严起来。

纪律面前一律平等，党内不允许有不受纪律约束的特殊党员。党的各级组织要积极探索纪律教育经常化、制度化的途径，多做提提领子、扯扯袖子的工作，使党员、干部真正懂得，党的纪律是全党必须遵守的行为准则，严格遵守和坚决维护纪律是做合格党员、干部的基本条件。

有纪可依是严明纪律的前提，党的纪律规定要根据形势和党的建设需要不断完善，确保系统配套、务实管用，防止脱离实际、内容模糊不清、滞后于实践。各级党组织和领导干部要切实履行执纪职责，拒绝说情风、关系网、利益链，采取管用的措施提高组织管理的有效性，使违纪问题能及时发现、及时查处。这样既有利于防微杜渐，也有利于教育和挽救干部。有的地方和单位有了问题总想捂着盖着，甚至弄得保护错误的力量大过伸张正义的力量，这个问题要认真解决。查处违纪问题必须坚持有什么问题查清什么问题、发现什么问题查清什么问题，不能装聋作哑、避重就轻，不能大事化小、小事化了，任何人不得隐瞒、简化、变通。

第七，发挥人民监督作用。得民心者得天下，失民心者失天下，人民拥护和支持是党执政最牢固的根基。人民群众中蕴藏着治国理政、管党治党的智慧和力量，从严治党必须依靠人民。

让人民支持和帮助我们从严治党，要注意畅通两个渠道，一个是建言献策渠道，一个是批评监督渠道。在这两方面，这些年我们总的是做得越来越好，但还有不足，主要是围绕经济社会发展听意见多、围绕从严治党听意见少，请上来听意见多、走下去听意见少。群众的很多想法，往往不是在那些很正式的场合、当着很多人的面会讲出来的，而是要同他们身挨身坐、心贴心聊才能听得到。各级干部要多沉下身子、走近群众，就从严治党问题多向群众请教。

群众的眼睛是雪亮的，群众的意见是我们最好的镜子。只有织密群众监督之网，开启全天候探照灯，才能让“隐身人”无处藏身。各级党组织和党员、干部的表现都要交给群众评判。群众对党组织和党员、干部有意见，应该欢迎他们批评指出。群众发现党员、干部有违纪违法问题，要让他们有安全畅通的举报渠道。群众提出的意见只要对从严治党有好处，我们就要认真听取、积极采纳。

第八，深入把握从严治党规律。从严治党有其自身规律，对我们这样一个老党大党来说，从严治党更有其自身规律。我们党在长期实践中，不断总结自己正反两方面经验，也积极借鉴国外执政党建设的经验教训，深刻认识到了一些从严治党规律，这些都要继续运用好。

随着世情、国情、党情的不断变化，影响从严治党的因素更加复杂，提出了很多新课题。我们要深入基层、深入实际，深入研究管党治党实践，通过纵向和横向的比较，进行去伪存真、由表及里的分析，正确把握掩盖在纷繁表面现象后面的事物本质，深化对从严治党规律的认识。要注重把继承传统和改革创新结合起来，把总结自身经验和借鉴世界其他政党经验结合起来，增强从严治党的系统性、预见性、创造性、实效性，使从严治党的一切努力都集中到增强党自我净化、自我完善、自我革新、自我提高能力上来，集中到提高党的领导能力和执政能力、保持和发展党的先进性和纯洁性上来。

同志们，这一次党的群众路线教育实践活动基本结束了，但贯彻党的群众路线、保持党同人民群众的血肉联系的历史进程永远不会结束。全党同志要更加紧密地团结在党中央周围，一心一意谋发展，聚精会神抓党建，继续打好党风建设这场硬仗，以好的作风保障党和国家各项工作顺利开展，为实现"两个一百年"奋斗目标、实现中华民族伟大复兴的中国梦而不懈奋斗！

附录二

❖　考试大纲

江苏省军转干（营职以下）考试大纲

一、考试科目及方式

本次笔试科目为《综合能力和素质》一个科目，采用闭卷方式。

二、考试内容

主要测试应考人员从事党政机关工作应具备的能力和素质。具体测试内容为：

（一）政策理论水平：对党和国家的路线方针政策、科学发展观和十八大精神、今年以来党和国家经济社会发展的重大决策和战略部署等方面的掌握程度和灵活运用的能力。

（二）综合分析能力：运用有关基本理论、基本知识和基本方法全面系统分析社会现象以及社会关注的重点、难点和热点问题的能力。

（三）实际工作能力：提出问题和解决问题、沟通协调、贯彻执行、依法行政等能力。

（四）适应和创新能力：转业思想准备，环境适应，角色转变，创新思维等。

（五）职业道德修养：树立正确的人生观、价值观；机关工作人员必备的职业道德修养。

（六）文字表达能力：以规范、准确、简练、清晰、严谨的文字表达思想观点的能力。

三、考试题型和时限

考试题型：简答题、论述题、案例分析题、综合分析题、材料处理题、实务操作题、写作题等。根据试卷结构的要求选取上述若干个不等题型。试题均为主观题。

考试时限为150分钟；笔试成绩满分为100分。

四、笔试作答要求

应试人员务必携带0.5 mm的黑色签字笔或钢笔、2B铅笔和橡皮；必须在指定位置上填写自己的姓名和准考证号码等信息；答题卡姓名和准考证号，用黑色签字笔或钢笔填写；准考证号数字下面对应的信息点，用2B铅笔涂黑。

（一）作答要求

试题必须用黑色签字笔或钢笔在专用答题卡指定位置上作答，用圆珠笔、铅笔或在非指定位置上作答的一律无效。

（二）考试铃声设置及作答步骤

1. 考试前15分钟，第一遍铃声（预备铃），应试人员进入考场，考前10分钟，监考人员发给应试人员答题卡和试卷。应试人员在试卷和答题卡上按要求填写（填涂）姓名、准考证号。此间，应试人员可以阅读考试说明，并按照上面的规定去做。

2. 第二遍铃声，考试开始，应试人员开始作答。

3. 第三遍铃声，考试结束，应试者应立即停止作答。待监考人员收回试卷、答题卡、草稿纸，并清点无误后，应试者方可离开考场。

（三）其他注意事项

1. 答题过程中不得使用涂改液，否则责任自负。

2. 不得在试卷作答部分留有与答题内容无关的任何信息，违者按违纪处理。

3. 考试期间，应试人员不得携带手机等其他通讯电子设备入座，不得提前交卷、退场，违者按违纪处理。

4. 考试结束后，应试人员不得将试卷、答题卡和草稿纸带出考场。不得抄录试题，否则，将取消其考试成绩，终止考试资格，并追究相关的责任。

五、答题卡填涂方法说明

由于是通过光电阅读机和计算机来阅卷评分的，请按以下要求认真填写：

（一）首先用钢笔或签字笔分别在“姓名”、“准考证号”栏填写你的姓名和准考证号，并在准考证号一栏下面的十一个方框中，填上你准考证号的十一位数字，然后，对应准考证号的每位数，将准考证号用2B铅笔在相应的括号内涂黑。

（二）不能用钢笔、圆珠笔填涂选项。

（三）修改时要用橡皮彻底擦干净，必须保持卷面整洁，不得做任何其他记号。

（四）不得折叠答题卡。

考生须知

一、报考程序与组织

（一）报名组织。报名工作由省军区、省武警总队和公安现役转业办分别组织进行。告知报名时间、地点及报名注意事项。

（二）报名时需填写报名表，提交1寸免冠照片2张。

（三）准考证领取时间。应考人员于考前一周内凭军官证分别到江苏省军区、省武警总队和公安现役转业办领取。

（四）考试时间及地点另行通知。

（五）公布考试结果。

（六）考务工作由省人事考试中心负责实施。

二、江苏省人事考试考场规则

（一）应考人员开考前15分钟凭准考证和军官证进入考场。应考人员对号入座后，将准考证和军官证放在桌面右上角以便查对。如应试者坐错考场和座位责任自负。

（二）应考人员除携带钢笔、签字笔、2B铅笔、橡皮等文具外，不得携带任何书籍、资料、报刊、纸张、提包、手机、寻呼机等物品入座。如有携带，应当统一放置在指定地点，否则均按作弊论处。开考后一律不得互相借用文具。

（三）应考人员接到试卷后，应当先检查页码，确认无误后，再在答题纸（卡）规定的地方填写（涂）所在单位、姓名和准考证号码，不得在规定以外的地方作任何标志，否则按违纪处理。

（四）开考铃响后方可答题，应考人员迟到30分钟不得入场，开考60分钟内不得交卷退场。已交卷者不得在考场附近逗留谈论。退场后不得再次进入考场。

（五）应考人员答题，须按规定使用2B铅笔（只限于答题卡）和蓝、黑色墨水的钢笔或签字笔，字迹要清楚、工整、填涂正确。用其他颜色的笔书写（填涂）的答卷（答题卡）按零分处理,未在规定部位书写(填涂)的答案无效。

(六) 应考人员不得要求监考人员解释试题,如试题字迹不清楚或试卷分发错误,可举手询问。

(七) 应考人员必须严格遵守考场纪律,保持安静。场内禁止吸烟,不许交头接耳、左顾右盼,严禁偷看他人答案。应考人员应当尊重考场工作人员,接受考场工作人员监督和检查,不得无理取闹,不得辱骂、威胁、报复考场工作人员。

(八) 应考人员如有特殊情况,中途需要离开考场的,应当经监考人员允许并由考场工作人员专人陪同往返。除本考点主考、本考场监考及巡视人员外,其他任何人员不得进入考场。

(九) 考试结束铃响,应考人员立即停止答卷,并将试卷和答题纸(卡)翻放在桌面上,待监考人员收齐试卷和答题纸(卡)并允许后,方可离场,不得将试卷和草稿纸带出考场。

三、江苏省人事考试应考人员违纪处理办法

(一) 应考人员不按规定用2B铅笔(只限于答题卡)和蓝、黑色字迹的钢笔、签字笔答题,而用其他颜色字迹的铅笔、钢笔或签字笔答题的,答卷按零分处理。

(二) 有下列情况之一者,试卷按零分处理,并视情节终止其考试,清退出考场。

1. 将规定以外的物品带入考场且未按要求放在指定位置的;
2. 未在指定座位参加考试,或者未经工作人员允许擅自离开座位或者考场的;
3. 不按规定填写(填涂)本人信息的;
4. 未用规定的答题用笔作答的;
5. 故意损毁试卷、答题纸、答题卡,或者将试卷、答题纸、答题卡带出考场的;
6. 在答卷(答题卡)上做特殊标记的;
7. 其他一般违纪违规行为。

(三) 有下列情况之一者,考试成绩无效。

1. 请人代考或代人考试的;
2. 评卷时发现答卷内字迹不一致或有雷同、抄袭等现象,并经评卷小组认定的;
3. 夹带、传递资料、纸条等或偷换试卷的;
4. 偷看他人答卷或有意给他人抄袭的;
5. 利用通讯电子设备或其他手段作弊的。

(四) 对无理取闹,扰乱考场秩序,辱骂、威胁他人,对监考人员有报复行为的,将通知应考人员所在单位,按有关规定处理;情节严重的,送交公安机关处理。

(五) 国家另有规定的,从其规定。

使用说明

一、为了为读者提供更好服务，本书中各章练习题、模拟卷的答案请通过以下 QQ 群获取，阅读中遇到的问题也可以在 QQ 群中得到解答。

QQ 群 1：418758525　　　　QQ 群 2：344139376

二、文策教育配合本书开设 2015 江苏军转课程，由张棣老师主讲。购买本书的读者都可获得一次网络免费课程。

获取课程方式：

1. 下载 YY 软件，安装注册。
2. 登录后搜索频道 28864131，进入频道。
3. 选择进入“2015 军转红宝书教室”收听。
4. 教室密码：18956003850。
5. 课程时间在 QQ 群中公布。

三、后期考情分析、热点解析、每日一题、考前模拟等更多增值服务，请关注微信公众号：文策教育。（请用微信扫一扫）